MORE THAN THE GREAT WALL

THE NORTHERN FRONTIER AND MING NATIONAL SECURITY
1368–1644

长城之外

上

北境与大明边防
1368—1644

〔美〕窦德士————著　陈佳臻————译

天地出版社 | TIANDI PRESS

图书在版编目（CIP）数据

长城之外：北境与大明边防：1368—1644 /（美）窦德士著；陈佳臻译. — 成都：天地出版社，2024.3
ISBN 978-7-5455-7737-2

Ⅰ.①长… Ⅱ.①窦… ②陈… Ⅲ.①边防—军事史—研究—中国—明代 Ⅳ.①E294.8

中国国家版本馆CIP数据核字（2023）第114296号

Published by agreement with the Rowman & Littlefield Publishing Group Inc., through the Chinese Connection Agency, a division of Beijing XinGuangCanLan ShuKan Distribution Company Ltd., a.k.a Sino-Star.

著作权登记号：图进字21-23-303

CHANGCHENG ZHI WAI: BEIJING YU DAMING BIANFANG: 1368—1644
长城之外：北境与大明边防：1368—1644

出 品 人	陈小雨　杨　政
著　　者	〔美〕窦德士
译　　者	陈佳臻
责任编辑	武　波
责任校对	马志侠　张思秋
封面设计	水玉银文化
责任印制	王学锋

出版发行	天地出版社
	（成都市锦江区三色路238号　邮政编码：610023）
	（北京市方庄芳群园3区3号　邮政编码：100078）
网　　址	http://www.tiandiph.com
电子邮箱	tianditg@163.com
经　　销	新华文轩出版传媒股份有限公司

印　　刷	北京文昌阁彩色印刷有限责任公司
版　　次	2024年3月第1版
印　　次	2024年3月第1次印刷
开　　本	880mm×1230mm　1/32
印　　张	34.25
字　　数	767千字
定　　价	198.00元（上下册）
书　　号	ISBN 978-7-5455-7737-2

版权所有◆违者必究

咨询电话：（028）86361282（总编室）
购书热线：（010）67693207（营销中心）

如有印装错误，请与本社联系调换。

序　言

　　明朝（1368—1644年），享国276年的东亚强国。在这276年中，明朝无时无刻不在设法防范其边防所面临的巨大威胁——来自内陆亚洲草原深处的"骑射手"。对此，本书试图说明的问题抛引如下：明朝，一个缺乏现代交通和通信手段的前工业社会，是如何在跨度如此之长的时间里成功守卫其超过2700公里的北境防线的？答案当然无法简单地在军事史、政治史、经济史、火器发展史或长城修建史中得到，而要从一连串经年累月的事件叙述中去总结，从一系列日复一日、月复一月、年复一年，涉及为迟滞对中原永无止息的袭扰，消除事关存亡威胁的战事、谋略、决策、行动的史实中去发现。从这个角度看，本书又可说是一部明朝的国家安全史。设若当年明朝未能成功守住北境防线，那么东亚的历史或许会向我们无法预料的方向发展。也许中原北部会逐渐从混乱无序中诞生一个带有多元色彩的区域政权，对近现代历史进行难以想象的改写。

　　本书的研究依托大量关涉其时其事的史料，如《明实录》《国榷》等。此外，亲历者、事涉官吏人等的记述、文集，事关边防的奏议、则例等亦可作为所依托史料的一部分。因为上至庙堂之上的圣君贤相，下至地方督抚和前线将士，所有人无不对明朝的边防安全倾注大量心血和精力，故而相关史料浩如烟海，本书亦难以一一囊括其中。

从长时段看，层出不穷的边防安全事件可分为三个典型时期。第一个典型时期在洪武元年（1368年）到宣德十年（1435年），这一时期，明朝皇帝掌控着全局。太祖、永乐皇帝和继任的宣德皇帝以其恩威之势主导着东半球大部的政治格局。太祖和永乐皇帝还曾先后11次大规模远征漠北，这使得鞑靼人（即当时的蒙古人）[①]几乎不怀疑中原政权也具备远程作战的能力。

第二个典型时期在正统十四年（1449年）后。是年，瓦剌领袖也先在土木堡俘虏了年轻的英宗皇帝，这一事件成为一大转折点。此后直到隆庆五年（1571年），明朝逐渐由攻转守，在防线上构筑大量军事防御设施。这一时期，皇帝难以恩泽天下，明朝逐渐转向内敛并采取闭关锁国政策，"华夷之辨"的保守思想抬头，渐次取代此前"天下一家"的开放包容氛围。这一趋势在嘉靖皇帝在位时（1521—1567年）达到峰值，中原因而变成一个固若金汤的"大堡垒"。

到了隆庆四年（1570年），博学鸿儒邓球便对这一转折有过如下论述：

> 国初，岁冬命诸王巡边，远涉不毛，校猎而还，谓之肃

[①] 朱元璋曾主持过8次北伐，朱棣曾5次亲征漠北，但是朱棣的5次北伐中，第3次、第5次没有遭遇敌人，因此没有获得实质性战果，故作者称为"11次大规模远征漠北"（eleven major assaults）。在明朝，"鞑靼"多用于指称由北元（逃往漠北的元朝统治集团的后裔）政权统治的蒙古高原东部诸部落，他们自称蒙古，而明人称之为鞑靼。而下文所见的"瓦剌"多活动在蒙古高原西部，元称"斡亦剌惕"，明称"瓦剌"，清以后称"卫拉特"，成为广义的蒙古族的一部分。——译者注

清沙漠，遂岁为常。宣德五年冬十月，车驾巡边，至于宣府，犹有遗意焉。盖正统己巳以后，不复闻矣。弘治中，北虏犯边甚急，孝宗皇帝锐意亲征。时大学士刘健等力谏，乃寝。或曰国初胡力方衰，而我之兵食强富，至此已非初时之边备。且虏之生息渐蕃而力勍也，盖正统以来，于各边止设巡抚等官，岁出防秋。伏读《大明会典》曰，凡"每岁七月，兵部请敕各边遣官军往虏人出没之地三五百里外，乘风纵火，烧野草以绝胡马，名曰'烧荒'。事毕，以拨过官军，烧过地方造册邀奏"，是防秋之意也。夫欲防其在彼，而不备其在我。主将且怀畏虏之心，则亦岁终举应故事以塞责耳，而况三五百里云乎哉？[1]

该段文字引自邓球关于北境防线《九边六关总说》的前序。幸而有这篇《总说》，明人乃至于今人，才有机会了解彼时明朝政府在维护边防安全方面所作出的努力，亦才有机会探讨为何早期这一良好局势会在此后逐步恶化。

第三个典型时期始于隆庆五年（1571年）明朝与俺答汗达成和解这一事件。和解使万历皇帝得以压缩原本耗费在北境防线上的财政、资源，转而将之投入万历援朝战役（朝鲜壬辰卫国战争）等其他一系列战争中。

这一局面持续了大约30年。当万历皇帝和他体弱多病的继任者泰昌皇帝无法有效应对辽东防线附近女真部（别称朱里真、女贞、女直）努尔哈赤的崛起时，这一局面就被打破了。对于明朝而言，努尔哈赤无疑是一个异常强大的敌人，不过明朝1644年的崩溃并非完全由于努尔哈赤，更重要的，是当时席卷中原、此起彼伏的起义。

明朝的文武百僚也年复一年地尝试制止这一切的发生，力求保全中原，使畿辅重地远离前线，使他们眼中的"文明社会"能够一直免遭游牧骑兵的侵扰。而现在，巨浪滔天袭来，改变了历史发展的进程，掩盖了原本大大小小的社会矛盾旋涡；掩盖了所有曾经为边防安全所作出的努力；同时也淹没了党争、失策、腐败、民役和粮荒；淹没了数不胜数的苦难噩梦和血流成河。本书的立论依据，便是在这历史长河中每一名亲身经历者的所见所感、所思所想、所作所为。

自1893年璞科第（Dmitrii Pokotilov）首次出版《明代东蒙古史（1368—1635年）》以来，还未有如本书这样对此问题进行深入探讨的作品问世。其他研究者对此问题的聚焦关注往往与本书迥异。欧文·拉铁摩尔（Owen Lattimore）的《中国的亚洲内陆边疆》（1940年初版）探讨了游牧民族生存所倚赖的生态圈。托马斯·J. 巴菲尔德（Thomas J. Barfield）的《危险的边疆：游牧帝国与中国（公元前221—1757年）》（1989年初版）一书视域广阔，但其关注点侧重在草原本身，对中原的重视程度反而不够。与之观点相类的还有莫里斯·罗萨比（Morris Rossabi）的《中国与内陆亚洲：从1368年至今》（1975年初版），谢钦·札奇斯钦（Sechin Jagchid）与凡杰·西蒙斯（Van Jay Symons）合著的《长城沿边的和平、战争与贸易：两千年来游牧人群与中国之互动》（1989年初版）等。林霨（Arthur Waldron）的《长城：从历史到神话》（1990年初版）致力于关注中国悠久的历史，但是，如果将其关注的边境长城置于中原对草原世代侵袭的反应的大框架下，则可以发现，边境长城只是其中的一部分，且不是最重要的部分。

以此观之，研究就有了继续可资发挥的空间，大量丰富翔实的史料正有待当代研究者的关注和开发。这些史料能够向他们提供大量关于明朝在两个多世纪里如何应对边防安全挑战的技术，而这也正是笔者一字一句撰写本书的根据。总之，笔者希望那些历史事件的亲历者、参与者都能够记述下他们所遭遇的事。笔者认为，以此为契机去了解历史事件始末，未失为一条行之有效的途径。

* * *

笔者在此对约翰·达第斯（George Dardess）、傅玉波（Vickie Fu Doll）、帕姆·勒罗（Pam Le Row）的帮助致以诚挚谢意，同时也对苏珊·麦凯克伦（Susan McEachern）、贾尼丝·布朗斯坦（Janice Braunstein）、凯特琳·特纳（Katelyn Turner）、马特·埃文斯（Matt Evans）以及罗曼和利特尔菲尔德（Rowman & Littlefield）出版社的高效专业致以诚挚谢意。

目 录

第一章 洪武时期——太祖肇基（1368—1398年）//0001

第二章 永乐时期——永乐皇帝的攻守之道（1403—1424年）//0085

第三章 宣德时期——和平之巅（1426—1435年）//0145

第四章 正统时期——英宗皇帝的多事之秋（1436—1449年）//0193

第五章 阶下囚皇帝（1449—1450年）//0275

第六章 景泰时期——规复行动（1450—1457年）//0317

第七章 天顺时期——此起彼伏"天难顺"（1457—1464年）//0369

第八章 成化时期——马不停蹄？疲于奔命？（1465—1487年）//0393

第九章　弘治时期——负重致远（1488—1505年）//0463

第十章　正德时期——"总督军务威武大将军总兵官朱寿"（1506—1521年）//0563

第十一章　嘉靖时期——大明堡垒（1522—1566年）//0693

第十二章　隆庆时期——曙光！（1567—1572年）//0827

第十三章　万历时代——先礼后兵（1572—1620年）//0845

第十四章　大明余晖——最后的辽东防线（1573—1627年）//0925

注　释//1001

译后记//1075

第一章

洪武时期——太祖肇基

（1368—1398年）

监察御史刘佶,作为中级文官群体中的一位记述者,在其《北巡私记》①中,讲述了蒙古帝国在中原的最后余晖。从成吉思汗的世界帝国,到忽必烈的中原王朝,一切已经烟消云散。如今,它又轮回般地回到一个多世纪前的起点。在中原,取代元朝的是农民出身的朱元璋。他是明朝的肇基者,庙号"太祖"。元末17年乱世纷争,最终由明军一举攻克元廷所在的大都而终结。

元至正二十八年、明洪武元年(1368年)闰七月二十八日,元廷仓皇逃离大都。是日,元顺帝妥懽帖睦尔在清宁殿最后一次召见群臣。他告诉群臣,即日起驾,驻跸上都(在今内蒙古正蓝旗东闪电河北岸)。上都,位于大都以北约300公里的地方,某种意义上讲,它是元朝的夏都。②群臣鸦雀无声,没有人能提出更好的解决方案。这时,知枢密院事哈剌章力主留守大都,并死战至援军来救。顺帝说:"扩廓帖木儿远在太原,何援兵之可待也?"顺帝以此拒绝了哈剌章的建议。是夜,顺帝带着后妃、皇太子、皇太子妃以及文武百官、扈从侍卫等,星夜起驾前往上

---

① 关于《北巡私记》的作者,尚存争议。目前,《北巡私记》唯一刻本"云窗丛刻"本先后出现张佶、刘佶的称谓。正文中有"观音公奏请以监察御史张佶从行,上允之"一语,文末落款刻写为"刘佶"。——译者注
② 元朝皇帝也采取类似辽朝"捺钵"的两都巡幸制。春夏时期,皇帝率后宫、群臣、侍卫等到上都避暑,处理政务,秋八、九月时回大都,故作者将上都称为"summer capital(夏都)"。——译者注

都,离开了这座他的先祖经营了一个多世纪的都城。当然,被留在那座城墙高耸的都城里的,还有很多人。数日间淫雨霏霏,道路泥泞,天气大寒,百官雨行,有些人甚至冻死在逃亡途中。

八月初五,逃跑中的顺帝得知大都已陷于"贼",而这个"贼",正是新兴的明朝。又十天,顺帝一行抵达上都,却发现"经红贼①焚掠"后的上都只剩断壁残垣,难以驻跸。顺帝设法遣使与地方上已经半独立的割据军阀取得联系,其中就包括在山西的扩廓帖木儿和在辽东②的纳哈出。同时,他还希望从高丽获得援助。元廷还在讨论重整朝纲和规复中原的可能性,但大多数官员对此感到沮丧。雪上加霜的是,高丽和纳哈出方面非但无法提供援兵,反而兵戎相见。元至正二十九年、明洪武二年(1369年)二月,元丞相也速率兵4万突击大都以东30公里的通州,但明军固守,也速丞相未能攻下。春夏之交,"贼将"常遇春对逃亡中的元廷发起进攻,并于六月初五击溃了与之对阵的元军。元廷深感不安,决定向哈剌和林所在的西北方向后撤1300多公里,并试图重新组织政权,规复中原。六月十七日,明军攻陷上都。八月初四,尽管常遇春停止继续追击元廷,但他已经俘获了成千上万士兵和辎重,此外还有马3000匹,牛5万头。如所记不差,元廷在此次逃亡中损失惨重。

刘佶的记载截止于元至正三十年、明洪武三年(1370年)正月十一日。[1]数年后,流亡的元廷最终承认天命已去,中原不

---

① 即红巾军,元朝称之为"红贼"。——译者注
② 原著作"Manchuria",意"满洲",但明无此称,故此处译为辽东。——译者注

再，但掌权者似乎仍认为他们还有从"反贼"手中夺回中原的一天。

* * *

大明的防线总计超过1.1万公里，这其中还包含东南亚陆地边防和太平洋海防，并非只有北境防线。[2]不过客观地讲，北境之外有更多虎视眈眈的势力，无时无刻不垂涎着中原的人力物力。从川藏交界的松潘卫，到远达辽东、渤海湾的山海关，明朝的北境防线形成一张总长超过2700公里的巨大弧网。这一防线贯穿陡峭而不结冰的高山、沉积作用下形成的风积土所组成的圆丘、沙漠、草原和森林。在这一巨弧之外，居住着许多非汉族人。这些民族在明代常被笼统地称为"蕃"（又作"番""土番"，藏族或与其相近的民族）、回族、土达（蒙古族的一个分支，亦作"土靼"）、卫拉特蒙古（瓦剌）、鞑靼和女真，这些称呼一般仅是为了区分某些不同的族群。这些居住在北境防线周边的人，对明朝的国家安全构成威胁。不过，明军的步兵、骑兵和火器兵通常并不主动出击去争夺分寸之地，而是躲在沿线的防御城堡中，牢牢固守明朝的畿辅重地（腹里）①，使之免遭骚扰侵袭。总的来说，在明朝享国276年间，这一防御体系基本上是发挥作用的。除去相当重大的失误和若干噩梦般的溃败外，明朝政府基本守住了这

---

① "腹里"原为元朝由中书省直接辖领的行政区域，明以后基本不用。此处作者称"腹里"，疑乃借用或误解之辞。——译者注

一防线。本书即试图解释明朝是如何做到这一点的。

* * *

如果沿着北境防线自西向东游历，我们至少会遇到三处生态、民族风情各异的区域。其中，最复杂的一处位于西段。在那里，汉民与藏民杂居，游牧聚居点和藏传佛教寺庙星罗棋布。同时，在当地居住的群体还有土达、回族、瓦剌，以及来自中原或中亚的群体。这种杂居状态极不稳定，不同群体间出现暴力冲突的情况司空见惯。中段，则是鞑靼人（即蒙古人）为主体的居民。这是一个贵族游牧社会，其统治者宣称自己是来自成吉思汗或忽必烈汗的孛儿只斤黄金家族成员。直到17世纪女真崛起之前，鞑靼人一直是明朝最大的威胁。东段的主体居民是内斗不断、相互倾轧的女真诸部。在这儿，女真诸部被夹在位于其南部的高丽（朝鲜）和位于其西北部的鞑靼之间，尽管他们彼此之间可能时而结盟时而斗争，但两败俱伤的局面显然更有利于明朝。总的来说，在明朝接近覆亡以前，东段防线的形势虽令人忧虑，但大体是可控的。

我们从西段防线开始讲起。在这儿我们能看到，在一位当时最有权势的独裁者（与他同时期的帖木儿缺乏老谋深算的品质和天才般的组织能力）[1]的领导下，明朝是如何一步步向西北方向的

---

[1] 这位独裁者即指朱元璋，而与他同时期的帖木儿，指的是在中亚建立帖木儿帝国的征服者帖木儿。——译者注

境外展示其军威浩荡的一面的。

经略西北防线

明大将军徐达率领明军于洪武元年（1368年）八月，从北平（即大都，元亡后改名为北平）向西进军。与明太祖朱元璋麾下的其他将领一样，徐达也是农民出身，与太祖同乡。至正十三年（1353年）随朱元璋起事后，徐达成为其最得力的爱将。[3]在大同，苟延残喘的元军由备受争议且顽固的元将扩廓帖木儿率领。这位元将原本是一名被蒙古家庭收养的汉人，而此时他却成为元廷倚赖的地方军阀，尽管这中间他曾经历数次来自元廷的宠辱起落。在一次猝不及防的夜袭中，扩廓帖木儿与十余骑仓皇逃出营地，直奔大同；明军紧随而至，扩廓帖木儿只得又向西逃往甘肃。徐达一口气俘虏了4万名群龙无首的士兵以及数量几乎相等的马匹。[4]

洪武二年（1369年）四月，徐达召开了一次军事会议。此时他们已经军次陕西凤翔①，需要商讨下一步的军事行动。尽管众议纷纭，但最后仍由徐达拍板，一锤定音。他们决定进一步深入到仍被元军控制的临洮和藏族聚居区。在徐达看来，庆阳城"城险而兵悍，未易猝拔"，而临洮"西通蕃夷，北界河湟"，若能攻

---

① 原著为"in interior Shaanxi Province"，意在陕西腹地或深入陕西。但参见《明太祖实录》卷41，知此时徐达已兵至凤翔，故再泛言陕西，似不妥切，故据文意细化如正文。——译者注

下，则元军非走即降，陇西之地，"其人足以备战斗，其土地所产足以供军储"，亦可为明军提供后勤保障，其他州郡闻之，也会望风而降。[5]据守临洮的元将是汉人李思齐，徐达虽目不识丁，但他从军中大帐向李思齐送了一封极有意思的信，信文如下：

> 朕知足下不守凤翔，则必深入沙漠，以图后举。足下初入其地，胡或面从，然非我族类，其心必异，据其地不足以为资，失其势适足以自殒。使兵威常强尚云可也，倘中原相从之众，以胡地荒凉，或不乐居，其心叵测，一旦变生，肘腋了然，孤弱妻孥，不能相保矣。且足下本汝南之英，祖宗坟墓所在，深思远虑，独不及此乎？诚能以信相许，去夷就华，当以汉待窦融之礼相报，否则非朕所知也。①

有那么一阵儿，李思齐企图与他的养子赵琦（今甘肃临洮人，又名脱脱帖木儿）一起西入吐蕃，"逃匿山谷间"，但最后他和赵琦还是选择了投降。明军遂据有临洮。[6]

徐达军至临洮东北100公里处的会州，在当地他拒绝了部将提出的搜括州县马羊以供军用的提议。徐达说："西北之民，素以畜牧马为生。今奉命吊伐，本以安民，若尽括其所资，彼将何以为生？"五月，位于今陕西西安西北处200公里的庆阳城降而

---

① 该段内容作者称是目不识丁的徐达派人送给李思齐的信，但据《明太祖实录》卷41载，该段内容乃是"初，思齐之在凤翔"时"上（明太祖朱元璋）以书谕之"的内容，非徐达所写，似作者误会。原著作者转译了引文部分的内容，考虑到中文版的受众，译者以《明太祖实录》原文代之。——译者注

第一章 洪武时期——太祖肇基（1368—1398年）| 0009

复叛，这表明一路摧枯拉朽的明军偶尔也会受到阻滞。[7]与此同时，在中原，太祖遣使诏谕吐蕃"海内臣民，推戴为天下主，国号大明，建元洪武"，希望得到他想象中的某位吐蕃统治者的回音，然而事与愿违。[8]

庆阳于八月二十一日重为明军所据，但这一过程颇费周章。[9]庆阳守将张良臣乃前元旧将，恃其七位能征善战的养子，降而复叛。① 同时，元将扩廓帖木儿正蛰伏于某处，随时可能对张良臣施以援手。不过，他的胞兄张思道则远在位于西北300公里外的宁夏，难以出手相援。基于此，明军决定围困庆阳，迫使其投降。这一策略奏效了。张良臣最终投井自杀，明军又诛其党羽二百余人。[10]太祖又遣使持诏劝降扩廓帖木儿，但在《明实录》中没有见到其答复，[11]其诏文如下：

> 昔帝王之得天下，当大功垂成之际，尤必广示恩信，虽素相仇敌者，亦皆收而并用之。所以法天地之量，而成混一之业也。朕自起兵淮右，收揽群雄，平定华夏，惟西北边备未彻，盖以尔守孤城，保其余众，远处沙漠，朕甚念之，是用特与湔涤，示兹至怀，必能知时达变，慨然来归。其部下、将帅及各部流移军士，多我中土之人，果能革心从顺，文武智谋当一一用之。有愿还乡者听，其贺宗哲、孙翥、赵恒等，朕悉涵容，皆所不计。投机之会，间不容发。朕言不再，其

---

① 据《明太祖实录》卷44称，张良臣军中有"不怕金牌张，惟怕七条枪"的说法，可见其恃精悍养子七人以为叛，诚非虚言。——译者注

审图之。①

另外，在开始围困庆阳的时候，徐达曾经向太祖请求增援，于是太祖遣其外甥李文忠从北平发兵前往徐达处"合师攻之"。但当李文忠到达距离其目的地400公里的山西太原时，却闻太原以北250公里的大同受敌甚急，将次陷落。此次元兵进攻大同，乃起于逃亡漠北的顺帝命元将脱列伯、孔兴"以重兵攻大同，欲图恢复（中原）"。事起仓促，李文忠认为"受命而来，阃外之事，有利于国者，专之可也"，遂停止向目的地继续行军，转而进军增援大同。与大多数元代遗留下来的城池一样，大同也没有像样的城墙防御，故元将脱列伯"悉锐来攻"，势在必得。李文忠亦"分军为左右翼，身当前锋，奋击"，从寅时到辰时，终于以压倒之数②击溃了来犯的元兵，生擒脱列伯，俘获马匹辎重无数。脱列伯被押至军前，李文忠命"解其缚，与之共食"，脱列伯随后亦臣事明廷。此役之后，顺帝"知事不济，无复南问矣"。[12]

行文至此，笔者不禁思忖，这一切说明了什么问题？从前述一系列事件看，徐达所统明军规模庞大，秩序井然，训练有素，具有强大的战斗力。他们首次深入到复杂多变的边陲地带，在那里，汉人或非汉人军官们对元朝的效忠意识非常淡薄，他们往往

---

① 原著作者转译并概括了引文部分的内容，考虑到中文版的受众，译者以《明太祖实录》原文代之。——译者注
② 作者言李文忠是以数量优势战胜了脱列伯，但《明太祖实录》原文中没有体现这一点。据《明太祖实录》，李文忠采用的是诱敌战术，候敌饥疲，一举击溃之。——译者注

第一章　洪武时期——太祖肇基（1368—1398年）｜0011

只是象征性地稍作抵抗便被劝降了。但是，民族混杂，生活方式兼而有农耕和游牧的西北地区，此后将一直给明朝的边防稳定制造麻烦。不过，尽管徐达在临洮就对1200公里外由北平进发而来的部队有节制权力，但这一切人事之上，统筹全局的仍是坐镇南京的太祖皇帝。明朝急剧膨胀的国家机器仍为中央牢牢掌握。

到了八月，太祖遣都督佥事吴祯持敕书到临洮谕大将军徐达，告知他如何安排新附的临洮、兰州、庆阳以及太原诸地的人事和防务，并令徐达在事后回京"定议功赏"，重新商讨"定边之策"。[13]

* * *

临洮于洪武二年（1369年）四月归附，但五个月后，吐蕃即以兵势威胁临洮。如明军守将韦正所盼，洮河结冰了。①明军遂横渡洮河，直捣吐蕃军营。吐蕃军队猝不及防，"大惊以为神"，很快就投降了。"土酋"来降，受到了礼遇，韦正"悉与衣冠，厚遗而遣之"，请他们回去召集部众，归附明朝。韦正的招徕政策深孚众望，"自是，诸部土官相率来降"。[14]洪武二年十二月（1370年1月）②，太祖诏赦亡匿山谷的李思齐旧部将士，敕文节略

---

① 据《明太祖实录》卷45，最初韦正率兵到"洮河"时，河面尚未完全结冰，明军无法渡河击敌，于是韦正焚香祷祝，"未几，有冰如巨屋，自上流而下风随之"，河面遂冰封，明军得以渡河杀敌。——译者注
② 此处1370年1月所应对的时间在洪武二年十二月，故时期标注与他处有异。后文类似情况同样如此处理。——译者注

如下：[15]

> 今尔将士，乃有怀思其家、遁藏岩谷者，夫父母妻子之恋，人之常情，虽新附之众，未能悉知朕怀。朕为民父母，可不矜念？诏书到日，凡逃窜山谷者，毋自惊疑，罪无大小，并行赦之。①

不过，尽管蕃人选择了归附，但终明之世，蕃人亦时而与明人茶马互市，时而又发兵侵扰如临洮、河州、洮州等边郡。

洪武三年（1370年）五月，明左副将军邓愈自临洮率兵进克位于藏族聚居区东缘、临洮以西75公里外的河州，并依上命在这蕃汉杂居之地置河州卫。明军初至河州时，"城邑空虚，人骨山积"，将士见到此景，皆欲弃城而去。但卫指挥使韦正力言重建河州，并以之作为"出镇边陲，以拒戎狄"的桥头堡。数月后，吐蕃十八族、大石门、铁城、洮州、岷州等处民众来归。明廷希望更多吐蕃民前来归附，因此派通事舍人巩哥锁南等有蕃人姓名的官员"往西域招谕吐蕃"。到了洪武四年（1371年）初，蕃、蒙、汉等人杂居的河州已经正式成为明廷有效控制的边陲城镇。明廷以前元陕西行省吐蕃宣慰使何锁南普为河州卫指挥同知，"子孙世袭其职"，朵儿只、汪家奴（可能是蒙古人）为佥事。接着，明朝以河州为中心设置了更多星罗棋布的卫所作为边陲军事据点，主要有在岷州等处设立的千户所8个，在洮州设立的军民千户所1个、百户所7个，另又于阶州、文州、扶州、阳呱等处

---

① 原著无附录诏赦节文，译者据上下文意增补。——译者注

设立汉番军民百户所2个。[16]①洪武四年（1371年）四月，原明夏政权摄礼店元帅府同知、汉蕃千户王均谅赴南京朝贡，太祖命其为文州——地处今天甘肃省南部与四川省交界处，白水河北岸，景色宜人，山林葱翠——汉蕃千户所副千户。[17]次月，在任命何锁南普等人至河州六个月后，太祖又对河州人事作了调整，"以吐蕃来降院使马梅为河州卫指挥金事，故元宗王孛罗罕、右丞朵立只答儿为正千户，元帅克失巴卜、同知卜颜歹为副千户，同知管不失结等为镇抚。百户及其部属以下，各赐袭衣、文绮有差"。这一人事调整，与马梅等赴阙朝贡之事有关。马梅于隆暑夏日，与孛罗罕等带着马、铁甲、刀箭前来朝贡，太祖"嘉其诚"，担心这些已经习惯了凉爽气候的人难耐南京的炎热潮湿，"宜早遣赴卫"，因而有了上述的封任与赏赐。[18]洪武五年（1372年）二月，河州卫指挥使司金事朵儿只、汪家奴赴阙朝贡，太祖也诏赐文绮、袭衣。[19]

作为边陲城镇，河州的诸族杂居特征十分明显。它是明朝北境防线镇戍体系的一部分，但同时又带有些许非汉族群自治政权的色彩，广义上讲，也可视作明朝朝贡体系的一部分。一位河州卫的蒙古将领就受到太祖皇帝非比寻常的礼遇。这位蒙古将领叫卜纳剌，洪武三年（1370年）率吐蕃部众降明。卜纳剌乃元世祖忽必烈第七子、西平王奥鲁赤的五世孙，太祖"念其元裔，甚恩

---

① 原著认为，明朝在洮州设立以部族为中心的千户所1个，百户所8个。核《明实录》原文，千户所乃军民千户所，百户所有7个，"曰上寨，曰李家五族，曰七族，曰番客，曰化州等处，曰常家族，曰爪黎族"，总计8所，非9所。——译者注

遇之",并授其怀远将军、武靖卫指挥同知,子孙世袭罔替。洪武六年(1373年),卜纳剌去世,太祖命有司为其治丧,并出丧葬所需一切费用,以示重视。[20]洪武二十一年(1388年),河州蕃僧喃伽蓝藏到南京进贡马匹,太祖赐钞二百锭。[21]洪武二十六年(1393年),太祖在河州卫设立两个僧纲司,其一为河州卫汉僧纲司,其一为河州卫蕃僧纲司,均以僧人为都纲。[22]上述例子均表明河州诸族杂居的情况。

河州很快就成为明朝从藏族聚居区榷马的重镇,这些马匹常用于武装明朝西北防线上的骑兵部队。洪武十三年(1380年),兵部奏"河州茶马司市马,用茶五万八千八百九十二斤、牛九十八头,得马二千五十匹"[23]。到了洪武十六年(1383年),兵部又奏定"以茶易马之价",具体标准为:"河州茶马司例:凡上马,每匹给茶四十斤;中马,三十斤;下马,二十斤。"太祖是其议。[24]

边陲互市充满复杂性,其中一个问题在于,政府是否能全面主导榷货贸易?似乎并未尽然。洪武二十六年十二月(1394年1月),太祖开始禁止私贩带有官烙印记的马匹给蕃人,不过若是私家马匹,没有官印者,不在禁限之列。此前,关吏曾为"过河私贩之弊",不问公私马匹,一律禁绝与蕃人私下互市。太祖认为这种做法是不对的,他赞成"西人所赖者,畜牧为生。旧常以马过河鬻售,今既禁遏之,恐妨其生计"的意见,令右军都督府遍行榜谕给各处守关者:今后军民人等"自己马无印者,及牛、羊、杂畜之类,不问多寡,一听渡河售易"。[25]当然,腐败也很可能随之而来,诱惑着守边将官。为防止边将伺机无端搜刮诸蕃民物,洪武二十六年(1393年),太祖遣使往河州、洮州、岷州等处,赐予缘边诸蕃金铜信符以为凭证,并敕谕各部族道:"往者，朝廷或有所需于尔，必以茶货酬之，未尝暴有征也。近闻边将无状，多假朝命扰害尔等，使不获宁居。今特制金铜信符，族颁一符，遇有使者征发，比对相合，始许承命。否者，械至京师罪之"。26①

茶马互市中的腐败绝非仅是边将侵吞这么简单，也绝非仅发生在边陲之地。洪武三十年（1397年）六月，驸马都尉欧阳伦因贩私茶，东窗事发而被赐死。原来，太祖禁止巴蜀之茶私贩与蕃人，而驸马都尉欧阳伦倚仗皇亲国戚之势，常令家仆从陕西私鬻茶叶至诸蕃，非法牟取暴利。其家仆倚势横暴，其中一位名为周保者，更是骄纵暴行，地方官皆"畏威奉顺，略不敢违"，陕西布政使司甚至还被迫为其提供官家车马50辆，运送私茶到河州，再以低于官价的价格卖与诸蕃。至兰县（今甘肃兰州市，位于宁夏卫西南350公里）时，周保一行人因欲强行通过桥河巡检司的排查而"捶辱其吏"，吏员不堪其辱，告发至朝廷而事发。27②

在太祖看来，私茶出境不仅仅是个经济犯罪问题，同时也对明朝的边防安全构成威胁。他在洪武三十年（1397年）提出："古者帝王驭世，必严夷夏之辨者，盖以戎狄之人贪而无厌，苟不制之，则必侵侮而为边患矣。今朵甘、乌思藏、长河西一带西蕃，自昔以马入中国易茶，所谓懋迁有无者也。迩因私茶出境，马之入互市者少，于是彼马日贵，中国之茶日贱，而彼玩侮之心渐生

---

① 原著本处引文注释页码有误。据查，引文在《明太祖实录》卷225，第3295—3296页，不在卷224，第3278页。——译者注
② 原著本处引文注释页码有误。据查，引文在《明太祖实录》卷253，第3659页，不在卷246，第3569页。——译者注

矣。"为此，太祖命他的两个儿子秦王和蜀王，于松潘、河州、临洮近300公里与西蕃交接的关口处沿边"巡禁私茶之出境"者。太祖声称，他的政策并非要与蕃人争利，而是"制驭夷狄，不得不然"的举动。[28]他还认为，因为边吏强令蕃商必须接受高于私茶价格的官茶，致令私茶出境形势进一步恶化。[29]①

* * *

此外，河州还是通往藏族聚居区腹地的要冲，因此在河州卫的统领下，大量由非汉人土官领导的卫所相继建立起来。在河州卫与藏族聚居区腹地的乌思藏中间，还夹杂着一些惯于打家劫舍的吐蕃诸部。洪武五年十二月（1373年1月），乌思藏摄帝师喃加巴藏卜等派遣使团往南京朝贡土产方物时，向太祖抱怨吐蕃诸部阻拦使者并"掠其辎重"，太祖于是命邓愈率兵讨伐吐蕃诸部，并护送乌思藏使者回去。[30]

中原政权知道，处在外围的乌思藏并非蛮夷之乡，而是文明教化之地，故而在洪武六年（1373年）正月，一个由乌思藏灌顶国师派遣，由酋长锁南藏卜亲率的使团"以佛像、佛书、舍利来贡"，太祖特地"诏置佛寺"以供奉这些圣物。[31]②不唯如此，太

---

① 事实上，从作者所引《明实录》原文部分看，朱元璋责怪边吏的并非他们"强令蕃商必须接受高于私茶价格的官茶"，而是"或滥交无度、纵放私茶，或假朝廷为名、横科马匹，以致蕃人悖信"，二者似有不同。——译者注

② 原著本处引文注释页码有误，引文在《明太祖实录》卷78，第1433页，不在卷80，第1453页。——译者注

祖还在乌思藏置乌思藏指挥使司和朵甘卫指挥使司，以前元国公南哥思丹八亦监藏等为指挥同知，其余佥事、宣慰使、同知、副使、元帅、招讨、万户等官，各授予当地土官凡六十人，又封喃加巴藏卜为炽盛佛宝国师。太祖还告诫他们："今为官者，务遵朝廷之法，抚安一方；为僧者，务敦化导之诚，率民为善。"随后，太祖命河州卫镇抚韩加里麻等，持敕与喃加巴藏卜一同前往乌思藏，随路"招谕未附土酋"。[32]太祖还进一步在河州以南百余公里的洮州设置卫所，共置常阳十八族千户所6个，百户所9个，都管17人，俱以元朝旧官员充任。这样，整个藏族聚居区，乃至喜马拉雅山，就被明朝纳入统治范围了。

尽管有上述招抚和军事部署，但仍无法完全遏制中原与藏族聚居区交界处时而出现的暴力冲突事件。洪武六年（1373年）二月，蕃人袭击位于六盘山一带庆阳西南160公里的隆德县。隆德县以东50公里的平凉卫闻讯出动，卫指挥庄德最终"擒杀七十余人，获马、牛、驴而还"。八月，胡兵夜寇河州土门峡，千户王才战死，临江侯陈德领兵击退了来犯之敌。陈德等进兵到答剌海子口时，与胡兵相遇而战，"斩首六百余级，生擒其同佥兴都等七百余人，获驼、马、牛、羊千余头"。[33]从这里看来，所谓的"胡"，似为当时的蒙古人。

当然，中原与藏族聚居区的交界处还发生过更多类似的案例。洪武六年（1373年）正月，太祖于今天青海省的边缘地带置西宁卫，并以前元甘肃行省右丞朵儿只失结为指挥佥事。在此之前，元朝势力仍盘踞于此地，而守将们对是否脱元降明一事发生分歧。朵儿只失结主张归附明朝，但岐王、太尉朵儿只班不予苟同，于是朵儿只失结与宋国公冯胜一道征讨朵儿只班，并俘获了其弟答立麻，获金、银、印及军士马匹，皆解送南京。为此，太祖特定置西宁卫予朵儿只失结，使为指挥佥事。³⁴事情还未结束。到了洪武六年（1373年）六月，洮州三位副使阿都儿等以出城狩猎为契机，与岐王朵儿只班等密谋袭击河州、兰州等处，西宁卫千户祈者公孙哥等领兵击之，斩杀无数。³⁵

以此观之，在这一交界处，西宁卫的重要性毋庸置疑。洪武十九年（1386年），陕西都指挥司认为西宁卫"旧城卑狭，不堪戍守"，请求于城西扩建新城，太祖准其所奏。洪武二十年（1387年），太祖又命陕西诸卫士兵增守西宁卫。①同样，洪武二十六年（1393年），太祖于西宁卫置僧纲司，由当地僧人三剌为都纲，统领当地释教信徒。由此说明，西宁卫之于明朝，兼具军事和宗教之功能。³⁶

藏族聚居区地域辽阔，其地形崎岖不平，³⁷而拉萨与南京的直线距离超过2500公里。距中原地区较近的是朵甘思，大约位于安多及其以南部分地区，即今青海省和四川省西部阿坝州和甘孜州等藏族自治州一带的高原地方政权。元朝曾与当地建立联系，置朵甘思宣慰使司都元帅府，因此太祖也希望在改朝换代后恢复与当地的交流。洪武六年（1373年）九月，由前元司徒锁南兀即尔率领的朵甘思释教僧团赴阙朝贡，并向太祖求诏护持，请如元朝旧制，将影堂寺、昔兀扎束之地并啞卜伦等地，依旧由锁南兀即尔统辖。作为回报，锁南兀即尔愿归附明朝。太祖从之，并授之以朵甘卫指挥佥事一职。阿撒捏公寺住持僧端月监藏请求太祖

---

① 原著将扩建新城与增兵二事合一，查《明实录》原文，扩建新城一事在洪武十九年正月，增兵在洪武二十年九月，并非一起发生。——译者注

（太祖年轻时就是一位云游四方的托钵僧）降敕护持[38][①]，太祖也一并从之，敕文略曰：

> 佛教始于西乾，流传至于中华，今千余年矣。盖为时有智僧出世，谈天人妙果。智慧者闻之，益加崇信；愚痴者闻之，莫不豁然警悟。呜呼！佛之愿力有若是乎？尔蕃僧端月监藏，修行有年，今来朝京师，特赐敕护持。凡云游、坐禅，一听所向，以此为信。诸人毋得慢忽其教。违者，国有常刑，故敕。

不过，当端月监藏又提出收聚"散亡之民"时，太祖拒绝了这一要求。廷议认为，此事事属有司，僧人不得干预其中。就这样，朵甘思地区至少在形式上归附明朝了。15世纪后，朵甘思这个名称就逐渐消失在世界地理中了，在这片土地上的诸部被明人以更细化的名称指代。

洪武七年十二月（1375年1月），明廷进一步在朵甘思增置卫所，分别增置朵甘思宣慰司1个，招讨司6个，万户府4个，千户所17个，一如元制。不过，所有任职官员都是非汉人，而这种军事化命名更像某种虚饰，所谓的卫所在本质上仍是一个由释教僧徒人员控制的游牧社会，其权力基础依托于寺院。月余后，明廷又进一步深入藏族聚居区建立卫所，"置俄力思军民元帅府，怕木

---

① 原著将高僧请敕一事描述为高僧想听太祖谈论佛法，似不妥切，据《明实录》原文改。事实上，僧道之徒向皇帝请护持圣旨乃常见之事，今各地寺庙所见圣旨碑，多由此出。——译者注

竹巴万户府，乌思藏笼答千户所"。总之，太祖在位期间，对朝贡马匹、佛经和其他货物，以及偶尔的传教行为持较为宽容的态度。[39]

总的来说，明太祖较为有效地处理了藏族聚居区事务。他本就喜欢与释教僧人打交道，而远蕃藏人也多愿意以朝贡形式与明廷保持羁縻关系，并在朝贡中以圣物、马匹换取茶叶、丝绸、盐或钞锭。在藏族聚居区边界的河州、西宁等处，汉民与藏民杂居，他们之中也存在着如上那种以物易物的需求。当然，例外总是存在的。在河州以南，沿着藏族聚居区边界的山麓一直到松潘，暴力冲突情况更为严重。

丝路上的侵扰

在离汉藏杂居的河州、洮州、岷州不远的东北方向，有一片长期出现战乱冲突的地方。今天，这一地区分属甘肃省和宁夏回族自治区，而在明朝，它们均隶属于陕西布政使司。在这里，明朝的开国君臣将面对更为复杂的边防安全问题。在丝路的沿线，有定居驻防的中原军民，有藏族人、突厥人、蒙古人、瓦剌人、土达人，以及逐渐形成的回族群体。这些杂居群体中，有农耕群体，有游牧群体，也有商人集团，当然，还有部分以劫掠为生的人。另外，源源不断的商队也从中东一带的城邦中，通过漫长而危险的"甘肃走廊"前往中原。因此，误解、突发事件乃至更为严重的安全危机总是在这片土地上不断重演。

从地图上看，陕西布政使司最西端的突出部分，即今天的甘肃省，看起来很像一支注射器。在这支注射器的"针筒"部分，坐落着一些内陆州县，如平凉、巩昌、临洮、兰州、庆阳等。这些州县虽已纳入明朝行政治理体系中，但常常卷入到边防战争中。而在注射器的"针尖"部分，向西沿着丝绸之路，又坐落着如庄浪、凉州、永昌、甘州、肃州等军镇。按照贺凯（Hucker）[①]的说法，这是一片由明军管辖的防御指挥体系，而非文官治理的普通郡县。庄浪以西约500公里即是肃州，而在"针尖"另一端的嘉峪关，被视为明朝直接统治的"终点"。西方来使至此都必须停下脚步，接受关隘边吏稽查。[40]

嘉峪关外往西500公里，是今天新疆最著名的绿洲城镇哈密[②]，再往西350公里，就到了吐鲁番[③]，吐鲁番以北100多公里，则到了别失八里[④]。而新疆西南部的帕米尔高原，则距南京已经有4000公里以上的直线距离。高原上坐落着著名的撒马尔罕城，那里当时是帖木儿帝国的首都。它的肇基者帖木儿，因娶了察合台汗国的公主而成为成吉思汗黄金家族的驸马，并在此后凭借驸马的身份获得掌握察合台汗国的权力。自洪武二十年（1387年），帖木儿每年都友好地向南京遣使进贡数量可观的马匹、骆驼。一开始只有马15匹，到了洪武二十九年（1396年），则有贡马1095匹。撒马尔罕使团从未在途中遭劫，由此可见帖木儿势

---

① 贺凯教授是20世纪下半叶西方最重要的中国史学者之一，主要研究领域为明代政治制度史。——译者注
② 《明实录》亦称"哈密"为"哈梅里"。——译者注
③ 明代文献通常写作"土鲁番"，本书统一使用"吐鲁番"，引文除外。——译者注
④ 明初明人称之"别失八里"，后改称"亦力把里"，见《明史》卷332《西域传·别失八里》："（永乐）十六年，贡使速哥言其王为从弟歪思所弑，而自立，徙其部落西去，更国号曰亦力把里。"

力之强大。[41]

洪武七年（1374年）夏，"西域撒里畏兀儿安定王卜烟帖木儿遣其府尉麻答儿、千户剌尔嘉来朝贡铠甲、刀、剑等物"。他们向太祖解释道，撒里畏兀儿人是鞑靼人的一个分支，其地广袤千里，"去甘肃一千五百里"，所居"无城郭，以毡帐为庐舍"，盛产驼、马、牛、羊。[42] 看起来卜烟帖木儿似乎想通过接受明朝的"金铜信符"来强化其统治，这样他就能以明军卫指挥使或其他名义去管理他所统辖的部众。遗憾的是，卜烟帖木儿很快就在政变中被曲先卫指挥沙剌杀死，而沙剌随即被卜烟帖木儿之子板咱失里处死，随后板咱失里又被沙剌部将所杀。此后，撒里畏兀儿就在明廷的视线中消失了，直到洪武二十三年十二月（1391年2月），阿真畏兀儿（原先撒里畏兀儿的一部）遣使来贡马。[43]

数月后，别失八里王黑的儿火者遣使赴阙朝贡马11匹，海东青1只。实际上，这个所谓的使团是由中原人组成的。原来，洪武二十一年（1388年）前后，明将蓝玉曾征北元军队于捕鱼儿海，俘获了数百名撒马尔罕商人。蓝玉遂遣护卫送其归国。护卫在回中原途中经别失八里，故黑的儿火者借其势遣使朝贡。[44]①

不过，西域诸国的朝贡，在哈密那里曾长期受到干扰。哈密王兀纳失里，黄金家族察合台后裔，劫杀往来沿途的贡使。尽管这种做法主要起因于别失八里和哈密的纷争，与明朝并无直接关系，但太祖依然不能容忍其发生。哈密王没有资格决定谁来南京

---

① 作者此处似有误解。据《明实录》原文，蓝玉乃命鞑靼王子剌剌送撒马尔罕商人归国，途经别失八里，黑的儿火者又遣剌剌为使朝贡。鞑靼王子剌剌，似不能理解为中原人。——译者注

朝贡，否则，明廷"天下共主"的地位将受到挑战，其后果之严重，犹未可知。于是，在洪武二十四年（1391年）八月，太祖遣左军都督佥事刘真等往征哈密。刘真出奇兵，由凉州直捣哈密之境，"乘夜直抵城下，四面围之"，黎明时，兀纳失里突围而出，家属随后一并遁走。哈密军溃败，明军遂攻破其城。[45]

随后，太祖又遣使西域，以书谕别失八里王黑的儿火者，向他介绍了太祖所理解的"天下一家"，其文如下：

> 朕观普天之下，后土之上，有国者莫知其几，虽限山隔海，风殊俗异，然好恶之情，血气之类，未尝异也。皇天眷佑，惟一视之，故受天命，为天下大君者，上奉天道，一视同仁，俾巨细诸国、殊方异类之民，咸跻乎仁寿。而友邦远国，顺天事大，以保国安民。皇天监（鉴）之，亦克昌焉……其间有称自撒马儿罕等处来贸易者，凡数百人，遣使送归本国，今三年矣。使者归，尔别失八里王即遣使来贡，朕甚嘉焉。王其益坚事大之诚，通好往来，使命不绝，岂不保封国于悠久乎？[46]

在笔者看来，这封书信中充斥着太祖的宣传说辞。

同年，前述在捕鱼儿海一役告捷，太祖"比之卫青、李靖"的蓝玉，奉命移兵西域，"以追逃寇祁者孙"。不过，直到洪武二十五年（1392年）四月，明军并没有取得什么像样的战果。诸将皆认为"大军深入，必鸟兽散去……莫若缓以绥之，遣将招谕"，但蓝玉不以为然，下令继续追击至阿真畏兀儿地界，土酋哈昝等皆遁逃而去。正用兵之间，建昌（今四川西昌市）——位于川藏交界处，松潘以南550公里，成都以南350公里的军镇——指挥使月鲁帖木儿叛乱，太祖遂令蓝玉移师建昌，以讨不臣。蓝玉强行深入藏族聚居区，取道松叠（松潘、叠溪），却恰逢"霖雨积旬，河水汛急"，将士们皆认为此非太祖之意，"相率逃亡"，蓝玉只好放弃原来的急行军方案，转而由陇右进抵建昌。

到了五月，蓝玉还在行军途中，而都指挥使瞿能已大破月鲁帖木儿兵。月鲁帖木儿请降，众将皆以为此举必是诈降，乃月鲁帖木儿欲迁延逃遁而使的缓兵之计，但瞿能不听。月鲁帖木儿遂逃走，明军追之不及。[47]

上述情况，太祖尽皆知悉，并因此决定进一步对明朝的边防安全采取措施。不久，太祖以月鲁帖木儿叛乱之故，置建昌、苏州两处军民指挥使司及会川军民千户所，并调"京卫及陕西兵万五千余人"前往镇戍。太祖还告喻将士："今僰人、百夷、啰啰、摩娑、西蕃诸部，皆背弃月鲁帖木儿，散还乡里。宜阅实户数，户以一丁编伍为军，令旧军领之，与民杂居。惟有警则赴调，无事则听其耕牧……尔守御将校能互相应援，设伏出奇，生擒来献者，赏白金千两。以馘献者，二百五十两。"

整个六月，瞿能与敌战于群山之中，但月鲁帖木儿始终东躲西藏，亡匿不出。到了七月，太祖提出了更为详细的作战方案，敕"普定侯陈桓往陕西修建连云栈入四川，都督王成往贵州平险阻、治沟涧、架桥梁，以通道路"。这一方案疏通了由藏族聚居区边缘入川的捷径，这一捷径正是此前蓝玉不得不放弃的进军路线。不过，这仍是一个艰巨的任务，修桥造路之中不得不面对荒无人烟的深山老林和携带疟疾的蚊虫。[48]

洪武二十五年（1392年）十月，太祖遣使谕蓝玉曰："月鲁帖木儿凶顽无识，生死轻重，殊无顾藉。其用事者，杨把事、达达千户二人而已。若大军压境，或有使来，恐是此人，宜即羁之，勿令复去。昔寇恂斩皇甫文而降高峻，用此计也。且月鲁帖木儿其出也，或诡诈以觇我军，不可信之。若知其所在，即遣兵进攻。若来降，密为之防，所谓事起乎所忽，不可不慎。其屯守建昌土军三千人，宜收入营。诸将校亡者，捕送京师。又，苏州去西蕃甚迩，宜早定之。其柏兴州贾哈剌境内摩娑等部，亦须除其凶渠，然后宥其余众，俾耕牧以供赋税。凡节制军务，惟此最当留意。"[49]

年底，蓝玉以计诱擒月鲁帖木儿父子，械送南京伏诛。[50]事后，蓝玉又上关于边防问题的奏议，认为"四川之境，地旷山险，控扼西蕃。连岁蛮夷梗化，盖由军卫少而备御寡也"，因此他建议在川藏诸地增置各处屯卫和千户所。群臣廷议，认为蓝玉的建议是有道理的，宜速行之。蓝玉又奏："四川军士，少请籍民丁为兵。其长河西朵甘、百夷，地相连属，恃其险远，久不入贡，请兵致讨。"太祖否决了这一提议，认为"籍民为兵甚不可。其民连年供输烦扰，又以壮者为兵，其何以堪"，且若要向朵甘、百夷等地用兵，"非四十万众不可行也"，如此劳民伤财，不如罢征。故此，太祖令蓝玉班师回京，瞿能等亦各还成都。[51]①

前述诸事，只是明朝西翼防线反反复复动乱和发生暴力冲突事件之一斑。而松潘又是这一防线上冲突动乱的集中节点。松潘的海拔相对较高，后勤补给相对困难，但它处在统治羌民（羌人是这一陡峭高原地区的主体居民，笃信本教而非佛教）的要冲之

---

① 原著称蓝玉与瞿能一同回京，但据《明实录》，返京的只有蓝玉，瞿能与"同知徐凯亦还成都"。——译者注

地。太祖在位期间，这里的行政管理一直处在反复调整的状态。这里盗贼横行，民族众多，又是茶马贸易的重要交通之地。在这片风景如画的山林中，小规模的战争冲突总是时不时在上演。[52]

* * *

与此同时，西域的哈密王兀纳失里正设法与明廷重修旧好。洪武二十五年十二月（1393年1月），兀纳失里遣使往南京朝贡马46匹，骡16只。[53]

洪武二十九年（1396年）三月，太祖遣行人陈诚（此人后来在成祖时期因出使撒马尔罕和哈烈而闻名遐迩）到撒里畏兀儿，重建安定卫指挥使司。表面上看，明军在此设立卫所，直接管理当地，似乎是明目张胆的吞并举动，是对别失八里方面的挑衅。实际上，明朝是应当地的准统治者——阿真川土酋哈昝的请求而采取的行动。在安定王卜烟帖木儿被杀后，撒里畏兀儿式微，蓝玉出兵追击祁者孙时，哈昝等甚至"窜匿山谷不敢出"。为了加强自己在撒里畏兀儿的统治，在太祖的十四子——肃王食封甘州时，哈昝终于遣僧撒儿加藏卜赴甘州，请求明廷重新授予其官职，以安其部属。肃王为之奏请，遂有太祖遣陈诚立安定卫指挥使司，并赐诸土官铜印58枚一事。到了九月，安定卫新任酋长塔孩虎都鲁随陈诚赴阙，朝贡马40匹。[54]以此观之，明朝在撒里畏兀儿旧地设立卫所，并非为了吞并此地，而是将卫所组织的形式加诸一个异族政权，以此加强其对当地社会的内在控制，进而巩固边防安全。

当然，安定卫之于南京，仍然是山高皇帝远。洪武三十年（1397年）正月，别失八里王黑的儿火者因某些缘故，扣留了太祖派遣的前往撒马尔罕的使臣宽彻。太祖无不悲痛地致书劝谕黑的儿火者，其书略曰："朕即位三十年，西方诸国商人入我中国互市，边吏未尝阻绝。朕复敕吾吏民，不得持强欺谩番商，由是尔诸国商获厚利，强场无扰，是我中国有大惠与尔诸国也。向者，撒马儿罕商人有漠北者，吾将征北边，执归京师，朕令居中国互市。后知为撒麻儿罕人，遂俱遣还本国。其君长知朝廷恩意，遣使入贡。吾朝廷亦以知其事上之礼，故遣使宽彻等使尔诸国，通好往来，抚以恩信。岂意拘吾使者不遣！吾于诸国，未尝拘留使者一人，而尔拘留吾使，岂礼也哉？是以近年回回入边地者，且留中国互市，待宽彻归，然后遣还。及回回久不得还，称有父母妻子，朕以人思父母妻子，乃其至情。逆人至情，仁者不为，遂不待宽彻归而遣之。是用复遣使赍书往谕，使知朝廷恩意，毋使道路闭塞而启兵端也！"[55]

* * *

从上述一系列太祖对甘肃以西数百公里的边防前沿的经略事件看，维护中原安全的任务何等艰巨。不过，与其他地方的情况不同的是，这一方向的冲突多局限于地方性，规模也不大。对此，太祖虽不常加干预，但他绝非对此熟视无睹。

穿过甘肃走廊，西出嘉峪关，即到沙州敦煌——因莫高窟而闻名遐迩的城市。沙州敦煌在肃州以西300公里，这里已经不是明朝直接付诸行政管理的地区。再往西，当地社会的汉人越来越少，而突厥人、藏族人、蒙古族人等诸族人民则越来越多。这些地方有一个特点：愈是缺乏与中原保持政治联系的地方，发生动乱的可能性就越高。

当然，事情也有积极的一面。14世纪70年代中期，位于明朝边防前沿的平凉、庆阳、广昌等州县在人口和生产方面都有了长足的增长，可以为戍边部队提供更为殷实的税粮。[56]

但是，围绕着甘肃走廊，前元军队和一些地方族群势力持续不断地袭扰明军构建的阵地和军事防御设施。洪武七年（1374年）十月，太祖置凉州卫。洪武十一年（1378年）二月，凉州卫等获前元官吏25人并甘肃等地降者1960人。太祖认为"人性皆可与为善"，因此将他们内徙于平凉府，"使之服我中国圣人之教，渐摩礼义，以革其故俗"。[57]

这里有两个问题需要注意。其一，太祖似乎常徙内地民众实边，以便实现对边防前沿州、县、镇、卫的完全控制。这一点后文将会详述。其二，从凉州徙至他处的人很可能不是所谓的"化外之民"，而是汉人，但这些汉人已经或多或少出现"胡化"倾向。明朝从未有向"化外之民"传播儒家思想的政策。因此，在边防前沿，传统儒学思想的影响力较为有限，一些武官将领的后代甚至"多不识字，无从学问"。[①] 出于对这种礼教缺失和文盲蔓延倾向的担忧，明廷决定于"北滨边塞"各卫所置儒学学校，"如府学之制"，至少使武官子弟得以预列科举。[58]

洪武十二年（1379年），太祖复置陕西行都指挥使司于庄浪，

---

① 出于行文顺畅，本句乃译者据上下文意增补。——译者注

后西徙至位于甘肃走廊中点的甘州。[59]军事上,明军以甘州为据点,从灵州到亦集乃(Etzina)①路层层设防,保障西通哈密之路的安全,以便商贾、行人、使者顺利通行。沿途又相继设立驿站,每站置铺马10匹,[60]马匹多来源于河州的茶马贸易。每站置驿夫十一二人,照看铺马之余又兼具务农。明军在此的许多行动非常成功,不少前元将领相继被俘。洪武二十二年(1389年)十二月,右军都督佥事兼陕西都指挥使聂纬领兵讨把撒川黑章匝番贼,斩首472人,获马1400多匹,牛羊6890余头。[61]明军的训练和推进速度极快。洪武二十五年(1392年)九月,太祖沿着甘肃走廊,从巩昌到凉州再到甘肃镇,"凡百二十里以上者中增一驿",总共新增了29处驿站,每站以秦州、河州所市马30匹分给之,又令有司于附近民籍中招募驿夫管理。[62]"胡虏"(可能指蒙古人)的侵扰促使明廷又进一步命令精锐的骑兵部队加强沿边巡防,特别是在春耕、秋收时节。[63]洪武二十九年(1396年),陕西行都指挥使司都指挥佥事张豫又上疏朝廷:"肃州卫军粮,每月于凉州卫关给,往复二千余里,甚为劳费。请以甘州见收盐粮支给便。又,凉州、肃州马驿及递运所见役恩军,多系曾经籍没之人,所以衣食不给,往往逃故。继今请于弛刑编军之徒免没家财,其见役者,再乞人给月粮三斗。"太祖接受了张豫的建议,并令在此基础上增给他们冬衣。[64]如上文所举的例子,都为我们描绘了一幅有关明初西北边防日常真实而又碎片化的图画。

同时,太祖还启用老战友耿炳文坐镇西安、督抚陕西,以协

---

① Etzina,蒙古语"Ejene"之转音,元、明称亦集乃,清以后至今称额济纳,即黑水城。——译者注

助太祖处理西北边疆事务。耿炳文在陕西一直从洪武二年（1369年）待到洪武二十三年（1390年），后于洪武二十四年（1391年）到洪武三十年（1397年）复镇陕西。在任期间，耿炳文能兼及民生与边疆事务。与蓝玉不同的是，耿炳文低调而谦逊，更像一名坐镇一方、运筹帷幄的统帅，而非行军打仗、冲锋陷阵的将军。[65] 我们难免会从南京与西北边疆经年累月的庞杂的公文奏议中形成这么一种印象：西北边疆地区充斥着暴力、腐败和贫穷。但这种看法并未尽然。毕竟，明朝政府仍相对尽责地处理和解决出现的每一个问题，所以我们才会看到这些经过传递的公文奏议被摆在皇帝和群臣面前。因此，我们选择从史料中的某场局部战争，某次补给缺失或某种指挥失当的细节出发，而非以一种宏大叙事的视角来看待这段历史。那种宏大叙事的视角固然使我们看到这一巨大保护罩[①]长期发挥作用的一面，却常忽略了卷涉其中的人所遭受的无尽痛苦。

＊　＊　＊

在甘肃走廊的东北方向，是如今宁夏回族自治区的首府银川，明时称宁夏。宁夏位于西安以北约500公里的黄河西岸。洪武六年（1373年），太仆寺丞梁埜仙帖木儿（汉姓蒙名的情况似乎暗示他是蒙汉杂居的宁夏本地人）提出重建宁夏的建议，因为这里在元明易代之际毁于战火。他说："黄河迤北宁夏所辖境内

---

① 指明军的防线。——译者注

及四川，西南至船城，东北至塔滩，相去八百里。土田膏沃，舟楫通行，宜命重将镇之。俾招集流亡务农屯田，什一取税，兼行中盐之法，可使军民足食。"太祖从其所言，宁夏的复建工作正式开展。[66]

战火燃烧的中线

随着元廷在元至正二十八年、明洪武元年（1368年）闰七月北迁，中原的人力、资源就此全部落入明朝之手。明朝开始掌管天下，并守护其胜利果实。很明显，流亡的元廷不甘心失去这一切，多次试图重新武装进入中原，夺回他们的"遗产"。这也就能解释，为什么太祖在洪武二年（1369年）六月令大将常遇春出兵深入漠北，试图俘虏驻跸上都的元顺帝妥懽帖睦尔。常遇春率步卒8万，骑士1万出征，但是元廷再度北迁。明军试图继续追击，但顺帝已经奔逃，明军最终未能将之俘获。不过，明军战果颇丰，"凡得将士万人，车万辆，马三千匹，牛五万头"。常遇春还军至柳河川时，得疾而卒。[67]十月，太祖又遣使致书劝诱顺帝投降："春和日暖，沙漠草青，汉兵出塞之时也。霜雪冬寒，则归而守险。君虽有百万之众，何能为哉？"[68]

与此同时，北平也有大量自北逃来的民众归附。太祖令徐达"选其骁勇可用者为兵"，按月给粮，其余民众则皆南徙至临清、东昌定居。[69]显然，太祖担心不同族群、世系的人混同而居会对社会管理和控制产生潜在威胁。因此，在洪武三年（1370年）四月，太祖诏令禁止蒙古人、色目人更改姓氏，诏文如下："朕起布衣，定群雄为天下主。已尝诏告天下蒙古、诸色人等，皆吾赤子，果有材能，一体擢用。比闻入仕之后，或多更姓名。朕虑岁久其子孙相传，昧其本源，诚非先王致谨氏族之道。中书省其告谕之，如已更易者，听其改正。"[70]不过，后来历史的发展表明，太祖这一告谕不过是一纸空文。

洪武三年（1370年）春，太祖令大将军徐达自潼关出西安，攻伐扩廓帖木儿；左副将军李文忠出居庸关，向北深入草原，追击顺帝妥懽帖睦尔。元廷对此始料未及。[71]

正月，探马报称扩廓帖木儿寇兰州，但被击退，现在正驻扎于兰州东南90公里处的安定以西，四处纵兵劫掠。[72]这很可能是扩廓帖木儿唯一的"补给"手段。二月，李文忠抵达草原深处的察罕脑儿（又名白海子）。[73]

三月，徐达军次甘肃，并继续行军到安定以北30公里处的沈儿峪，要与驻防当地的扩廓帖木儿军队决一雌雄。太祖告谕徐达，要"慎防毋忽"，以备不虞，同时要小心当地的雨水，一旦"暴水卒至，势不可测"。[74]徐达军次沈儿峪后，与扩廓帖木儿深沟对垒，一日交战数次。最终，这位在元朝权倾朝野的重臣败北遁走了。起初，在两军之间有一条间道，扩廓帖木儿曾遣将士由暗道阴劫明军的东南垒。左丞胡德济等军官一时仓促，不知所措。徐达斩杀了若干懦弱不进的将校，并亲自率兵反击扩廓帖木儿。反击出人意料地成功，但我们至今也无法理解，为何扩廓帖木儿的士兵会如此不堪一击。难道这些士兵多为汉人，他们当初被强制签军，远行漠北，至是则厌倦了漂泊不定的游牧生活吗？又难道是他们并不愿为元朝而鞠躬尽瘁，继之以死吗？当然，不管原因如何，他们最终都战败了。[75]明军俘虏了元朝郯王、文济王及国公阁思孝、平章韩扎儿等1800多名官员，各级将校士卒84500多人，获马15280多匹。其余骆驼骡驴及各类辎重更是不计其数。徐达最后带着这些降卒出兵四川，并在战役结束后将他们就地安置于四川各处。扩廓帖木儿则"仅与其妻、子数人从古城北遁去"，攀浮木以渡黄河，直奔哈剌和林。那里还有不少元朝官员正在等待他告捷的消息。[76]

李文忠的一支部队则几乎在同一时间发起进攻，逼近上都。左丞赵庸在察罕脑儿击败元太尉蛮子，平章沙不丁、朵儿只、八剌的军队后进驻上都（明朝称为开平），上都罕等投降。当然，明军的推进并非一帆风顺，都督孙兴祖等二将在局部交战中力战不敌，没于王事。[77]①

南京方面，太祖将元朝平章政事火儿忽答、右丞哈海等放还北归，并令他们携带书信给元主。其书曰："前再遣使致书，久不还，岂尚以往？昔君民之分，谓不当通问耶？君者，天下之义主，何常之有？顾人心天命何如耳？今日之事，非予所欲，亦天命，非人力也。君其奉天顺人，遣使通好，庶几牧近塞，以延其宗祀。若残兵出没，为边民患，将悔之无及。"[78]书信中颇有几分酸涩味道。看来，这位明朝肇基者仍对高贵血统怀有敬畏之心，也仍对他低贱的出身耿耿于怀。中原精英的优越感在蒙古人自恃的"根脚"体系里略显寒酸。

书信还在途中的时候，李文忠又奏报一些令人振奋的消息。

---

① 作者此处似有误解。按《明实录》原文，明军只在白海子击溃四元将所率领的部队，并未见其投降的记载。另外，没于王事者，有都督孙兴祖、燕山右卫指挥平定、大兴左卫指挥庞禋等，不止两人。——译者注

他的部队逼近北平以北400公里的应昌附近,并在此截获一胡骑,称顺帝妥懽帖睦尔已于四月二十八日崩,该骑正从应昌往开平报"国丧"。得此消息,李文忠急令北行,包围应昌城,并于五月十六日将其攻克。因为应昌是此时元廷的临时行在,故李文忠在此役有非同寻常的收获。他俘获了"元主嫡孙买的里八剌,并后妃、宫人,暨诸王、省、院、达官士卒等",并获宋元玉玺、金宝15件,宣和殿玉图书1件,玉册2件,镇圭、大圭、玉带、玉斧各1件,及驼、马、牛、羊无数。此后,又相继有元将江文清等率军民36900余人、杨思祖等率16000余人来降。唯元太子爱猷识里达腊与数十骑遁走哈剌和林,他将在那儿与从沈儿峪败走的扩廓帖木儿"会师"。[79]

军事行动仍在几条战线上同时展开。在李文忠部队继续北进的同时,徐达麾下的邓愈亦领一军攻略临洮、河州诸地。[80] 而在辽东,还有一个半独立的元朝地方军阀——纳哈出。太祖遣使遗书纳哈出,试图劝降纳哈出。其书略曰:"姑孰之捷,尔实在焉。时朕未知天命所向,无必取天下之心,凡遇元臣忠于所事者,未尝不悯其劳而惜其无成也……(今)卢龙戍卒、登莱浙东并海舟师,咸欲奋迅,一造辽沈。朕闻尔总其众,不忍重扰,特命使者告以朕意。使还,略不得其要领。岂以辽海之远我师不能至欤?抑人谋不决,故首鼠两端欤?不然,必以曩时来归,未尽宾主之欢。"[81]

到了六月,千里行军后,李文忠于应昌向朝廷奏捷。太祖以妥懽帖睦尔能"不战而奔,克知天命",上谥号曰"顺"。太祖还令礼部向天下士民榜谕捷音,但又规定,凡曾经在元朝做官的军民人等,不许对捷音称贺。不久,太祖又对礼部所拟榜文甚为不满，认为其中多有"侈大之词"。他说："元虽夷狄，然君主中国，且将百年。朕与卿等父母皆赖其生养。元之兴亡，自是气运，于朕何预？"在太祖看来，元实亡于其自身的国运，而非亡自他手。如果将功劳尽揽于新朝君臣，那么即使天下士人三缄其口，但"其心未必以为是"。因此，太祖令礼部即刻将榜文改正。买的里八剌等顺帝诸孙也随着诸多"战利品"被押解至京。太祖不忍以古代"献俘之礼"将顺帝诸孙告祭太庙，他让他们继续穿"本俗衣"，并赐予他们宫宅与薪米。在朝见太祖后，太祖赐予顺帝诸孙及其王妃"中国衣"。太祖还特别开恩，如果王妃们不习惯中原饮食，可以"食肉饮酪"；不耐南京的酷暑，则可以"归遣沙漠"。[82]

接着，太祖遣使诏谕元朝残余宗室、部落、臣民，劝说其投降。太祖保证，"爱猷识里达腊若能敬顺天道，审度朕心"，他"当效古帝王之礼"，以诚相待。其余部众若能"审识天命，倾心来归"，亦一律量才录用，不分等类。其余诸王、驸马等，若不愿为官，可以"换给印信，还其旧职，仍居所部之地"。太祖特别向他们强调自己之所以这样做，只是担心前朝"元君之子孙流离失所"，恐有不虞，而非对漠北草原之地的觊觎。他说："朕有天下，物产之富，贡赋之人，军国爵赏之费，取用不竭，岂需尔沙漠荒落之地哉？"[83]

不过，漠北草原上已经不存在一个统一的元朝政府了。前元宗室有三大王、四大王兄弟二人在太原北部的岢岚山中聚众结寨自固，时常出兵劫掠大同和武州等地。洪武三年（1370年）六月，太原卫指挥桑桂等领兵击之，大破其众。四大王遁走，三大王脱忽的帖木儿被押解至南京，太祖将之与其他元宗室成员安顿一处。而四大王则继续在太行山区落草为寇，以剽掠为生。洪武九年（1376年），太祖夜观星象，知有兵险，遂敕令大将军徐达严加戒备。他说："故元四大王不满二百人，官军屡捕不获。前者皆云其众无马，今乃言有十五骑相从出没，不知劫夺于何人者？……速遣智勇将士，四面捕之，毋致蔓延。"[84]洪武十年（1377年）夏，有人诬告山西之民跟随四大王为寇，被解送至京城。太祖认为，这些人并非真心诚意要跟随四大王造反，只因被其掳掠，为求生计，不得已而相从。他说："彼四大王以元之遗孽，窜匿山谷，聚逋逃以为民患。山西之民边其巢穴者，往往被其驱掠迫胁，为盗皆不得已。岂真为盗者？……今民相捕获，将延蔓不已，是助之立党，而激之为乱也"，于是将他们尽皆释放，并给"道里费"遣归各乡。[85]直到洪武二十一年（1388年）二月，四大王始到晋王府请降，被押赴至京。太祖矜悯他是元君的子孙后裔，赦免了他的前犯罪行并厚赐之，命他随西平侯沐英戍守云南。太祖告诉群臣，之所以后来罢征四大王，致其长期落草为寇，是因为"穷寇急之，则胁从者惧罪，连结之志坚。缓之，则彼各有父、母、妻、子，一旦思其乡土，有反本之心，当自溃散"。[86]看来，事情的发展如太祖之所计。

洪武三年（1370年）十月，徐达、李文忠相继班师回朝。太祖则继续数次遣使致信爱猷识里达腊，提醒他前述扩廓帖木儿之败，并奉劝他尽早归附。诸信略曰：

> 君之将扩廓帖木儿，自太原奔溃后，以乌合之众犯我兰州。大军进讨，追至定西。今年四月七日，大败其众，斩馘无算，生擒严奉先、韩扎儿、李景昌、察罕不花等。惟扩廓

帖木儿遁去，已命将追捕，旦夕必就擒。……进退之宜，君其审之。

....

君其上顺天道，遣使一来，公私通问，庶几安心牧养于近塞，藉我之威号令部落，尚可为一邦之主，以奉其宗祀。若不出此，犹欲以残兵出没，为边民患，则大举六师深入沙漠。君之退步，又非往日可比。其审图之，毋贻后悔，余不多及。[87]

爱猷识里达腊恐怕已经无力节制"天下兵马"了。太祖曾致书给一名叫秃鲁的元臣，此人可能率军于某处前线，"执持其志，将欲有为"。太祖劝他归附明朝，理由是爱猷识里达腊"昏弱而邪正莫知"，其麾下部队"孤处沙塞，步骑不满万数，部下之人口无充腹之飧，体无御寒之服"。[88]劝降结果，史无明载。但是，洪武四年（1371年）正月，前元枢密都连帖木儿等自东胜州（今内蒙古托克托县西城关镇）来降。该州地处鄂尔多斯东北角，是黄河大"几"字形河道处的一个军事重镇。其投降之于明军意义非凡，太祖由是在此置千户所5个、百户所46个：计有失宝赤千户所1个，百户所15个；花城千户所1个，百户所5个；干鲁忽奴千户所1个，百户所10个；燕只千户所1个，百户所10个；瓮吉剌千户所1个，百户所6个。①太祖直接令侍仪司通事舍人马哈麻带上印信及赏赐前往东胜州，因此这些降将很可能直接就地转

---

① 原著称有千户所3个，百户所28个。查《明实录》原文，远不止于此，当如正文所示。——译者注

职，并未去南京陛见①。[89]不过，新附的东胜州仍处在动荡中。不久后，又有前元平章魁的斤和其兄知枢密院事帖木儿等14人，率部属千余来大同请降，但实际上很可能是来寻求某种庇护。紧接着，在洪武五年（1372年）十月，有鞑靼5900余人来附，太祖令他们居住在临濠，每月给以薪米。大将军徐达建议将顺宁、宜兴等长城外沿边之民皆内迁至北平附近州县，以防其"久而离散"，太祖从之。此次迁徙共计有户数17274，人口93878，通过人为制造人口真空地带，使鞑靼兵无法将边民劫掠塞外或驱之为伍。[90]

可以说，徐达在整个洪武四年（1371年）夏天，几乎都在操办漠北山后之民内徙之事。曾经，蒙古高原的青青草原也是元朝政府直接控制的一部分，因此，中原和草原的分割线在彼时泾渭并不分明，许多汉人也依其生活所需，远徙漠北，将定居点自然地向草原延伸。到了明朝，一切又有所不同。在徐达组织的另外一次大规模边民内徙中，计35800户，197027人定居到北平一带。卫府籍为军者，政府给以粮食，其余32860户为民者，各散置于254屯中，授田以耕。到了年底，又有新附鞑靼5700余人安置于北平红罗山，太祖令赐予他们绵布、棉花和苏木（一种原产于东南亚的药材和染料）。[91]

* * *

洪武五年（1372年）正月，太祖与诸将制定了一个出兵漠北

---

① 原著是到北京朝贡，核《明实录》原文，实到南京。——译者注

的计划，兵锋直指扩廓帖木儿。徐达称"得兵十万足矣"，而太祖则认为须当出兵15万，分三路进击，以"（徐）达为征虏大将军，出中路；曹国公李文忠为左副将军，出东路；宋国公冯胜为征西将军，出西路"。北征将士整装具甲待发，太祖命赐予他们裤、袄、靴、帽，并令政府每月给粮，赡养将士家小，以解除他们的后顾之忧。[92] 广武卫军士撒牙思的向太祖报告说，住在哈剌赤海的前元汾王所部居民愿从徐达北征，太祖喜而从之。[93]

数日后，太祖祭告太岁、风云、雷雨、山川、旗纛等神，遣徐达、李文忠、冯胜三路大军取扩廓帖木儿。依太祖之意，徐达率中路军出雁门关，李文忠率东路军出居庸关，冯胜则率西路军出金兰。太祖为徐达出谋："扬言趋和林而实迟，重致其（指扩廓帖木儿）来，击之必可破也"，徐达受命而去。[94]

二月，太祖发河南卫兵2万人从冯胜北征，从军将士每人赐布2匹；又从山东拨步骑2.8万余人，从李文忠攻应昌。此外，他还赐予北平、山西、陕西诸卫戍卒16万余件战袄，这些戍卒有可能是李文忠或徐达率领的北征将士。二月二十九日，徐达出兵雁门，都督蓝玉在野马川与元军游骑相遇，击败之。三月二十日，徐达的先遣部队由蓝玉率领，进抵土剌河（今蒙古国土拉河，位于北平以北约1200公里），与扩廓帖木儿的部分游骑相遇，再次击走之。但到了五月初六，徐达兵至岭北，与扩廓帖木儿交战失利。[95] 徐达不得不撤回塞内，太祖的北征之策也就宣告失败。

六月，冯胜一部一路奏捷。他沿着甘肃走廊一路向西北进发，先后降伏元将上都驴，击败元将失剌罕、朵儿只等。其先头部队进抵位于兰州西北700公里的亦集乃，守将卜颜帖木儿举城而降。冯胜复进兵至瓜、沙二州，又击溃元军，获马、驼、牛、羊共计

2万只。[96]

六月底，李文忠一部传来消息。他在草原一路进军，口温之地、哈剌莽来（这些名字看来均为鞑靼人的称法）等处的鞑靼部落闻讯俱惊走。尔后，李文忠兵至胪朐河（今蒙古国克鲁伦河，位于北平以北1100公里的哈剌和林东侧），在这里他决定重新部署行军方案。李文忠认为，兵贵神速，而"千里袭人，难以重负"，于是命部将韩政等守辎重，而李文忠率轻骑领20日口粮，星夜兼程至土剌河。北元重臣哈剌章闻知此讯，迅速沿河遣兵布阵应战。李文忠接战数合，哈剌章怯退，李文忠遂进兵至阿鲁浑河（今鄂尔浑河）。在此，元兵越来越多，李文忠亲自下马与之血战，终于击走之。①兵至称海（在今蒙古国科布多省哈腊湖西南），元兵又集，李文忠不敢强行进攻，遂据险而守，假令士兵在野外放养所获牛羊马匹。元兵以为有埋伏，不敢进逼，李文忠遂趁夜引兵撤退。但是，后撤的李文忠部队迷路了，人马皆陷入饥困。幸而军中有马识途，找到了隐蔽的泉眼，部队才解困。此役，明军一共损失宣宁侯曹良臣、骁骑左卫指挥使周显振、武卫指挥同知常荣、神策卫指挥使张耀四员大将，但同时也俘虏了元军各级官员、将士及其家属1840余人。[97]从上述情况看，此次北征胜利了吗？笔者认为恐怕未必。毕竟，北征的目标——扩廓帖木儿，仍毫发无损。

七月，李文忠押解所俘元朝官、兵等至南京。太祖令元军旧校李伯颜不花继续领所俘士兵，隶羽林卫，而官员及其子孙则令

---

① 在这里，原著只提到"李文忠在此发生了一场史料具体描述的血战"，译者据《明实录》原文展开若干细节。——译者注

指挥周龙量才取用。冯胜所率西路军则于十月返回南京。[98]

洪武五年十二月（1373年1月），考虑到前番北征没有取得预期效果，太祖又根据蒙古方面的形势，重新思考下一步行动。他手中还有一道杀手锏：爱猷识里达腊的儿子买的里八剌。此人在洪武三年（1370年）被俘，此时尚在南京为质。太祖致信爱猷识里达腊，信中太祖再次表达他对近来双方关系的看法，同时意图唤醒爱猷识里达腊血浓于水的父子亲情。信文如下：

> ……且尔国之俗，素无姓氏，其族贵嫡而轻庶。君乃高丽有姓者之甥，又为庶出，君何昧而不察，固执不变？朕观前代，获他君子孙，必献俘庙社，夸示国中。其初亦有待之以恩，授之以爵者，及其后也，非鸩即杀，虽君家亦尔。宋之幼主削发为僧，终不免于一死。在朕则不然。君之子至京师，今已三年，优待有加。君宜遣使取归……

太祖又致书给元臣刘仲德、朱彦德二人，希望他们促成买的里八剌北归一事。书文如下：

> 昔者人臣致君，以善爱君有终，各有其道。道各有方，如赵宋事金，安享富贵百五十余年，此无他，处之各得其道也。朕观二生乃间气所钟，古今如二生者，仅数人耳。何也？至正之君蒙尘而崩，幼主初立，朝之大臣无不叛去，独二生竭力守护之，诚可嘉尚。今特遣使者，谕以君数事，且令取其子买的里八剌归。二生宜察之，毋教人绝父子之道。[99]

洪武六年（1373年）正月，太祖以"太平之世，不可忘战"为由，命徐达、李文忠等往山西、北平练兵防边。此外，太祖还一改此前将漠北归附军民人等安置于边塞之地的做法，将部分归附军士迁入内地。是月，他令前元来降惠王伯都不花，宗王子蛮蛮、赤斤帖木儿等人为千户、百户、镇抚等官，各领降兵千人戍守温州、台州、明州等处。[100]尽管明朝从未有关于这种做法的明文规定，但从大量的史料不难总结出，明廷将大量归附的蒙古军民安置于中原，授之以官职，给之以衣粮，令他们过上相对宽裕的生活，目的是防止他们成为元朝恢复中原的"助力"。

不过，在洪武七年（1374年）九月，太祖还是将这位"元朝储君"买的里八剌送回漠北草原。买的里八剌"南来已五载，今已长成，岂无父母乡土之思"，因此太祖令老成宦者咸礼、袁不花帖木儿二人送其北归。太祖还给爱猷识里达腊送去一封颇具挑衅的信，信文称：

> 顺天者昌，逆天者亡，古今通论。自古国家兴废，气运之常耳，岂人力所能为哉？且君之父子，当中国兵多将广之时，权不能自持，故兵多者蕴莾、操、懿、温之志；次者颉颃，互相攻击，日废生民；下者东送款西归附，剥民以供上下。君之父子，曾出一令而谁何之欤？今日之事如此，君尚迷留不省者何？盖在至正之间，兵多将广尚不能驾驭，又被逼挟。今之众，壮弱不过二万，流离边境，意图中兴，君之谋略，不知何如耳？君能自度今时之权，比至正时低昂若何？以此观之，岂不愚哉？君以万骑或七八千骑，欲与全中国相抗，予又不知轻重若何？予谓君明天理，若能悟我所

言，必得一族于沙漠中，暂尔保持，或得善终。何以见之？君之祖宗有天下者，几及百年。养育之久，生齿之繁，以此知运虽去而祀或未终，此亦天理之常也。君若不悟，不效古人之事，他日加兵于彼，祸有不可测者矣。昔君在应昌，所遗幼子南来，朕待以殊礼，已经五年。今闻奥鲁①去全宁（位于北平东北400公里处）不远，念君流离沙漠无宁岁，后嗣未有，故特遣咸礼等护其归。庶不绝元之祀君，其审之。②

元政权的崩溃仍在持续。洪武八年（1375年），扩廓帖木儿卒；洪武十一年（1378年），爱猷识里达腊亦殁。闻知此讯，太祖向礼部建议："曩者，元运既终，其末帝能知天命，遁归沙漠。今闻其子爱猷识里达腊殁，可遣使吊祭。"但礼部认为："道里辽远，使者难至。况彼久离中华，渐变异俗，非典礼所加。"太祖不以为然，说道："帝王以天下为家，彼不出覆载之外，何远之有？彼虽异俗，其爱憎之情未尝不同，敬其主则其臣悦。况典礼所加，其孰肯违德舍礼哉？"遂自作祭文，遣使吊唁。[101]

在祭文中，太祖再次强调他取得政权是天命所归。既然天命能令元室扫合四方，一统天下，自然也就能让元室功败垂成。"而君主沙漠，朕主中国"的天下划分，自然也是出自天意。虽然爱猷识里达腊曾袭击中原，但太祖还是为其亡故表示哀悼。[102]

---

① 蒙古军出征，置老小辎重于后方，称奥鲁。又有奥鲁官，凡军户皆为奥鲁官管领，不受路、府、州、县统辖。——译者注
② 该段又见《明太祖御制文集》卷5《谕元幼主书》，不同版本个别字句略有不同，后文引文亦有不同之处，不再赘述。——译者注

太祖的祭文似乎表现出他某种内心的不安,我们可以把祭文内容征引如下:

> 生死废兴,非一时之偶然,乃天地之定数也。所以大圣贤者于斯四事,若或有一临之,皆不以为色难。盖谓知天命之必然,是所以生顺天地之命,虽死亦无后恨。此所以知天命而不惑也。且君之祖宗,昔起寒微于沙漠,当是时,天下巨富而为民主者,兵强地广,又非一人而已,皆不能平君寒微之祖,以致葺戈整戎,弯弧执矢,横行天下。八蛮九夷,尽皆归之,此所以天命也。延及君之父子,正当垂衣以享承平之福,何期盗生汝颖,华夏群雄以致君之父子,号令杳然,然终不能平之。此人事欤?天道欤?朕起寒微,托身缁流,朝暮起居,不过侣影而已,安有三军六师以威天下?岂料应图谶有天命,众会云从,代君家而主民。曩者,君主沙漠,朕主中国,因君与群臣乃固执天命不移,特以彼是我非,是有邻邦之好不修我,不敢以使多进。迩来闻君长往,念昔有元子孙,安忍不吊?行人至奠以牲醴,惟英灵不昧。尚飨![103]

这位农民出身的明朝肇基者天资聪颖,故而有如上关于权力、政权合法性和国家命运等各方面的精彩论断。他和成吉思汗有着极为相似的生平:从贫苦到君临天下的过程中,自身的努力仅仅是一个方面,而命运和环境则是促成他们大业的推进剂。最令太祖头疼的是,爱猷识里达腊和他的小朝廷自始至终不肯向他臣服,不肯接受天命所归。元朝统治者似乎一直没有放弃一种信念：即使在此易代巨变之后，明朝也不会成为中原的合法统治者（也有可能这只是元朝统治者保持士兵斗志，维护内部团结的借口）。

流亡的元廷能否收到这一祭文，史料不见明载。爱猷识里达腊的继任者（指脱古思帖木儿而非买的里八剌）恐怕也没收到太祖写给他的那两封信。其一略曰：

> 自伊父子北往，至今每有人来，皆称流离无宁，衣食艰辛，未知是否。诚如是，当较之于知命者，方乃可全。不然，东趋战而西殃民，丧已成之士马，图不可得之资，非善保者。果若不信，昔者彼居和宁，朕发六军卷甲趋三千里之战，果曾获利乎？以此观之，当为己戒而自存可也。朕与彼本为劲敌，何以书教之？莫不似乎有诈？不然。古人得天下，岂尽灭人祀？决不如是。

不唯如此，在另一封信中，他还继续阐发更多内容，与此前他送予爱猷识里达腊的信有着几近一致的内容，同样也没有标注日期。其略曰：

> 顺天者昌，逆天者亡，古今通论如是，非新造之语。自古无千载国家，亦理之常也。且君之父子，当主中国之时，兵多将广，尚不能自持其权，以致上等兵多者，意在莽、操、懿、温；中等者颉颃，日废生民；下者东送款西归附，剥民以供上下。君之父子，曾出一敕令而谁何者欤？以今日之事，君尚迷如酒酣，昏若重寝，所以不省者何？盖在至正

之间，兵多将广尚不能驾驭，又被逼挟。今之众，壮弱不过二万，流离边境，意图中兴，君之神谋，予不知何如耳？君能自度今时之权，比至正时低昂若何？以此观之，岂不愚哉？君以万骑或八千骑，欲与全中原相抗，予又不知轻重若何？予谓君明天理，若能悟我所言，必得一族于沙漠中，权时自为，或得善终。何以见之？君之祖宗有天下者，一百余年。养育之久，生齿之繁，以此恩此德观之，必未至于便终。此亦天理之常也。君若不悟，不效古人之事，他日加兵于彼，祸福有不可测者矣。[104]①

我们对这些信件在元廷那边的传阅情况一无所知，史料并无记载。但太祖的书信向我们展示了他的所思所想。他向我们展示他恩威并施的手段，这种手段固然使大量元军将士归附明朝，但未能撼动元廷。

不过，也许部分元朝高官会被劝降并潜归中原。太祖曾向元臣秃鲁致信两封，促使其最终决定归附明朝。其一曰：

---

① 作者此处似有误解。作者认为这两篇书信是写给脱古思帖木儿的，似皆未然。第一篇原信见《明太祖御制文集》卷5《谕元幼主书》，信中作者未引部分有"即目买的里八剌，非昔日买的里八剌。近二年以来，语言自能，发潜民间，见为牧童。彼若来取，即当发还"一语，知此书乃太祖写给爱猷识里达腊。买的里八剌于洪武三年（1370年）五月被俘，则如原著所言不差，此信当作于洪武五年前后。第二篇原信亦见《明太祖御制文集》卷5，亦题为《谕元幼主书》。原著未引部分有"君在应昌，弃下皇子南来，已经五年"一语，知与前文所引太祖与爱猷识里达腊一信实为一体，并非太祖另与脱古思帖木儿的信。信之日期亦可据《明实录》日期确定。——译者注

上古君天下及名世者，至今历数兴亡，又非止一人。前者，元失其驭，群盗暴作。尔元君昏臣权，终不能定，朕乃平之，以致更元社稷，鼎治黔黎，今已七年，中国颇安。且曩者兵戍北塞，遣将安边，不期耿指挥好杀贪污，是致同人而异志，乃有小雪干等畏死北往，实朕用人不当，非来归者不诚。今耿指挥累受刑责，法尚未已。尔诸人还曾知否？只此可见朕之本情何如。昔者，朕被妖人逼起山野，不过匹马单戈，那有百万之众？今也诸番入贡，朕擅中国之富，戎兵百万，军民乐用。以此观之，朕非诚可动神人乎？尔聪明，宜详审，达者识之。天命有归，人不强违，此顺天者也。今遣使记问，余不多及。

显然，秃鲁并不相信太祖信中所言内容。于是太祖二度致信，以更强有力和令人信服的措辞曰：

近者，圣保自尔营中归，所云尔心意在不屈而不顺，将以为守中道而为良臣。吾不知果然乎？若如其云，尔不成者有四，又将不得其死，甚不远矣！何以见之？且尔素为元臣，累效力于王家，衅隙一生，君臣彼各，又将三年矣。以人臣论之，凡为人臣，君有难，为臣者不守君而自处远方，此臣耶？逆耶？不成之一也。方今彼元运终，天命不留，幼君昏而邪正莫可知。尔若固相而不离左右，久之，非为馋所杀，其流窜远方有不可逃。不成之二也。即目孤处沙塞，步骑不满万数，部下者口无充腹之食，体无御寒之衣。人将散而尔独不能居。不成之三也。若严号令，律士卒，使饥寒逼身，不敢旋足，吾又恐尔为部下所戮。不成者四也。果如吾言，不得其死明矣。当此之时，不知勒石于何庭？乘名于何册？以此观之，则忠顺两亡，其为丈夫之志欤？小人之迷欤？有此者，悔之晚矣。若以吾所言，以尔所自度，力不及，他无往，则开心助我，岂不待尔如勋？问不多及。[105]

太祖的文风是淳朴的，字里行间充满了农民出身所特有的古朴率直。全文表达几乎不加修饰，人们希冀看到一篇受过教育的人所撰写的美文，这一期望恐怕要落空了。从内容来看，这无疑是"大明皇帝"的把戏。其试图通过离间元朝各势力集团，进而兵不血刃地瓦解元廷。以相同的目的，太祖也给元臣乃儿不花修书一封，书文如下：

尔遣人大同来言，欲于平地驻札，意在臣顺于我，却虑前日犯扰边民，又恐不容。朕思果有此论，是何言哉！孰不知古人之治天下，惟是安民而已，岂有怀私仇以伤物命？且尔等本元之臣，彼幼君流离沙漠，余气尚存，尔不得不听命。尔前日犯边，各为其主，尔何虑哉！去就之机，在乎识时。今者入国观光，诚与不诚，亦在于彼。记至，彼中若有知运者，使上观乾象，下察人事，自取避凶趋吉之道，不亦美乎？尔其图之。[106]

从《明实录》看，这些书信是在洪武七年（1374年）八月送出的，此时秃鲁仍启边衅，乃儿不花看来已经暂时归附了。从其他记载看，有一位官山卫指挥同知也叫乃儿不花①，他在洪武九年（1376年）又重新叛逃草原。107 大同卫指挥使周立率兵追讨，夺其辎重，乃儿不花只身遁走。此后，直到洪武二十三年（1390年），乃儿不花一直是明军边防的一个主要障碍。他的故事我们后文还要再讲。

除此之外，太祖与元廷的交流可谓毫无进展。他向元廷派遣一拨又一拨使者，却一去不返，杳无音信。洪武十一年（1378年）冬，因边将擒获元平章政事完者不花，太祖意欲与元廷通好，故遣使将之送回漠北，并附信一封与元丞相驴儿——因爱猷识里达腊已殁，新君暂缺（买的里八剌未能继任），此人现在暂时总理元廷庶务。其信如下："十一年六月至九月，三遣使北行，两为吊祭，一为致礼于卿。既而使者俱不返，存亡不可知。乃者，边将以卿部属平章完者不花送京师，朕怒边将，以为方遣使通好，乃执其平章，岂不失信于卿？今特遣内臣送之抵丞相营。宥之，罪之，放逐之，卿自为区处。"108

此外，太祖还有一道未知日期的《谕元丞相驴儿诏》，诏曰：

> 天道恶盈而好谦，其德好生而恶死，此非时人新造之言，乃亘古至今明验也。朕云如是。盖谓卿等当元天更运命之时，卿帅（率）骑步，坚忠贞之节，捍御边陲，已十一

---

① 作者认为官山卫指挥同知乃儿不花与上文元臣乃儿不花可能是同名的两个人，但据《明实录》："故元知院不颜朵儿只等来降，赐罗绮、衣服有差。不颜朵儿只者，即元国公乃儿不花也。于是诏置官山卫指挥使司隶大同都卫，以乃儿不花为指挥同知。"由此可见文中的乃儿不花实际是同一个人。——译者注

年矣。每尝遣人通问，未得回报。今再差人诣所在，以御寒之衣微礼。卿能受赐，不伤人命，以修后嗣之德，岂不智人也哉！朕言至此，惟卿以智量之，勿为愚者所迷。《书》云："作善，降之百祥；作不善，降之百殃。惟顺理则吉。"故兹诏谕，想宜知悉。[109]

随后，在洪武十一年十二月（1379年1月），太祖又遣使诏谕元丞相哈剌章、蛮子、驴儿、纳哈出等，建议他们慎重选择新君。在他看来，爱猷识里达腊的长子买的里八剌是合适的人选。此子熟知中原之道，与太祖亲善，但可能不是爱猷识里达腊继任者[①]中最能干的。太祖还在信中提醒他们，不要在新君人选上作出错误选择。其诏略曰：

今闻尔君，因疾而崩。在卿等可谓有始有终，良臣之名播矣。或闻欲立新君，其亲王有三，卿等正在犹豫之间。此三人皆元之嫡派，卿等若欲坚忠贞之意，毋抑尊而扶卑，理应自长而至幼，无乃人伦正，天道顺也欤？若有贤愚之别，礼难备拘，从贤则吉。夫当流离之际，而为臣者，独能竭力为之，不绝有元之祀，美声盈人耳，岂不难哉？苟或不然，尊卑贤愚置之弗论，但以立君为名，而内自有专生杀之威，则非人臣之道矣。况同类颉颃，彼此疑猜，当此之际，卿等

---

① 原著用词是"progeny"，意为爱猷识里达腊的子孙后裔。考虑到有一种记载认为脱古思帖木儿并非爱猷识里达腊的儿子，而是其弟弟，故译者改为"继任者"，庶免争执。——译者注

富贵若风中之烛,命如草杪之霜,深可虑也。[110]

尽管从未有过回音,但太祖仍坚持不懈。洪武十二年(1379年)夏,太祖再度送信与驴儿,信文言:"迩者,人自土(剌)河来,言今岁丞相微有疾,于事颇滞。朕闻之,深为丞相忧。今特遣人赍药物赐丞相,其服之勿疑。"[111]

此后,他再度修书一封与驴儿。书文如下:

> 三月间,罕帖木儿火者归,言尔见于长峪驻扎,又起营东北。然此,将军果能终身事尔幼主,乃世间之美事。忠臣之道,人神共愿者,朕恐尔事有不得已,若入人彀中,奈何?当此之时,忠不能显,乃枉奸恶之名,惜哉!今尔所守疆封,与吾边将旌旗相望,甚不多远。若不通一介之使,则恐将军他日有进退两难。是为丈夫于世,似乎无机。若通信使,进退自由,则有无穷之乐。若不从吾言,他日幼主一失,尔群臣中,强者自立,弱者从之,即为臣下之臣。以英名论之,美耶?辱耶?不然,强者自立,有不服者,必驱兵以并。若乃力不及,兵为人所有,命为人所害,妻子星散,身膏草野。比通一使,进退自由。吾不知此孰丈夫之智耶?愚耶?将军若听吾所言,则结我为后着。他日遇难则来依,是其时也。[112]

这两封信,最终也没有发挥其功效,它们并未对漠北元廷产生任何影响,更没有让其哪怕形式上的臣服。相反,汗统最终由脱古思帖木儿继承,而非买的里八剌。看来,通过附翼明朝而达成双方和解的情形，无复可能了。战火重新燃起。洪武十三年（1380年）二月，西平侯沐英率明军出击搜捕元军。三月，沐英师至灵州，斥堠侦察获知脱火赤等率军在亦集乃路集结，沐英当即率军渡黄河，越贺兰山，涉流沙地，凡行军七昼夜，终于到达距脱火赤部30公里处。明军于夜间分四道发动奇袭，包围脱火赤部，俘脱火赤及其部曲而归。单就这方面看，明军此次出击至少证明中原军队仍具备深入敌境的能力。[113] 接下来数年，明军又发动过若干次对鞑靼的突击。元廷不愿臣服，或许出于某种高傲感，却也因此付出惨痛的代价。

洪武二十年（1387年）十一月，大将军蓝玉向太祖奏禀，有降人称元丞相哈剌章、乃儿不花等遁入和林，蓝玉请命领兵进剿。太祖试图通过使节交往途径解决双方问题的耐心已经被消磨殆尽，因此他同意蓝玉的意见，决定对和林再发动一次大规模北征。太祖告谕蓝玉及出征将士，要"奋勇出奇，以汛扫残虏（现在更常将鞑靼蒙古称为剽掠者），使朝廷无北顾之忧"。[114] 洪武二十一年（1388年）三月，太祖告知蓝玉"虏心惶惑，众无纪律，度其势不能持久"，并据此请蓝玉"整饬士马，倍道兼进，直抵虏庭，覆其巢穴"。敌人如果投降，则要多加抚慰，劝其南归。[115]

是月，蓝玉等率师15万由大宁进至庆州（位于大宁东北，距北平约450公里），听闻脱古思帖木儿在捕鱼儿海（在他们驻军以北500公里处），于是抄小路"兼程而进"。其间，他们到达游魂南道，此地并无水泉，而士卒军马皆口渴难耐。忽而，近乎神话般的，"有声如磬玉"，泉水从四面八方涌至，兵马得以解渴。事后，大家皆欢呼"此朝廷之福，天之助也"。据说，太祖尝梦"有小山流泉直下，至御足所履而止"，与此次奇迹般的天援何其相似！"[116]

蓝玉继续行军，一举破哈刺章营地，俘获其部下军士15803户，马、驼48150余匹。对于元军而言，这是噩梦般的损失。五月，蓝玉遣使向南京奏捷。太祖览其表，向群臣说道："戎狄之祸中国，其来久矣。历观前代，受其罢弊，遭其困辱，深有可耻。今朔漠一清，岂独国家无北顾之忧，实天下生民之福也。"太祖又遣使持敕文抚谕蓝玉等曰："周秦御胡，上策无闻；汉唐征伐，功多卫李。及宋遭辽金之窘，将士疲于锋镝，黎庶困于漕运，以致终宋之世，神器弄于夷狄之手，腥膻之风，污浊九州，遂使彝伦攸斁，衣冠礼乐日就陵夷。朕用是奋起布衣，拯生民于水火，驱胡虏于沙漠，与民更始，已有年矣。近胡虏①聚众，复立王庭，意图不靖。朕当耆年，及今弗翦，恐为后患，于是命尔等率十余万众北征。去年夏，游骑至金山之左，尔玉亲拘纳哈出来降。今兹复能躬擐甲胄，驱驰草野，冲冒风露，穿地取饮，禁火潜行，越黑山而径趋，追蹄踪而深入，直抵穹庐，胡主弃玺远遁，诸王、驸马、六宫、后妃、部落人民悉皆归附。虽汉之卫青，唐之李靖，何以过之！"[117]（太祖何等盛赞其功，但仅仅在5年之后，蓝玉案却成了轰动一时的大案，是太祖对官员队伍大规模清洗的一大标志。）

洪武二十一年（1388年）七月，蓝玉遣人送虏主脱古思帖木儿次子地保奴及后妃、公主等到南京。地保奴等向太祖献出金印金牌②，太祖则赐予他们钞和住房，并令有司供给衣物粮食。既而

---

① "胡"指鞑靼蒙古。——原注
② 作者称金印银牌，核《明实录》，实为金印金牌。——译者注

又有人向太祖打小报告，说大将军蓝玉与所俘元主妃子有私。太祖不悦，认为蓝玉"无礼，如此岂大将军所为"，元妃亦因惊惧而自杀。地保奴由此而有怨言，此事传到太祖那里，太祖又不悦，将地保奴遣送琉球。[118]

对于草原上的元廷来说，局面亦每况愈下。在蓝玉进攻捕鱼儿海的时候，脱古思帖木儿和他的随从逃脱了。他们试图回到位于捕鱼儿海西侧800公里的哈剌和林，在那里重建势力。但当他们行至距哈剌和林150公里的土剌河时，一场兵变发生了。时值隆冬，大雪三日，叛军因此得势。宗王也速迭儿令大王火儿忽答孙、王府官孛罗等追袭脱古思帖木儿，并以弓弦绞杀之，其太子天保奴也同样死于乱军之中。也速迭儿的一个部将捏怯来对其所作所为感到羞耻，故向明军投降，太祖欣然接纳，待之如故。[119]

流亡的元廷败亡后，散落各地的军阀们纷纷准备以劫掠中原为生存之计，其中就有前文提及的，太祖在十六年前招降失败的乃儿不花。不少元将是太祖所钦佩的对象，如扩廓帖木儿、纳哈出，乃儿不花似乎还得排到第三位。洪武二十三年（1390年），乃儿不花与咬住、阿鲁帖木儿等意图寇边，太祖令晋王、燕王（后来的永乐皇帝）统兵击之，又令颍国公傅友德等到北平训练军马，听候燕王调遣。[120]是年正月，太祖令都御史铁古思帖木儿往谕前元丞相咬住、太尉乃儿不花、知院阿鲁帖木儿等。其书略曰：

> 前岁，脱古思帖木儿北行，闻至岭北，祸生不测。和林以南，消息不知，以此尝遣使入沙漠寻访。近闻尔等所在，再遣都御史铁古思帖木儿往谕汝等：元朝气运已终，汝等领

第一章　洪武时期——太祖肇基（1368—1398年）| 0055

散亡之众，在草野无所归，度日甚艰，然不敢南来者，意必谓尝犯边境，故心中疑惑。且如纳哈出在辽东，前后杀掠守御官军二万余人，及后来降，封以侯爵，大小将校，悉加官赏。朕何尝以为仇也？但边境宁静，百姓安乐，即是好事。已令和尚国公，斡因帖木儿平章晓以朕意，想知之。汝等勿疑，领众而来，必择善地，使汝安居，各遂生息，岂不美乎？若犹豫不决，坐事失机，大军一至，恐非汝之利也。[121]

致书警告之后，太祖决定对敌军发起进攻。太祖向晋王、燕王等转达降虏所提供的情报并指导其军事部署："残胡甚少，骑者才五千人，共家属一万口。马称之有急，则十人皆一骑，趁水草长行。大军负戴且重，追袭甚劳……其众二心，欲南向者多，北向者少。且将粮饷运至上都及口温，集于各程，然后再俟人来，知其所在，一举而中矣。"[122]

三月，行动开始了。燕王率军出征，而实际上军队归傅友德指挥。明军趁着天降大雪向北行军。军至迤都，与乃儿不花等相隔不远。明军遣乃儿不花的旧识观童前往敌营，乃儿不花与之见，相抱持而泣。少顷，明军乘其不备，包围了乃儿不花营地。在观童的劝说下，明军兵不血刃地促使乃儿不花投降，悉收其部落及马、驼、牛、羊。对明军来说，这一策略可谓绝妙。[123]

这些昔日的敌人受到明朝的优待。傅友德将战袄袭衣分授其部众，将之尽徙入关，又将降将乃儿不花等送至南京。此外，太祖又令工部郎中杨冀将18473领夏衣运至北平，分赐乃儿不花部下将校、军士并家属4786人。乃儿不花等200余人则到南京交出元廷的金、银、铁牌以及所受的元朝宣命敕书，以换取太祖的赏赐和分封。据《明实录》统计，太祖共计赐乃儿不花等及部属将校二百余人白金13600两，钞12600锭，文绮帛各1080匹①，罗衣550袭。乃儿不花部下将士及家属707户，亦在随后赴京受赏。不唯如此，太祖还授予诸将官以新职，其中，乃儿不花授留守中卫指挥同知，阿鲁帖木儿为燕山中护卫指挥同知，俱入明军高阶军官序列。[124]

洪武二十四年（1391年）四月，太祖为后军都督佥事沐春等描绘了边防形势的新变化。他说："曩者，胡虏近塞，兵卫未立，所以设兵守关。今虏人远遁，塞外清宁，已置大宁都司及广宁诸卫，足以守边。"因此，大多数守关士卒改令屯田养马，只有山海关等处仍存留将士，其余一片石等关，每处只保留军士十余人，以备"讥察逋逃"。[125]

看起来，明朝当前的边防安全形势，似乎比此前任何时期都要好，但似未尽然。洪武二十五年（1392年）春，太祖命北平都司选精锐护卫骑兵，并乃儿不花等所部军士，"远巡塞北，搜捕残胡"。在太祖看来，乃儿不花的军士熟知漠北地形，如令之为向导，必能多有擒获。而北平防御的空缺，则抽调原驻扎在中原和南方诸省的鞑靼人接管。漠北草原零散的胡兵残部，必须尽快被瓦解。于是，是年春夏间，明军发动了最后一次远征。此次领兵的，是总兵官、都指挥使周兴。此次出征总体来说很顺利，但并未对局势有过多改变。周兴行军途中见车马轨迹，于是率军追赶至兀者河，仅得空车百余辆。但在另一次与胡兵的遭遇战中，周

---

① 原著写文绮帛各1010匹，核《明实录》为1080匹，故原著数字有误。——译者注

兴获胡兵所弃辎重，又追胡兵至彻彻儿山，生擒500余人，获马、驼、牛、羊及银印、图书、银字铁牌等物，悉送京师。太祖于所俘胡兵中选出两人，令其北归，代为诏谕胡将阿札失等。[126]

但在5年后，也就是元廷离开中原21年[①]后，这个曾经草原上最伟大的民族，成吉思汗所创建的世界帝国的继承者，在经受多年重创之后，似乎又以燎原之势复燃。此时，年迈的太祖皇帝似乎再次感受到这一严重威胁。洪武三十年（1397年）春夏间，太祖皇帝向戍边的六位皇子——晋王、燕王、代王、辽王、宁王、谷王发出警告，称："前岁秋，山西塞外降胡逃归岭北。此数人居山西八年，安得不以中国虚实为胡人谋乎？此胡人入寇之端也。"此外，太祖还在观星中发现"天象示变，占北方当有警"，故而诏谕其六子，授之以制敌之计，曰："吾今老矣，精力衰微，机思谋虑，艰于运筹。尔等受封朔土，藩屏朝廷，若不深思远虑，倘或失机误事，非惟贻忧朕躬。尔等安危亦系于是，可不慎哉！吾今略与尔谋。或今岁，或二三岁，大军未会，止是本护卫及都司、行都司军马各守分地，多不过一二万。倘遇胡马十数万寇边，不宜与战。或收入壁垒，或据山谷险隘之处，夹以步兵深伏以待之。彼见我不与之战，必四出钞掠。俟其骄怠分散，队伍不严，我以马、步邀截要道，破之必矣。若一见胡马，辄以三五千，或一二万，轻与之战，岂特不能胜之，必至失利。务在深藏设计，待彼肆志驰骋，则一鼓可擒其首将矣。"[127]

是年（太祖驾崩前一年）六月，太祖发出他最后一次对边防

[①] 此处21年似有误。结合上下文内容，知作者所言5年后乃洪武三十年，此时距元廷撤离大都当为30年（或算为31年亦可）。——译者注

时局的警告。彼时，晋王和燕王统军出开平数百里，太祖听闻此讯，急忙教谕他们兄弟（时晋王39岁，燕王37岁）二人："近者，人自塞上来，知尔兄弟统军深入。古人论兵贵乎知己知彼，若能知彼，又能知己，虽不能胜，亦无凶危；不知己又不知彼，猝与敌遇，凶莫甚焉。且以知己言之，我朝自辽东至于甘肃，东西六千余里，可战之马仅得十万。京师、河南、山东三处，马虽有之，若欲赴战，猝难收集，苟事势警急，北平口外，马悉数不过二万，若逢十万之骑，虽古名将，亦难于野战。所以必欲知己，算我马数如是。纵有步军，但可夹马以助声势，若欲追北擒寇，则不能矣。今尔等率数千马，离开平三四百里，驻旷塞中，况无轻骑远侦，以知敌情。设使胡兵数万，昼潜夜行，隐柳藏荻，猝然相遇，彼以数万，我以数千，何以当之？若欲纵辔驰行，其将何以全军士哉！今吾马数少，止可去城三二十里，往来屯驻，远斥堠，谨烽燧，设信炮，猝有警急，一时可知。胡人上马，动计十万，兵势全备。若欲折冲鏖战，其孰可当？尔等不能深思熟虑，提兵远行，不与敌遇则侥幸耳；设若遇之，岂不危哉！方今马少，全仰步军，必常附城垒。倘有不测，则可固守保全，以待援至，此上策也。"

这是一个极为谨慎的忠告。但在1402年燕王登基后，他却完全将之抛于脑后。不过，太祖此番话已经预示了，1449年后明朝边防安全战略不得不发生转变。

警告过后，太祖又向晋王、燕王讲述其峥嵘岁月："吾起寒微，因天下乱，不得已入行伍中。不二年，从者如云，犹且听命于雄者。又二年，帅将士东渡大江，秣马厉兵于建业，以观天下之变。其诸雄皆放肆无籍之徒，虽曰无藉，而元亦不能驭。乃命中山武宁王（徐达）、开平忠武王（常遇春）总兵四征，与群雄并驱。又不数十年，群雄殄灭，偃兵息民，当并驱之……不三年而天下一统。噫！吾用兵一世，指挥诸将，未尝败北，致伤军士。正欲养锐，以观胡变，夫何诸将日请深入沙漠，不免疲兵于和林。此盖轻信无谋，以致伤生数万。今尔等又入旷塞，提兵远行，设若遇敌，岂免凶危？自古及今，胡虏为中国患久矣。历代守边之要，未尝不以先谋为急。故朕于北鄙之虑，尤加慎密。尔能听朕之训，明于事势，机无少懈，虽不能胜彼，亦不能为我边患，是良策也。善胜敌者，胜于无形，尔其慎哉！"[128]

这位稳坐江山数十年的开国圣君，在临终前夕进行了如上非比寻常的训诫，听起来振聋发聩。因为谨慎，他对中原的治理一丝不苟；他在处理中原与鞑靼（被迫退居漠北草原的元朝残余势力）的关系时恰如其分，游刃有余；同时，出于战略平衡的需要，他又以雷霆万钧之势远征漠北草原，彻底粉碎了元朝政权规复中原的企图。而诚如他一如既往的谨慎，他对明朝边防安全战略做了最后一次评估，认为不应将大量人力、物力、财力消耗在不必要的主动出击中，而应将之投入巩固边防安全的建设战略中。

辽东：东北防线上的冰与火

如前述，在防线中段，明军与元军正面交锋，展开反复较量。而在西北和东北两处防线上，却呈现出以中原汉人为主，非汉族群杂糅并居的局面。[129]如果我们从中原出发，择一方向向外游历，沿途州县会呈现出如下变化：先是其州县居民主体以汉人为主，而后渐次出现诸族群杂居混同的情况，再往西北则以畏兀儿、回族、藏族为主，往东北则以鞑靼、女真和高丽为主。在洪武时期，正如西北方向的哈密和别失八里曾使地区形势复杂化一样，在东北方向，元朝地方军阀纳哈出与高丽人也给辽东（因地处辽河以东而得名）地区的稳定带来不确定性。纳哈出和高丽甚至还曾一度结为反明同盟。

洪武二年（1369年）四月，太祖开始关注到二者可能形成的联盟。时纳哈出据辽阳，拥兵自重，试图与高丽建立反明同盟，而太祖亦加紧说服高丽附明，勿与纳哈出为伍。同时，太祖还致书顺帝妥懽帖睦尔，扬言如果顺帝不能钳制纳哈出，他将出兵攻之。书文略曰：

> 近闻兵扰边陲，民罹锋镝，岂君之故？将妄为生事邪？抑君失算而使然邪？若果不知自省，而犹为此举，则是不能识机度势，恐非君之福也。朕今为君熟计，当限地朔漠，修德顺天，效宋世南渡之后，保守其方，弗绝其祀，毋为轻动，自贻厥祸。

同时，太祖还致信与纳哈出叙旧，请他沿途放行太祖遣往顺帝处的信使。信文如下：

> 将军昔自江左辞还，不通音问，十五年矣。近闻戍守辽阳，士马强盛，可谓有志之士，甚为之喜。兹因使通元君，道经营垒，望令人送达，所遣内臣至将军营，即令其还。书不多及。[130]

第一章　洪武时期——太祖肇基（1368—1398年）

辽东地区，在元代为辽阳行省。洪武四年（1371年）二月，前元辽阳行省平章刘益遣右丞董遵、佥院杨贤以辽东州郡地图，并籍其兵马、钱粮之数奉表来降。太祖得表甚喜，诏置辽东卫指挥使司，在辽东地区实行军事化管理，并令刘益为辽东卫指挥同知。[131]但是，像刘益这样迅速投靠新朝的行为也有可能激起某些极端的愤怒。五月，刘益被前元平章洪保保、马彦翚、八丹等叛杀。（事实上，直到洪武三十年，太祖才道出了事情真相：其欲叛逃高丽，故而被杀。）[132]①

六月，双方矛盾爆发了。前元右丞张良佐、左丞房嵩遣参政张革、行枢密院副使焦偶、廉访司佥事李茂、断事官崔忽都自辽东来贡马，并将杀害刘益的凶手八丹、僧儿等解赴南京。使者称，另一名杀害刘益的凶手洪保保已经逃亡纳哈出所在的金山（泛指毗邻蒙古高原东部的一片地区）大营处，而纳哈出已经与高家奴、也先不花等四位元将互为犄角，"必有构兵之衅"。[133]

为此，太祖专门作长信一封给纳哈出，信文如下：

> 前者，万户黄俦回，闻将军威震辽左，英资如是，足以保定一方。然既往不复，君子岂不察与（欤）？昔在赵宋，君主天下，立纲陈纪，黎庶莫安。逮至末年，权纲解组，故元太祖兴于朔方，世祖入统中国，此皆天道，非人力所能强为也。元之疆宇非不广，人民非不多，甲兵非不众，城郭

---

① 该段作者有误解。查《明实录》原文，洪武三十年太祖所称"叛逃高丽"者，系辽东守将李谥，非文中所涉刘益，二者似不可混同。又，该段注释亦有误，原文在《明实录》卷65，第1230页，非卷71，第1320页。——译者注

非不坚,一旦红巾起于汝颍,群盗遍满中原……相与割据中夏,逾二十年。朕本淮民,为群雄所逼,因集众御乱,遂渡江与将军会于太平。比待他俘,特加礼遇,且知将军为名家(纳哈出很有可能是成吉思汗麾下四杰之一的木华黎的后代),故纵北归,今又十七年矣。近年以来,朕见群雄无成,调兵四出,北定中原,南定闽越,东取方氏,西收巴蜀,四帝一王,皆为我俘虏。惟元昏君奔北自亡,华夷悉定,天下大安,此天命,非人力也。贤人君子,宜必知之。近闻将军居金山,大张威令,吾兵亦守辽左,与将军旌旗相望。将军若能遣使通旧日之问,贡献良马,姑容就彼,顺其水草,犹可自遑一方。不然,胡无百年之运,大厦既倾,非一木可支。衅之后先,惟将军自思之。[134]

信件送出期间,太祖又诏置定辽都卫指挥使司(治今辽宁辽阳市,位于北平东北600公里,纳哈出金山大营南300公里处),令马云、叶旺为都指挥使,吴泉、冯祥为同知,王德为佥事,[①]"总辖辽东诸卫军马,修治城池,以镇边疆"。[135]

在金山一带,纳哈出对于明军而言仍是个威胁,以致在某些时候,太祖甚至想过动用武力赶走纳哈出。洪武五年(1372年)五月,太祖命户部募人于永平卫鸦红桥(约于北平东120公里),以官方盐引(可到官营盐场换取相应分量的盐的凭证)换取民间纳粮(这与前述茶马互市的做法颇为相似),为未来潜在的北征

---

① 原著称任命六将为定辽都卫指挥使司,核《明实录》原文,实为5人。——译者注

做后勤准备。[136]

六月，太祖遣使敕令辽东都督佥事仇成严加戒防，敕曰："兵戍辽阳，已有年矣。虽曰农战交修，其航海之运，犹连年未已。近者，靖海侯吴祯率舟师重载东往，所运甚大。昨晚，忽闻纳哈出，欲整兵来哨，为指挥叶旺中途阻归。因此而料，彼前数年凡时值暑天，胡人必不策马南向。今将盛暑，彼有此举，情状见矣。粮运既至，宜严为备御，庶可无虞。"[137]

到了十一月，仇成认为纳哈出不会在冬季发动进攻，故而防备渐疏。纳哈出反其道而行之，出兵辽东，劫掠牛家庄（今辽宁铁岭市昌图镇，位于沈阳东北130公里），烧仓粮10万余石，军士陷没者5000余人。仇成因失备御，降为永平卫指挥使。[138]

洪武十七年（1384年），前元降将，时任江西布政使司参议胡昱向太祖建议征讨纳哈出。他说道："纳哈出窃据金山，恃强为患。元嗣君帖古思帖木儿孱弱不能制，纳哈出名虽元臣，其实跋扈，然其麾下哈剌章、蛮子、阿纳失里诸将各相猜忌，又势孤援绝。若发兵击之，可一举而擒也。"太祖嘉其言，但认为进攻纳哈出的时机尚未成熟。他说："纳哈出之为人，朕素知之，不过假元世臣之名，以威其众尔。然人心外合内离，亦岂能久？今姑待之，若其一旦觉悟，念昔释归之恩，幡然而来，不犹愈于用兵乎？不然，为恶不悛，将自取亡灭。尔言虽善，然未可遽动。"[139]

两年后，太祖才下定决心征讨纳哈出。此前，一封太祖给纳哈出的诏谕反映了彼时他的所思所想，其文如下：

人生天地间，机变造化得宜，时势不失者，乃为杰丈夫。古人有云："活千人者，其后必封。"尔为元臣，忠则忠矣，何苦违人事而失德！有若是耶？昔者，尔被获于江东，朕特生全尔归，此朕顺人心之所好所以好者。人人凡有患难，谁不欲脱患难而身安者乎？当是时，在俘囚之中，果愿死乎？生乎？若以尔己心度之，凡两军之间，有力不及尔者，被尔拘囚而乃尽杀之，甚不少。当是时，若以己受患难之心，推及俘囚者，尔必大昌，福及后嗣，必有日矣。如去年冬，尔将兵寇我辽界，彼回军之日，凡弃下者，皆生全于我处，朕未尝轻杀一人。曩者，黄绸（俦）万户奉朕命令，而往尔处，非己愿行，实差不由己也。本人于尔，颇有恩惠，何期尔不思好生恶死之情，一旦杀之，其尔之患难，为黄绸（俦）所生；其黄绸（俦）之命，尔独故意杀之。天心神鉴，祸将归焉。今尔与朕守边将士，旌旗相望，略较胜负，则彼胜我负，已两经矣。为尔所害者，将及八千人，皆无生全，诚可惜哉。然已往之事不咎，未来者可不思乎？自今以后，若能与我通一介之使，则前日之仇，必成冰解火焚矣。谕至之后，不然朕言，彼必就缚。生见朕面，恐无言可对，尔思之。[140]

纳哈出并无回音。出于对纳哈出劫掠辽东的报复，洪武十九年冬到洪武二十年春（1386—1387年）之间，太祖令宋国公冯胜于大宁诸边隘分兵增设卫所，以钳制纳哈出的部队。太祖还命户部内库钞1857500锭，散给北平、山东、山西、河南及迤北府、州、县，令他们募集民夫运粮，共计募民夫20余万，运米123万余石（1石约合90千克）。[141]

洪武二十年（1387年）初，太祖命冯胜等率军20万讨伐纳哈出。太祖对冯胜等道："虏情诡诈，未易得其虚实。汝等慎无轻进,且驻师通州,遣人觇其出没。虏若在庆州,宜以轻骑,掩其不备,若克庆州,则以全师径捣金山。纳哈出不意吾师之至,必可擒矣。"2月,右副将军蓝玉闻纳哈出有部队屯驻于其部队东北450公里的庆州,遂乘大雪率轻骑前去偷袭庆州,杀其平章果来,擒其子不兰奚,并获人马而还。

较量之间,太祖又遣二使将所俘纳哈出将领乃剌吾送还其营,并附书一封。书曰:"尔纳哈出等聚兵愈出没不常,意较胜负,由是乃剌吾留而未遣,今有年矣。朕推人心,谁无父母之念,夫妇之情,故特命其生还,以全骨肉之爱。且闻其善战,今遣北归,更益尔战将,他日再较胜负,尔心以为何如?……兹命仪礼司官、前金院蛮子,镇抚张允恭送乃剌吾抵尔所在。使者未审可还乎?余不多及。"[142]

二月,冯胜兵出松亭关,加筑大宁、宽河、会州、富峪四城,并引兵驻扎大宁。安营扎寨毕,冯胜又留兵5万守大宁,自己亲率大军向金山大营进发。太祖得知,提醒冯胜等严防纳哈出偷袭,曰:"往者,庆州之捷,俘虏赴京者皆云胡已北行,辽东送来降者所陈亦同。五月五日得军中遣至降胡,又云纳哈出弃金山巢穴,营于新泰州,去辽阳千八百里。朕计群胡虽起营北行,似若远遁,尚恐诡谋窃发,尤不可不为之备。况今天象水火相犯,迨至八月,天象屡有警。诸将宜严号令,整行伍,远斥堠,以逸待劳,则必有当之者矣。"未几,太祖又遣使密敕冯胜,曰:"朕计纳哈出去金山未远,以兵促之势必来降。且胡主谓我得志,无意穷追,必顺逐水草往来黑山鱼海之间,乘其趑趄,攻其无备,虏众可尽图也。"[143]

六月,太祖将乃剌吾送回纳哈出营的策略似乎收到意外效果。乃刺吾对太祖的所作所为赞不绝口，常"以朝廷抚恤之恩语其众"。众人听说后，多有归附投降之心。[144]在明军压境面前，纳哈出似乎也有所动摇了。

不久，事情出现了戏剧性反转。前一刻还是生死仇人的纳哈出，下一刻便投降了。投降后，纳哈出前往蓝玉营中，蓝玉大喜，"出酒与之饮，甚相欢"。纳哈出酌酒款谢蓝玉，蓝玉又请之先饮，纳哈出一饮而尽。蓝玉脱下自己的衣服赠与纳哈出，纳哈出却不愿穿，双方竟起争执。纳哈出一气之下，将酒洒在地上，并跟随从说了几句蒙古语。座中有懂蒙古语的军官，得知纳哈出意将夺马逃脱，急告众人，郑国公常茂以刀止之，伤及纳哈出肩臂，并将之解赴冯胜营中。虽有此曲折，但最终纳哈出及其将士4万余人，部民20余万俱降。明军获其羊、马、驴、驼、辎重等无数。纳哈出与投降将校及其诸家属俱被向南遣送至中原。[145]

冯胜此次出征还俘获鞑靼军士所遗弃的44963辆车，数千匹马。到了闰六月，冯胜班师回京。收降士众当如何安置？太祖认为，大多数原纳哈出部将士仍应留居金山，其余部分，则或徙于辽东，或迁至北平，"顺水草以便牧放，择膏腴之地以便屯种"。从军将士则得到太祖厚赐。鞑靼将校军士计赐布176716匹，棉袄27552件，皮裘5353件，冬衣及色绢衣32240件。此外，太祖还赏赐归附的各级鞑靼酋长、军士、男女百姓等44179人计500石米粮。[146]

对明军而言，这无疑是巨大的胜利。日益疲困的元军在东北的整个侧翼被一锅端掉了。在庆祝冯胜等凯旋的敕谕中，太祖说道："自古汉胡相攻，至元未已。及天革元运，朕命中山武宁王、开平忠武王攘之塞外，远者数千里，迩者数百里。二王既往，余房常为边声。由是命尔等率马、步屯驻大宁,审势进讨。今得所奏,即有征无战,非尔等诚格于天,忠义服人,何若是之易邪?"不过话锋一转,太祖继而警告说:"然自古至今,凡为将功成名遂,千万岁不磨者,不过数人。盖摧坚抚顺之际,机奇而仁布,处之有道故也。今纳哈出心悦来归,当抚绥以诚,务安其众,毋致惊扰。胡虏生计,惟畜牧是赖,犹汉人资于树艺也。若少有侵渔,则众心生怨,易变难安,不可不慎。前二王功成名遂,由严号令于诸军,不苟取于来降,以致偃兵华夏,功烈昭于后世。今二王已位,尔等能继靖虏庭,成此奇勋,则可以追踪二王,同垂不朽,岂不伟与!"[147]

不幸的是,事情很快趋凶。冯胜等也并非全然能成为太祖所希望的"诚格于天,忠义服人"之辈。有人向太祖奏禀:"大将军(冯)胜专为己私,不能抚辑降虏,而乃播恶胡中……乃窃取虏骑为数不少,又娶虏有丧之女,使人忘哀成配,大失人伦。"太祖听后大为震惊。冯胜的所作所为,正是太祖谆谆告诫其勿恣意妄为之事,正是太祖所担忧的可能激起民变的举动。不过,因冯胜"尝有战伐之功",太祖并未科以重罚,只是令他"当改行易虑,推诚于上下"。但是,同年八月,太祖得知冯胜手下参将抢夺投降胡人所乘之马,严厉警告冯胜,此举"于国有损,于己有污",希望他"自今宜洗心去贪,以保勋名",但仍未予以处罚。[148]

就太祖本人而言,似乎是为了弥补自己用人的过失,他对纳哈出及降附之众异常慷慨。在一封诏谕中,太祖向纳哈出及其南迁之众解释道:"尔等将人口、头匹而来,远涉道途,甚为艰辛。朕初命辽阳、海州、盖州、复州、金州、崖头、大宁旧省口内之人,各照原所居住。不意文书到迟,总兵官将尔等行程迂远。若已入迁民镇，可留彼暂住。若未入口到瑞州、闾山左右，朕见命官运布一十七万匹给赐尔等，且就彼关领车辆，损坏亦就彼修理。"[149]

在此期间，纳哈出所部官属将校3300余人抵达南京。他们向明廷出示金、银、铜印及金、银虎符等前元颁发的印信凭证。大多数将校"俱与名分"，重新授得明军中的一官半职，而纳哈出本人则赐一品服，封海西侯，赐禄米2000石。太祖还另赐纳哈出及其部将织金文绣、冬衣、钞、靴、袜等物。他们所乘马匹，经长途跋涉后，皆羸瘦不堪，太祖又令各卫好生牧养。洪武二十一年（1388年），太祖命纳哈出随傅友德往征云南，那里是前元遗留的另一块飞地，此刻明军决定一举将它拿下。不过，纳哈出最终未能抵达前线。是年七月，在沿江而下抵达武昌的途中，纳哈出病亡。据说，他性嗜烧酒，盛夏时节，又常在酒后以冷水洗澡，因而落疾。在他前往云南前线的舟中，他再次酒后洗澡，旧疾复发，因而病亡。其子察罕袭爵，改封沈阳侯。[150]

* * *

在降伏纳哈出的同时，明军也在辽东地区迅速推进，抢占纳哈出的"政治遗产"。大量棉布、衣服、鞋子、冬衣和大米等物资源源不断从中原调集，运往辽东地区，以支援前线明军开疆拓土，建立卫所。[151]

从历史发展进程看，明朝属于前工业化时代，而其经济中的劳动密集程度却令今人瞠目结舌。试想一下，生产70万石（6.3万吨）米粮，需要多少农夫，消耗多少工时？将这些粮食运抵海边粮仓，又需要多少车夫、牛马？又有多少轻舟能将海路运来的粮食搬卸到辽东？又需要多少人，才能将运抵辽东的粮食分发到各个卫所？另外，就衣物而言，又需要多少种植棉花的农民、采摘棉花的工人以及制成成品的织工？显而易见，明朝的边防问题从来不是一个单纯的军事问题。它要求国家机器能够年复一年、月复一月，不间断地动员有生力量，投入到边防后勤补给中。就此观之，无怪乎太祖坚定地认为戍边士卒及相应军户在条件许可的情况下需要自行开垦屯田。

明朝对辽东腹地女真人所采取的战略，与前述治藏方略极为相似——初以招抚为上策，若招抚无效，则加诸军事手段。与藏族聚居区的情况一样，此前元朝已在军事上控制了女真各部，因此明朝要做的，就是让女真诸部首领转而归附明朝。然而，这并非易举之事。明人注意到，无论在西北还是东北方向，非汉人族属都曾在过去或多或少、或长或短地建立过自己的政权。西北方面，如约公元4世纪，魏晋南北朝时期氐人建立的成汉；7—9世纪唐朝时期藏人建立的吐蕃以及1038—1227年两宋时期的党项人建立的西夏。东北方面，如约公元4世纪，魏晋南北朝时期慕容鲜卑建立的燕；907—1125年契丹人建立的辽以及1115—1234年女真人建立的金，等等。而明人要做的，就是尽可能地阻止类似政权的再度崛起。

太祖曾对辽东风俗倍感兴趣，于是他向从辽东归附的前元将领名祖咨询。名祖道："辽东地邈远，民以猎为业，农作次之。素不知诗书，而其俗尚礼教。凡子丧其父，妻丧其夫，皆日至墓所拜哭，奠酒浆百日，乃止服衰三年，不饮酒食肉，不理发，不游猎，不与人语戏。间有以歉岁食肉者，乡人共诋之。"接着，他又向太祖举了若干事例："往年，石城有高希凤者，本光州固始县人。戊戌秋，在辽东老鸦寨为乱兵所掠，力抗不伏，乱兵断其右腕而死。其妻刘氏被虏，行十余里，骂不绝口，亦为所杀。希凤仲弟药师奴，亦死于乱。妻李氏携其子文殊、孤侄僧保往高丽避难。至中途，度不能两全，以其子差长，弃之，独携侄以行及……希凤季弟伯颜不花，为纳哈出所杀。其妻郭氏，高丽人，居浑滩，自缢死于马枥。希凤从子高塔失丁，亦为父仇诬陷而死。其妻金氏与姑邢氏，缢死于鱼坞所居之室。一门五妇，皆尽节义。"又言，"定远南河寨斡罗村，有卒裴皮铁者疫死。其妻李氏，女直人，年二十二，停柩二年，昼夜哀临。比葬之日，陈祭辞柩毕，缢于屋西桑树而死。乡人义之，遂合葬焉。"

太祖听说这些事例后，为之动容，令有司旌表其家，以彰节义。[152]

正如藏人对佛教有着近乎狂热的崇拜（太祖亦尊崇佛教），辽东地区的某些居民也对中原礼教执着遵行。辽东人民对礼教的尊奉，似乎有助于明朝在当地设立儒学学校。洪武十七年（1384年），明朝于辽东都指挥使司置儒学学校，设教授一员，训导四员，又于金州、复州、盖州、海州等处卫所设立儒学学校，每校置学正一员，训导四员。[153]从上述这些史实可以看出，明朝急于确认其在诸族属杂居的辽东地区的政权合法性，因而采取上述对节妇、义妇、贞妇的旌表，却也在无形之中将这种近乎极端的礼教"合理"思想加诸当地女性。信奉礼教的儒学可以被视为一种准宗教，当地士民，无论汉人、高丽人，抑或女真人，都可以将之奉为圭臬。

此时的女真诸部还处于势穷落后的状态。洪武十八年（1385

年)九月,三位前元女真军官高那日、捌秃、秃鲁不花来辽东都指挥使司,自称为野人女真所获,不胜其奴役而逃至此,认为明朝治下的辽东乃"乐土",请求归附。同时,他们还请求"圣朝垂恩,得以琉璃珠、弓弦、锡镪遗野人,则可赎八百余家,俱入辽东"。太祖得知之后,即赐他们衣服,并赐"琉璃珠五百,索锡五斤,弓弦十条",以换赎被野人女真奴役的女真人。[154]

但是,明朝并不愿让野人女真或海西女真完全独立于它的触角之外。洪武二十年(1387年),辽东军官曾往野人女真、海西女真的地方,历涉劳苦却一无所获。洪武二十一年(1388年),太祖命俺得迷失招抚海西女真,并赐予他们衣物。不过总的来说,明朝与女真诸部的接触仍以失败告终。于是,洪武二十八年(1395年),太祖向女真诸部发起进攻。总兵官周兴命都督佥事宋晟、领辽王府中护卫都督刘真及领宁王府中护卫指挥庄德率领三万卫(治今辽宁开原市北,位于辽阳东北150公里)的士兵,前去征讨女真诸部。① 至夏天,周兴等率军与野人女真(他们主要居住在松花江流域东北部数百公里之内)开战。明军大获全胜,并开始追捕野人女真首领西阳哈,但是他已"于二月河冻时过松花江",且此时恰逢"天雨昼晦",追之已然不及。即使如此,明军仍然俘获了女真镇抚军官及男女民众650余人,并获马400余匹。经此一役,太祖发现三万卫所部高丽、女真归附士兵,常假

---

① 该段作者有误解。作者认为是燕王、宁王以及3位将军率兵征剿女真诸部,而核《明实录》原文,乃周兴从辽王、宁王二府的护卫部队中抽取将领,率军出征,非亲王本人出征。其中,辽王又讹为燕王。译文据《明实录》改之。——译者注

借出猎为名，四处为患，于是命武定侯郭英徙其众，于广宁卫西屯种。尽管有上述的恩威手段，但直到太祖驾崩，女真诸部方面的局势仍不见稳定。[155]

高丽的干预，是这种不稳定状态持续存在的重要原因，而高丽本身在对明政策上就举棋不定，左右逢源。元朝对高丽的宗主权，在元末红巾起义的战乱中就实质性地丧失了，而高丽王室本身亦无法对中原新的形势作出预判。高丽应该与扩廓帖木儿或纳哈出结盟吗？应如何妥善处理与明朝（此时它对明朝还一无所知）的关系？抑或应该介入辽东局势，与女真结盟，拓展版图，以备不周？[156]就史实上看，三个方案都被其逐一尝试过了。

明丽关系，因辽东卫所发生事件而生隙。洪武十二年（1379年）六月，太祖听闻高丽有人不远千里来归附，疑其有诈，遂敕谕辽东守将潘敬叶旺，曰："高丽龙州郑白等率男妇来降。朕未审将军识其计否？高丽僻居海隅，其俗尚诈，其性多顽，况人情莫不安土重迁，岂有舍桑梓而归异乡者耶？斯必示弱于我，如堕其计，则不过一二年间，至者接迹，其害岂小小哉！符至之日，开谕来者令还，以破彼奸。今中国方宁，正息兵养民之时。尔与东夷接境，慎勿妄生小隙，使必得以借口。若我正而彼邪，彼果不臧，则师有名矣。其来降者，切不可留。《春秋》有云：'毋纳逋逃。'不然，则边患将由此而启矣。"[157]

洪武十三年（1380年）夏，太祖又令辽东守将多提防高丽来人。在他看来，高丽人心诡谲，不可轻信。这反映在他给辽东都指挥使司的回敕中。敕文如下：

> 高丽周谊至辽东，朕观其来咨，知东夷之诈，将以构大

祸也。此来岂诚心哉？尔等镇戍边方，不能制人，将为人所制矣。且高丽朝贡，前已违约，朕尝拘其使诘责之，后纵其归，令当如约，则事大之心，其庶几乎？使既还，未闻有敬畏之心，乃复怀诈，令谊作行人，假称计事，此非有谋而何？前元庚申君尝索女子于其国，谊有女入于元宫。庚申君出奔，朕之内臣得此女以归。今高丽数以谊来使，殊有意焉。卿等不可不备，毋使入窥中国也。"[158]

洪武十四年（1381年）冬，太祖夸赞辽东都指挥使潘敬等在处理高丽问题时"甚合事宜"，但他同时又再次提醒潘敬提防高丽的诡谲。他说："高丽奸臣李仁，篡弑其主。臣民畏其党众而屈从之，今几年矣。曩者，中国之君以力服之者有焉，以德怀之者有焉。如高丽之奸顽，德不能怀，惟威之畏，故前人以力得之，其为生民之祸亦甚矣。虽有时而怀德，待之以礼，旋复诡诈，窃发背叛，不常累代兵征，盖以此也。今李仁虽云愿听约束，未知臣节久将何如。卿与诸将其慎之。高丽贡献，但一物有不如约，即却之境上，固守边防，毋被其诳。"[159]

尽管太祖称高丽贡品"有不如约，即却之境上"，但当洪武十七年（1384年），高丽使臣崔涓、金进宜前来贡马2000匹，并称"金非其地所产，愿以马代输"时，太祖却接受了这一"不如约"。但当使臣到达南京时，太祖又对他们大发雷霆，认为他们贿赂在京官员，与京官相勾结。他们甚至还在使臣身上搜到一份名单，上面记载"上等人若干，中等人若干，下等人若干"，准备各以其官阶职事行贿。太祖怒斥其使，又盛赞辽东守臣"勿为善说所诱，勿为华丽所惑"，能坚定捍卫"东界鸭绿，北接旷塞的辽土。[160]

就目前史料来看,还未能完全确定高丽在辽东的干预何时停止,而明朝又于何时开始全面介入辽东事务。在洪武二十年底(1388年初),太祖命户部咨高丽王:"铁岭北、东、西之地,旧属开元,其土著军民、女直、靻鞑、高丽人等,辽东统之。铁岭之南,旧属高丽,人民悉听本国管属。疆境既正,各安其守,不得复有所侵越。"[161] 看起来,太祖似乎对高丽人逐步徙入辽东的做法颇为在意。洪武二十一年(1388年)四月,高丽禑王(前述篡弑其主的李仁[①]所扶植的新王,始初太祖并不愿意与之有交往)上表称:"文、高、和、定等州本为高丽旧壤,铁岭之地,实其世守,乞仍以为统属。"太祖却认为其所言似是而非。在太祖看来,高丽所称"旧壤"看似有理,但至少在元代就已经隶属中原政权管理,所以高丽人的请求不应允可。[162] 太祖说道:"数州之地,如高丽所言,似合隶之。以理势言之,旧既为元所统,今当属于辽。况今铁岭已置卫自屯,兵马守其民,各有统属。高丽之言,未足为信。且高丽地壤,旧以鸭绿江为界,从古自为声教。然数被中国累朝征伐者,为其自生衅端也。今复以铁岭为辞,是欲生衅矣。远邦小夷,固宜不与之较。但其诈伪之情,不可不察。礼部宜以朕所言,咨其国王,俾各安分,毋生衅端。"[163] 随后,太祖又诏谕辽东都指挥使司:"凡朝鲜人至,止令于革河互市,不许入境。"[164]

正因这种种摩擦,高丽方面决定改变其对明政策,而其中细节,明廷竟一无所知。太祖对铁岭之地寸分不让,高丽决定诉诸

---

① 查相关资料,李仁实为李仁任,《太祖实录》所记其名似有缺。——译者注

武力。洪武二十一年（1388年）夏，祸王派李成桂出兵攻打辽东。高丽军很快渡过鸭绿江，但李成桂却发觉行军困难、粮饷不济，坚信此役毫无胜算，于是请求班师，祸王不听。于是，李成桂在威化岛果断回军，返回开京发动政变，推翻了祸王政权。到了洪武二十五年（1392年），李成桂在开京寿昌宫即位称王，李氏王朝建立。[165]

在中原的朝贡体系中，朝贡国国内发生政变，对朝廷来说总是一个十分棘手的问题，有时甚至需要诉诸某些军事干预。但在这个具体的个案中，又有所不同。太祖本应因高丽之入侵而谴责其行为，以暴制暴，将入侵的高丽军赶出辽东。但是，政变发生了，政变者李成桂还制止了高丽军队入侵辽东。

李成桂还做出降尊"事大"的姿态。他遣使李恬上表，并向明朝进贡马匹、方物。他还感谢太祖更其国号高丽为朝鲜，并更其本人名为李旦。[166]这是否意味着，双方已经结束敌对状态了？

恐未尽然。洪武二十六年（1393年）夏，辽东都指挥使司向太祖奏报，称"朝鲜国近遣其守边千户，招诱女直五百余人，潜渡鸭绿江，欲寇辽东"。太祖方稍心安，又复提心吊胆。他说："李旦方来奉贡，而复欲寇边，是其自生衅端！"思来想去，太祖决定给李旦降敕。在敕中，太祖向李旦介绍自己戎马倥偬的一生，并提醒他与他的国家——朝鲜的所作所为，希望他慎重考虑接下来的治国、治军方略。敕文曰：

昔在元季，群雄并起，中原扰动，民被兵灾。几及二纪，朕训将练兵，扫除群雄，四征不庭，蛮夷率服，化锋刃为农器。诸将析圭儋爵，享有太平。奈何高丽屡怀不靖，诡诈日生，数构衅端，屡肆慢侮，诳诱小民，潜通海道。朝廷命将镇守辽东，辄遣人以金帛诱之。后王颛被弑，杀及朝使。今尔方遣使入朝听约束，而乃阴令边将，诱女直人潜渡鸭绿江，意将何为？昔在汉时，高丽寇边，汉兵致伐，高丽由是败灭。及曹魏之时，阴怀二心，与吴通好，魏亦再加兵讨。晋以尔固悖慢，焚尔宫室，俘尔男女。隋兵再伐，高丽之民，死伤涂地。唐兵讨尔弑逆，平尔土地，为九都督府。辽金至元，尔国屡造衅端，杀其信使，由是屡加讨伐。宫室焚荡，民庶斩虏，国灭君诛。监戒甚迩，尔犹蹈其覆车之辙，岂非愚之甚乎？往岁请令，王昌入朝，朕不之许。及后以瑶任国事，遂以其子奭来朝。及奭还国，瑶已被废。尔乃废绝王氏，自取其国，朕以尔能安靖东夷之民，听尔自为声教。前者请更国号，朕既为尔正名，近者表至，仍称权知国事。又先遣使辽王、宁王所逾月，方来谢恩，何其不知尊卑之分乎！朕视高丽，不啻一弹丸，僻处一隅，风俗殊异，得人不足以广众，得地不足以广疆，历代所以征伐者，皆其自生衅端初，非中国好土地而欲吞并也。朕闻金世宗时，高丽进表启函，惟小石数枚。及贺正，称进玉带，验之乃石。世宗由是兴师，破数十城。此前代事之可见者也。近者，尔国入贡，复以空纸圈数十杂于表函中，以小事大之诚，果如是乎？尔之所恃者，以沧海之大，重山之险，谓我朝之兵，亦如汉唐耳？汉唐之兵，长于骑射，短于舟楫，用兵浮海，或以为难。朕起南服江淮之间，混一六合，攘除胡虏，骑射舟师，水陆毕备，岂若汉唐之比哉！百战之兵，豪杰精锐，四方大定，无所施其勇。带甲百万，舳舻千里，水繇渤澥，陆道辽阳，区区朝鲜，不足以具朝食，汝何足以当之？虽然，际天所覆，皆朕赤子，明示祸福之机，开尔自新之路。尔能以所诱千户女直之人送京师，尽改前过，朕亦将容尔自为声教，以安夷人。若重违天道，则罚及尔，身不可悔。[167]

降敕之外，太祖又严令辽东都指挥使司严加防边，毋令朝鲜使臣入境，同时遣骑兵于鸭绿江北岸沿江巡防。而朝鲜方面也释放了某些善意的举动。为弥补前失，朝鲜将辽东的逃亡军民，计122户、388人械送回辽东，并将他们拐带走的牛马悉数送回。[168]

但是，战争的阴霾仍笼罩在鸭绿江两岸。洪武二十八年（1395年）四月，太祖诏命停止修筑辽王的宫殿（位于辽阳西北120公里处）。因为修筑所用夫役俱为前线训练有素的将士，他们若在工役方面劳苦过多，必然会心生怨恨乃至叛乱。事实上，前线已经出现不少将士逃亡山泽草野、"乘间劫掠"的现象。此外，太祖还注意到，近来朝鲜从其国中腹地向鸭绿江沿线战略要冲之地的粮仓运粮，"每驿有一万、二万石，或七八万，十数万石"，且其多方诱降辽东的女真人和逃亡军士。在太祖看来，朝鲜的行为意在不轨，而设若朝鲜出兵20万，辽东诸卫恐怕难以抵挡其锋势。因此，为了阻止其招诱逃亡将士，也为了集中精力整饬边防，太祖令辽王暂停营缮造作，权止居住于军营之中。[169]尽管后来辽王的宫殿仍予开工，并于洪武三十年（1397年）落成，但太祖仍不忘告诫其高筑城墙，以备不虞。太祖认为，想要击退朝鲜的进攻，必得10万士兵，才能将他们赶回朝鲜。而太祖似乎对目前辽东的防御体系信心不足，他甚至还为辽王规划了退路，若"难以守御，则王徙居山海卫"。[170]

＊　＊　＊

我们前文所称的太祖，是朱元璋死后的庙号。这是一个他当之无愧的庙号。他是一位充满活力，敢于挑战的普罗米修斯式的君主[①]，同时，他也像极了某种极权制度下的暴君。作为明朝的肇基者，太祖甚至在我们这个星球古今中外的历史中都难逢敌手。他不是战士，而是天子，是当时地球上最强大的政治实体——明朝的领袖。他尝试着以儒家"回向三代"的伦理理想去重塑天下，他带领明朝走向仁义的世界，成为世界文明的灯塔。他在很大程度上像极了一位人类社会的"系统工程师"，一位国家航行路线上掌舵的"舵手"，对他的"天下"有着超乎常人的洞察力。[171]

本章到目前，主要聚焦在太祖作为"舵手"的一面，但我们仍有必要将他作为"系统工程师"的一面作一些简单梳理。他的一大成就在于他在明代军事系统里建立了卫所系统。这是一个能内在地自我更新兵源的系统，这一制度持续到明亡。[172]这一系统由三个层级组成。最基础的部分，是数以百万计的世袭军户。他们的主要义务在于确保其家中至少有一名成年男子在服兵役。第二

[①] 在古希腊神话中，普罗米修斯为了人类的利益，盗取了奥林匹斯山上的圣火给人类，人类自此学会用火，但是普罗米修斯也因此得罪了众神之王宙斯而遭到惩罚，被锁在高加索山上，被鹰啄食肝脏。因此在西方语境中，"普罗米修斯式的人"指的是勇敢、无畏、敢于献身的人。——译者注

个层级是以卫所为单位建立起来的军镇，这些军镇多以高墙围筑，将士及其随军家属住于其中。第三个层级是由前线边防的堡垒、营地、烽火台等军事设施组成，卫所士兵须定期轮番前往戍守、放哨、服役。其余后方士兵则辅以修缮、营造、耕牧。以洪武七年（1374年）的标准看，1卫约5600人，而"一卫统十千户，一千户统十百户，百户领总旗二，总旗领小旗五，小旗领军十"。[173]

整道北境防线的枢纽在北平。此前，这里是元朝的大都，经永乐年间两次扩建后改称北京。[174]北平之外，是一片重峦叠翠的山脉，每个山口都设置了关口，令军士设隘把守。洪武六年（1373年），大臣向太祖奏报，北境约2200里（1100公里）的防线上共有121处隘口，每口宜置一卫驻防。洪武九年（1376年）八月，太祖又降敕将古北口、居庸关、喜峰口、松亭关列为"关隘之要者"。它们之间以烽火台相连，沿线一共设置196处烽火台，6384名巡防士兵（随着时间推移，巡防士兵的人数还会增加），在北平以东、以北方向50—150公里处形成了一道外围防线，牢牢拱卫这个北境防线上的中心枢纽。[175]

在洪武时期，北平成了明军远征漠北的桥头堡，大量南方的物资通过陆路、水路运抵北平。[176]出于各种原因，相关的粮运记载在史料中鲜少能见。但在洪武十八年（1385年），太祖关注到了其中的某些细节。太祖说："近闻北方递运车每辆服三牛。寒冬雨雪，行路甚艰，一牛有损，一车遂废。有司责民偿牛，倍增其价，民受其害。"对此他忧心忡忡，要求每辆车加给一头牛，"以备倒死"，并不许有司以此为由，困乏民力。[177]洪武二十二年底（1390年初），北平布政使司奏，喜峰口、滦阳等处军储米粮达488510余石。从这一统计数字我们就可以想象，有多少来自南方的米粮需要通过海运或陆路运抵前线，因为在洪武时期，大运河还未重新得到疏通。[178] 由此我们便可理解，太祖为何急于减轻民负而在北方大力发展军屯。洪武二十八年底（1396年初），北平都指挥使司奏称，燕山卫等17处14362名士兵参与屯田，共计得军粮103440余石。[179] 这有力地缓解了北境防线上的物资需求压力，但仍远未能满足其需求。那么，以此推之，在太祖一朝，仅北平一带的防御成本就需要多少？笔者只能说，代价无疑是巨大的。

太祖将北平打造为明军战略枢纽，原因在于北平进可攻退可守的战略要冲地位。在太祖看来，北平在防守方面可为明军之首道防线，进攻时又可为明军远征漠北之大后方，这一战略布局，又与太祖以诸藩王镇戍边防的策略相配套（历史证明，这种做法似乎欠妥）。洪武二十六年（1393年），蓝玉案发，蓝玉被处死，明朝开国功臣（几乎全是从濠泗起义后，一路与太祖并肩作战，最终帮他夺取天下的老伙计们）被清洗殆尽。镇戍北境的重任落到了诸藩王身上。早年太祖对人情世故的洞悉和了如指掌，老来竟尔磨灭，以致发生诛杀功臣事件。在此之后，诸藩王成了明军北境防线的主力：晋王就藩太原，燕王就藩北平，代王（18岁）就藩大同，肃王（19岁）就藩甘州（后徙兰州），辽王（15岁）就藩广宁，庆王（15岁）就藩韦州（后徙宁夏），宁王（15岁）就藩大宁，谷王（16岁）就藩宣府。[180]

明军北境防线的最外围由东胜州（位于河套平原的东北角）、开平和大宁（位于北平东北300公里）三处据点组成。太祖在这里扩建城郭，并增置军屯。洪武二十九年（1396年），开平增置四处军屯，并于洪武三十年（1397年）特别关拨山海卫五所官军前往屯戍并营建城墙，所需军粮则由北平以盐引换取盐商运粮作为补充。[181] 此外，洪武三十年（1397年）三月，太祖还诏赐开平军士皮袄、毡帽、皮裤各5210余件。[182]

明朝在草原所建的最大城池是大宁。洪武二十年（1387年）八月，太祖诏置大宁卫指挥使司，遣将士有罪者前往戍守。当地还常驻21780名从各地卫所，特别是早期从陕西九卫抽调前来轮番戍边的士兵。是月，大宁卫的战略地位进一步提升，太祖诏置大宁都指挥使司及大宁中、左、右三卫，并将会州、木榆、新城等卫归隶大宁卫。此外，在九月，太祖还敕山东诸府民户造战袄20万袭给大宁士兵。[183]

洪武二十二年（1389年），前元知院捏怯来遣人到大宁，向明军请求借粮。太祖命户部告知捏怯来"备车辆至大宁"运粮。此番救济后，捏怯来决定归附明朝，因此太祖授予他全宁卫（位于大宁北150公里）指挥使一职。与捏怯来同行的前元丞相失烈门，因见所授职位不高，称疾不出。太祖命礼部敕谕捏怯来："若失烈门有意南来，可令入朝，决意北向，从其所欲。古之有杀身亡家而立名者，有保身全家而求生者。人之志，固有不同，不可强也。"

失烈门最终选择了"立名"。他与塔失海牙等袭击捏怯来，叛逃至也速迭儿处。捏怯来部下溃散，为朵颜、福余等卫招抚后，明廷又给予粮食，仍令于全宁卫居住。①

大宁卫渐次发展起来了。将士及其所属军户在当地定居，促

---

① 此处原著称失烈门袭杀捏怯来失败被杀，但核《明实录》，乃失烈门袭击捏怯来，并将之劫往也速迭儿处，捏怯来为纳哈出所杀。——译者注

使大宁人口急剧增长，甚至很可能已经超过10万人。洪武二十三年（1390年）二月，太祖诏赐大宁等卫67500余人各类物资，计有绵布274400匹，棉花101200斤，由此可见一斑。九月，太祖令于大宁卫置儒学学校，以教当地将士子弟。学校设教授一员，训导二员，同时将认识鞑靼字的文人迁至当地，以教习鞑靼文字。洪武二十五年（1392年）十一月，大宁诸卫军屯共计收成谷麦840570余石。遗憾的是，到了永乐元年（1403年），永乐皇帝自愿放弃继续屯驻大宁，继而此地为兀良哈所据有。[184]

* * *

那么，我们应当怎样公允地评价这位开创了276年大明王朝的肇基者呢？必须实事求是地说，他并不是一位让人感到舒适的人物，长期的风雨重担使他的帝王生涯几乎从未有过令人感到幽默或愉悦的事迹。当他在策划或指导国家事务时，理性的光辉笼罩其身。但是，君临天下的他，也生性多疑、喜怒无常。他不信任身边的人，时刻提防着可能的政变，并以腐败、狡黠或背叛为借口，清洗身边的大臣。对待劳苦大众，他总是充满了仁慈和同情，但在对待社会精英或军队将校时，又会变得异常严苛。他出身贫农，自幼孤苦无依，从未受过正规教育，但他聪颖好学，常在治国理政中咨诹善道，察纳雅言。从某种程度上看，他是个"工作狂"。他在洪武十三年（1380年）废除中书省后，日阅奏章无数，从未间断。他批阅奏章，处理大政，甚至还以诏敕颁降其他地方的统治者，阐抒己意。然而，太祖的后代，如燕王朱棣，似乎并不认可他的很多做法。他们认为他的一些做法应当被根本扭转，特别是他在北境防线上的一系列部署。建文四年（1402年），燕王通过靖难之役夺得大统，是为永乐皇帝。永乐皇帝驾崩后，庙号初为"太宗"，嘉靖时改为"成祖"。这一形式上的变更，似乎暗含了后世子孙对成祖政策的认可。

总的来说，就大体而言，太祖的边防政策仍为有明一代边防政策的基准。得益于司马光的《资治通鉴》，太祖对中国悠久的历史有着较为深入的了解。从中，太祖接受了中国作为天下教化礼仪之邦的担当，进而深谙其恩威之道。诸多史料表明，太祖在边防问题中采用恩威之术可谓炉火纯青。他常因时因地采取不同的策略——或以招抚，或见征讨。对不接受招抚者，太祖常施以雷霆手段。在太祖的逻辑链中，如果不能招抚四夷，则朝贡无复存在，宗藩无以区别，礼教之威权将受到挑战。

在招抚问题上，太祖可谓深谙其道，游刃有余。即便他与流亡的元廷、朝鲜之间存在矛盾，他仍一如既往地善待其归附者。学者亨利·司律思（Henry Serruys）在其著作《洪武时期在中国的蒙古人》中详细地列举了目前已知的受太祖善待的归附者具体个案。成千上万归附者为明军所招募并分遣至各个卫所，但通常情况下仍由降附前统领他们的军官继续管理。而诸如位于藏族聚居区边缘的河州之类的诸族属杂居之地设立城市卫所，也是太祖安边政策的一大创举。可以说，尽管太祖的子孙后代不断调整或强化北境防线的管控之策，但毋庸置疑，其肇基者便是太祖本人，而这一管控之策，与有明一代相伴始终。

第二章

永乐时期——

永乐皇帝的攻守之道

（1403—1424年）

第二章　永乐时期——永乐皇帝的攻守之道（1403—1424年）

洪武三十一年（1398年），一代君王朱元璋驾崩，皇太孙朱允炆继位，是为建文帝。次年，太祖的四子，驻守北平的燕王朱棣起兵"清君侧"，靖难之役爆发，边防势力出现了部分的失控。建文四年（1402年），朱棣进入南京，建文帝失踪，朱棣即位，年号永乐。[1]战争的硝烟散尽后，永乐皇帝不得不再度面对西至藏族聚居区，东至辽东的广袤北境防线。他的制度性创举在于：他以陕甘、宁夏、大同、宣府、辽东五处总兵官[①]，替代了此前诸王戍边的旧制。此外，他还逐步将京师由南京迁往他原先的封地北京。[②]

这一切，显然都不在太祖原先的预设范围内。在洪武时期，高级将领只出现在最需要的时间和地点，而非令之常驻于边防前线。在各个边防区中，太祖会直接令驻防当地的卫所将校负责。但永乐皇帝即位后，很快就设立了一级军政部门以节制诸卫所。这一变化，似乎是早期明军转向防御的某种信号。但令人费解的是，永乐皇帝又同时向周边四面发起进攻。当然，永乐朝与太祖朝在某些方面也有承继性。如在军官用人方面，永乐朝镇抚一方的要员多为太祖朝军官之后裔。部分开国功臣之后甚至得以承袭

---

① 作者认为陕甘（Shaanxi-Gansu）总兵官是一个官职，但实际上明代陕西总兵官、甘肃总兵官为两个单独的官职。此外，明初的总兵官多为发生战事时临时设置，尚不是常设职位，作者理解恐有误差。——译者注
② 永乐元年（1403年）正月，永乐皇帝采纳礼部尚书李至刚等人的建议，以北平乃"承运兴之地"，将之改名为北京。——译者注

父爵，并继任封疆大吏之职。从某种程度上看，他们甚至可被视为一个自给自足的地方军事小集团。

在永乐皇帝看来，他的工作重心之一就是时刻警备北境防线，因此他时常敕谕边将，要时刻注重边备，警惕边患，要时常营缮边垒，勿要孤军深入漠北追袭穷寇。

永乐皇帝还认为，明朝必须自己成规模地饲养战马，因为从茶马贸易或朝贡中所获的马匹远远不能满足明军的需求。永乐四年（1406年），永乐皇帝决定在陕西、甘肃置两处苑马寺负责饲养马匹，令甘肃总兵官、西宁侯宋晟，宁夏总兵官、左都督何福估选适合养马的基地。每处苑马寺下统六监，每监下辖四苑。每苑视其地理远狭，分上中下三等："上苑牧马万匹，中苑七千匹，下苑四千匹。"每寺设卿一员，从三品；少卿一员，正四品；寺丞一员，正六品；首领官、主簿一员，从七品。在获取和饲养马匹问题上，永乐皇帝还以敕谕详细指导二将："春月草长，纵马于苑，迨各草枯，则收饲之……凡回回、鞑靼以马至者，或全市，或市其半，牝马则尽市之，以给四监。其监之未设者，即按视水草便利可立处，遣人以闻。"[2]很快，永乐皇帝又依样画葫芦，在北京和辽东置提督养马官负责饲养马匹事宜。但他认为汉人不擅养马，因此又令鞑靼官员"教民畜马"。[3]又有大同镇守、江阴侯吴高将大同东北猪儿庄西至云内东胜等处地理画为一图，进呈永乐皇帝，向他推荐彼处适合畜养马匹之地。[4]在永乐初年，与马政相关的奏议堆积如山，若我们有意将之整理归档，恐怕尚需费时费力。

永乐六年（1408年），永乐皇帝与何福在处理鞑靼军官率军之事上产生分歧。或因谗言，何福在率领所部鞑靼士兵的问题上遇到困难，于是他请求永乐皇帝从京师派遣鞑靼军官前往甘肃率领鞑靼士兵。但永乐皇帝表示反对，他敕谕何福曰：

> 得奏。欲于京师选鞑官之材能者诣边，率领所调鞑官军，朕亦计之。鞑官素于地理不谙，人情不悉，遽令领军出境，将不知军，军不知将，不相亲附，而于号令，或有乖违，则功不成。此事理甚明，不待智者可知矣，于尔有不知耶？得非有人谓尔总蕃（此处"蕃"的概念很模糊，它大多时候指藏人）、汉兵久，虑势重致谗，为此言乎？朕为天下主，赏罚予夺，皆自己出，未尝以谗加罪一人。况尔老将，为朕素知，故推诚委任，所言辄听，有未听者，必相与尽心商度其事之可否，何尝有一毫致疑。且尔皇考旧臣，有疑不信，于鞑官又可耶？自今诸事，但竭诚致力，尽其材识，可行即行，慎勿复有顾虑。[5]

永乐皇帝即位伊始，明朝对北境边防的关注侧重在如何吸收漠北草原上残存的元军势力以及其他一些小部落。这些小部落多左右逢源，或依附明朝，或与残元势力合流，或以剽掠为生，或如女真人一样，时而与朝鲜为盟。而永乐皇帝则费尽心思，意图招诱他们归附明朝。早在洪武三十五年（1402年）①，永乐皇帝便遣使往谕兀良哈、鞑靼、野人女真诸部，敕文曰："朕命统承天位，天下一家，薄海内外，俱效职贡。近边将言尔诸酋长咸有归

---

① 本为建文四年，因朱棣不承认朱允炆政权，故又改为洪武三十五年。——译者注

向之诚,朕用嘉之。特令百户裴牙失里,赍敕谕尔。其各居边境,永安生业,商贾贸易,一从所便,欲来朝者,与使臣偕至。"[6]后来,何福又以边地降者有重新叛回草原的,请求领兵追击之,永乐皇帝再次阻止了他。永乐皇帝说:"夷虏谲诈,不可凭恃,自古则然。但今朝廷大体当以诚心待之,春秋驭夷之道,来者不拒,去者不追,盖彼之来,既无益于我,则其去也亦何足置意。况其同类颇众,其间必有相与为亲戚者。今若以兵讨叛,其未叛者亦将置疑。不若姑听其去,但严兵备固疆圉,养威观衅,顺天行事。如造次轻举,后悔无及。"[7]这一建议看起来颇为明智。

野人女真主要居住在辽东腹地,在永乐一朝,他们如涓涓细流般逐渐归附明朝。通常,他们会被成建制地编为卫所,其旧首领则摇身一变成为这些卫所的指挥使、指挥同知等官。最后,归化的女真诸部被整编为384卫和24千户所。这些卫所存在时间似乎极为短暂,通常在史料中看到它们成立后,便杳无音信。[8]部分女真人可能在此过程中迁入中原。永乐六年(1408年),永乐皇帝以天气炎热为由,令兵部大臣于开原卫置快活、自在二城给入关的女真人居住。他说:"朕即位以来,东北诸胡来朝,多愿留居京师。以南方炎热,特命于开原置快活、自在二城居之。俾部落自相统属,各安生聚。近闻多有思乡土及欲省亲戚者,尔即以朕意榜之,有欲去者,令明言于镇守官,镇守官勿阻之。"[9]很快,在快活、自在二城的基础上,永乐皇帝又为这些南来的女真人设置自在、安乐二州。

这些城市仍采取了前述诸族属杂居的形式。或许入住者会成为中原礼乐教化的对象,并渐渐被汉人所同化,但即使如此,作为藩属臣民,他们仍有纳贡义务。永乐九年(1411年),建州等卫指挥宁失加乞、塔河卫指挥失剌等来朝，称愿居于快活城，永乐皇帝答应了他们的请求。永乐十六年（1418年）的另一则史料，则展示了居住在安乐、自在二州的鞑靼人、女真人的某些特有权力："今后非奉朝廷文书而私出境者，处以重刑。其守臣不严管束者，论罪如律。若安乐、自在等州女直、野人、鞑靼欲出境交易，不在此例。"然而，永乐十九年（1421年），朝廷又于安乐、自在二州征精锐士兵五千，随永乐皇帝亲征漠北蒙古。[10]

从这一系列行为可以简单地推断，永乐皇帝之所以优待这些对边界威胁不大的藩属臣民，其目的在于使之与朝鲜脱钩，同时也暗含着阻止他们进一步壮大的意思。早在永乐九年（1411年），永乐皇帝就制定了这一政策。他对时为翰林学士的胡广等人介绍说："朕非欲并其土地，盖以此辈贪残，自昔数为边患，劳动中国。至宋岁赂金币，剥及下人膏血，卒为大患。今既畏服来朝，则恩遇之，从所欲授一官，量给赐赍，捐小惠以弥重患，亦不得不然。"[11]

* * *

永乐年间，边患不在辽东，而在遥远的甘肃和宁夏。除了早已定居彼处的汉人、蕃人和土达外，大量归附的鞑靼人亦逐渐移徙当地，环居于凉州卫等处。族属杂居难保不出摩擦和矛盾。"非我族类"，其可信乎？洮州卫所镇抚陈恭认为似未尽然。他上疏奏言："防禁宜严，外夷异类之人，不宜置左右。玄宗几丧唐室，徽、钦几绝宋祚，夷狄之患，可为明鉴。"

永乐皇帝览奏毕，回称："禁卫宜严甚是。但天之生才，何地无之？为君用人，但当明其贤否，何必分别彼此？其人果贤，则信任之；非贤，虽至亲亦不可用。"毋庸置疑，在处理甘肃鞑靼移徙问题上，永乐皇帝不带种族偏见的态度值得称赞。不过，陈恭所言亦"本是忠朝廷"，而非出于私心，故当有大臣提出"加（陈）恭妄言罪"时，永乐皇帝认为"罪之则言路塞矣"，拒绝了处罚陈恭的提议。[12]

在永乐二年（1404年）时，有鞑靼首领土答力尼率所部男、女500余人，自哈剌秃之地来归，永乐皇帝命设甘州赤斤蒙古千户所，以塔力尼为千户。[13] 永乐三年（1405年），永乐皇帝又于赤斤千户所附近设立沙州卫（今甘肃敦煌），以归附头目困即来、买住为指挥使。[14]

永乐七年（1409年），鞑靼有脱脱不花王、把秃王、都督伯克帖木儿等人率部来归，但只将部队驻于亦集乃。永乐皇帝担心他们在亦集乃迁延日久，或生变心，于是遣使敕甘肃总兵官何福，教之怀柔远人，毋致生变。敕文如下："脱脱不花等既来，而止于亦集乃，迟回日久，或至生变。尔可与杨荣计度，从长行事。其哈剌你敦、伯克帖木儿初与把都帖木儿同来，已而叛去。今者复来，必心未安，故徘徊近塞，欲进未果。朕于远人，来即抚之，未尝尤其前过。可遣把都帖木儿及将校数人，往亦集乃，以朕意谕之。或与俱来，或令居亦集乃，招抚归附之众，用安边陲。尔等须斟酌权宜处之，务在得当。"[15]

即使如此，永乐八年（1410年），矛盾还是在凉州地区爆发了。该卫鞑靼千户虎保、张孛罗台和永昌卫千户亦令真巴等率部分土达士兵叛逃，沿途杀掠人口，抢夺牲畜、辎重，并盘踞在驿站要路。彼时，永乐皇帝正御驾亲征漠北蒙古，因此叛乱一事上报至京，便由皇太子，亦即未来的洪熙皇帝处理。

此前，那里的一切显得风平浪静，虎保等人也"归顺已久，安于其地"，但为何突然之间，矛盾会在凉州地区爆发？原来，在叛变发生之前，当地忽起谣言，称朝廷欲将虎保等鞑官移置其他卫所，意在削弱其势，虎保等惊惧，故集结诸鞑官谋叛。朝廷最后镇压了这次叛乱，并将54名投降的鞑官悉置于凉州监狱，虎保等遁走。被俘者的同伙意欲劫凉州狱以救之，凉州守将听闻，即将这些鞑官全部斩首，以绝后患。一个半月后，叛乱的事情传到永乐皇帝那里，他命史昭充任总兵官，提陕西都司河州诸卫步、骑兵3000人，前往镇守凉州，并随时征剿当地叛乱者。[16]

叛乱镇压数周后，肃州又发生了另一起叛乱。寄居当地的回族人哈剌马牙叛杀守御都指挥刘秉谦等，并控制了肃州。时千户朱迪等领军于城外巡逻，城中军少，故指挥冀望、陈杰等率军力战不敌，紧急向周边的赤斤、沙州、哈密等卫求援。后来，朱迪等兵回，赤斤卫援军亦至，城中开始陆续出现反抗哈剌马牙的斗争。赤斤千户塔力尼遣人至城下责骂哈剌马牙："尔受大明皇帝厚恩，而忍为不义。我辈得安居，农具、种子皆官给，又为之疏水道溉田，我食其利，恩德如此，我不能报，而从尔为逆耶？今伺尔出城，必邀杀尔，以报国家！"随后，沙州卫千户可台等率众千余至，多方齐下，最终镇压了叛乱。[17]

到了年底，本将成为一场灾难的凉州叛乱事件最终被淡化。永乐皇帝认为虎保等人之叛乃惑于谣言，实非本心，因此宽宥其罪，令其回归本业。最终，虎保、亦令真巴等率其妻子部众12000余人来归罪，永乐皇帝俱皆赦免其罪。[18]

宁夏等处，亦陆续出现叛乱事件。永乐九年闰十二月（1412年1月），宁夏都指挥佥事韩诚认为居住宁夏当地的鞑靼别部怀有二心，但永乐皇帝并未对此采取行动。既而反叛被镇压了，明军擒斩无数。后来，韩诚入朝，永乐皇帝对他回顾其事，说："朕于远人来归者，皆推诚待之不疑。早从尔言，发兵擒叛，何至多损物命？然初之不发兵者，犹欲怀之以恩，不谓豺狼不可驯。今彼悉皆擒戮，皆其自取也。"[19]

除此之外，边防线附近仍时不时爆发小规模武装叛乱，如罕东卫（今甘肃敦煌市）的土达叛乱。时罕东土酋常为寇盗，永乐十年（1412年）掳安定卫民户300户，又纠合西蕃无赖，阻截关隘，剽掠过往行人车辆。永乐皇帝命指挥康寿前往敕谕其人："俾悉还掠且戒饬，自今能悔过迁善，庶可宥罪。"对永乐皇帝而言，这也许是他所能采取的最佳选择，因为明军对这种游击劫掠行为暂时还束手无策。但是在对另外一名叛变鞑官察罕歹时，永乐皇帝却下令将之诛杀。察罕歹本为明军宁夏中护卫小旗，永乐十年（1412年），因伙同都指挥毛哈剌等作乱，杀掠地方居民，被宁夏总兵官、安远侯柳升所擒，械送京师处死。其余锁只耳灰等从叛者19人亦悉数被杀，所掳掠辎重、马匹等尽数没官，余众皆散。[20]

尽管永乐皇帝软硬兼施，但土达人的不安情绪仍在蔓延。而另一方面，永乐皇帝对土达军民常怀戒心，认为他们随时都在酝酿着叛变。这种叛变是由粮食短缺而引起的吗？永乐皇帝认为，如果因此而起，则应令土达人就粮于兰县。同时，他又令柳升率宁夏骑士2000屯驻凉州，以防土达人食于兰县时作乱。同时，他又知会西宁卫土官指挥李英，令其率精锐蕃兵屯驻野马川，以随时防备叛变。[21]

永乐皇帝的戒心并非无中生有。两年前,他曾赦免一批谋反的土达。两年后,这批土达再次作乱,领导者仍为老的罕。①李英本人就是土达人,但在此次平叛中他屡建奇功。他于讨来川追捕敌军,获男女900余人,斩杀叛军首级300余级,生擒叛军60余人。②余众欲趁雪夜脱逃,最终多被擒获,叛军首领老的罕等星夜逃往赤斤卫塔力尼处。塔力尼接纳了老的罕,引起永乐皇帝不满。时值隆冬腊月,道路险恶,后勤补给难以跟继,又担心明军追击过程中伤及无辜,于是永乐皇帝下令明军停止追击,却另遣使敕谕塔力尼曰:"尔等归顺朝廷以来,绝无瑕衅。今乃容纳叛贼老的罕等,甚非计也。盖朕待此贼素厚,竟负恩而叛。负恩之人,何可与居!尔勿贪末利,自贻伊戚,譬如人身本无疾病,乃灼艾加针,以成疮疤,尔宜审之。如能擒老的罕等送来,当行赏赉。不然发兵讨叛,非赤斤之利。"22

永乐十一年(1413年)初,叛贼伯颜等及其家属被押解至京,刑部认为其罪当诛,永乐皇帝怜其愚昧,且非主首,于是命宽宥其罪名,将之远流广东廉州卫沿海充军。当他们到达江西赣州时,伯颜等又率300余人复叛,劫掠村寨并逃入深山中。但这些叛军为官兵击伤,山中又多瘴气,且乏食物,因此他们后来多死于山中。剩下500余人未叛,入廉州卫服役。

赤斤千户塔力尼最终亦听从上意,擒拿老的罕,并将之械送京师。永乐皇帝褒奖了他的忠诚。甘肃、宁夏之变故,至此就基

---

① 原著作"Laodisha",译为"老的沙",但核《明实录》原文,作"老的罕",从而改之。——译者注
② 核《明实录》原文,获男女900余人的是都指挥满都、何铭。——译者注

本告一段落。起码，因形势大为缓和，故即便还有些许小型摩擦争执，大概也不见史书记载。[23]

* * *

整道北境防线，似乎终于沉寂下来，变得相对和平安定。或因于此，永乐八年至永乐二十二年（1410—1424年）间，永乐皇帝得以腾出时间、精力和人力物力，向漠北蒙古诸部前后发动五次战役，皇帝本人甚至御驾亲征。在这里我们不禁发问，既然边境已经趋于安宁，那么永乐皇帝北伐的目的又何在？他的这一系列北伐，又与太祖时期所组织的北伐有多大程度的关联？他在晚年回首往事时，会否为此感到后悔？这一系列北伐，是否真正加强了明朝的边防？抑或只是炫耀武功？

有几点，我们从一开始就需要留意。

首先，朱棣自幼便获得镇戍边境的"特权"。在他10岁时，太祖便封他为燕王，20岁时，即就藩北平。大将军徐达，以及傅友德等先朝名将均多次指导他如何领兵打仗，使之获益颇深。徐达甚至还将女儿嫁给永乐皇帝。后来，燕王参加了洪武十四年（1381年）征讨乃儿不花一役。到了洪武二十年（1387年），他又出现于剿捕纳哈出的行动的记载中，尔后又于洪武二十三年（1390年）和洪武二十九年（1396年）多次参与深入漠北的征讨活动中。这些战役多以胜利告终，而永乐皇帝，或许已经在征讨过程中逐渐适应这种戎马生涯。

其次，我们还需要注意的是，我们对这一系列事件的描述，都是从中原汉地的角度出发，而无法见诸异域史料。鞑靼方面并无文书档案流传，因此我们只能认为，在对这一系列事件的描述中，他们是失语者。

最后，还要注意的是，明朝这一系列北征，似乎与其所谓的生死攸关的边防安全问题关系不大，而更像一份天下道德和政治霸权宣言。任何政治实体，若不尊奉明朝为天下共主，或有意无意地对其天下共主地位构成挑战和威胁，那么明朝将会对之诉诸武力，以作惩戒。① 以此观之，漠北草原上的蒙古（鞑靼）诸部拒绝承认与明朝的宗藩关系，拒绝向明朝纳贡，成为其北伐的直接原因。如前所述，成吉思汗的黄金家族后裔，仍坚信自己拥有"上天眷命"。太祖非常担心元朝规复中原，因此他组织数次北伐的目的，与其打乱元朝规复中原的设想息息相关。而到了永乐时期，这种威胁已经消失，因此永乐皇帝的北征，与其说是为了阻止蒙古诸部东山再起，巩固边防安全，毋宁说是其政治存在的一种宣誓。（从明朝流传的史料看，蒙古诸部似乎常在是否向明朝称臣纳贡的问题上出现严重分歧。）

明人似乎很难准确地了解鞑靼诸部及其内部派系，如其中的阿鲁台一系。阿鲁台先后拥立鬼力赤、本雅失里、阿台等黄金家族后裔为汗，自称大元朝太师。这几位可汗往往只是象征性的存在，其幕后权臣则为阿鲁台。此人时而降明，时而复叛。[24] 在此过程中，以阿鲁台为代表的鞑靼部，与崛起于蒙古高原西部的瓦剌部发生内讧。而关于他们之间的矛盾，明人却知之甚少，故而

---

① 原著于该处称明朝为"世界唯一超级大国"，译者据明朝当时语境而改。——译者注

无法从中坐收渔翁之利。鉴于明人这种窘境,永乐皇帝索性对任何来自漠北草原的朝贡使团雨露均沾,恩赐等同,其目的亦无非是想置诸部于明朝的"天下"中,继而实现彼此间的永久和平。

永乐元年(1403年),即位不久的永乐皇帝修书一封,遣使送给鞑靼汗鬼力赤,并赐其文绮、彩币各二匹,其所部诸将亦赐彩币等物(在《明太宗实录》记载中,阿鲁台在"所部诸将"名单的第四位)。其书曰:"自昔有天下者,必得天命,故运祚兴衰,事机成败,人心去留,皆非智力所能与,冥冥之中,实有为之主宰者。宋失天命,元世祖入而代之,立国垂统,将及百年,得天命也。逮后嗣荒纵,致以乖乱,天命不畀,海内兵起,国势土崩。天乃眷求有德,命我皇考太祖高皇帝,削平祸乱,统御华夷,立纲陈纪,制礼作乐,治道昭明,万方宁谧,此岂人力所能?实天命所在也。肆朕仰承天休,入正大统,尝遣使臣朵儿只等赍书币往报,重念帝王之治,以天下为家。可汗远处沙漠,当知天命废兴之故,遣(使)往来,讲好修睦。窃闻有所觊觎,是特自生衅端。盖违天逆命,非善者也。古语顺天者昌,逆天者亡。可汗博古知今,宁不鉴此?今再遣指挥革来、完者帖木儿等赍书谕意,并致仪物。可汗其审之。"但是,鬼力赤及其诸将对此作何反应,史无明载。[25]

数月后,通事锁飞、镇抚答哈帖木儿奉命使瓦剌,恰逢瓦剌马哈木与鬼力赤、阿鲁台等大战。马哈木败退,鬼力赤等据其地,遂扣押了明朝两位使臣。半夜,锁飞偷了一匹马,疾驰回朝报备。永乐皇帝得知鬼力赤等大胜后,敕令边将严加防守,防止鬼力赤等以得胜之师"南行以逞"。[26]

到了永乐二年(1404年)七月,永乐皇帝听说了一些漠北草原的消息,于是通过敕文转达给甘肃总兵官左都督宋晟知悉。敕文曰:"近兀良哈有人来言,虏酋也孙台、阿鲁台、马儿哈咱各怀异见。去年大败瓦剌,今春瓦剌亦败鬼力赤。又云鬼力赤部落比移向北行。胡人谲诈,未可遽信,以朕度之,彼或觇知武城,候军出,故遣游说,以怠我军。若我军轻信而骄,即堕其计。尔宜比常加慎……尔可官给米曲,令诸屯多酿酒。如探知虏寇将至,即置毒酒中,河井亦然,而退以避之。彼饥渴之际,人马受毒,可不战而毙也。兵家之事,以权取胜,此而或济,不犹愈于杀人以逞乎?其斟酌行之。尔若别有奇略,则不必尔也。"[27]宣府、开平方面亦同样收到了永乐皇帝的严防戒令。看来,来自漠北草原的信息十分有限,以致永乐皇帝不得不出此下策。

永乐三年(1405年)初,鞑靼人扫胡儿与其弟答剌赤等前来归附明朝。扫胡儿原为阿鲁台部下,他们告诉永乐皇帝说:"鬼力赤闻兀良哈、哈密内附,遂相猜防,数遣人南来窥伺。"得此消息,永乐皇帝认为"狡虏情状固亦如是。谨吾边备,虏何能为",遂令边将加强防备,以防虏寇窥袭。[28]

数月后,又一名鞑靼降将察罕达鲁花向明廷告知鬼力赤的行踪,称鬼力赤现居卜鲁屯之地。永乐皇帝判断,这一信息应当无误,理由是不久前,有探马于山西回报,云内及天城小尖山处有篝火,疑似鬼力赤部队在窥伺明军边防。据此,永乐皇帝令边将以精锐骑兵为前哨侦查鬼力赤之动静,若其来袭,即于开平设法伏击。[29]

永乐四年(1406年)初,永乐皇帝再次敕谕甘肃总兵官宋晟,务要严防死守,不许让鬼力赤有可乘之机。敕曰:"比闻鬼力赤、阿鲁台、也孙台等率众东南行折而北,既复南行,如此一进一退,或者欲来剽掠。宜训练士马,坚固城池以俟,无为虏所乘。"[30]

是年春,永乐皇帝又再遣使哈先千户等赍书谕鞑靼可汗鬼力赤。书中,永乐皇帝再次施展恩威手段,其文曰:"朕嗣天位,抚天下,体天心以为治。惟欲万方有生之众,咸得其所。今海内、海外万国之人,悉已臣顺,安享太平。尝遣使致书可汗,谓宜通好往来,共为一家,而可汗不晤,拘我使臣,掠我边境,自阻声教之外。夫天之所兴,孰能违之?天之所废,孰能举之?昔者,天命宋主天下,历十余世,天厌其德,命元世祖皇帝代之。元数世之后,天又厌之,命我太祖皇帝君主天下,此皆天命,岂人力之所能也!不然,元之后世自爱猷识里达剌北从以来,至今可汗更七主矣,土地人民曾有增益毫末者否?古称顺天者昌,逆天者亡,况尔之众,甲胄不离身,弓刀不释手,东迁西从,老者不得终,其年少者不得安其居,今数十年矣!是皆何罪也哉?可汗聪明特达,宜敬天命,恤民穷,还前所遣使者及掠去边境之人,相与和好,且用宁息。尔众同享太平之福,顾不伟哉!若果负倔强之性,天命人穷有所不顾,必欲以兵一较胜负,朕亦不得独已。中国士马精强,长驱迅扫之势,恐非可汗所能支也。可汗其审度而行之。"赍书同时,永乐还赐予鬼力赤文绮两件,"往致远意"。[31]

囿于史料,我们只能尝试去推测鬼力赤为何一再对明朝产生敌意。如果永乐皇帝对鬼力赤的描述所言不假,那么我们就有理由推测,双方产生冲突的核心在于天命归属问题。作为成吉思汗子孙,黄金家族后裔,鬼力赤必然不可能接受任何明朝所宣称的"天命所归"。那么,对永乐皇帝来说,这就构成了一个严峻的挑战。

第二章　永乐时期——永乐皇帝的攻守之道（1403—1424年）| 0101

也许，针对这一挑战并非无计可施。永乐皇帝或许能够断其左臂右膀。当前信送出数周之后，永乐皇帝又修书一封与阿鲁台，劝他达识天命，率部来归。书曰："曩者丑闾回，具言尔聪明识天命，有归诚之心。近忽都帖木儿至，又言尔母子同心，归诚有加无替。自古名世之臣，怀先见之明者，能审时议识，去就如王陵、陈平去楚归汉，尉迟恭、李靖舍隋归唐，曹彬、潘美委身事宋。此数人者，皆知天命，去留之几，是以功成名遂，福及子孙。况尔明达不下古人，既知天命所在，则当决之。或遣尔子来见，或率部属同来，听择善地以处，荣膺王爵，世守其地，传之子孙，永永无穷。盖趋吉避凶，就安去危，在此一举。且难得易失者，时几（机）也。时几（机）一失，他日进退两难，虽悔莫追。尔宜审之。"同样，永乐皇帝赐阿鲁台织金文绮两件。[32]

至冬，永乐皇帝又不得不重新审视与敌人相关的可疑情报。是时，百户赵贤等自兀良哈察罕达鲁花处回朝，称据情报，鞑靼部也孙台为部下所杀，马儿哈咱往归瓦剌，阿鲁台则前往海剌儿河之地居住。但永乐皇帝认为这一情报未可遽信，甚至还怀疑提供情报者可能收受鞑靼贿赂，故意散布假消息，以懈怠明军边备。于是，永乐皇帝再次告诫甘肃总兵官宋晟，宁夏总兵官何福及开平、兴河、大同等处守将，务要小心谨慎防边，不可为此言所惑。[33]

永乐五年（1407年）五月，永乐皇帝遣使亦剌思等前往瓦剌。是时，有鞑靼降人称鬼力赤为部下所废，其众意图拥立本雅失里为可汗。但此时永乐皇帝更为属意瓦剌，遂令亦剌思赐瓦剌首领马哈木等织金文绮若干，并谕以"天命所在"之论。[34]

对于鞑靼部的内斗，永乐皇帝仍然静观其变。① 显然，这些来自漠北草原深处的"好消息"非但不能打动永乐皇帝，反而使之愈加困惑。因为，虽然风闻鬼力赤被罢黜，但事实上他似乎仍活跃于草原各处。永乐皇帝从兀良哈处得到消息，称鞑靼部有完者秃王，欲连结别失八里之众剽掠其东北方向上的兀良哈部。兀良哈人惊惧，遂向永乐皇帝求援。但永乐皇帝认为，这一信息恐怕有诈。他说："完者秃，元之遗裔，名本雅失里者。比指挥丑驴至撒马（儿）罕，见其部属不过百人。且别失八里远在西北，安能相合？其哈儿答歹之来，必鬼力赤令张虚势，惑我边境耳。"为此，他遣使前往抚慰兀良哈部，并谕福余、朵颜、泰宁三卫官军，各安边防，勿为谣言所慑。

阿鲁台与明朝的关系则还在蜜月期。永乐五年十二月（1408年1月），阿鲁台遣使来朝求药，永乐皇帝命太医院依所需赐药。[35]

此后，本雅失里准备为汗的消息时常从漠北传来，这些消息表明，鞑靼人内部似乎出现了巨大动荡。动荡之于中原，未必是好事。时鸿胪寺丞刘帖木儿不花等出使别失八里等处回朝，称"本雅失里初居撒马儿罕，后奔别失八里"，鞑靼人似乎准备迎立其为可汗。来自边将的谍报亦称，如鞑靼人将本雅失里从别失八里处迎接回漠北，则必先顺道剽掠明朝边地。边将建议，不如"选劲骑出塞觇伺，或要击之"。不过，在永乐皇帝看来，即便鞑靼人真的拥立本雅失里为汗，谅他也不敢妄行其事。但出于谨慎考虑，永乐皇帝仍遣人密探其动向，同时遣太监王安前往别失八里处监视其举动。又令何福遣人往哈密，以买马为名窥伺本雅失

---

① 本句系译者据上下文意增补。——译者注

里动静,所遣之人务要时常与王安联系。最后,永乐皇帝还令诸卫发兵护送王安等人。[36]

一切安排毕,永乐皇帝也在考虑,是时候给本雅失里写信了。永乐六年(1408年)4月8日,永乐皇帝遣使送信与本雅失里,意图劝其归附。信中内容一如既往地充斥着恩威并用之辞,其曰:

> 尔自撒马儿罕脱身,居别失八里,今鬼力赤等迎尔北行,以朕计之,鬼力赤与野(也)孙台文结肺腑之亲,相倚为固,今未必能弃亲就疏矣。况手握重兵,虽或其下有附尔者,亦安敢与之异志?今尔与鬼力赤势不两立矣。夫元运既讫,自顺帝之后,传爱由(猷)识里达腊,至坤帖木儿凡六辈,相代瞬息之间,且未闻一人遂善终者,此亦可以验天道。然则尔之保身,诚不易也。去就之道,正宜详察善处。古之有天下者,皆于前代帝王子孙封以爵土,俾承宗祀……我皇考太祖高皇帝于元氏子孙,存恤保全,尤所加厚。有来归者,皆令北还,如遣妥(脱)古思帖木儿[①]还,后为可汗,统率其众,承其宗祀,此南北之人所共知也。今朕之心,即皇考与前古帝王之心。尔元氏宗嫡当奉世祀,吉凶二途,宜审思之。如能幡然来归,加以封爵,厚以赐赉,俾于近塞择善地以居,惟尔所欲。若为下人所惑,图拥立之虚名,虽祸机在前,有不暇顾,亦惟尔所欲。朕爱人之诚,同于皎日,今再遣刘帖木儿不花等谕意,并赐织金文绮衣二袭,彩币四端。尔其审之。[37]

[①] 太祖所遣者,乃买的里八剌,非脱古思帖木儿。——译者注

本雅失里对此不屑一顾。三个月后，王安向永乐皇帝报告称，本雅失里自别失八里没有经过哈密，而是从"他道北行"，直接回到漠北。临走时，本雅失里遣18名侍从前往哈密窥探明军虚实，为哈密王所俘获。永乐皇帝令哈密王将这18名俘虏转交给甘肃总兵官何福，令何福询问其实情。[38] 在此期间，瓦剌马哈木遣使朝贡，并请求获得明朝印信及分封爵位。永乐皇帝嘉其善意，封马哈木为顺宁王，太平为贤义王，把秃孛罗为安乐王。[39]

永乐六年十二月（1409年1月），部分甘肃、宁夏的边将主动请缨，以精骑出塞巡边，以报朝廷厚恩，其中不乏鞑靼军官。永乐皇帝赞赏其忠诚和勇敢，并令总兵官何福等就中选拔精锐壮勇之士出边。时边将吴允诚等巡边，抓获鞑将完者帖木儿等22人。完者帖木儿等称，鬼力赤已被刺杀，如今鞑靼部已拥立本雅失里为可汗，政见相左者俱已亡走。数月后，这一消息得到了证实。基于此，永乐七年（1409年），永乐皇帝决定以局外人的姿态，遣使致书鞑靼新汗本雅失里。其书称："边将得尔部下完者帖木儿等二十二人来，其言众已推立尔为可汗。尔欲遣使南来通好，朕心甚喜。今遣都指挥金塔卜歹、给事中郭骥等赍书谕意，可汗诚能顺上天心，下察人事，使命来往，相与和好。朕生中国，可汗王朔漠，彼此永远相安于无事，岂不美哉！"为了表示诚意，永乐皇帝还以"念其有父母妻子"为由，将所俘完者帖木儿等22人遣送北归，同时向本雅失里、阿鲁台等赠送丝绸等物。而为了进一步制造友好的和平环境，永乐皇帝甚至随后敕谕甘肃总兵官何福、大同镇守吴高等，务要严格约束边民，切勿随意捉拿鞑靼人，以免引起本雅失里的警觉。[40]

永乐皇帝的示好，恐怕仍是一厢情愿。不久，随金塔卜歹、郭骥等出使的百户李咬住等自漠北归来,带来了令人不安的消息:给事中郭骥被本雅失里杀了。他们还说,本雅失里、阿鲁台等为瓦剌所败,屯驻于胪朐河,欲以其残兵南掠兀良哈诸卫。永乐皇帝闻讯大怒,骂道:"朕以至诚待之,遣使还其部属,乃执杀使臣,欲肆剽掠,敢肆志如是耶!逆命者必殄除之耳!"[41]

* * *

这成了永乐皇帝选择开战的原因。此时,明廷已经站在了道德的制高点,永乐皇帝对本雅失里发动战争,完全师出有名。永乐皇帝向边将曹隆等说道:"今胡运虽衰,鼠窃狗偷之性尚存,不可忽略。须高城深池,日夜警备。若城池坚完,巡逻不怠,猝有缓急,可以战守随宜。"因此,在永乐七年(1409年)七月初三,永乐皇帝以淇国公丘福为征虏大将军,总督远征漠北之事。此次远征,打着本雅失里抗拒天命、杀害使臣的旗号,但永乐皇帝仍要求丘福等行军须万分谨慎小心。他说:"本雅失里悖逆天道,拘杀信使,厥罪既稔,特命尔等往讨之。兵,重事也,不可不慎。自开平以往,虽不见敌,常若对敌。日夜严谨瞭备,敌至则出奇兵以击之,否则审势察几,可进则进,可止则止,不宜执一。尔等常从征战,经历行阵,备悉致胜之术。正当奋力共灭此虏,须智勇毕效,庶建茂勋。"丘福等受计,出征前陛辞,永乐皇帝又赐其文绮、袭衣、名马等,以壮声势。同时,永乐皇帝又致信本雅失里,称:"迩遣都指挥金塔卜歹、给事中郭骥等送完者帖木儿等还,期与尔通好,尔乃悖慢,要杀信使,驱败亡之众，欲肆寇掠，何桀骜颠越如是！即今命征虏大将军率师往问杀使者之故，朕明年必亲率大军往正尔罪。"[42]

以丘福为征虏大将军，似非最佳人选。与其他明军将领一样，丘福亦与太祖为同乡人，以年资历深，授燕王府中护卫千户。在靖难之役中，丘福因战功卓著而受永乐皇帝宠幸，授封淇国公。志得意满的仕宦生涯冲昏了丘福的理智。永乐七年（1409年）八月，丘福率将校千余人先至胪朐河，与敌人游兵作战而胜。所俘敌军中有人称本雅失里闻大军将至，仓皇北逃，至今已去三十余里。丘福大喜，认为应当乘胜追击，一举拿下敌人，而其他诸将均认为此俘疑为敌人所遣，故意以虚言诱我军深入，不可盲目轻信。但丘福不听众将之言，一意孤行，遂不等大军毕集，以所部人马急追本雅失里，甚至还威胁诸将"不从命者斩！"鞑靼军佯装示弱，将丘福诱进包围圈。八月十五日，本雅失里围歼丘福所部，安平侯李远、武城侯王聪、同安侯火真等皆战死，丘福亦被杀。此前反对冒进者，亦多殁于是役。[43]

此役结果之反转令人错愕，它甚至使明朝天朝上国的地位受到严重打击。不得不说永乐皇帝巧妙地淡化了这次失利。他说："（丘）福不从吾言，以至于此，而将士何辜！此朕不明知人之过。"自责之余，他又谴责丘福的鲁莽行为，并将他的家属流放到海南。其余因丘福的莽撞决策而殁于王事的将校，则获得各种封赠，如屡谏丘福不止而又力战不屈的李远、王聪二人，死后则追赠莒国公和漳国公。剩余从征之十万将士及阵亡者家属亦各得安抚。现在，永乐皇帝最担心的，是因丘福败绩而造成的一系列恶劣影响，包括新附者可能出现的反复、草原上的蠢蠢欲动等。他敕谕甘肃总兵官何福、宁夏镇守陈懋等，加强边防安全，关注新附者的动向。他说："比遣丘福总师讨虏，昏耄失律，不待三军至，辄先率千余人直抵虏营与战，为虏所败，福等皆死，负朕委任如此。然虏新附鞑靼闻之，恐或有异志，又虑虏或乘胜侵边，当谨斥堠，严侦伺，周察人情，以防不虞。"同时，他又向皇太子讲述这次惨败的教训及其后续安排："比遣淇国公丘福等率兵征剿北虏，以其久从征战，授以筹略，谓必能任事。乃冥顽狙愎，违弃朕言，拒咈众论，不待各军齐至，轻犯虏营……皆没于虏，军士皆驰还，其损威辱国如此。若不再举殄灭之，则虏势猖獗，将为祸于边未已……来春朕决意亲征，凡国家之事，尔当慎重，不可忽也。"永乐皇帝还致信瓦剌部顺宁王马哈木等，称本雅失里可能会以所获丘福部队的旗帜器仗为伪装，诈攻瓦剌，戒之慎防其袭。为了挽回尊严，他还再次向马哈木等表示来春将御驾亲征。[44]

同年（1409年）秋末初冬，永乐皇帝的亲征行动仍在策划中，他以亲征之策告诉诸将，曰："昨有自虏中归者，言本雅失里、阿鲁台志骄气盈，谓我师新挫，不能再出……朕今秣马厉兵，来春必再举。虏果在东南久住，则我师可缓出。虏若乘新胜之势，往攻瓦剌，则其众西行矣。我俟草青启行，其去渐远，追之无及。朕拟来春二月行，是时胡马疲瘦未可动，我师约载二十日刍豆，可至其他（地）。虏觉而遁，亦可追及。"为了实现这一目标，永乐皇帝令工部在大军必经之途，沿线建筑贮粮之城，分兵驻守，以备大军随时就食。工部受命，自宣府以北，以武刚车3万辆运粮20万石，每行10日则筑一城，每城斟酌贮粮若干于其中，又遣军士若干守把。[45]

永乐八年（1410年）二月初四，永乐皇帝以亲征胡虏事诏告天下，诏文曰：

> 朕受天命，承太祖高皇帝洪基，统驭万方，抚辑庶类，凡四夷僻远，靡不从化。独北虏残孽，处于荒裔，肆逞凶暴，屡遣使申谕，辄拘留杀之。乃者，其人钞边，边将获之，再遣使护还，使者复被拘杀。恩既数背，德岂可怀？况豺狼野心贪悍，猬贼虐噬其众，引领徯苏，稽于天道，则其运已绝，验于人事，则彼众皆离。朕今亲率六师往征之，肃振武威，用彰天讨。且朕必胜之道有五：以大击小，以顺取逆，以治攻乱，以逸伐劳，以悦吊怨。鲜不殄灭，荡除有罪，扫清沙漠，抚绥颠连。将疆场乂安，人民无转输之苦，将士无战斗之虞，可以解甲而高枕矣！布告中外，咸使闻知！[46]

出征前，永乐皇帝还诏谕全体从征将士曰："尔等有从太祖高皇帝平定天下者，有从朕靖内难者，有袭祖父之职者，亦有顺天道来归者。老者未衰，少者方壮，今海宇清宁，四夷向服，独此残虏梗化，数为边患。尔等相与协力驱除之！太祖高皇帝鸿业有万年之安，尔等暨子若孙亦享万年太平之泽！因言今有必胜之道，又言昔薛仁贵、狄青之徒皆奋自行伍，其功名炳炳在天地间。至今谈者，想见其风采。尔曹勉之！"尽管我们不知道到底有多少人真的听到永乐皇帝的诏谕，抑或只是太监们替他传递圣音，但不得不说，这仍是一场颇为激动人心、鼓舞士气的演讲。[47]

接着，大军开拔。三月初十，御驾次凌霄峰，发生了一个小插曲。永乐皇帝登顶远眺漠北，对随从的学士胡广等说道："元盛时，此皆民居。今万里萧条，惟见风埃沙草耳。虏势衰微若此，尚敢倔强，果何所恃哉？"学士们不置一议，只以"成算在上，星火之辉，何能上裨日月"对答。永乐皇帝颇为不满，他诘问道："是何言也？圣人有资于蒭荛之言，何况君臣之间，古称好问则裕，自用则小。朕有所为，必尽众人之情，曷尝专任一己以掩群策？"

据金幼孜的《北征录》载，在凌霄峰时，永乐皇帝曾感慨："人未经此者，每言塞北事，但想像耳，安能得其真也？"观望良久，众始下山，见草间有两条路痕，永乐皇帝道："此黄羊、野马所行路也。"当天，他们在凌霄峰驻营，但此地少水，干粮无法下咽，因而士兵多不食。将帅大臣等则以豆粥、黄羊肉等勉为糊口，间或还能吃上一些甜瓜和蔬菜。士兵的饥饿，天见犹怜。于是到了半夜，大雪降临，平地尺余，饮水、吃饭问题都得到解决。[48]

五月初一，大军进抵胪朐河，永乐皇帝驻马良久，决定将胪朐河改名"饮马河"。金幼孜对此河及其沿岸风光有过描述："河水东北流，水迅疾。两岸多山，甚秀拔，岸傍多榆柳。水中有洲，多芦苇、青草，长尺余，传云不可饲马，马食多疾。水多鱼，顷有以来进者。"[49]五月初八，永乐皇帝终于闻知敌情。一名被俘的敌人透露："本雅失里闻大军出塞，甚恐，欲同阿鲁台西走。阿鲁台不从，众遂乱，互相贼杀。本雅失里已西奔，阿鲁台东奔，余部落亦离散。今本雅失里至兀古儿礼（札）之地，将奔瓦剌矣。"（兀古儿札可能是兀察河，一条与斡难河和克鲁伦河并行而流的小溪）[50]通常而言，永乐皇帝对这种话应当是将信将疑的，不过此刻他似乎更倾向于选择信任。他决定发兵追捕本雅失里。五月十二日，军次兀古儿札，本雅失里果已遁逃，于是永乐皇帝将古儿扎河改名为清尘河，并数度于营地到河边之间来回逡巡。次日，追兵于斡难河处赶上本雅失里，与之战。永乐皇帝登山布阵，指挥大军掩杀,振臂一呼,将士齐心,本雅失里大败,与随从七人仓皇渡河逃走。每念丘福于此发生的一切,永乐皇帝就一阵心痛,于是他下令明军继续追杀本雅失里。[51]

此次北征,明军几乎全面对本雅失里造成致命打击。对于俘男女人等,永乐皇帝称此行仅为严惩凶贼,其余无辜百姓"亦吾赤子,为贼所困",下令释放他们,并给予口粮羊马。众人皆感恩,山呼万岁,归附者由是日益增多。但永乐皇帝认为"彼皆有父母妻子,留之其心未必乐",于是又将归附者遣归。[52]

是役遂告结束,永乐皇帝下诏班师。那么,此次北征,明军是否算成功了?从中又透露出明朝对漠北草原——这个对天朝上国的权威和边防构成严重威胁的地区——怎样的战略?也许,永乐皇帝对漠北无辜百姓的称呼——"亦吾赤子"是对上述问题最凝练的概括。

永乐皇帝当然认为自己"远征逆虏"是胜利的。在班师回京途中,永乐皇帝向胡广等提到自己出征及班师的考虑。他说:"朕为宗社生民,不得已远征逆虏,冀一劳永逸。今首恶已遁,其众败散,朕当旋师,且休兵息民。申严守备,更务屯田,使兵坚边实,虏不足虑矣。"

在班师诏中,他又进一步详细地描述了此次北征的胜利。诏文如下:

> 自元祚既终,四海鼎沸。天命我太祖高皇帝统一华夏,溥天率土,莫不臣妾。惟胡寇余孽,奔窜沙漠,呰窳偷生,杀戮易置,有如反掌。朕承大统,抚治寰区,志在安民。惟怀不及,尽心殚虑,以求其宁。凡居覆帱之中,举纳甄陶之

内。独此残胡,骋凶梗化,屡使抚循,辄见拘杀。往者,边将擒其部属,朕念其各有父母妻子,尽释之归,且遣使送之。彼瘐性不移,复杀使者,积愿骋虐,益肆寇攘,怨憝神人,实天所殛。遏虐之旅,以慰徯苏,遂亲率六军往征之,用拯颠连,绥宁降附。五月十三日,师至斡难河,遇胡寇本雅失里来战,即摧败之,追奔逐北,电扫霆驱。本雅失里奔命不暇,以七骑潜遁,获马驼牛羊生口无算。其余款附者,相继而至,咸抚安之,给粟羊马,令复生业。数百年之蘖茅,一旦荡除,千万里之腥膻,由兹洒涤。乃封其山,即日班师。于乎!包举无外,用施一视之仁;抚辑有方,茂衍万年之治。布告中外,咸使闻知。53①

不过,班师途中,明军还是遇到了小股侵扰。不少鞑靼部落注意到永乐皇帝的行踪,他们显得异常惊异。六月初九,阿鲁台遣人诣军门请降,然而永乐皇帝不敢相信,认为"虏多诈,此欲缓我师,为自脱之计"。他尝试抚谕阿鲁台,以观其动作。他致书阿鲁台道:"尔聪明特达,岂下前人哉!朕今驻师于此,尔能来朝,则名爵之荣,不替有加。且俾尔子尔孙承袭世世,所部之众仍令统领。"

阿鲁台收讫书信,有归降之意,但他的部下俱皆反对。他们认为,"天朝皇帝何负尔,尔皆背之,今复归之,纵天地大量能尔容,尔何颜面立于其朝乎?"其欲降者半,欲战者半,阿鲁台

---

① 原著称这些内容是给皇太子的谕文,但核《明实录》原文,其实是班师诏的诏文。——译者注

犹豫未决。永乐皇帝意识到阿鲁台可能有铤而走险的意思,于是下令军队严加防备。很快,双方发生了一场大战,永乐皇帝亲自上阵,大败阿鲁台。阿鲁台骂其麾下曰:"不从吾言至此,今无及矣!"遂策马与其家眷逃走了,余众四散。时天气炎热,将士无水,口渴难耐,故永乐皇帝命收兵于静虏镇暂歇。(彼时金幼孜随军,故其《北征录》中详细地记录了此次战役。)[54]

六月十四日,永乐皇帝开始注意到虏骑时常窥伺明军,阴魂不散,因此他决定予以伏击。他令大军先渡河,惟伏骑士数百于河曲(可能是饮马河)柳林处,又令步卒十余人持火铳殿后,佯装背负草料,落伍于大军。敌兵以为这些明军士兵所负甚重,必是贵重物资,又见大军已渡河,果来剽掠。步卒见状,随即鸣枪,伏兵四处杀出。敌人大惊,作鸟兽散,误入河中泥淖,被俘者数十人。其中有不少俘虏是兀良哈部人,曾经入朝为官,后来叛投阿鲁台。永乐皇帝责其不忠不义,悉命斩之。[55]

尽管永乐皇帝常常宣称自己无问华夷,对天下赤子一视同仁,但从这次北征中仍不难看出,即使是明军中,不同族属之间也多少潜藏着一股彼此对立的压抑情绪。在永乐皇帝的明军中,鞑靼、土达、女真人所组成的军队在其中占有相当比例。金幼孜在《北征录》中记载了这么一件事:五月二十八日,金幼孜在行军途中需要渡河,但无人给渡。正发愁之时,金幼孜遇到东宁卫指挥裴牙失帖木儿。裴指挥乃女真人,善骑射,为人轻财好义,此次北征,率百余部众扈从。其见金幼孜等文臣无法渡河,遂命手下制造木筏以渡诸文臣,又于晚饭间向金幼孜等提供新鲜鱼肉。金幼孜认为,像裴牙失帖木儿这样乐施好善的人,"胜寻常万倍"。他坦言,沿途之中他遇到不少达官显贵,皆日常谈笑风生之辈，又行有余力，将金幼孜等载渡过河并非难事。但真正到了"邂逅之间"，却又"面目相视，如不相识"，这令金幼孜等大为恼火。他认为，平时行军时尚且如此，何况战乱之时，这也正是裴指挥难能可贵之处。[56]

到了七月十七日，车驾终于回到北京。至是，北征宣告圆满完成，前后历时五个月。金幼孜的《北征录》主要是作为个人日记而记载沿途所见、所闻、所思、所想，并未花大量笔墨于军事战略等问题上。但《北征录》仍有三点值得我们关注：其一，尽管我们今天普遍认为蒙古高原相对是干旱半干旱地区，但是永乐八年（1410年）的记载显示了其气候异常潮湿的一面。彼时，蒙古高原的春天经常有风雪和暴雨，河流常处于汛期，营地也时而有被洪水淹没的危险，道路又多泥泞不堪，记载中常见马匹在泥泞中磕磕绊绊地行进。以此观之，永乐八年的这次北征实际上充满了许多潜在的危险，部队行军亦可想见疲惫，并不轻松。其二，金幼孜把永乐皇帝的形象塑造为一个有能力、充满仁爱之心以及多少有点喜欢策马纵横的君主。这无疑带有媚主的色彩，但我们不能因此认为其所言全虚。其三，大量史料表明，此次北征并非仅仅是一次军事行动，某种程度上亦可视为当时明人对草原地形、生态的研讨之旅。行军沿途所见的野生植物，特别是可供食用的植物，都在《北征录》中有详细记载。此外，各类草原上的动物，如土拨鼠、瞪羚羊、野鹅等，以及各类矿物、盐池沉积物、各色石头等也为明人所关注。沿途所见山冈、溪流、扎营场所，记载中也都一一标注了汉名。不唯如此，汉人文士亦常于沿途岩壁危崖处题诗。

永乐皇帝对此亦倍感兴趣，他自己也常于沿途摩崖石上刻字,如车驾至玄石坡,即制铭于立马峰石上,铭曰:"维日月明,维天地寿,玄石勒铭,与之悠久。"至擒胡山,又铭:"瀚海为镡,天山为锷,一扫胡尘,永清沙漠。"至清流泉,则铭:"于铄六师,用歼丑虏,山高水清,永彰我武。"[57]明人随军游览蒙古山水的行为,颇似于林间撒欢的猎犬,四处奔窜,到处标记。明军并没有想过要吞并漠北草原,其沿途所至,既未设立卫所,亦未别置州县。但永乐皇帝及其侍读、顾问的酬唱之作,在某种形式上对大草原完成了美学意义上的"吞并"。他们在草原上吟诗作词,用汉字重新为草原山水命名,便间接地在文学意义上将漠北草原纳入了"版图"之中。

* * *

尽管永乐皇帝于永乐八年(1410年)的北征取得了胜利,但漠北局势依旧动荡。瓦剌与前元残部的斗争仍在持续,但明朝没有介入其中进行调解或呼吁和平。事实上,无论瓦剌或鞑靼,他们的首领才是真正掌握这场逐鹿游戏主动权的人。只有当他们意识到明朝在其对草原统治地位中有所作用时,他们才会屈就于与明朝的宗藩关系。

第一位"求助者"就是阿鲁台。永乐八年十二月(1411年1月),永乐皇帝北征半年之后,阿鲁台遣使至京师贡马,承认元氏子孙已绝,并率部向明廷请降。来使还向永乐皇帝诋毁瓦剌人,称"瓦剌之人,非有诚心归附。如诚心归附,当遂献传国之宝矣"。我们知道,中原王朝改朝换代的一大标志,即前朝的传国玉玺必须交给新朝，以示天命转变。但永乐皇帝并不在意这种传国玺的流转。他说："朕奉天命，为天下君。惟欲万方之人，咸得其所，凡有来者，皆厚抚之……彼诚否，固不可必，而朕未尝重此宝也。自昔尧、舜、禹、汤、文、武，数圣人主天下，岂有此宝？盖帝王之宝，在德不在此。如必以此为宝，则元氏得之，当永保天位，福及子孙，何至衰败凋落如今哉！"永乐皇帝最终厚赐阿鲁台，遣归使者。他心里应当明白阿鲁台的用意，但天朝不应偏执一方，而应如其所言，令"万方之人，咸得其所"。因此，永乐皇帝并未对此采取措施。[58]

永乐九年（1411年）六月，阿鲁台再次遣忽鲁秃为使入贡，忽鲁秃辞归时，永乐皇帝赐其白金、文绮彩币等物，又另赐阿鲁台母亲彩币等物。年底，永乐皇帝又赐阿鲁台织金文绮一件，并遣其兄、妹两人北归。这是明朝向阿鲁台表示友好的行为，因为此二人在太祖时期的捕鱼儿海一役中被明军俘虏，至是得以与阿鲁台团聚。[59]

与阿鲁台同时向明朝谨表忠心的，还有瓦剌部。永乐十年（1412年）五月，顺宁王马哈木遣使来朝，称本雅失里已殁，其传国玺在瓦剌处，瓦剌欲将之交予明军，又恐阿鲁台半途截取，因此希望明朝能够为其提供军器，并赏赐其诸部将士等。永乐皇帝似乎不以为意，尽管他认为瓦剌已经愈发骄盈，但又认为"狐鼠辈不足与较"。最后，永乐皇帝只命礼部宴请使者，同时以敕谕马哈木、太平、把秃孛罗等人，但敕文内容失载，不知细节。[60]

后来，永乐皇帝对阿鲁台献忠心的行为似显意犹未尽。他认为阿鲁台可能还在担心此前对丘福的杀害，因此他遣指挥徐晟等敕谕阿鲁台，并赐阿鲁台织金文绮25匹，赐其母文绮12匹、彩

绢30匹。其敕文曰:

> 把秃来贡马礼意之勤可嘉。然察尔心,尚未释然,岂非有慊于邱(丘)福之事乎?人各为其主,朕于尔何责?尔所处去京师甚远,迩如能自来或遣子来,庶见朕诚意。昔呼韩邪入朝,汉与之高官;突厥阿史那社尔归唐,亦授显爵。二人皆福及子孙,名光史册。尔聪明特达,岂下古人哉!朕待尔盖将有过于汉唐之君者。今遣使指挥徐晟等谕意,并赐尔及尔母彩币。至可领也。[61]

对于永乐这位雄才大略的君主而言,这应当是他能说出的最平易近人的话了。在这个问题上,永乐皇帝已经江郎才尽了,而阿鲁台仍忸怩作态。当然,最终结果取决于阿鲁台,而非永乐皇帝。另一方面,明朝与瓦剌部的关系出现恶化。永乐十一年(1413年)正月,顺宁王马哈木遣使贡马,称甘肃、宁夏所归附的鞑靼人多为其瓦剌部人亲属,请归还瓦剌,言辞之间,颇有傲慢之色,同时又扣押了明廷所遣使臣舍黑撒答等。永乐皇帝闻讯大怒,另遣使责其罪曰:"能悔过谢罪,待尔如初。不然必举兵讨罪。"[62] 当然,结合前述事件看,双方关系的破裂早有征兆。

阿鲁台则准备再与瓦剌人开战。永乐十一年(1413年)五月,阿鲁台遣使来奏,希望明军能帮他一起进攻瓦剌,为此他愿为前部先锋。来使说:"马哈木等弑其主,收传国玺,又擅立答里巴为主,请发兵讨之。愿率所部为前锋!"阿鲁台的请求来得恰到好处,因为战争的情绪也在明朝君臣中酝酿。不少大臣认为,马哈木等背恩负德,当举兵诛。永乐皇帝也附和称:"人言夷狄豺狼,信不虚矣。伐之固宜,但勤兵于远,非可易言,姑待之。如今秋不遣使谢罪,来春以兵讨之未晚。"[63]

看来,永乐皇帝已经准备与阿鲁台达成战线了。到了永乐十一年(1413年)七月初一,阿鲁台最终同意接受明朝的册封。永乐皇帝封之为"和宁王"(取和谐安宁意,亦与哈剌和林的另一名字——"和宁"一致),又封其母为和宁王太夫人,其妻为和宁王夫人,赐金印、金盔、鞍马、织金文绮20匹、绒锦2匹。永乐皇帝称赞阿鲁台"元之遗臣,能顺天道,幡然来归,奉表纳印,愿同内属"的举动,为此他允许阿鲁台继统本处军民,世守厥土。十一月,阿鲁台遣使谢恩。[64]

明军开始备战,永乐皇帝命诸将"简士卒,精器械"以待命,并于甘肃到辽东防线上调集军队。十一月,开平备御、成安侯郭亮俘获瓦剌间谍,称马哈木率军进抵饮马河,名为攻阿鲁台,实为入寇明边。不久,阿鲁台亦遣人奏报相似军情,称马哈木欲进攻其地,随后寇开平、兴和、大同。永乐皇帝一面戒严边防,一面备战,最后于十二月二十五日敕谕沿边诸将,向瓦剌宣战。其敕文曰:"瓦剌残虏,既弑其主,又拘杀朝使,侵掠边境,违天虐人,义所伐当伐。尔等其秣马厉兵,以俟大举。作尔志,奋尔勇,共成大功,毋或慢令,以干军法。"[65]

直到现在,我们也无法知道明朝与瓦剌交恶的深层原因,我们只能在史料的基础上做一定推测。如果瓦剌意图称霸草原,正如它选举了黄金家族后裔答里巴(本雅失里之子)为可汗所表明的态度那样,那么,与明朝之间走向最终决裂的情况就可以理解了。但如果瓦剌和阿鲁台均向明廷纳贡称臣,其结果又如何?笔者认为,如是这种情况,那么永乐皇帝可能会介入二者的争执中，这将终结此前瓦剌在斗争中所取得的主动权地位。对于永乐皇帝而言，他固然没有寻求征服漠北草原的意图，也没有材料证明他有玩弄均势政治的意图。他的目的似乎仅在于与诸部建立安宁友好的宗藩关系，但这又意味着，诸部至少应象征性地臣服于明朝。明朝亦能以此宗藩关系，名正言顺地惩戒各种意图作乱的行为。当然，永乐皇帝显然更希望瓦剌服软，但事与愿违。

几年前，瓦剌的马哈木等就曾经接受了明朝的册封。当瓦剌大军压境，危及阿鲁台的统治时，阿鲁台也被迫走上了接受明朝册封的道路。不得不说，明廷的回馈可谓慷慨，这不仅有前述的册封和赏赐，且据史料，阿鲁台部初有2962人被授予各类职事，尔后又增补129人接受授职。[66]

永乐十二年（1414年）三月十七日，永乐皇帝再次御驾亲征，率步骑50余万，直指瓦剌马哈木等人。军队沿着永乐八年（1410年）的行军路线，到达饮马河，这年的气候较永乐八年时干燥许多。此次北征，永乐皇帝并没有像上次那样与诸文臣吟诗酬唱，而是带着他15岁的皇太孙朱瞻基（未来的宣德皇帝）从行。皇太子朱高炽则继续坐镇京师，暂摄朝政。永乐皇帝非常喜欢这个孙子，时常在他人面前夸耀其睿智果敢，又令翰林学士等宿儒耆老教其学习礼乐之道。他坚信，将来的某一天，朱瞻基可以成为一名像他一样的圣君。此时，永乐皇帝令朱瞻基从征瓦剌，是希望向其展示如何领导大军征伐，以及令他细品行军中的艰辛。[67]

四月二十四日，大军至清水源。永乐皇帝于马上向皇太孙朱瞻基指示山川险易及将士之勤劳，又问他说："汝知吾所以为此者乎？"朱瞻基答道："陛下岂为图其土地，利其资畜，而勤远略哉？顾此虏禽兽之性，虽施以天地大恩，不知感戴，暂服而遽叛，非狝薙之，久亦难制。昔禹之征苗，文王之伐崇、密，皆非得已也。陛下尊居天位，享四海之奉，岂不自乐？而仰劳圣躬，跋涉远外者，无非欲驱此除此虏于遐荒绝漠，令一迹不敢近塞下，使子孙臣民长享太平之福耳。"这听起来似乎是刻板的溢美之词，但永乐皇帝认为"孙之语，吾之心也"，喜而嘉纳之。[68]

五月初一，永乐皇帝又给朱瞻基讲述为君之道。他说："前代帝王，多有生长深宫，狃于富贵安逸，不通古今，不识民难，于经国之务瞢然弗究，而至于亡者。朕常以之为戒。汝将来有嗣统之责，须勉力学问。于凡天下之事，不可不周知；人之艰难，不可以不涉历，闻见广而涉历多，自然心胸开豁。于万几之来，皆有以处之而不差矣。如此，非惟不负祖宗之付托，亦有福泽被及下人矣。汝勉之！勉之！"

朱瞻基之勇武，亦令永乐皇帝颇感喜悦。早在三月二十七日，军至一山坡时，有野兔起于马前，永乐皇帝命朱瞻基射之，朱瞻基只发一箭，野兔应弦倒地，众皆欢呼。永乐皇帝喜道："射虽小艺，一发即中，亦人所难。"最后，兔子被带往营地厨中加餐。[69]

五月二十三日，大军次饮马河。永乐八年（1410年）北征时所采用的步步为营战略，在此发挥了巨大功效。粮食均被运至沿线粮仓，兵仗局又以神机铳、炮、盔甲、马甲等军械各200件，明甲1000套送至军前。战前，军中还颁行一份冗长而复杂的交战赏罚号令。官军有疾病者，令太医给药，仍未能治愈者，即送万全城休养。此外，永乐皇帝还谕安远侯柳升道："士卒是将帅手足，将帅非士卒不能独成功。若为将素不得士卒心，猝有缓急，能出力相援耶？尔等宜尽心抚恤，无令失所。"[70]

那么，敌军又在哪里？他们似乎长于机动，难觅行踪。在五月初四时，永乐皇帝就曾对前锋都督刘江说道："骑士哨瞭，若遇寇，东走即瓦剌之人诣阿鲁台者，西走即阿鲁台部下往瓦剌者，须并执之。盖虏情多诈，不可不察。"[71]

到了五月二十二日，都督朱荣报称，敌数千人正在向东行进。永乐皇帝认为，此必瓦剌军队，遂令朱荣遣精骑前往密探。临行前，永乐皇帝又告诉朱荣，从土剌河往饮马河处有捷径可走，且水草丰茂，可省三四日马程。如敌人果真向东行进，则速从捷径回来报告，则皇帝本人将亲率大军进驻饮马河，捉拿敌人。随后，刘江果来报告敌军正往东行进，永乐皇帝遂命大军进驻饮马河，准备瓮中捉鳖。同时，他还判断瓦剌军的辎重在后，无法跟随轻骑突进，故拨1000精骑给刘江，令之与朱荣相机抄略其后。战前，他还告诫全体将士："五军将士，今深入虏地，一二日必破虏。临阵之际，齐力奋勇，所诛者惟首虏。毋夺财物，毋掠妇女，毋虐老稚，毋杀降附。违者斩！"[72]

初战始于六月初三。前锋都督刘江于康哈里孩遇敌，斩获数十人而回。永乐皇帝闻讯，猜测敌军随后将至，于是命令所有营地严加巡防，称"虏中亦有能汉语者，或夜假言语相通，因而劫营，当谨备之"。次日，明军抓获瓦剌间谍，称马哈木率军距此约60公里。知敌不远，永乐皇帝甚喜，命诸军尽早启程。又次日，即六月初五，刘江等巡哨，见敌军前来，速驰回报。永乐皇帝亦命全军兼程而进，以迎虏寇。为了防止皇太孙朱瞻基遭遇不测，永乐皇帝特命铁骑五百贴身护卫朱瞻基。[73]

六月初七，决战时刻到了。马哈木等见明军行阵整列，遂屯兵山巅，不敢往前。永乐皇帝则命铁骑数人前去搦战，瓦剌军不堪其挑，奋勇向前。明军以神机铳、炮等火器立毙数百人。炮阵掩护之后，永乐皇帝亲率大军冒矢突进，安远侯柳升、武安侯郑亨、宁阳侯陈懋、成山侯王通等亦率军攻敌之左右翼。经过一天鏖战，瓦剌军阵亡数千人，余众败走。明军一直追击至土剌河，斩获无数。马哈木、太平等皆脱身远遁。[74]战后，明军收兵，永乐皇帝回中军见到朱瞻基。他告诉朱瞻基："虏尚未远，夜中尤须慎防。迟明追扑之，必尽歼乃已。"朱瞻基则认为："陛下督战勤劳，天威所加，虏众破胆矣。今即败走，假息无所宁，敢返顾乎？请不须穷追，宜及时班师。"事实上，朱瞻基的预见是正确的，瓦剌军已败归，明军也于六月二十五日起陆陆续续班师。[75]

阿鲁台的军队呢？很明显，明军与瓦剌的战斗中，阿鲁台始终未现身。六月十九日，大军回到饮马河，阿鲁台遣使称因近来患疾，不能来朝。永乐皇帝遣徐晟等前往慰劳，并赐之米100石、驴100匹、羊100头，又别赐其部属米5000石。阿鲁台复遣使拜谢。[76]

班师途中，永乐皇帝敕令皇太子向天地、宗庙、社稷告祭，并颁天下诏，以告诉天下臣民这一凯旋喜悦。诏文曰：

> 朕祗奉天命，抚驭华夷，惟欲乂安，咸得其所。瓦剌黠虏，僻处穷荒，与其丑类，岁相仇杀，败亡丧殁，存者无几。朕即位之初，抚摩存恤，授以封爵。数年以来，凭仗朝廷，始得休息，乌合为群，即复骄恣，辜德负恩，背违信义，擅弑其主，执我使臣，侵扰边境，豺狼无厌。朕不得已，躬率六师以讨之。师至撒里怯儿之地，贼兵迎战，一鼓败之，追至土剌河，贼首答里（巴）、马哈木、太平、把秃孛罗不度智能，扫境而来，兵刃才交，如摧枯朽，追奔逐北。兽狝禽戮，杀其名王以下数千人，余虏宵遁，遂即日班师。

至饮马河，和宁王阿鲁台之众悉诣军门朝，推诚待之，劳徕抚辑，令回部落。呜呼！奉行天威，扫腥膻于绝塞；绥宁顺附，覃恩慈于远人。用靖边陲，佚我黎庶，故兹诏示，咸使闻知。[77]

纵观太祖、永乐时期的数次北伐，可以发现一个奇怪的现象，即每逢身陷重围，行将战败之际，无论是鞑靼、瓦剌或其他敌人，他们的首领总是能在明军的层层包围中脱身而逃。通常，明军采用的战术是通过诱徕或追击，将敌人赶入包围圈，而敌军首领最终总是能巧妙逃遁（当然，丘福也遭遇同样的境况，但他战死了）。也许，明军并不十分迫切地想要缉拿贼首。我们猜测一种可能但未见诸史料记载的原因是，明军在进攻之际并未被要求必须擒拿敌首，因此他们并不会在战斗中刻意去寻找敌首踪迹。当然，我们还有疑问的是，假如真的抓住了马哈木或者其他瓦剌领袖，他们会怎么处置？这一点尚未可知，但可以肯定的是，对于主动请降的敌人，明军总能待之以礼。

* * *

就在明军行至边防线附近时，永乐皇帝告诫诸军勿要践踏民田，惊扰民务。他说："朕出师讨寇，本为百姓。百姓劳于耕作，躬望秋成，况临边苦寒之地，衣食尤艰。今大军入关，朕已遣人巡视，敢有蹂践田禾、取人畜产，悉执送北京，处以军法。统率不严者罪同，尔将士俱慎之。"[78]

无论此次北征是否可以被定义为成功，它毕竟一度维护了明朝的地位和边防安全。但是很快，随着时间推移，北征的负面效应正在逐步显现。战后，阿鲁台又遣使向永乐皇帝索要163个各级职事以授其部属，同时索取米3000石，永乐皇帝一并赐之。不久，永乐皇帝又谕宁夏总兵官、宁阳侯陈懋，称马哈木虽势穷力孤，但仍准备剽掠甘肃等处，令之严加关防。一度安宁的西北边防局势再度紧张起来。与此同时，阿鲁台似乎也成了烫手山芋。就在永乐皇帝答应他前项封赐后不到4个月，永乐十二年十二月底（1415年2月），阿鲁台再次遣都督锁住等390人为使入朝贡马，并再次索要各级职事计275个，钞币、绢布若干。永乐皇帝再次从之。[79]

时局风云莫测。永乐十三年（1415年）正月初八，明朝与草原的关系再度迎来重大调整。是日，瓦剌顺宁王马哈木、贤义王太平、安乐王把秃孛罗等遣使贡良马50匹以谢罪。其使称："数年以来，仰戴皇上大恩，如天罔极。前者不能约束部属，致犯边境，且拘留使臣舍黑撒答等，实非本心，皆为左右所误，致负大恩。天兵远临，死罪万万。今惭惧无地，痛自追悔，伏望天地大德，曲赐赦除，俾得自新，仍朝贡如初。"永乐皇帝览奏毕，认为"黠虏尚敢巧言文过"，显非出自真心。但群臣皆认为，"夷狄禽兽，不足与较。惟天德广大，无物不包，请姑容之"，永乐皇帝最终接受了他们的建议，原谅了瓦剌方面曾经犯下的错误。[80]

现在，明朝终于出现了前述——瓦剌和阿鲁台均向明廷纳贡称臣——的情况。尽管表面上看，这两个在草原中互相角逐的势力均在明朝的羽翼下，但实际上呢？从史料看，时局的发展正在变得越发凶险。来自辽东方面的谍报称，阿鲁台正遣人往朵颜等卫征兵，而瓦剌人马亦已到阿忽马吉之境。二者的动向甚为可疑，永乐皇帝严令边防诸军昼夜谨备，不可怠忽。[81]

也许，还需要再发动一次北征，永乐皇帝如是想。为此，他开始为新的战役作准备。永乐十三年（1415年）十一月，朝廷大臣开始讨论此前北征中所暴露的问题。行在兵部尚书方宾认为此前军官常以借口躲避出征，各处守备所用武器质量也存在问题。他说："军政修明，武备整饬，则国家无警急之虞。我太祖高皇帝，肇造区夏，法令严明，将士用命，东征西讨，用集大勋。皇上肃清内难，祗守成宪，屡垂戒敕，为将者必体士卒之心，为兵者必听将帅之命，如身之使臂，臂之使指，队伍整齐，兵甲坚利，庶几可以御侮靖乱，安内服外。而今之掌军卫者，略不究心，一遇征发，百弊并见。士卒精壮者，诈为罢软不行，将校畏怯者，谬托事故苟免。故皮败纸联以为甲，腐筋朽角合以为弓，其他器械敝陋尤甚，苟且因循，积有年岁。既往之罪，必须追究，庶几将来有所警戒！"永乐皇帝是其言，命御史监督征发和造械，如有违令，一例治罪。他还命天下诸将用心操练士兵，整肃行伍，明年春天效仿太祖例，各带精兵入京接受皇帝检阅；又令辽东总兵官都督刘江选女真将官及精锐士卒同赴北京阅武。到了来年端午节（即龙舟节），永乐皇帝又御东苑，与文武大臣等观击球、射箭等体育活动，并赐钱钞与各级文武臣僚、诸军卫士、普通百姓。[82]

永乐十七年（1419年）十二月，由于整个动员、募兵、操练精兵的进展缓慢，出现重重瑕疵，永乐皇帝决定敕谕天下武臣，向他们分享自己的忧虑，并训诫他们要公忠体国，不废军武。敕文曰：

自古国家盛衰存亡,未有不系于武备之张弛。汉唐世远,置不言,近代宋太祖、太宗受天命,将勇兵强,削除暴乱,四海晏然。及其子孙弗率,武备不修,丑虏僭窃,驯至海内分裂,宗社丘墟。元以胡人主中夏,世祖时戎部严整,甲兵强盛,天下宁谧。传至数世,嗣主荒淫,王纲纽解,军政废弛。群雄并作,竟至覆亡。我皇考太祖高皇帝受天命,定天下于时,将帅效忠,士卒奋勇,肃清奸宄,遂建洪业。朕嗣位以来,夙夜惕厉,唯恐蹈宋元覆辙,以坠皇考丕绪。尔等世有爵禄,与国家同休戚者,修饬武备,为国爪牙,此尔等之责。所宜夙夜究心,用副倚注。而比来纪律废弛,队伍空虚,军士逃逸死亡,悉付不问。甚至通同有司受赇,卖放取军,明有程限,今纵其在外至五六年,或十余年不回,及回所取,军十无一二,猝有缓急,何以应调。武备若此,国何赖焉!是皆尔等下不恤军,上不忠国所致。自今宜鉴古人之得失,体国家之委任,修职务,抚士卒,实军伍,缮器械,使兵政振举,武卫克严,奸宄不作,朝廷有磐石之安,尔等亦永保富贵。若不遵朕言,仍蹈前失,必罪不宥矣![83]

永乐十九年(1421年),明朝的军事动员愈加频繁。很明显,明朝已经无法同时维系与阿鲁台和瓦剌的双边关系了。在这数年间,明廷与瓦剌的关系日渐亲善,而与阿鲁台的关系却出现恶化倾向。永乐十六年(1418年),太监海童、指挥柏龄等出使瓦剌,贤义王太平、安乐王把秃孛罗等奉表贡马。时顺宁王马哈木已故,其子脱欢请求承袭父爵。永乐皇帝俱皆从之。永乐十七年(1419年)五月,海童等返京,贤义王太平遣其子乃列忽率军护送,至半途遇寇，乃列忽奋勇击退强盗。永乐皇帝听说之后，大加赞赏。而另一方面，明朝与阿鲁台的关系看似平稳，实则暗流涌动，潜藏危机。永乐十九年（1421年）正月，阿鲁台遣都督脱脱木儿赴阙贡马，但脱脱木儿在明军边防驻地附近洗劫过往商旅。永乐皇帝遣使戒谕阿鲁台毋得胡作非为，而阿鲁台似乎并不听命。从《明实录》记载看，"虏自是骄骞，朝贡不至"。[84]

数月后，瓦剌使臣返归，永乐皇帝再次派太监海童随行前往瓦剌，赐给瓦剌彩币等物，并敕谕瓦剌诸部："往年寇边之罪，已在赦前，一切不问。自今其头目人等，能摅诚来归，悉授以官。"而与阿鲁台方面的关系却在持续恶化。早在永乐十七年（1419年）十一月，中兵马指挥司就曾在京师市集抓获一名阿鲁台的使者，此人横恣无赖于市，强夺他人财物。永乐皇帝命械送阿鲁台自行处置，并告诉他："自今遣人朝贡，及于边境市易者，宜戒约之。能守朝廷之法，则两使往来，边境宴安。"[85]

类似的争执，非此一端。问题在于，这些争端会否影响明朝作为天朝上国的格局和地位？答案显然是否定的。它们并非一些孤立的事件，而是双边关系走向恶化的先兆。史料曾载，阿鲁台大败瓦剌贤义王太平的军队，对此，永乐皇帝的反应却是："阿鲁台黠虏，与瓦剌相仇久矣。朕尝遣人谕太平等，令备之。不从朕言，遂至于此。"不仅如此，永乐皇帝还以彩币等物抚谕太平等人。显然，明朝的倾向越发明显，对阿鲁台的厌恶情绪也在滋生蔓延。但是，当永乐十八年（1420年）正月，阿鲁台及也先土干遣使来贡马900匹的时候，永乐皇帝却又以钱钞、文绮、袭衣等物相赐，甚至还以马计价给予报酬。[86]这又是怎么回事？这位也先土干又是何许人也？后面，我们将会提到这个人，此时我只想简略地提及，他是一位来自黄金家族的王子。阿鲁台奉其为主，显然是为了自身统治的合法性考虑。而永乐皇帝也很可能关注到了这位重要角色，因此才会最终接受阿鲁台的朝贡。当然，关于漠北草原政权的文献始终鲜见，因此我们无法作过多推定。但从后来的形势发展看，也先土干似乎比阿鲁台更倾向于与明朝保持亲善关系。那么，如果是这样，明朝与漠北草原的关系能否实现再次平衡呢？恐怕还是不行。

永乐十九年（1421年）六月，谍者称阿鲁台欲寇边，永乐皇帝即命陈懋等严加防备，同时敕开平备御郭亮、兴和备御王唤等加强巡边，修缮守备城池等，皇帝本人即将趁草盛马肥之时亲自巡边。到了七月，阿鲁台听说明军戒备森严，于是令军队北撤，永乐皇帝亦闻讯而罢征兵[87]。但到第二年年初，永乐皇帝重新在北京集结军队。[88]

在此期间的永乐十九（1421年）十一月，永乐皇帝曾与群臣在北京商讨北征战略，但参会的六部尚书夏原吉、方宾、吕震、吴中等均认为宜休养兵民，不宜劳师远征，理由是粮储不足，仅能供给将士备御之用，不足以给大军征伐。这是否为事实，抑或只是诸部大臣为掩饰自己不愿发动战争而寻求的借口？同样反常的还有永乐皇帝。他勃然大怒，逮捕了长期任职且忠心耿耿的户部尚书夏原吉，而兵部尚书方宾竟惧而自杀。方宾于永乐皇帝即位初先后升任兵部右侍郎、左侍郎，后扈从至北京，升为尚书，多年来与永乐皇帝关系密切。方宾自杀，永乐皇帝深感不安。但后来，当他听说方宾为人"任情骄恣，睚眦之怨，鲜有不报"时，恨其在世时没有被诛，于是下令戮尸，并不予任何封赠。就这样，尚书们的抗议彻底失败了。[89]

永乐皇帝乾纲独断，决定第三次御驾亲征。他命令华北与华中地区各地政府征民夫造车运粮至北京。永乐二十年（1422年）二月十八日，永乐皇帝再次与六部官议北征之事。不过，这次会议已不再讨论是否北征，而集中讨论粮草供应问题。英国公张辅等建议，将后勤分为前、后两运。前运随大军行进，后运稍后。每运又分车运、驴运。领车运者26人，领驴运者25人。前、后运共计用驴34万头，车117573辆，挽车民夫235146人，运粮凡37万石。为了保障后勤，永乐皇帝又令孟瑛、陈英率领马军1000、步军5000护送。[90]

阿鲁台首先动手了。就在御前会议召开近一个月后，阿鲁台洗劫兴和。兴和位于宣府以北，是明朝插入漠北草原的一把利剑。这个地方自被阿鲁台洗劫后，便没有再重建。阿鲁台的猖狂举动，成为明军发动战争的导火索。在永乐皇帝看来，阿鲁台不思报本，举止悖逆。先是，阿鲁台为瓦剌马哈木等所败，穷蹙日甚，故以其妻孥、部落奔窜南来，向明朝奉表称臣，遣使贡驼马。永乐皇帝知其本性狡黠，称臣非其本心，但秉着"天地之仁，发育而已"的理念，许阿鲁台休养生息，还封阿鲁台为和宁王，其母、妻皆为夫人，又赐金帛等物。不想数年间，阿鲁台"畜牧益蕃，生聚益富，而凶悖之心复萌"，不仅所派使臣剽掠商旅，更甚者乃竟不来朝贡。永乐皇帝警告过阿鲁台，但他仍然怙终不悛，竟至以大军洗劫兴和，是可忍孰不可忍！于是，在三月十八日，永乐皇帝再次诏告天地、宗庙、社稷，率军出征，[91]没人反对。

战争打响了。但是，占据兴和的阿鲁台军听闻永乐皇帝御驾亲征，竟连夜逃遁。诸将请急追之，永乐皇帝制止了他们。他说："虏非有他计能，譬诸狼贪，一得所欲即走，追之徒劳。少俟草青马肥,道开平、逾应昌,出其不意,直抵窟穴,破之未晚。"三月二十六日,永乐皇帝驻跸宣府。[92]

在宣府,永乐皇帝还有许多细事需要处理,特别是对从征将士医疗健康问题的关注。他说:"将士,国家爪牙。今从征在外,朕夙夜念其艰难,食则虑其饥,衣则虑其寒,惟恐有失所者。人风雨、寒暑、饥饱、忧劳不调,皆足致疾,况一身远役哉!其令医者朝夕巡视,各营将士有疾者,与善药,勿苟为文具。"于是,太医们纷纷忙碌起来,于各营巡视伤病,及时给药。[93]

我们说,永乐皇帝的第一次北征是一次带有探究漠北地理风光意味的征程,第二次北征,则一心想要教皇太孙朱瞻基如何行军布阵。那么,这一次进军呢?从史料来看,此次北征似乎是永乐皇帝的一次军事"试航"。这次行军中,有不少将士是新加入的,沙场老将已不再是大军主力。永乐皇帝说:"今从征之士,皆各处简择来者。若不阅习,何以御敌?"

五月初九,大军至偏岭,永乐皇帝又让将士打猎。他认为,行军之中,唯有畋猎才能激发士兵的昂扬斗志。他说:"朕非好猎,顾士卒随朕征讨道中。惟畋猎可以驰马挥戈,振扬武事,作其骁勇之气耳。"[94]

行军途中,永乐皇帝还给开平备御郭亮传授战术:"虏至宜固守,勿与战,以俟大军。禁城中毋远出,各屯堡无要害可守者,悉徙入城。"

五月十一日,永乐皇帝举行了一次盛大的阅兵。阅兵中他又向诸将传授战术:"兵形犹水,水因地而顺流,兵因敌而作势。水无常形,兵无常势,能因敌变化取胜者,谓之神。今先使之习熟行阵,猝遇寇至,麾之左则左,右则右,前则前,后则后,无往不中节矣！"

次日，永乐皇帝又令士兵举行射箭比赛。一名小旗连射三发皆中，永乐皇帝对其大加褒奖，赐牛羊各一头，钞一百锭，银碗两只。同一天，永乐皇帝还现制平虏曲三首，令将士高唱以自励。

又次日，永乐皇帝令全军将领驰射，唯英国公张辅、安远侯柳升、宁阳侯陈懋连发连中，其余或者命中部分，或者全然不中。武安侯郑亨累射不中，被罚罢其领兵之任，张信托病不至，也降充办事官。事后，永乐皇帝还教导诸将曰："为将之道，勇智贵兼全。弓马便捷，所向无敌，勇也；计算深远，无所遗失，智也；智勇全而后可以建功业，勇而无智，一卒之能耳。汝曹勉之。"之后，车驾至隰宁附近的西凉亭，西凉亭乃故元皇帝往来巡游所经，但现已破败不堪，树木丛生，永乐皇帝见状，不由心生感慨，命军士砍树木，同时也申斥诸将："军中必严肃，昏夜不得喧哗。遇有警，惟静以制之，不得妄动。寇或遗人口、马驼、牛羊诸物，不可贪取，恐为所饵。"五月十六日，永乐皇帝再次大阅谕诸将，并强调了此举的必要性和重要性。[95]

大军继续前行，并于闵安驻扎。永乐皇帝再次下令，军中若需放牧采樵，则不要越出警戒的长围之外。军中大营居驻地正中，营外分驻五军，左右各设哨塔。步兵居中军，骑兵在其外围，神机枪、炮部队则居最外。神机营外，又设有警戒长围，将整个军队驻地包于其中，周长近20里。安营毕，永乐皇帝与诸文武大臣论用兵之道。他说："兵法云：多算胜，少算不胜。盖用兵之际，智在勇先，不可忽也。驭众之道，固须部伍整肃，进退以律，然必将帅抚士卒如父兄于子弟，则士卒附将帅亦如手足之捍头目。上下一心，乃克有济。"五月二十一日，永乐皇帝敕前锋都督朱荣等，令其率5000骑兵为先遣部队，一旦与敌遭遇，慎勿轻进，宜速回报。朱荣等领命。数日后，为了防止决策失误，永乐皇帝又与诸将召开一次御前会议，他告诉诸将："军旅重事，朕在营中，此心未尝自逸。每出一令，必审思而后行……尔等宜体朕此心，果朕所行未当，尔有深谋长策，即面陈之。"从《明实录》中还能看到，永乐皇帝有早起的习惯，常于五鼓时分（凌晨3点至5点）时即起，或检阅部队，或计议军务。每夜，又或与侍臣论经史，或与诸将论兵法，常至通宵达旦，废寝忘食。[96]

五月二十九日，大军抵达开平，永乐皇帝令户部运粮12000石，兵仗局运火药1000斤赴开平，为守城之备。数日后永乐皇帝又命都督吴成、都指挥程忠、梁成率骑士500名，先赴应昌，以侦察敌军动向。六月初八，车驾次威远川，开平方面来报，阿鲁台军袭击了大军驻地以南50公里处的万全。诸将以为，应分兵往万全，以拒敌军，但永乐皇帝否定了这个建议。在他看来，那不过是小股敌军用以转移明军的注意力而已，他说："此诈计也。虏虑大军，径捣其巢穴，故为此牵制之术。然其众不多，知大军北行，必已丧胆，况敢攻城哉？不足虑也。"永乐皇帝的判断十分准确。次日，开平方面报，进攻万全的敌军已全部撤去。

到了应昌，由于该地地势相对平坦，因此就有必要将军队结成方阵以前进。永乐皇帝令神机枪、炮部队和骑兵部队分列行进，勿得混淆而发生踩踏事故。永乐皇帝还令朱荣领健卒300名充当先头部队，带足粮草，昼伏夜出，以侦察敌军动向。为防不虞，他又令都督吴成再领1000名士兵于后接应朱荣。

七月初四，大军至杀胡原。朱荣等抓获阿鲁台部属，送至御营。永乐皇帝讯之，俘虏说："阿鲁台所部初闻大军出，皆忧惧，日有背叛而遁者。继闻车驾亲征，阿鲁台举家惴栗。其母及妻向之骂曰：'大明皇帝何负尔，而必欲为逆天负恩事。尔死固宜，而使吾属骈首就缚为俘囚，将死无葬身处，皆汝所贻祸也！'阿鲁台尽弃其马、驼、牛、羊、辎重于阔栾（滦）海（今内蒙古呼伦湖，位于北京以北1000公里处）之侧，与其家属直北走矣。"对于俘虏的话，永乐皇帝显得很谨慎。他认为"此黠虏，未当遽信"，有可能只是在示弱，意在讨好明朝。不过，随着抓获的俘虏愈多，阿鲁台黉夜北逃的事情被证实。永乐皇帝命朱荣领兵前去收阿鲁台所遗弃的牛、羊、驼、马等物资，并将其辎重营垒尽皆焚毁。然后，永乐皇帝召集文武群臣，宣布此场战役到此为止，理由是"虏为边患，驱之足矣。将士远来，亦宜休息"。[97]

是夜，永乐皇帝又召集诸将称，阿鲁台虽走，但为之羽翼的部分兀良哈寇尚在。兀良哈寇主要居住在蒙古到辽东交界处，此前常对明朝称臣纳贡。但近来不知为何，兀良哈寇开始倒向阿鲁台一方。永乐皇帝认为，当于还师途中剪除之，诸将皆然。于是，永乐皇帝拨步骑2万，分五路直取此寇。而此行唯有一计：兵贵神速。永乐皇帝戒谕诸将，当以迅雷不及掩耳之势扫荡兀良哈寇。

永乐皇帝将兀良哈称为"寇"，当是其深思熟虑后所选择的用词。兀良哈诸部中，有朵颜、泰宁、福余三卫与明亲善，而其余倒向阿鲁台者俱被称为"寇"，这就将同为兀良哈人的二者区分开，使归附的三卫避免因此受到指责。按照明朝的看法，这些寇贼均是自发加入阿鲁台军，而非与三卫将校通谋作乱，因此永乐皇帝要求诸将前去荡寇靖边时，不要惊扰朵颜三卫的兀良哈人。

为了防止兀良哈寇向西逃跑，在五路军马出发后，永乐皇帝又亲率精骑数万往西截击，武安侯郑亨、成安侯王通等领大军后行。兀良哈寇主要聚集于阔滦海东南方向500公里处，此处有几条河流，顺着地势一直流至位于下游的辽东。明军在这片沼泽和森林中，对兀良哈寇进行血腥的报复。一场鏖战后，"寇大溃，死伤不可数计"，明军尽获其马匹牲畜，俘虏无数。永乐皇帝令焚其辎重营地，并继续追击首犯，其余从寇者尽皆释放。永乐皇帝称，他本人并不希望这种结果的发生，而诸将则宽慰道："陛下奉天伐罪，以保宁兆民，岂过举也"。事后，永乐皇帝又把从兀良哈寇处所获牛羊10万余头分给从征将士（可能将所获牛羊分而食之）。[98]

大军继续班师回朝。八月十六日，永乐皇帝驻跸武平镇，皇太子朱高炽遣富阳侯李茂芳、礼部尚书吕震迎驾。永乐皇帝接见后，又颁天下诏，将北征的胜利告诸天下臣民。这一次，永乐皇帝刻意强调其在战场中的主导作用。其诏文曰：

> 天地之大，覆载而无外；帝王之治，一视以同仁。朕恭膺天命，主宰华夷，夙夜勤劳，勉图治理，无非欲天下生灵咸得其所而已。往者，丑虏阿鲁台穷居漠北，鼠穴偷生，屡为瓦剌所困，妻子不保，遂率部落来归。朕念其遑遑无依，特加优恤，授以封爵，令仍居本土，安生乐业。岂意此虏心怀谲诈，僭妄骄矜，违天负德，辜恩逆命，杀戮信使，侵犯边境。朕为保安生民之故，躬率六师往讨之。以七月四日，师抵阔栾（滦）海之北，丑虏阿鲁台闻风震慑，弃其辎重、牛、羊、马、驼，逃命远遁。遂移兵剿捕其党兀良哈之寇，东行至屈裂儿河，遇寇迎敌，亲率前锋摧败之，抵其巢穴，杀首贼数十人，斩馘其余党无算，获其部落人口，焚其辎重，

尽收其孳畜，绥抚降附，即日班师。于乎！声罪致讨，不得已而攘夷；戢干桀弓，庶遥臻于偃武。诏告中外，咸使闻知！

九月初八，永乐皇帝抵京，随即祭告天地、宗庙、社稷。祭毕，他又前往奉天门，接受百官朝贺。[99]

*　*　*

回到阿鲁台方面，他的政治生涯还远未结束。他又死灰复燃了。永乐二十一年（1423年）七月，有降者称，阿鲁台将再次犯边。永乐皇帝召集诸将，宣布他决定再次出征。他说："去秋，寇犯兴和，朕躬率师捣其巢，冗寇仓皇远遁，遂尽收其马、牛、辎重。复东剿贼党兀良哈之众，擒戮其人，获其马、驼、牛、羊，寇之穷甚矣。今必以朕既得志，不复出，故敢萌妄念。朕当率兵先驻塞外以待之，虏不虞吾兵已出，而轻肆妄动，我因其劳而击之，可以成功。"

永乐皇帝的御驾亲征，几乎成了一种惯性，因此诸将很快就能代入自己的角色。行军再次组织起来，到是年七月二十四日，永乐皇帝亲率大军离开北京。我们注意到，此次出征的时间并非通常的春季时间。两天后，明军抵达土木堡（1449年，这里将上演举世闻名的"土木堡之变"）。尽管时有微雨，永乐皇帝却在阅兵后心情大悦，款宴诸将。此时，有从阿鲁台军中逃脱归来的明军士兵称，他们在敌营听说，敌人将在大同、宁夏发起进攻。当然，永乐皇帝不会将大军带往二地，他只能敕谕两地守将谨哨严备,并将分散于边地的兵马尽皆徙入屯堡之中,以防阿鲁台军剽掠人口。[100]

到了七月三十日,大军至宣府,本来被战争阴霾所笼罩的宣府仿佛一下子透进了希望之光芒。在随后的宴会中,永乐皇帝夸赞了明军的英勇,并认为这是他取胜的资本。他说:"军次固盛然,又将有谋、士有勇,小大协心,乃克成功。"八月十二日,大军至万全,永乐皇帝再次诏谕全军将士,指明此次战争的正义性。他说:"朕不惮劳勤,屡率将士以驱除虏寇者,非志于用武,盖为中国生民计也。尔诸将宜协心奋力,夫有精兵十万,可以横行天下,一人奋躯,千人莫敌。今以三十万之众当残虏,何患不克!况大义既正,必有天助,汝等勉之,奋尔谋,励尔勇,身先士卒,不懈于夙夜,将何功不成,何名不立!"[101]

除了鼓舞士气,永乐皇帝还时常为军务出谋划策。他要求将士在闲暇之时要勤加操练,不可坠废习武,又命诸将安营扎寨时要把火器部队布于阵前,骑兵居后。但是,事无巨细皆需圣裁,对永乐皇帝而言也是个巨大负担。因此,他又在某些方面要求诸将要临机处事。① 兵至沙城,宁阳侯陈懋等询问是否继续行军,永乐皇帝就告诉他"诸事宜自审几而行,岂朕一一所能遥度"。

九月十五日,阿鲁台军知院阿失帖木儿、古讷台等举家来降,并给明军带来重要情报。他们说,阿鲁台今夏为瓦剌顺宁王脱欢等所败,人口、牲畜等俱被脱欢掠夺走,余部溃散。阿鲁台一无所剩,只能远遁。尽管如此,永乐皇帝却认为,阿鲁台今虽困于瓦剌,狼狈失势,但鉴于其前科所犯,边防警备仍不能松懈。[102]

---

① 本句为译者据上下文意补。——译者注

十月初七,永乐皇帝驻跸万全右卫的上庄堡。当日,更为令人震惊的消息从前方传来。前锋都督陈懋称,其兵至饮马河时,也先土干竟率众归降。其降书曰:"臣也先土干,穷处漠北,旦暮迁徙不常。又见忌阿鲁台,几为所害者屡矣,危不自保。仰惟陛下体天心以爱民,今四海万邦,皆蒙覆载生育之恩,岂独微臣不沾洪化?谨率妻子、部属来归,譬诸草木之微,得依日月之下,沾被光华,死且无憾。谨昧死陈奏。"

消息来自陈懋,当无可疑。永乐皇帝遂敕陈懋必须善待也先土干,毋得侵损其资财孳畜。又以敕文抚谕也先土干,曰:"尔智识卓越,灼知天命,亲率部属来归,可谓超群出类者矣。(朕)览奏,良用嘉悦。尔以诚心归朕,朕以诚心待尔,君臣相与同享太平之福于悠久。已敕宁阳侯陈懋等,偕尔同来,在途爱重,以副朕怀。"

永乐皇帝对也先土干如此重视是可以理解的。也先土干并非普通人,他是鞑靼王子,黄金家族后裔,是汗统的合法继承人之一。阿鲁台试图统治蒙古,就必须将之推戴在前,而自己成为幕后"挟天子以令诸侯"的太师。显然,也先土干不愿意成为阿鲁台的傀儡和附庸,他常"以黠桀自豪",故尤为鞑靼人所敬畏。如此风云人物,现在竟主动向明朝请降了!在洪武时期,太祖总是对来自漠北的"大根脚"贵族报以深深的敬意,而无论他们是否主动请降,如前述的纳哈出和乃儿不花。而几乎出于自然惯性,永乐皇帝也如出一辙。早在他还是燕王的时候,他就曾参加款待来降的纳哈出和乃儿不花。

至此,第四次北征就算结束了。十月二十二日,陈懋带着也先土干抵达天城卫。也先土干遥望永乐皇帝,尚有恐惧之色,永乐皇帝主动上去与之交谈,也先土干始稍宽心。他告诉永乐皇帝,自己"久愿来归,但为阿鲁台等牵絷",是以直到今天才得以实现。永乐皇帝非常高兴,大摆珍馐酒馔,宴请群臣。宴中,永乐皇帝决定封也先土干为忠勇王,并赐名金忠。其甥把台在归附过程中助力许多,授封都督,赐冠带及织金袭衣。其妻①、子及部署将校等,亦各赐钱钞、织金文绮等物。宴席中,永乐皇帝还特命忠勇王金忠,位次侯爵之下、伯爵之上,宴后又将御前珍馐、御用金杯赏赐予他。[103]

十月二十八日,车驾从万全出发返京,忠勇王金忠一骑随后。路上,永乐皇帝询问其部内之事(翻译恐怕也应当在附近),金忠说:"虏中归心天朝者众,但为凶渠所制,不能自拔耳。"

十一月初四,晴空万里。大军至北京以北50公里处的居庸关。永乐皇帝穿着衮龙金绣袍,乘玉花龙马,按辔徐行,进入居庸关。大军整装列阵,军容威武,金鼓喧阗,旗旄辉焕,连亘数十里而不绝。早已等候于此的文武群臣、老幼百姓、四夷使臣等百十万人见之,皆齐齐下跪,山呼万岁,以庆祝明军凯旋。金忠紧跟其后,不禁感慨:"今日真随从天上行也!"

十一月初七,车驾抵京。次日,永乐皇帝便以各级职事授予追随金忠归附明朝的将校81员,其中把帖木儿、阿速台等7员为都指挥,卜答帖木儿等31员为指挥,昂克土列等18员为千户,格干帖木儿等25员为百户所镇抚。又以金印铜符、织金文绮、金银钱钞、纻丝罗绫、马鞍、牛羊、米粮等赐其众,并令有司供应

---

① 原著称其妻名为"Ye Chi",但核《明实录》相关页码中,并无其妻名氏。——译者注

忠勇王金忠的居第、床褥、柴薪等生活所需，每年另给禄米1000石。从《明实录》中我们可以看到，即使是百户镇抚，每人也能受赏银15两、钞300锭、织金文绮1件、棉布20匹，并赐一应生活所需物资。在永乐皇帝看来，这种赏赐并不见得是一种铺张浪费。[104]

* * *

乐极生悲的是，坏消息几乎接踵而至。永乐二十二年（1424年）正月初七，大同、开平守将奏报，阿鲁台所部侵掠当地。而自从金忠归附以来，他就一直劝永乐皇帝发兵讨伐阿鲁台，但永乐皇帝认为时机不到，不但久征会使民间供给匮乏，士卒也疲于奔命。现在，阿鲁台的侵扰使他改变了主意。于是永乐皇帝开始召集公侯大臣计议第五次北征之事，群臣皆认为，"逆贼不可纵，边患不可坐视，用兵之名不得避"，遂决议再次组织御驾亲征。永乐皇帝命山西、山东、河南、陕西、辽东五都司各选兵将赴京，准备开赴前线。

四月初四，大军从北京进发。二十余日后，车驾次隰宁，忠勇王金忠所部指挥同知把里秃等抓获阿鲁台的一名间谍。间谍称，阿鲁台去秋闻朝廷出兵，已与其部属北遁，因冬天飞雪连天，牛羊孳畜多冻死，部属之间又相分离，各自谋生。此后，阿鲁台又继续北遁，但仍不忘派遣间谍前来探听明军是否真的发动北征。此次北征，正值漠北草原又迎来一个雨水充沛的年份。明军到达开平的时候，恰逢天降大雨，士卒多为雨淋湿。永乐皇帝要求诸将必须"视卒如爱子",尽心体贴关爱为之卖命的士兵,这样士兵们也才愿意尽心为国除残去暴。[105]

在永乐皇帝心中,此次北征的目标只有一个,那就是阿鲁台。从前几次结果来看,仅仅把阿鲁台赶走恐怕还是不行的。在永乐皇帝看来,因为他杀死了自己曾经拥戴的鬼力赤,归附明朝后,又复叛而去。再后来,他又意图控制也先土干为傀儡而未遂。像这种不忠不义之辈,留之何用?若纵其为虐,亦不过只是在漠北为明朝留下隐患而已。一念至此,永乐皇帝释放了一些俘虏,并遣中官伯力哥随同他们回去劝说诸部族之人归附明朝。永乐皇帝认为,许多人正如金忠所言,意图归附明朝,却又慑于阿鲁台,未敢轻动,因此他在劝谕文中提到:

"往者,阿鲁台穷极归朕,及朕所以待之者,皆尔等所知。朕何负彼?而比年以来,寇掠我边鄙……朕体上帝好生之仁,惟翦其枝叶,毁其藏聚,驱出诸旷远之地,岂徒全其余息,亦犹冀其或改而自新也。乃兽心不悛,日增月益,比吾边氓之困,其荼毒者,殆非一所。夫为恶有本,今王师之来,罪止阿鲁台一人,其所部头目以下,悉无所问。有能敬顺天道,输诚来朝,悉当待以至诚,优与恩赉,仍授官职,听择善地安生乐业。朕此言上通天地,毋怀二三,以贻后悔。"同时,永乐皇帝又诏谕诸将,要求他们善待前来归附之人。其谕曰:"朕为天下主,华夷之人,皆朕赤子,岂间彼此。今罪人惟阿鲁台,其胁从之众,有归降者,宜悉意抚绥,无令失所。非持兵器以向我师者,悉纵勿杀,用称朕体天爱人之意。"[106]

应昌,北京以北400公里处的一处城镇,始建于元代,入明后改称清平镇。五月二十二日,一场突如其来的暴雨,使明军不得不暂驻于此地。次日，永乐皇帝设宴款待随征文武大臣。宴中，永乐皇帝命内侍唱起"太祖皇帝御制词五章"，歌词为太祖所创，备载创业守成之艰难，示戒荒淫酗酣之失道，词曲颇慷慨激昂。群臣听了，无不感慨叩头，表示钦遵圣训，恪职尽忠。①

大军继续前进，但先头部队没有发现阿鲁台的踪迹。忠勇王金忠在行进中异常踊跃，他与陈懋所部为先锋，一路挺进至答兰纳木儿河。此地原本为阿鲁台的一处驻地，此时弥望荒尘野草，阿鲁台及其部属已杳无踪迹，甚至连车辙马迹也已漫灭不见。显然，阿鲁台撤离已久。永乐皇帝命英国公张辅、成山侯王通分兵于山谷中搜寻踪迹，但二将大索山谷周回三百余里，并不见一人一骑。直到六月二十日，一切都毫无进展。永乐皇帝想要结束此次北征。他说："今出塞已久，人马俱劳，虏地早寒，一旦有风雪之变，归途尚远，不可不虑。卿等且休矣，朕更思之。"

的确，明军在广袤的漠北草原追踪阿鲁台，就好似大海捞针，正如永乐皇帝所说："今孽虏所有无几，茫茫广漠之地，譬如求一粟于沧海。"他不愿继续劳烦将士，于是召诸将议分兵两路南归。路上，永乐皇帝在清水源的石崖上刻石记事，以铭此次北征于后世。[107]

七月十四日，大军次翠微冈。永乐皇帝在御帐中靠着桌子而坐，他的文渊阁大学士杨荣、金幼孜等侍立左右。这位垂垂老者，似乎已经意识到自己的健康状况出了问题。他问内侍海寿归京日期，后者告诉他，约能于下月中抵京。永乐皇帝点点头，没有再继续询问什么，而是顾谓其大学士，咨询皇太子摄政之事。他说：

---

① 此句据《明实录》上下文意补。——译者注

"东宫历涉年久,政务已熟,还京后军国事悉付之。朕惟优游暮年,享安和之福矣。"学士们并没有提出异议,他们认为皇太子"孝友仁厚,天下属心,允称皇上付托",永乐皇帝十分欣慰。

永乐皇帝发布了最后一次告天下臣民诏,诏文一如既往地重申了此次北征的原因及结果。其文曰:"朕恭膺天命,统承皇考太祖高皇帝鸿业,夙夜孳孳,惟怀永图。比以北虏残孽,负恩梗化,为患边强(疆),乃躬御六师讨之。师驻应昌,前锋获虏声息,盖去秋探知大军出塞,已挟妻孥远窜山谷。及冬,雨雪连绵,积深寻丈,牛、羊、驼、马亡毙殆尽,部落叛散,互相劫夺。今闻大军且至,奔遁益远。朕亲率兵至答兰纳木儿河,穷搜极索,抵白印山,四望萧条,旷无人迹。因念王者之代,夷狄驱之,而遂用班师。於戏!征伐之举,岂朝廷所得已哉!昔高宗于鬼方,宣王于猃狁,皆为保民之计也。肆今徂征之师,遂振攘夷之绩。告中外咸使闻知!"

七月十六日,帝不豫。十八日,帝崩于榆木川,寿64岁。

永乐皇帝驾崩后,为确保大军安全,杨荣、金幼孜等决定秘不发丧,直到大军顺利回到北京。[108]

* * *

我们再来探讨一个问题:永乐皇帝是否应该五征漠北?这一系列战役,是否真正提升了明朝的宗主地位,巩固了其边防安全?从上述永乐皇帝的一系列说法,他的一系列北征都在于保境安民,并使生活在明朝周边的诸族属部落和平共处,保障他们免受剽掠。应当说，在一段时间内，北征的确发挥了这种作用。瓦剌和鞑靼对边防的袭扰减少了，因为每一次轻举妄动都会招致明军的巨大报复，对于虏而言，代价显然得不偿失。但同样地，明军发起的每一次战役，都需要以大量的人力、物力、财力为代价，这又决定了永乐皇帝的每一次出征都不可能持续太久。再者，永乐皇帝后继无人。在他之后即便是他最宠爱的皇孙朱瞻基（宣德皇帝），也无法成为像他一样雄才大略的统帅。

太祖、永乐时期对漠北草原所发起的一系列战役还产生了一个间接后果，那就是在他们的鼓励和武力炫耀下，成千上万鞑靼、瓦剌或其他族群人民自愿归附明朝。这实际上又间接抽干了敌军的有生力量，尽管他们从未把这一行为列入自己发动北征的目的。大量南下的人民，通常以成建制的方式，由其原先部族首领带领，或安置于中原内地，或于边境附近建立卫所。有关这一切，前述学者司律思的著作中已有详细叙述，可参考之。[109]而明朝之所以愿意这样混同华夷，而非将之拒之门外，显然也是经过考量的，认为这样有利于边防安全。

囿于史料，有关鞑靼人的史实已难以深入探究。从明朝的史料记载看，鞑靼蒙古人与瓦剌蒙古人之间常因漠北草原的统治权而展开激烈竞争。而在他们的西边，还有一群被称为土达的蒙古人，定居于甘肃沿边的卫所，他们的首领往往同时兼任明军卫所的官员。而在草原最东边的兀良哈蒙古，他们之中有的倾向于归附明朝，因而明军在此设有朵颜三卫。另一部分兀良哈人则倾向于与阿鲁台合作。综观漠北局势可以发现，尽管明朝号称天朝上国，明朝皇帝号为"天下主"，但他始终无法将统治延展至此。明朝在漠北的存在是断断续续的，它无法，也从未试图在漠北草原设州置县，直接实行统治。明军虽强，但它在漠北的活动能力，仍取决于草原诸部族的力量。以此分析，我们可以看到，在漠北草原的角逐场中，主动权始终掌握在草原一方，明军只是因之所行而作出反应。鞑靼人也好，瓦剌人也罢，他们所谓的"称臣纳贡"，充其量只是为了换取明朝的支持罢了。阿鲁台曾这么做过，但那只是因为永乐九年（1411年）时，瓦剌人严重威胁到他的统治地位时的应激反应。同样地，瓦剌人也是利用了明军，才能在永乐十二年（1414年）彻底将阿鲁台打压下去。

问题在于，他们真的愿意向明朝"称臣纳贡"吗？因为史料不足，这个问题恐怕要永远成谜了。我们只知道，这些漠北草原部族，曾经在是否接受明朝为宗主国的问题上展开激烈争论，但个中细节我们又知之甚少。瓦剌方面、阿鲁台方面为何一再拘杀明朝使节，又为何时而剽掠明朝边民，我们也无法再全部得知了。不过，当我们打开地图，仔细琢磨他们袭击的时间、地点时，我们或许能推测其个别原因。

显然，袭击并非为了引起明军的报复，而是为了掠夺物资。我们从史料中可以看到，这些"虏"从未试图攻占明朝的领土，也没有对袭击提出更高的目的，比如，通过武力迫使明朝改变某些政策。也许，在缺乏常态化的市场贸易体系和机制的情况下，剽掠必需品是游牧经济唯一的补充手段。也许，袭击就像外出打猎一样，是鞑靼青年的一种消遣娱乐方式。只有让他们不断处于忙碌状态，他们才能心无旁骛地追随自己的首领。也许，有些袭击的确是无法无天的打击，但那往往超出了他们首领的控制。明人常将他们称为"虏"，指责他们贪得无厌，但掳掠之意，似并非全为部族首领之本意。

第三章

宣德时期——和平之巅

（1426—1435年）

第三章　宣德时期——和平之巅（1426—1435年）| 0147

　　边防形势，自古难以预料。暴力冲突随时会打破宁静的前线。冲突的爆发或许毫无缘由，但若我们聚焦于人类情感的起伏线，或者能从中得到释因。在太祖在位（1368—1398年）的大部分时间，以及永乐皇帝在位的头7年（1403—1409年），从松潘到辽东，明朝的边防长期动荡不安。但在那之后的大部分时间里，边防形势就毫无征兆地安定下来了。这使得永乐皇帝得以腾出精力五征漠北。而在他之后的洪熙皇帝、宣德皇帝在位时期（1425—1435年），明廷的注意力再次回到麻烦的边防问题上。值得注意的是，洪熙皇帝和宣德皇帝都是鹰派作风的皇帝。

　　宣德皇帝常向百姓宣称明朝处于承平盛世，但他从未因此感到得意。事实上，他密切注意着奏报来的每一件军国大事，他深知怠政、懒散、腐败、物资短缺、管理不善以及种种无法预见的突发事件会成为瓦解边防线的蚁穴，造成塌方式的灾难。好在，宣德皇帝能够处变不惊地应对这些问题，理性地、带有建设性地化险为夷。

　　即使如此，御桌上等待御批的奏折仍旧堆积如山。他必须授权臣下，对边防线的各类设施、建筑进行日常维护、修理乃至更新换代。可以想象，经过长年累月的风吹雨淋，防御城墙可能会倒塌，设施可能会老化。而新的设施、建筑工事，如哨塔、屯堡等，必须不断增补于防御较弱的区域。这种情况下，负责戍边的将士往往又需要兼充建筑工，并在工役完毕时重新列归戍边序列，因此，将士们的衣食住行问题亦必须得到妥善解决。此外，将士们作战时所需要的甲胄、兵器和战马亦不能断供，同时还需要保证兵源充足且训练到位。在这一系列问题中，粮食供应是其核心问题，因为边防沿线大抵不适合农业生产。那么，如何组织军需粮草源源不断地从内地，特别是南方，运往前线？如何在运输过程中保证一应民夫、牲畜、车辆的安全和效率？如何应对运输队伍的更新换代问题（毕竟人也好，牲畜也罢，随着时间推移而衰老，会渐渐不堪适应这一工作）？又应如何偿付这些运输补给活动？所有这些问题，都需要宣德皇帝为之倾注精力，文武大臣断不敢擅作主张。当然，我们说，宣德皇帝也有能力胜任这一沟通。他性格开朗，与不少京官、外官、武官相处融洽，君臣得以和谐共济。但是，这并不代表他懦弱、好敷衍。一旦发现文武大臣有玩忽职守者，宣德皇帝常龙颜大怒，严厉斥责这一恶劣行径，甚至施以刑罚。

从长时段看，明代边防体系发展进程的关键在宣德时期。但我们首先要问，明朝的北境防线，自何而始，至何而终？其东段，很明显在辽东地区。在这里，明军的卫所监视并控制着居住于此的女真（乃至于离辽东更远的野人女真）。女真诸部大抵分布于今天东北地区水网密布的地区，他们相对松散地聚集于明军的"管理"下。北境防线的西段终点该定义于何处，似乎成为一个问题。或以为在甘肃走廊，那里以甘州为中心，形成大规模的明军防御群。此地诸族属杂居，民族成分多样，明军不得不花费精力保护往来于丝路的朝贡使团和商贸车队。或以为在西宁卫，它位于今天的青海省，由此可沟通连结喜马拉雅山脉腹地的藏族聚居区。抑或以为在川北藏族聚居区的松潘，它可算是明军防线之最西缘。正如前述，松潘位于汉藏交界地带，本土既有本教，又有藏传佛教，此地居民，明人称之为"蕃""蛮""番"（实际上这些称谓可能代指藏人、羌人、弭药人[①]或以前非汉人族群）等。在宣德时期，松潘因北方鞑靼人的袭扰而成为另一冲突爆发的角斗场。但囿于篇幅，笔者不得不省略这部分值得详细探究的内容。

* * *

天子的使节在前往中亚的路上受到严重阻碍。这条路，堪称明朝在世界格局中地位的缩影。明朝绝不能容忍这条交往之路上发生任何形式的侵袭，西使东贡[②]固不可，东使西巡更是神圣不可侵犯。不过，袭击往往发生在远离明朝边防线的地方。这些地方，明朝的控制力往往非常薄弱，只能依靠有限的明军和其他族属、部落维持。

就边防形势来看，明朝北境防线的西部当以甘肃走廊边缘的肃州和嘉峪关为终点。走廊而西的地带逐渐变宽，即今天的新疆。在明初，明军就在这里建立了一系列卫所，其分布一直延伸到西北约500公里处的哈密。

[①] 弭药，又称缅药，党项族称谓。唐朝中期部分党项人不堪吐蕃压迫而北迁，留居原地的部分被称为弭药。

[②] 原著举了一些西使东贡的例子，译者将该部分内容移植到注释中。其称，西使东贡例，如喜马拉雅群山中的吐蕃诸部，帖木儿帝国（帖木儿时期的撒马尔罕、沙哈鲁时期的赫拉特——《明实录》称"哈烈"），伊朗的设拉子、伊斯法罕等。——译者注

早在永乐二十二年（1424年），永乐皇帝驾崩，皇太子朱高炽（洪熙皇帝）登基不久后，边防线就传来坏消息。时甘肃总兵官费瓛来奏，安定、曲先、赤斤、密落等卫有贼千余人于必出江、黄羊川处杀伤朝使内官乔来喜等，劫夺本欲馈赠乌思藏、尼八剌的彩币、马、骡等物。洪熙皇帝即令费瓛谕赤斤蒙古卫，西宁卫指挥李英、必里卫土官指挥康寿谕罕东、曲先、安定三卫，使各地军官逐户排查劫匪，至少要了解其身份及部落情况，若一经发现，即刻逮捕。[1]

洪熙元年（1425年）八月，时洪熙皇帝已崩，宣德皇帝即位。直至此时，排查才有了结果。原来，李英率西宁诸卫与十二蕃族之兵至罕东卫时，罕东卫指挥绰里加告诉他，前番劫匪俱来自安定卫和曲先卫，是二地卫指挥纵兵所为。李英即进兵讨之，安定卫贼众逃至昆仑山中，于雅令阔之地被追兵赶上战败，斩首480余级，生擒700余人，获驼马牛羊14万余。曲先卫贼众则侥幸遁逃。事已至此，李英认为，安定王桑儿加失夹应该亲自赴阙请罪。

对于安定卫所犯的罪行，宣德皇帝对近侍表示，如果他们能够真诚道歉，那么他本人可以宽大处之。他说："安定本畏兀儿之地，我朝置卫设官，以安集其人，待之素厚。夷狄见利忘义，今之败，实其自取。然朝廷驭夷，叛则讨，顺则抚，彼能悔过归诚，朕何吝宽贷？"[2]

看来，这就是宣德皇帝的驭边之术。在他看来，作为天朝上国，明朝大可不必对这种细枝末节大动肝火，而这正是礼乐之邦的伟大之处。当有不识趣的蕞尔小邦试图冒犯时，明朝应该表现出宽容大度，但在必要时也要对之施以惩戒。

不过，对安定卫贼众的惩治，却产生了某些副作用。事情变得复杂起来。

是月,镇守西宁都督李昭①继续奏报,称李英已率军剿杀劫匪,但劫杀使臣的首恶,曲先卫指挥散即思、安定卫指挥哈昝土灭秃皆未就擒。此外,李昭还奏称,罕东卫土官指挥使却里加等从李英征讨后,因怕曲先卫逃遁劫匪剽掠报复,不敢回罕东卫而定居西宁。就这一问题,宣德皇帝敕李昭等,听任罕东卫士兵自居西宁,不必遣归,但需加意安抚。

十月,李英赴京,向宣德皇帝奏报事件始末,并献所获安定番童15人,及马、驼若干(其他所获牛羊应已交付驻扎当地的军队)。宣德皇帝谕其不必再追击贼首散即思等人,并令各卫就近抚养这些因战争而失去父母的孤儿,同时将马、驼交付御马监。他说:"蕃人作过,不得已征之,得其首恶足矣,童子何罪?即遣本土,无父母可依者,付各卫令善养之。"所有从征将士,宣德皇帝俱令赐钞、银币等物,李英则被提拔为右军都督府左都督,食禄不视事,给世袭诰命,并赐织金、袭衣、钞银、彩币等物。³

洪熙元年十一月底(1426年1月),罕东卫土官指挥那那奏称,罕东所属番民桑思塔儿等1500余人,依例应纳差发马250匹,因不堪差役,多有逃亡赤斤卫。李英率兵追捕擒拿,被捉者均希望能回归罕东卫复业。宣德皇帝闻讯,又像往常一样宽宏大量地赦免了他们,并令那那等用心招抚逃亡者复归旧业,免其马役。他说:"此初失抚绥,致其逃窜。彼虽犷悍,我能安之,则彼亦安矣。其令费瓛等差人同那那往招抚令归,无责其过,旧所负差

---

① 原著作"Liu Zhao",核《明实录》原文,乃李昭。——译者注

发马，悉免之。"[4]

宣德元年（1426年）十月，安定卫指挥阿延拜子剌、罕东卫密罗簇和尚端岳监藏等遣头目绰失加等来朝贡马。来使又向宣德皇帝奏报，此前李英出兵追杀劫匪一事，在安定、罕东诸卫中引起连锁反应，不少部族人心惶惶，俱皆逃散。宣德皇帝即命西宁卫指挥使陈通、指挥同知祈贤等往各处安抚逃散的部族，又令端岳监藏率2400余帐，计男女17300余人返回其旧居之地。至是，安定、罕东诸卫所在的部落方才安心，恢复了与明朝的朝贡关系。[5]

然而，麻烦仍然不断。这些麻烦似乎也是前述李英征伐劫匪一事的连锁反应。必里卫土官指挥康寿奏，有蕃贼劫掠捏纳卜啯簇。宣德皇帝命镇守西宁都督佥事史昭随李英等一同捕贼。史昭奏称："此贼乃西宁与河州必力（里）卫所管西蕃两簇，其党甚众，请用兵捕之。"宣德皇帝批准了他的请求，但仍告诫他"无妄杀戮，激变蕃人"。[6]

其他地方也陆续出现对朝贡使团的侵袭事件。沙州卫"鞑贼"于哈密川杀伤亦力把里歪思王所派遣的朝贡使团，夺走100多匹马。此外，撒马尔罕使团回回火者撒剌、完者帖木儿等途经哈密川，又遭"鞑贼"洗劫，辎重、马、骡尽被夺走。事发之后，宣德皇帝于宣德二年（1427年）正月，令甘肃总兵官、崇信伯费瓛发兵剿捕。费瓛领命，但他次年就去世了。[7]

宣德二年（1427年）十一月，西宁卫都指挥同知陈通等招抚前述曲先贼散即思所部民42000余帐，宣德皇帝决定宽贷其罪，待之如初，令他们皆回曲先卫复业，指挥佥事失剌罕等人朝贡驼、马，以谢皇恩。[8]

宣德五年十二月（1431年1月），征讨散即思的总兵官都督佥事史昭回朝奏称，明军至曲先卫时，散即思已遁逃，其党答答不花等率众迎战，为史昭等杀散，俘答答不花及男女340余人，获马驼牛羊计32万余。宣德六年（1431年）正月，史昭亲自将答答不花械送北京，宣德皇帝命将其送入锦衣卫狱。等待他的，会是什么？[9]

除了答答不花外，史昭还向宣德皇帝奏事三件，请求圣裁。其一，史昭认为，阿端卫（由位于罕东以西，沙州以南广大地区的鞑靼人、畏兀儿人组成）官民先从曲先为叛，至是曲先卫服顺，阿端卫官民亦合招抚。宣德皇帝命其官民人等回归故地，安心乐业，无复为逆。其二，史昭称，曲先卫真只罕等助散即思为逆，兵败后往人藏要途毕力木江撤去，至今逃窜在外未归，恐落草为寇。宣德皇帝决定一并宽赦他们，他告诉史昭："残夷穷迫，无所自容，何足与较？其遣人悉宥其罪，使还故处，各安生业。"[10] 其三，史昭又奏，安定卫指挥桑哥出兵征讨曲先时，罕东卫部下板纳簇兵乘其不备，将安东卫将士家属、帐房、马驼牛羊抢掠殆尽。宣德皇帝决定给他们一次改过自新的机会，否则定严惩不贷。他说："板纳头目，以所掠人畜悉归安定，则宥其罪。如执迷不还，即举兵诛。"[11]

当然，我们看到的只是事物的一面，那些被"处置"的边民、细民却从未向我们讲述他们的故事。我们对他们的了解，都是明朝史官过滤后的碎片。不过，我们并不能对明朝史官们苛责过深，他们毕竟不是人类学家，他们所关心的只是明朝的安全。即使他们在书写这些非汉族群时或多或少会夹带着一种官僚主义色彩，但我们仍要对之心存感激，毕竟他们存留了可供后世观瞻的文字。板纳簇事件实际上暗示我们，历史中的现实世界要比我们想象的复杂得多。比如，鉴于安定卫的主体居民是畏兀儿人，我们不禁要发问，板纳簇是个怎样的独立族群？他们使用何种语言？他们是否为畏兀儿人的一个分支？这一切似已成谜。唯一可以肯定的是，当时明朝边防线上的将士们对这些非汉族群的了解，要远比庙堂之上史官们所记载的多得多。

宣德六年（1431年）夏，明廷企盼已久的消息终于传来。原曲先等卫指挥同知散即思，遣其弟副千户坚都等四人进马赎罪。散即思自永乐时期便归附明朝，永乐皇帝待之甚厚。因此，宣德皇帝认为"其能悔过"，遂宽宥其罪，又赐坚都等钞币，并将所俘曲先卫军民等放还。在宣德皇帝看来，"远夷小馈，服则舍之，不足与校（较）得失。"[12]

事情远未及此。因为赏罚不均，有些将士心生怨言。甘州右卫千户姚宁奏称，史昭领兵征曲先时，有王敬等五人领军昼夜长哨，其后，大军至恰厮，又令姚宁等十人随同都指挥安敬等领兵当先哨瞭。此后论功行赏时，朝廷规定，凡征途中参与昼夜长哨者皆升一级。姚宁认为，安敬等虽参与哨瞭行动，但并无昼夜实行，仅仅在白天出发略做巡视，不符合前述朝廷规定。此外，指挥王杰等人并无参加哨瞭行动，也一并得到升迁，将士们对此亦感到不服。宣德皇帝获悉此事后认为，应当令总兵官彻查此事，以正朝廷赏罚分明之道。他说："升赏之法，所以酬前劳，勉后效。若有功不得，则材勇之人怠；无功而得，则侥幸之心启，将来何以使人？"[13]

宣德六年十二月（1432年1月），镇守甘肃总兵官都督刘广奏称，沙州卫都督困即来遣人来告饥，欲向朝廷借粮以应付，同时请求朝廷批准其于所居沙州地面修建城墙，以防罕东蕃人可能的侵扰。宣德皇帝认为"沙州畜牧，可以自给，若能睦邻保境，岂有外虞"，因此他并不相信沙州方面的这种说辞。他命刘广等好言抚慰沙州来使，推托今年秋收有限，仅够支付边防士卒人马的基本伙食，没有余粮可供借取，筑城墙之事亦等来年丰收时一并再议。[14]

宣德七年（1432年）正月，又有地方军官因赏罚不公事告至朝廷。据史昭奏，安定卫指挥同知果脱不花，在征讨曲先叛贼的行动中为大军向导，有所擒获，又在招抚蕃人复业上多有建功，请求朝廷加官封赏。兵部认为果脱不花只亲手擒拿过贼人一名，于例不合升迁，拒不批准。但宣德皇帝则认为，果脱不花的向导和招抚之功足以使他荣膺新职，且令兵部依汉朝"萧何发纵指示之功，居诸将上"例，破格提拔果脱不花。最后，果脱不花得以晋升安定卫指挥使。[15]

史昭又另外奏请一件与征讨曲先有关之事。事情大致经过是这样的：阿端卫指挥同知真只罕之父琐鲁丹为曲先贼人散即思所迫，参与前述劫杀使臣事件。事后，琐鲁丹与散即思等畏罪潜逃，失去朝廷所受印信。其后，明廷遣人抚谕其众，琐鲁丹前来投降，为朝廷所赦免。他去世后，真只罕统领部众，居帖儿谷。此地离"回回之境"阿端卫旧城[①]有一月路程，每次进贡均须绕道阿端卫，这无疑大大增加了朝贡难度，因此他请求明廷批准其就居于帖儿谷。宣德皇帝答应了他的要求，并重新颁给卫印，同时命其

---

① "从这里我们似乎可以看出，阿端卫的主体居民似由穆斯林和非穆斯林组成。"该句原位于正文，出于行文需要调至注释。——译者注

"掌阿端卫事",断绝其试图于阿端卫外另置卫所的企图,赐玺书抚谕之。[16]

综上来看,在宣德时期,明军北境防线的西北段虽然困难重重,错综复杂,但大体仍是处于和平状态。宣德七年(1432年)初,宣德皇帝遣中官李贵等出使西域哈烈等国,这表明通往西域的道路重又开放,安全威胁基本消除,哈密、沙州、赤斤等卫亦能较为忠实地于沿途护卫使团。宣德皇帝对朝贡关系的恢复非常高兴,他在给西域诸国的敕谕表达了他对和平的渴望,其文略曰:"前遣使臣赍书及彩币往赐,道梗而回。近闻道路以通,特遣内官李贵等赍书往谕朕意。其益顺天心,永笃诚好,相与往来,同为一家!"[17]

从某种程度上讲,使者得以重新互通,表明劫杀使臣事件就此告一段落。但实际上,这一事件尚有一些问题未处理,如李英在征讨曲先贼的过程中,曾有僧人阮丹汪束从征有功。宣德七年(1432年),李英代为向宣德皇帝请求封赏,宣德皇帝赐其银钞、彩币等物,并赐其法号"圆净禅师"。[18]

此外,道路虽通,但并不见得通行就完全畅通无阻。宣德七年(1432年)四月,哈烈使臣法虎儿丁等来到北京。他们向宣德皇帝诉苦,称在沙州被赤斤卫都指挥革古者率众劫杀。对此,兵部称,沙州乃都督困即来所辖,革古者乃赤斤卫军官,越境侵扰使团,罪行不可原谅。宣德皇帝认为,沙州、赤斤诸卫多"夷狄"杂居,他们的所作所为经常莽撞无知。于是,宣德皇帝命困即来查明此事,若革古者愿将所劫之物归还使团,则朝廷可以宽宥其罪,但"彼既为盗,不可复容。宜驱而出之,使归本土,仍戒约之,再犯必不宥"。[19]

八月，曲先卫指挥使那那罕也向皇帝诉苦。他奏称，散即思作乱时，他的两个女儿、四位兄弟，以及指挥桑哥、经历剌麻的家属五百余人俱为其所掳掠。而今散即思"宥罪复业"，他们的亲属却被安定卫诸将俘虏，至今未归。不唯如此，曲先卫千户米剌苦述等亦因散即思作乱而惊溃逃亡。宣德皇帝表示他也是刚刚获悉此事，于是，他一面答复那那罕"朕尝以用兵为戒，正恐滥及无辜。彼不自言，何由知之"，令其先往寻找逃散的千户米剌苦述等人，一面又敕谕安定王亦攀丹及安定卫诸将，令其遍索被俘无罪之人，及时送归曲先卫。[20]

明朝与乌思藏的使节往来，是又一个令人头疼的问题。以藏人为主体居民的罕东卫，其设立的初衷之一就是为了保护使节，然而其所辖部民却成了劫杀明廷使团的罪魁祸首。对此，宣德皇帝敕遣总兵官都督刘广等至罕东卫缉拿劫匪，并严厉谴责罕东贼人的行径。他说："朝廷于西宁、罕东建立兵卫，设官统属，而此辈野性不驯，见利即动，论其情罪，实难容之。尔等当审度事宜，从长规画，诘问其过，毋长寇贼，毋亏国体！"[21]

到了宣德九年（1434年），袭击使节的事件愈见频繁。沙州卫都督金事困即来奏称，罕东卫鞑靼、西蕃贼人经常侵侮沙州人，掳取人畜，继而阻隔道路，令之无法安居。为此，他向宣德皇帝请求迁徙至察罕旧城内居住。宣德皇帝如一谆谆劝导的长者，说服困即来毋劳民力，动辄迁徙所部驻地。他说："尔归附已久，朝廷待尔素厚，处沙州三十余年，户口滋息，耕牧富饶，皆朝廷力也。往年，哈密尝奏尔部属侵掠其境，今之外侮，亦所自致。自今但安分守法，保境睦邻，随寓可安，何必察罕旧城哉！东迁西徙，自取劳悴，无益也。"当然，在安抚困即来的同时，宣德皇帝也敕令罕东卫火速排查本卫鞑靼人和西番人，若果有侵掠沙州人畜者，即刻归还。[22]

一波未平，一波又起。同年，罕东念刲簇蕃人剳儿加杀伤朝廷派往乌思藏的使臣，劫夺敕书、赐币等物。宣德皇帝命甘肃总兵官都督佥事刘广、都督刘昭等发兵讨之。刘广、刘昭认为，若直接以大军压境，恐剳儿加会闻讯遁入深山老林，而长期缉捕不至，明廷的威望会因此受损，"不足慑服外夷"，于是二人决定暂不打草惊蛇，先令指挥祁贤以轻骑跟踪劫匪，又以密罗簇指挥怕尼为向导，最终在一个多月后，于深山中发现东躲西藏的剳儿加。为了尽可能减少正面交锋，刘广遣人劝降剳儿加，剳儿加亦如约投降。他为自己辩解道，其本意并非为劫杀朝廷使臣，而是因与安定卫人有仇，误作朝使为安定卫人而劫杀之。剳儿加最终归还所夺物品，并遣使至北京朝贡请罪。尽管剳儿加的说辞可能只是掩盖真相的谎言，但宣德皇帝仍以"穷寇既服，不足深治"为由，宽宥其罪行。[23]

在这个过程中，还发生了一个小插曲。宣德皇帝听说撒马尔罕及其他地方使节每来朝贡时，都会携带从中原买到的儿童出境，即敕甘肃总兵官都督佥事刘广，务要杜绝此类拐卖儿童的现象继续发生。[24]

就以上所列举的史实来看，宣德皇帝所谓的"承平盛世"美景恐怕很难让人完全信服，我们或许应该从广义的角度来看待这一"承平盛世"，即北境防线的西北段的确出现了某些摩擦和矛盾，但这些问题大体在明朝的掌控之中。若将前述从川藏交界的松潘，到丝路上使节来往间或遇到劫匪等一系列事件放在一起综合考量，我们会发现，毫无疑问，即使在相对和平的时期（土木堡之变前），边防局势也是令君主精疲力竭的"大政"。

* * *

那么，漠北草原方面的局势又如何？在宣德年间（1426—1435年），漠北草原方面内耗不断，且很可能由于气候变化，经济形势亦每况愈下。[25]彼时，蒙古内部分为三个部分：位于蒙古高原西北一带的瓦剌部，中部则为成吉思汗黄金家族后裔的鞑靼部所控，而东北方则有兀良哈诸部。北境防线总是飘荡着"夷狄入侵"的"谣言"，这使得明军总是利用难得的和平时间不断强化防线上的工事。而宣德皇帝亦再三催促边防建设，要求边将们时刻不能懈怠，严防敌人突袭。

宣德皇帝高居象征高度集权的庙堂之上，却对最细枝末节的边线防务兴趣浓厚，且常亲自指挥部署明军。更为特殊的是，他甚至还躬身参与北京一带，特别是直面漠北的宣府、大同方面的边防政务。

早在宣德皇帝登基不久，就有瓦剌部属亦速不花等54人来归，其中甚至还有本雅失里的遗孀。本雅失里于15年前为瓦剌部所杀，其随从部属多为瓦剌所俘，这批来归的瓦剌人，实际上多为本雅失里旧部。开局良好，宣德皇帝十分高兴地接纳了这些远来的人，并赐予他们织金袭衣、彩币、钞银、鞍马等物，又命有司为他们提供房屋、器物以及日常所需牛羊米粮，亦速不花等人各授官职。不仅如此，明朝皇帝对元朝后裔总是额外地友好慷慨，在这些常规授赐外,宣德皇帝还为本雅失里的遗孀及其母亲予以优赡,每月又各给米5石,并在京师为之置办居所。[26]

宣德期间的另一项政策——实际上也是永乐时期以后明军的一贯政策,即将边民尽可能地徙入塞内,逐步放弃原本嵌入草原的诸卫所,如东胜、兴和,甚至一度繁荣的大宁。这些卫所远离边防线,如果长期维持其存在,明军需要投入大量精力和资费,用以维系它们的后勤补给和防御设施建设,这在明廷看来得不偿失。宣德元年(1426年),阳武侯薛禄[①]奏称,开平卫城垣不坚、道路荒芜,其民多于沿边独石(位于宣府以北,开平西南120公里)等处开垦,一旦敌兵来袭,开平难以御敌,不如"移开平卫于独石,令镇守宣府都督所领官军筑城守备"。[27]开平是元朝的上都,此前一度被红巾军夷为平地,但宣德皇帝仍不愿放弃这一带有象征意味的占领,他说:"开平极边,废置非易,事当徐议。"[28]不过,明军最终将主要防御力量南撤至宣府,开平卫仅留下一支小部队以哨戒敌军。

许是为了防止后勤补给可能发生的腐败现象,皇帝本人常亲自过问边防将士的衣食住行问题。洪熙元年(1425年)十月,永宁卫(约位于北京以北70公里处)指挥同知吕信奏称,黑峪等口47处军士皆在高山峻岭守备,不胜寒冻,故奏请宣德皇帝批准拨赐毛袄狐帽。宣德皇帝批准了这一请求,他说:"边地苦寒,皮

[①] 薛禄乃山东人,初为燕王帐下士兵,从燕王起兵靖难,首夺九门,一战成名。永乐八年(1410年),"充骠骑将军,从北征,进右都督"。永乐十八年十二月(1421年1月),授奉天靖难推诚宣力武臣,封阳武侯。洪熙元年(1425年),出任总兵官,佩镇朔大将军印,备御塞外。此段为原著正文,行文需要移至注释中。——译者注

裘之赐，朕已有命。其令工部速运给之。"²⁹

数周后，开平备御都指挥使唐铭也来奏报，称本卫及从山海卫过来协防的官军衣帽等物过于老旧，请求皇帝批准颁赐新衣物。宣德皇帝同样答应了他的请求，并要求工部大臣尽快落实此项工作。他说："边军劳苦，所宜加恤。今天气已寒，其速遣人运胖袄、裤、鞋给之。"³⁰

不久，唐铭又来奏报，称守备军士的盔甲、弓、刀及金鼓、旗号等物俱有损坏，请求朝廷再予关拨。宣德皇帝同样认为应予更新，理由是用崭新的武器装备将士，可以震慑前来窥伺的敌人。不仅如此，他还进一步要求工部大臣，满足前线将士对装备的一切要求。他说："开平边卫，逼近虏境，当严加守御。若器械锋利，旗帜鲜明，足以鼓士气、壮军威，震慑虏寇，其即给之。凡边境守将有请者，俱给之。"

类似的事例不胜枚举，若一一穷尽，恐怕会让读者趣味索然。我们可以概括地说，为边防将士提供足够的装备、粮食、马匹、火器乃至增补兵力，绝非易事，更非如本书所呈现的，仅仅由皇帝点个头，就可以轻而易举完成的事情。正因为后勤事务冗杂繁费，因此在随后几年的时间里，明廷逐渐将这些本需要皇帝本人确认的事务下放于官员自决。宣德皇帝经常提醒诸臣，边军之于朝廷，实为抵御外敌入侵之屏障，而边地苦寒难熬，因此他们的付出必须得到认可及感恩。

自开平卫主力移镇独石后，开平就只留下一支规模2000余人的部队。将士分为两班，每年轮戍两回，他们的家属则居于独石。宣德二年（1427年）七月，鞑靼人进袭开平，已逼城下，但由于主力的撤离，鞑靼人在此一无所获，最终不得不撤兵。恰逢此时，薛禄领援兵至，捉获敌人3名。薛禄从这些俘虏口中得知，他们现在聚居在朵儿班你儿兀之地，距开平数百里。薛禄决定对敌营进行突袭，这一做法显然与明朝长期以来所实行的主流防守政策相悖。薛禄昼伏夜行，三天后抵达敌营。为了达到突袭的效果，薛禄以轻骑兵径抄敌营，敌人仓皇迎战不敌，数十人被杀，贼首晃合帖木儿、忙哥撒儿等12人被俘，获其男女64人，马817匹，牛羊4000余头。[31] 看起来，此次突袭斩获不少，可以震慑四夷，造势军威，但仔细揣摩史料的用词，我们似乎无法感受到明朝过多的喜悦。

很快，令宣德皇帝龙颜大怒的事情发生了。宣德二年（1427年）九月，有自北归南者报称，鞑靼军队如群蜂一般屯聚于饮马河，其首领正在拣选精兵壮马，似乎有意南侵。与此同时，边将也奏报，大同西北山中，半夜屡见星星点点的火光，似乎敌人正在窥伺情报，或引诱明军出塞，"情伪未可知"。宣德皇帝要求边防将士提高警惕，并扬言如果敌军来犯，皇帝本人将效仿乃祖，御驾亲征。他说："此寇谲诈，情伪未可知，须预为之备。可练士马、固城堡、谨烽燧、远斥堠。寇至，坚壁清野，勿与之战，使彼无所得。朕将亲率六师按边，得之必剿灭乃已。"[32] 但此事并无下文，多半只是虚惊一场。

宣德三年（1428年）正月，又有边将来报，称兀良哈人在滦河（流经开平东南而入海）牧马，距离明军防线太近，恐有不良企图。边将请求皇帝批准他们出兵赶走兀良哈人。但宣德皇帝要求他们保持克制，理由是兀良哈人至今并无任何挑衅举止。他还遣使抚谕兀良哈人，要求他们安心牧马，勿胡作非为。谕文曰："尔等归心朝廷，恭修职贡，往来生理，有如一家，盖已久矣。

比闻尔之部属逼近滦河两岸牧马,边将致疑,已严兵以俟。今特遣人赍敕往谕,其遵守法度,约束部伍,不许纤毫侵越,而朝贡如故。庶尔等父母妻子,安居无事,永享太平之福。"[33]不过,后续的事件表明,兀良哈人似乎将皇帝的圣旨置为耳边风。

令人始料未及的是,宣德皇帝以田猎为名,亲自率军到边镇。他对随从出行的英国公张辅解释所谓的"田猎",说道:"朕此行岂为田猎!但以国家虽安,不可忘武。况边境之民,每及秋则忧虏患,若在我有备,虏何能为患?朕为民故,特因田猎阅武,遂饬边备耳。"宣德皇帝强调自己此行虽以田猎为名,实则到边整饬边防武备,令诸关将士整肃兵马以备检阅。他还强调,此次出行不会耗时太久,"往复多不逾月",但因为天气逐渐转凉,因此他仍命户部、工部一定要妥善解决随军将士的衣食问题,每名士兵给一个月的口粮,加麦三斗,另又赐予他们衣袄、鞋袜等物。为了不劳民伤财,宣德皇帝还对都督陈景说,除了在滦河上搭建可供人马通过的桥外,其余工役一律不许兴修,不许"重困百姓"。

行军途中,宣德皇帝还敕谕扈从诸将,一定要把明军的军威展示出来。他说:"师行须预严纪律、申号令,衣甲必鲜明,兵器必锋利,军容必整肃。毋纵士卒扰百姓,为将驭卒,须爱之如子弟,即卒事将如父兄矣。古者,将皆与下同甘苦,故能得其心。汝曹勉之。"

大军于八月二十八日离开北京,很快驻跸虹桥。在这里,宣德皇帝说,他本人之所以要选择"御驾亲征",是因为他"朝夕思念保民,故为此行"。而方至虹桥,他就看到"所经皆水潦之后,秋田无获",因而大感民间疾苦。他再次向随军士兵强调,沿途勿要扰民,"敢有一毫侵扰民者,必杀不赦"。

九月初一,大军抵达北京以东150公里的蓟州。这里与虹桥的惨状不同,"郊原平远、山川明秀",老百姓正忙着在地里秋收。宣德皇帝非常高兴,也不忘告诫前来陛见的乡里耆老,"仓廪实而知礼节"。他说道:"今岁斯郡独丰稔,无他虞,善训励子孙,务礼义廉耻之行,毋安于温饱而自弃也。"

次日,车驾至石门驿喜峰口(中原与漠北草原之间的一大主要关隘)时,边将紧急来报,称兀良哈之寇万众侵边,已入大宁,经会州,马上就要抵达宽河。宣德皇帝不是好战之辈,但听到消息亦不禁义愤填膺。他对诸将说道:"孽虏无能为也,但谓吾无备,故敢此来。若知朕在此,当惊骇走矣。今须擒之,不可纵也。"为了出其不意打击进犯之敌,又考虑到喜峰口地势险峻,不利于大军并行,宣德皇帝决定亲率铁骑3000,突袭敌人。有将领认为3000兵恐太少,宣德皇帝道:"兵在精与和,不在多。三千精兵,足办擒贼。诸军可后进。"于是,宣德皇帝在遵化选精锐骑士3000人从征,每人带马2匹,口粮10日,轻装上阵。

恶战开始了。先是,定辽右卫副千户潘雄与敌人遭遇,力战不敌殉国。[①]九月初六,宣德皇帝带兵出喜峰口。他命士兵趁夜行军,军士、战马皆衔枚裹蹄,敛甲韬戈,一夜急行军40余里,黎明时抵达宽河,与敌营相距20里。此时,宣德皇帝命铁骑分为两翼,发起冲锋。敌军悉数来战。宣德皇帝亲自射杀敌前锋3人,神机铳手对敌人进行轮番射击,敌人马死者大半,余众皆溃逃。宣德皇帝亲率数百骑追击,敌人远远望见黄龙旗帜,方知大明天

[①] 为体现原著"deadly skirmishes",译者增加潘雄战死例。——译者注

子驾到，慌忙下马请降。是役，明军获敌人口、驼马牛羊、辎重无数。宣德皇帝命斩其渠首，又令诸将乘胜追击，于山谷间搜其巢穴。³⁴

忠勇王金忠及其外甥、都督把台扈从出征。金忠主动请缨追击兀良哈残部，宣德皇帝同意了。有大臣密劝宣德皇帝，认为此二人毕竟是"夷虏"出身，万一一去不复返，会成为明朝新的边患。但宣德皇帝认为这正是展示明朝海纳百川的好机会，返与不返，均由二人自便。他说："去留亦任所欲耳。朕为天下顾，独少此二人耶？果如其志欲去，虽朝夕置于左右，亦终去，宁能久絷之耶？"大臣又建议以其中一人前去为朝廷效力，另一人留下以为人质。宣德皇帝否决了这一提议，他说："朕以诚心待之，遣即俱遣，留一人乃使之蓄疑矣。朕待此二人素厚，犬马识豢养之恩，况人乎？彼当有以见报。"果不其然，数日后，金忠二人俘虏了数十名兀良哈人回来，另获马百余匹，牛羊数百头。

宣德皇帝大喜，命中官以内厨酒馔赐二人，又赐大金爵以为酒盏。事后，宣德皇帝告诉其大臣"用人不疑，疑人不用"的做法。他说："王者任人亦诚而已，既用之，即勿疑。上疑之，则下思保身免祸，谁复尽心？昨者如惑于人言，岂不失此二人心！"大臣们仍坚持认为，"外夷之人亦不可任信太过"，宣德皇帝又以汉家故事为例，再次强调"用人不疑，疑人不用"的原则。他说："外夷人亦未必尽不可信，但在审处得宜耳。汉用金日䃅，何不可也？"³⁵

前述永乐二十二年（1424年）时，永乐皇帝在北征阿鲁台时，曾重挫与阿鲁台结盟的兀良哈人。现在，宣德三年（1428年），明军再一次狠狠教训了兀良哈人。在这两次战争中，我们似乎能看到明朝一项未及言明但已经过深思熟虑的策略。理论上讲，兀良哈诸部与明朝有朝贡关系，明廷亦于兀良哈地置朵颜三卫，尽管部分兀良哈人反复无常，但二者之间的矛盾并非不可调和，更不代表全体兀良哈人的意思。因此，在上述两役中，史官只字不提朵颜三卫之事，即与此策略有关。朵颜三卫对明廷仍有作用，明廷不希望它们因为两役而声誉扫地，甚至从此与明廷断绝羁縻关系。在明廷看来，强调明军对虏寇的胜利就已经是足够的惩罚，没有必要采取进一步措施。①

北征结束了，明军班师回朝。九月十五日，宣德皇帝下班师诏，诏词一如既往充满了慷慨激昂的豪言壮语。诏文如下："恭天抚民，无华夷远迩之间；除残去暴，本帝王仁义之心。故拔稂莠所以育苗，而斩蛇虺为其伤物。善善恶恶，明圣所同。朕嗣祖宗之洪图，主万邦之兆庶，志存康济，夙夜惟勤。比以残胡尝为边患，爰于农隙，躬历疆陲，饬励将士，严固防守。九月初二日，驻师石门，遽得边报，胡寇数万南侵，豕突兽奔，已迫近境。朕躬率铁骑三千驰赴之，将士比力协心，咸奋一当百，斩馘虏首万余级，擒其酋长百余人，径捣其巢穴，尽获其人口、兵器、马匹、牛羊、辎重不可胜计。腥膻荡涤，边境肃清，即日班师！呜呼！稔恶弗戢，丑虏何逭于天诛；武威载扬，嘉兵岂予之所志？庶几攘夷之绩，用副保民之心，诏告中外，咸使闻知！"值得注意的是，宣德皇帝的诏书中既没有提到兀良哈，也没有提到朵颜三卫。

班师至北京以北近百里的喜峰口时，当地军民男女皆前来

---

① 本段译者据文意而增加若干衔接句。——译者注

围观。当看到所得房口、驼马牛羊、辎重等战利品绵延数十里不绝而来时，他们都欢呼雀跃，叩首山呼万岁。又过数日，负责殿后、搜捕残寇的部队也回来了，他们所获房口、孳畜等亦不可计数。[36]看到此番情景，人们都认为，此次北征，是"平虏之绩"中最盛大的一次，可以与永乐时期的任意一次北征相媲美。

* * *

我们现在再来讨论一个问题，即宣德皇帝此次北征，对明廷与兀良哈的关系产生何种影响？其后果又是什么？我们且看若干例子。

在班师不久后，永平府奏报卢龙陈家庄遭"胡寇"劫掠人口、马牛。宣德皇帝敕谕薛禄等称："尔等宜严饬官军，昼夜瞭望，谨慎堤备。若寇再至，须尽殄乃已。失机误事，必杀无赦。"史料中虽仅提及"寇"，但我们仍能合理推测，此"寇"即兀良哈人。[37]

宣德四年（1429年）二月，毗邻兀良哈的女真诸卫指挥亦里伴哥等遣人来朝，称去年明军北征兀良哈，导致女真诸卫人心惶惶，"虑不自保"。宣德皇帝抚谕他们，只要安分守己，就不用担心明军的征伐。他还赐予诸卫礼物，并安抚其众。他说："天道福善祸淫，人君赏善罚恶，一体天心，岂有私哉！兀良哈有罪，则朝廷讨之，岂肯滥及无罪！尔等安分守法，即长享安乐，何用恐怖？"[38]

三月初二，朵颜等卫头目完者帖木儿等来朝贡马。宣德皇帝见其有悔罪诚意，决定宥其前过。宣德皇帝将前役所俘完者帖木儿的家属尽皆释放，又升其为都指挥同知。宣德皇帝还对他说："自今宜严吏部曲，毋为寇盗，庶几大军不出，尔得永享太平。苟或不遵，仍蹈前过，不有人祸，必有天殃，其敬慎之。"[39]

从这些例子我们可以看到，在宣德时期，明朝对袭扰边陲的"夷虏"总是抱以宽容推诚之心。我们无法从史料中感受到来自明廷的哀怨，也没有从中看到明廷将自己定位于一个受害者的角色。

宣德五年（1430年）二月，前述策略再次出现在宣德皇帝与福余卫头目的对话中。时福余卫都指挥安出等奏称，朵颜、泰宁二卫所部兀良哈人曾经多次袭扰边民，福余卫所部民"恐其贻累"，不愿与之为伍。他们向宣德皇帝保证，如朵颜、泰宁二卫继续袭扰不悛，福余卫愿为明军清除作乱分子。宣德皇帝赞赏了福余卫的表态。福余卫是否真的说到做到，权且存疑，但宣德皇帝似乎并未过多在意此事。这种对待朵颜三卫的"耐心"，最终有了回报。由于朵颜三卫头目能"绥抚其众，恭事朝廷"，宣德七年（1432年）七月，宣德皇帝遣指挥丁全等往赐朵颜三卫头目织金衣、彩币等物，以示嘉赏。[40]

其实，早在宣德六年（1431年）正月，宣德皇帝就下诏宽宥朵颜三卫所犯下的剽掠之罪，尽管此时他们的剽掠可能仍在继续。其诏文曰："朕恭膺天命，主宰天下，四方万国之人，皆欲使之安乐得所。尔等受朝廷爵赏，不能约束下人，致其近年常入边境剽掠，边将屡请加兵，朕体上天好生之心，不允所言，盖虑大军一出，累及良善，兹特宥尔等罪，凡前者作过之人，听尔自行处治。其所掠之物，悉追究送还，仍令纳马赎罪，改过自新。若怙恶不悛，大军之来，不独尔等父母妻子受害，昆虫草木亦不得宁。勉思良图，毋贻后悔。"[41]宣德皇帝最终将兀良哈人的劫掠归咎于朵颜三卫头目的管控无能，而非意图与中原抗衡的表现。在彼时彼刻特殊的形势下，这一认定颇为明智合理。

后来，在宣德七年（1432年）九月的时候，辽东总兵官都督巫凯报称，朵颜三卫的兀良哈人出兵进攻阿鲁台，却为阿鲁台所败，其家口、辎重、牛马、田稼等尽为阿鲁台所夺。余众皆逃往海西女真诸部。巫凯遣人去招徕逃散之众，但他们不肯随之归来。为防不虞，巫凯命整饬军马，随时做好防御准备。此举令人不解，但宣德皇帝对此似乎不以为然，他只是命巫凯谨慎做好应对突发的准备，并未采取其他措施。到了十月，又有消息来报，称阿鲁台率军东行，攻兀良哈诸部，宣德皇帝说"夷狄相攻，常事。然虏谲诈，或者乘间为边患"，于是令边将严加戒备，但仍无其他干预措施。再后来，到了宣德八年（1433年）二月，阿鲁台部属哈把儿秃及泰宁卫鞑靼拾剌把都等人不约而同归附明朝，称"愿居京自效"，宣德皇帝非常高兴，赐予他们织金袭衣、彩币、银钞、绵布、鞍马等物。[42]

从这一系列事件来看，我们似乎可以认为，兀良哈诸部"首鼠两端"，缺乏长远的战略规划。在永乐二十年（1422年）时，他们中的一部分人是阿鲁台的盟友，永乐皇帝北征击溃了他们。之后，他们持续与明朝为敌，直到宣德三年（1428年）宣德皇帝再次击败他们。四年后的宣德七年（1432年），他们又转而与阿鲁台为敌，几遭灭顶之灾。当前我们所展现的，以及未来还会提到的一系列事件表明，朵颜三卫仍会摇摆不定，尽管大多数时候他们会支持明朝，但有时候也会出现墙头草的情况。因此，在明朝看来，他们固称不上死敌，但也谈不上患难之交，充其量亦不过"酒肉朋友"。

* * *

在明朝的边防战略考量中，漠北蒙古诸部的分量无疑最大。毕竟，作为他们发祥地的蒙古高原，与北京可谓近在咫尺。后来明人所谓的鞑靼蒙古，如阿鲁台等，原是成吉思汗及其麾下诸将的子孙后代。但他们在永乐皇帝面前吃了败仗，遭到沉重打击，以至于阿鲁台不得不"屈尊降贵"，向明廷朝贡并接受其册封为"和宁王"。在蒙古高原西边，瓦剌人也向明廷朝贡。这一局面对于明朝来说可谓最佳状态。因此，在鞑靼与瓦剌之间，宣德皇帝既不偏袒其一，又努力居中寻求双边和平，而这一政策的结果便是明朝边防获得近十年的相对和平稳定。

要想更深入地了解宣德皇帝如何交织外交和防务，我们就需要以《明实录》按图索骥，从中加以考察。

如前所述，明军的北境防线在一开始构建时就出现了问题，因此到了宣德时期，明军出现了战略收缩的态势。这种态势同样出现在其东南沿海处——撤出安南和取消类似郑和下西洋的大型航海活动。原本设置于草原深处的前哨也被撤除了。宣德元年（1426年）夏，山西北部朔州卫军士白荣（可能是名受过教育的士兵）建言："大同、蔚、朔，古云中之地，西北皆沙漠。国朝设行都司于大同，又设东胜、高山等十卫缘边守御。建文中，诸卫皆入内地,惟留安东中卫于朔州,乞以高山等十卫仍旧守边,则房寇不敢窥伺。"建言上达天听,宣德皇帝与五府、六部官计议。他说:"天下无事,边防正当严饬。况西北尤为切要,但军士安居既久,一旦遽迁,恐人情不便。"不过,他最终还是决定接受白荣的建议,将原本内迁的高山、玉林、镇房、云川四卫重新调往北境,改隶山西行都司。43

卫所的内迁似乎意味着,与其斥巨资打造昂贵而脆弱的防线,不如以攻为守来确保边防线的安宁。后者正是永乐皇帝的选择。而现在,他的孙子宣德皇帝,开始转变这一战略。他开始专注于防守,淡化进攻选择,其中一个很重要的原因是,采取进攻姿态对将士的训练要求更高,而防御姿态则相对不必有过高的军事训练要求。①

采取防守战略,意味着原本南迁的卫所必须重新部署到北边,回到他们原来的地方。这并不容易做到。宣德皇帝试图让权居定州的宣府二卫重新回到宣府前线,但他又担心,"两卫军士、家属,不下二三万人,屯处已久,今遽徙之,人情稍难"。为此,他决定暂时仍令两卫士兵分作两拨,以秋分为届轮番前往戍守,等到营房建设妥善后,再令其家属随军前往。如前所述,永乐时期的战略是将卫所军士家属内徙,士兵每年轮换两次外出戍边。而宣德皇帝则重新转变这一思路,意图取消轮番戍卫,而通过卫所将士举家实边,使边防兵力增加一倍有余。在宣府东北200公里的开平,宣德皇帝却采取了截然相反的做法。由于大规模为开

---

① 作者这句话意在强调,宣德时期明军的战斗力已经不如洪武、永乐时期,因此借助防御工事,采取防御姿态对明军而言是更好的选择。——译者注

平守军提供军需供应几不可能，因此，宣德皇帝令开平守军家属于赤城、云州立堡居住，守军依旧更番轮戍。⁴⁴

但阳武侯薛禄在其奏疏《备边五事》中提出了自己的意见。他认为："开平官军家属众多，月给为难，宜于独石筑城，毡帽山塞关，移置开平卫于此，俾其人自种自食。精选本卫及原调守备官军二十人，分为两番，每番千人，自带粮料往开平戍守。既免馈送之劳，亦得备御之固。"此外，他还提出了更多看法。他说："大同武安侯郑亨①所总军士，守城之外尚有二万余人。宣府都督谭广所总军士，守城之外亦有万余人。而两地相去四百余里，倘有缓急，猝难应援。宜各增都督一人，分领精兵，往来巡逻，遇贼猝入，并力成功。"他又提出："西阳河、洗马林二隘口，虽有烟燧，相去遥远，遇夜有寇，难以传报。宜各增置三烟燧，给与铳炮，遣人守了，消息易通。又缘边旧有烟燧，墙垣壕堑，多已倾颓，宜令郑亨、谭广各按分地，督兵修筑。"⁴⁵宣德皇帝命公侯大臣集议其所提边备之事。

天气渐凉。考虑到虏骑来袭的潜在可能，宣德皇帝严饬明军戒备。他诫谕缘边诸将，曰："国家置关隘，非独以御外侮，亦虑境内亡赖，或有私逸扰外夷者。盖统御之道，在彼此无扰。卿等宜体朕此心，朝夕防闲，毋纵下人私自出入。违者，械送京师。"⁴⁶

宣德元年（1426年）七月，巡边明军于鲇鱼石关（位于山海关到蓟州间）遇虏寇40余人，将其杀散，夺其马匹而还。宣德皇帝大喜，对行在兵部尚书张本等说："虏好鼠窃，但防守周密，

---

① 原著作"Zhang Heng"，核《明实录》原文，系郑亨之误。——译者注

来则击之，去则勿追。保境安民，此为上策。"⁴⁷此处，宣德皇帝一如既往地告诫边将，莫贪小胜小利而得意忘形孤军深入漠北，以致功败垂成。

是年某天，宣德皇帝还跟自己的侍臣们聊到了12世纪时宋、辽、金之间的博弈经验。他谈及北宋意图收复燕云十六州而与金订立海上之盟，最终为金所灭之事。自是而今，许多仁人志士认为宋不应与金结盟，但宣德皇帝认为似未尽然。问题恐怕还在更深层次的"政治腐败"，他说："夷狄为患，自古有之，未有若宋之甚者。靖康之祸，论者以为不当通女真、攻契丹，取燕云之地，亦非根本之论。是时，天祚失道，内外俱叛，取之可也。女真以方强之势，乘契丹之敝，后日必与我为邻。燕云之地，太宗百战不能克，乘时取之，亦不为过。若究祸之根本，盖自熙宁至宣和五六十年，小人用事，变易法度，民若征徭，军无纪律，国家政事，日陵月替，遂为夷狄所侮，致有此祸。高宗南渡，中原陷于夷狄，民心思宋，政宜卧薪尝胆，委任忠良，恢复旧疆，洗雪大耻，乃复用小人，力主和议，为偷安之计，以岳飞之忠，卒死于秦桧之谗，小人之败人国家如此。"⁴⁸

从明朝方面看来，宣德时期明朝与鞑靼、瓦剌等漠北诸部的关系大体中规中矩，但宣德皇帝与阿鲁台的往来，显然要远比瓦剌频繁得多。宣德三年（1428年）十一月，宣德皇帝接见即将回漠北的阿鲁台使臣多赤，称赞阿鲁台"摅诚归化"。⁴⁹很有意思的是，不知道发生了什么，阿鲁台从永乐时期的邪恶敌人，一跃而变成宣德皇帝的"真挚朋友"。

正如宣德皇帝读北宋史事所感，他在边境上的真正敌人实际上是边将的自大、腐败和无视纪律。他常在训谕中给军官们以警告。他让负责监察的科道官们每隔一段时间就前往边境体察巡视，向他奏报他们看到的所有违纪违法行为。宣德四年（1429年）七月，监察御史弹劾开平卫指挥方敏在备御赤城（宣府东北约70公里）时"恇怯畏懦，不能练兵御寇"，甚至还谋划着"徙妻子于雕鹗（边堡名）以避之"。当敌人来袭时，赤城守军毫无斗志，士气低落，最终敌人大肆掳掠而去。监察御史"请诛敏以励其余"。宣德皇帝并没有真的诛杀方敏，他赦宥了方敏，但严厉谴责了他的行径："朝廷命尔领军屯守，正宜昼夜用心，谨饬兵备，使贼至无所得，贼退则据险伏兵截杀之，庶称尔职。尔乃怠弃边务，但知全躯保妻子，使虏寇肆毒于边，如蹈无人之境。论尔之罪，万死莫赎！今姑宽宥，仍封御史奏章示尔。（尔）宜省咎，勉图后效，如再失机，必杀不赦！"50

当月，宣府守神铳内官王冠率官军护送另一名内官海寿至龙门（赤城西南约25公里）附近的一户农民家时，饮酒宿醉，为虏兵袭杀，牛马尽为劫夺。此事是谁之过？宣德皇帝看来怪罪到了宣府总兵谭广头上。他斥责谭广道："王冠擅出，尔为总兵不阻之，致死贼手。冠不足责，尔老将也，怠事如此，过实归谁？特念旧勋，姑置不问，自是当加饬励，毋蹈前失！"斥责谭广的同时，宣德皇帝又一并敕大同总兵官、武安侯郑亨，蓟州守备都督陈景先，密云都指挥蒋贵等做好边备工作，同时严禁在边协防的宦官擅自领兵外出。51

不久，谭广又被宣德皇帝斥骂了。其部下指挥王林，擅自役使戍守烟墩的官军出境捕鹿，致使敌军知其行踪，尾随而袭杀之，掳掠人畜。宣德皇帝令人将王林械送京师，同时责骂谭广号令不严，戒饬不至，致使边境屡被虏寇。52

尽管宣德皇帝时常具有忧患意识，但因为自始至终并没有出现过什么形势严峻的边防危机，因此人们的态度趋于松懈，渎职现象愈发严重。而边防工作也逐渐集中到防御设施建设上。在山西，镇守都督李谦奏于平阳等卫派兵3000人以增筑偏头关烟墩26处；在蓟州，由于六月淫雨不断，致使部分年久失修的老城墙受雨水侵蚀而垮塌，守备都督陈景先不得不调集更多人力民夫加入修缮大军。而在山海关，都指挥使李昌却因逼取过关商人钱物，案发而坐赃罪。宣德皇帝叹道："昌为国大臣，虽得赎，亦可耻。古之君子，皆慎晚节，昌武人，乌足知此！"在宣府方面，又有前卫指挥章容，为给自己营造私宅，役使军士二人出境伐木，为虏所杀，马匹亦为所夺。宣德皇帝道："边关谨防出入，乃私令人出境。寇至又不知，容之罪，岂止私役？"遂命有司"治之如律"。[53]

宣德四年（1429年）十月，谭广奏称，虏寇宣府，抄掠人畜，杀死军士，守关部队不能抵御。谭广亲自率兵追杀虏骑，夺回所掠人口并器械，并请求惩处守把不力的千户苏斌。宣德皇帝斥责他，出现这一局面，"亦平素堤防不谨所致"。他说："虽能追回所掠，未见杀获一贼，不足言功。失机官皆罚俸两月，仍令守御，再失机处死。"[54]

看起来，谭广怎么做都不能令宣德皇帝满意。到了十一月二十三日，谭广奏报，虏寇百余人于十九日入侵雕鹗，杀伤浩岭驿官军并抢走了大量牲畜。怀来卫（治今河北怀来县东南，位于宣府东南约50公里）已经发兵追捕敌军，而谭广却指责开平卫指挥方敏、王俊等不出兵策应，应被治罪。但宣德皇帝并不这样认为，他说："暮夜仓猝，或有不及，姑宥之，令巡边立功，再犯不恕。"由于这一系列失误，谭广曾经以守边失律请罪，但宣德皇帝心软了，并没有给予惩罚，只是再次警告他："若再有失，当命人代。非分之恩，不可数得矣！"[55]

事实上，从宣德四年（1429年）到宣德五年（1430年）间的冬天，虏兵在陕西—大同—宣府一线都发动了不少掳掠奇袭行动。行在兵科给事中李蕡巡关后还京，备言所见边事有五。看起来，虏兵多次来袭并非全为谭广守备不严之过。在李蕡的记述中，守关士卒非常劳苦，冬衣布棉常不能按时供应，而"自山海卫南海口至居庸等关，每关官军或百余人，衣甲止十余副，或四五副，亦皆损坏"。官军们又常"畏避边戍之劳"，以修烟墩为由逃往漠北擒捕野兽，再未归来。不仅如此，边军的粮草也经常短缺，因为"缘边关口官军月粮俱于通州仓关给，往复路远"，运送不便。宣德皇帝看完李蕡的奏报后称，他也曾经到边境巡视，知道将士们的艰苦，"今览其所奏，益为恻然"。他随即命户部、兵部、工部等合议李蕡所反映的各项事务，以期尽快解决。后来，副总兵都督方政称，独石、赤城、雕鹗三处守军生病，缺乏医生药物。宣德皇帝即命太医院给药物，并命医生每半年二员，轮流前往当地诊治生病军士。[56]

当然，并非所有的消息都是坏消息。在宣德五年（1430年）三月，阳武侯薛禄奏称，上月明军于凤凰岭遭遇虏寇，击杀百余人，俘虏男女46人（可能本为明人），另获驼马牛羊各牲畜千余头。赏赐是惊人的——共计11262名士兵获418230锭钞，绢585匹，绵布12748匹。[57]看来，此番胜利来之不易。

宣德五年（1430年）四月，针对边防军粮长途运输问题，宣德皇帝命兵部与五府集议此事。彼时，阳武侯薛禄奏称，开平卫

（已迁往独石，位于北京以北约170公里）岁需运粮4万石，但"人力不齐"，难以保障。因此，兵部尚书张本与五府集议后提出："自京师至独石立十一堡，每堡屯军士千人，各具运车，计日半可毕。一运三日，则运粮二千石，六十日可运四万石。其包席就所发仓给之，布囊则官给之，别用军五百人，专于京仓发运之际应杂役。如运车猝难办集，量给官驴运去。其粮运至独石、新城内置仓收贮，令开平备御官军分番于独石搬运，副总兵都督冯兴专领军防护。"宣德皇帝认可了这一计划。[58]

趁着战事间歇期，明军也在抓紧边防工事的修筑。宣德五年（1430年）五月，谭广发现自怀安西阳河至永宁四海冶山口44处险要处，有39处兵力守备不足，敌军可能会发动突袭，于是宣德皇帝同意在这些地方增立堡垒，每处增兵50人把守。六月，因"诸军散处边境，猝有缓急，无所统一"，宣德皇帝决定置万全都指挥使司，并将宣府等16个卫所划拨其统一调度指挥。随后，万全都指挥使司的下属机构——经历司、断事司、司狱司等亦相继建立。[59]

至迟到宣德九年十二月（1435年1月），明军的情报工作能力也得到大幅提升。以往，明军依托边境瞭望塔、哨所或前来归附的难民的报告来获取漠北草原中鞑靼人的动向，但这些情报显然不够充分，片面而有限。现在，明军似乎组建了一种主动出击的特种侦察部队"夜不收"，他们"常出穷边绝境，窥探贼情，跋涉险阻，冒犯霜露，昼伏夜行，艰苦万状"。大同参将、都指挥使曹俭认为，夜不收军的工作艰苦而危险，月粮却只有6斗，无法令人为之死效，因此要求朝廷增拨其俸给。宣德皇帝认可了他的建议，认为"彼出死力，而与闲居者同食，可乎？"于是下令加饷至每月一石粮。[60]

*　*　*

随着新防御工事、调兵遣将、物资调度等一系列工作的开展,宣德皇帝决定亲自再到边防前线视察。宣德五年(1430年)十月初九,宣德皇帝起驾离京。他诫谕扈从将士,"不许入民家有所求索"。十月十一日,车驾至居庸关,宣德皇帝在此驻跸打猎。(与永乐皇帝不同的是,宣德皇帝酷爱打猎。)随后,他又向皇太后报平安,称此行所见"天日晴和,随行将士皆悦,农务俱毕,禾稼有收,边备亦修,关外军民亦颇足给"。到了晚上,天气转凉,宣德皇帝赐军士衣鞋以保暖。

后来,车驾驻跸宣府的泥河,宣德皇帝在此接见了总兵官谭广。他与谭广畅谈,并赐之织金文绮衣一袭,钞五千贯。[61]随后,他又留杨士奇、金幼孜等文臣于宣府,亲自率领军队先行至洗马林,五日后回宣府。洗马林在宣府西北约60公里处,是明朝最深处漠北的要塞之一。在那里,宣德皇帝"亲历城堡、营垒,遍阅士马、铠甲、旗帜"之后龙颜大悦,予守军将士以赏赐。又一日,宣德皇帝外出打猎归来后,与诸文臣探讨起某些"政治哲学"。他问诸臣:"人君驭世之权,何者为重?"杨荣对以"命德、讨罪",宣德皇帝道:"二者天下之公器,人君特主之耳。若舜举十六,相诛四凶而天下悦服,此以天下之好恶为好恶也;齐威王封即墨大夫,以万家而烹阿大夫,齐国大治,此不以左右之好恶为好恶也。故爵赏刑罚,至公无私,然后能服天下。"

十月二十一日，车驾回銮，驻跸泥河。次日，宣德皇帝命都督郭义、沈清等继续于宣府围猎。此次围猎并非为了狩杀猎物，而是为了迷惑敌人。在宣德皇帝看来，"虏寇知朕还京，或为边患，如遇有警，尔等协同备御，不可轻忽"。十月二十五日，车驾回京。宣德皇帝此行可谓如旋风一般，前后只花了16天。

※ ※ ※

虏兵侵扰及其他活动的增加，并非因为他们增强了对明朝的敌意，而是漠北草原两大集团出现了斗争。其归附者称，阿鲁台与瓦剌脱欢战，阿鲁台军败北，其部曲被打散，不少军队就近于明朝边防线附近重新集结，休养生息，有不少残兵败将希望能归附明朝。但宣德皇帝对此仍有所警惕，他敕诫边将，务要提高警惕，防止他们可能发动的突袭。对于归附一事，宣德皇帝说："虏果来归，或中国人自虏中脱还者，皆与口粮，遣人送京师。然虏多诈，古云受降如受敌，慎之慎之。"[62]

事实上，被击溃的虏兵确实成群结队前来归附了。宣德六年（1431年）四月，鞑官失都等49人携家属300余口来归，并称愿意留居京师。兵部、礼部将降者分为五等，各授军职，并赐予冠带、织金袭衣、彩币、银钞、绢布、鞍马等物。[63]看来，"招降纳叛"是明朝长期奉行的政策，但历史证明，它终有到头的一天。

归附者称，阿鲁台迫于瓦剌的压力，不得不举家南奔。明廷有大臣建议趁机掩兵袭杀阿鲁台，但宣德皇帝拒绝了。他认为：

"此虏自永乐中归附，贡献不绝，未有大过。今势穷蹙，义当矜悯，但彼未尝自言，朕亦不欲劳中国之力，以事远夷。若又迫之于险，岂仁者所为哉？"不仅如此，宣德皇帝还遣使赐之盔甲、织金文绮、袭衣等。五月，大同总兵官、武安侯郑亨奏称"阿鲁台所部人马二千，驻集宁海子西北岸"，宣德皇帝敕之曰："尔但宜镇（慎）边备、固城池。彼不犯边，毋擅以兵逼之，果来降，亦察其实。俾之入境，或近边居止，或打围，或往北行，听其所之，勿遣人出境觇伺，致其惊惧或激变也。"[64]

再后来，又有许多鞑靼人前来归附。他们告知明廷，阿鲁台又为瓦剌脱欢所迫，又闻明军欲夹击之，仓皇无措。宣德皇帝以"乘人之危而击之，岂仁义之师"为由，遣使致书抚慰阿鲁台曰："闻王困于瓦剌，避之南来，朕深矜恻。而诸将有奏请发兵巡边者，朕虑王部属惊疑，已却不听。乃闻有人为王言，朝廷将发兵乘王之毙，此谗邪之言，决勿信之……王自朕嗣位以来，一心归顺，遣使朝贡，接踵于途。今当危难之际，宜相救援，岂有相害之理？特遣都指挥昌英等再往谕意。王其宁心静志，安居边塞，无听间言，自生疑贰。朕之此心，皎如天日，王其亮之。"[65]看来，明朝仍然对其天朝上国的超脱地位充满自信。

宣德六年（1431年）十月，明军仍对漠北来客充满警惕。宣德皇帝告诫总兵官郑亨等："残虏狼狈离散，不相统属。今天气已寒，虑为边患。昨得开平报，望见五百余人，从东南来，稍近边，闻炮声即复北行，不知何寇，宜严兵以备。凡人畜皆收入城堡，以防剽窃，不可怠忽。"[66]

宣德皇帝试图在阿鲁台与瓦剌之间构建"政治均势"，因此一旦阿鲁台为瓦剌所迫，明朝便开始向阿鲁台一方倾斜，以重新促成双方力量的均衡。宣德七年（1432年）正月，宣德皇帝敕谕甘肃总兵官刘广等曰："瓦剌顺宁王脱欢，屡遣人朝贡。虽其意勤，然虏情多诈，安知数数往来，非窥觇欲有所为乎？宜严饬兵备，不可怠忽。"与此同时，宣德皇帝开始密切注意明军北境防线西北段的兵力部署问题，因为那里可能存在瓦剌威胁的潜在因素。[67]

到了宣德八年（1433年）闰八月，瓦剌顺宁王脱欢遣使臣陕西丁等来朝廷，一些廷臣建议宣德皇帝扣押瓦剌使臣，理由是朝廷之前三次遣使瓦剌，均为脱欢所扣。但宣德皇帝并不认可他们的看法，他认为"尤而效之非礼"，且"彼言未返之故，为道路所阻"，于是决定善待瓦剌使臣。后来，脱欢又遣使臣来朝，宣德皇帝命他们转达脱欢："我国家抚待远人甚厚。王于朝廷亦效勤诚，使者之来，具见王意。但前三遣使诣王所皆未返，意者道路有阻乎？故今未遣使报。俟道路通，前使来归，即遣报也。"[68]

除了瓦剌之外，西北草原上还有其他的游牧势力存在。据降虏称，阿鲁台部属昝卜试图犯边，宣德皇帝令诸将戒备。九月，昝卜果然兵寇凉州、永昌。但此地距阿鲁台所在的辽东方向有千里之遥，很难说昝卜尚受阿鲁台节制。更大可能是，昝卜及其所属，乃阿鲁台兵溃瓦剌后徘徊当地的残部。甘肃总兵官刘广遣将应敌，杀昝卜父子及其党80余人，生擒30余人，余众皆遁。明军尽收其驼马而归。宣德皇帝闻讯大喜，但仍不忘告诫刘广等"丑虏惭愤，必将复来"，需时刻做好应战准备。甘肃、宁夏、大同等处总兵官均处于高度戒备状态。被俘的30余人被械送京师，宣德皇帝命将之收押于锦衣卫狱。刘广以下所有立功将士俱有封赏。[69]

宣德八年底（1434年1月底），阿鲁台使臣赛的卜颜不花陛辞，朝中一些大臣就认为，咎卜为阿鲁台部属，其犯边之罪应当归咎于阿鲁台，朝廷应"拘其使而后发兵问罪"。宣德皇帝再次拒绝了群臣的建议，他说："阿鲁台归心已久，祖宗抚之亦厚，未可遽以细故废前恩。且彼以好来，而此以罪执之，非所以怀远人。又其部下，今散乱不相统属，远在凉州作过，阿鲁台亦不能制也。其来使宜善待之。"同时，他还派遣百户脱孙与阿鲁台使臣等同回漠北，敕谕阿鲁台曰：

> 朕统御天下，绥辑之仁，无间遐迩。今士马甲兵之富，足以征伐，然备之而不用者，虑伤物也。王久输诚款，朝廷恩待亦厚。比者，凉州之寇于国家无大损，而凶徒自取屠戮，则亦天道之祸淫也。今使者之来，群臣皆请执而罪之，朕念彼为寇者，违王之令；或离王远，王未必知；王虽或知，未必能制，故力拒群言，礼待使者，不改故常。然自今王更宜申严约束，令部下之人安分循礼，庶几永远相好也。今赐王袭衣、彩币，至可领之。[70]

因为战争和环境恶化，蒙古诸部不可避免地陷入困境。宣德九年（1434年）正月，大同总兵官郑亨称，有虏百余人拖家带口于官山附近放牧就食，但其马羸弱力穷，众不一心。怎么对待这些牧民？郑亨等认为应该出兵掩捕，但宣德皇帝则认为"彼不为寇，而加以兵不仁"，主张招降这些牧民。归附的牧民越来越多，郑亨称："比年北虏穷困，咸慕德化，相率效顺。其所来者，衣裳坏毙，肌体不掩。及有边境男妇，旧被虏掠逸归者，亦皆无衣。"为此，宣德皇帝令所司给予衣鞋，并将他们遣赴京师。后来，"来者日众，应备不赡"，他又不得不命大同府杂造局将库存的布袄裤鞋赐给他们。[71]

宣德九年（1434年）三月，大同参将都指挥使曹俭奏称，山西行都司都指挥佥事许彬遣夜不收在漠北草原中招谕残虏，有入虏营而未归者，许彬发兵问罪，追至东胜，虏众皆逃入山中。许彬不敢继续追赶，他担心此举有悖朝廷招抚之意。曹俭所奏，看来并没有什么问题，但是生性并不多疑的宣德皇帝立刻发现其中的不合理之处。为此，他斥责曹俭道："尔明知虏家属在官山，请朝廷给榜招抚，遂从尔奏，已敕尔斟酌行事，来降则加抚恤，不来听其自去，未尝令尔远出。尔故违朕命，令许彬等率军出境半月有余，以揭榜为名打围飞放，又失防闲，以致军士被虏，乃饰词欺罔，罪当万死。姑令尔戴罪理事，若虏去而军士终不还，罪悉不宥！"[72]

八月，阿鲁台的死讯传到了明廷，不少归附者称阿鲁台死于脱欢之手，余众四散，不少人选择南来归附。宣德皇帝令行在兵部出榜于塞外，谕之："凡来归附者，悉与官职俸赐，处之善地。"按照他的解释，出榜诏谕是因为皇帝怜悯这些流离失所、困苦无依的部众。实际上，皇帝真正担心的是这些人"或为鼠窃"，尽管他认为明军的边防戒备森严。他又诫谕总兵官史昭等："今降虏皆言阿鲁台已为瓦剌所杀，部属分散，有渡河而来依我边境者，宜整兵巡逻，果其归附，善加抚侍。瓦剌脱欢既杀阿鲁台，必自得志，或来窥边，不可不备，慎之慎之！"后来，瓦剌脱欢遣使臣昂克来朝贡，证实了阿鲁台死于瓦剌之手。降者又言，阿鲁台原部属阿台被部分人立为王，准备盘踞于凉州附近的草原地带。宣德皇帝敕谕甘肃总兵官都督刘广防备这些因无所归附而"或生盗心"的游民。73

以上这些史料都表明了明廷在阿鲁台和瓦剌之间的政策：保持与双方的友好关系。然而，阿鲁台一死，这一政策恐怕难以延续了。天平已经发生倾斜，瓦剌显然处于空前有利的形势。那么，支配着漠北草原的瓦剌，将对明朝未来若干年的边防安全产生什么影响呢？形势恐怕不容乐观。

* * *

宣德九年（1434年）九月，宣德皇帝第三次巡边。此行路线与宣德五年（1430年）时相近，宣德皇帝花了两天的时间参加围猎。九月十四日，车驾驻跸怀来，宣德皇帝召少傅杨士奇至营帐，询问其沿途所见。杨士奇答道："居民比五年过时增多矣！"宣德皇帝说他也观察到了这一现象，但现在他更关心的问题是他们生活过得如何。杨士奇答道："臣曾过道傍人家，问今秋所收，言大熟，前二三岁皆不及。"宣德皇帝很高兴，又问军队沿途有无扰民事件，杨士奇又答道："虽未闻扰人，但行军常须警饬之。"宣德皇帝龙颜大悦，御制诗歌若干，又令杨士奇作诗唱和，君臣之间因这盛世而欢宴。九月二十三日，车驾再次来到洗马林①。宣德皇帝再次遍阅诸防御城堡和士兵，认为"边将克用命"，军防

---

① 核《宣宗实录》卷112，作"洗马岭"。——译者注

体系比宣德五年（1430年）时更为严备了。

两天后，宣德皇帝与诸将会面。他们告诉宣德皇帝，虏人经常到离边防线不足百里之处围猎，请求出兵驱赶。宣德皇帝认为："彼不为边患即已，可不听其围猎乎？"但诸将不依不饶，认为"此辈豺狼野心，终不能保其不为边患。失今不图，后将悔之"。宣德皇帝仍然拒绝，他说："朕此来饬边备耳，非为捕虏，且尝遣人抚虏矣。今掩击之，是朕失信，岂可为乎？尔等固是为国之心，但朕欲存大信耳！"到了晚上，宣德皇帝又召见杨士奇问策道："诸将皆言虏在近边，掩击之，可不劳而成功，何如？"杨士奇答道："黠虏谲诈，恒远哨了。今车驾至此，必先遁矣，纵出兵无所得，而自此失虏之心……陛下屡遣人赍敕招之，令打围牧放，悉从所便。今感恩而来矣，若遂击之，则是前敕诱之来也。"宣德皇帝方对此事释怀。十月初三，车驾就回到北京了。[74]

毫无疑问，鞑靼人的处境十分糟糕。阿鲁台之子阿卜只俺再度被瓦剌打败，走投无路的他选择来朝归附。宣德皇帝怜悯他，令太监王贵、都指挥昌英等往抚纳之，并厚赐其各类物资。阿鲁台的另一名部属把塔等率家属89人来归，并希望能够留居京师。与其他大多数归附者一样，宣德皇帝命他为千户，赐其衣物、房产等，令留京师效力。[75]到了十月，甘肃总兵官刘广终于从降虏口中得知阿鲁台败亡的整个经过。原来，在年初，瓦剌王子脱脱不花就袭杀了阿鲁台的妻子部属，掠其孳畜无数，阿鲁台等溃逃，只剩1万多人马。七月，脱欢再度率众袭击阿鲁台，杀阿鲁台、失捏干等，其余部众全部溃散，阿台王子率不足百人遁往阿察秃之地，完者帖木儿则南下落草为寇。至此，明军千户王敬等出兵征之，斩首11级，并生擒完者帖木儿等20余人械送京师。

宣德皇帝告诫刘广等："穷虏在边，计必为寇，尔等勿以小得为喜，更须昼夜严备，庶几无患。"[76]

刘广为了邀功，很快又来奏报，称："虏寇朵儿只伯等掠凉州，杂木口等处率兵追至沙子，生擒四人，斩首四级，获马驼四十。"但宣德皇帝十分怀疑刘广奏报的真实性，因此前不久监察御史刘敬才奏称朵儿只伯等窃入凉州，如入无人之境。宣德皇帝斥责刘广："昨御史刘敬言尔追贼不及，今乃以斩获之数来闻。纵如尔言，岂能与虏杀掠相当？朕尝命尔严饬守备，常如临寇，尔不用朕言，寇得乘间而入，其罪大矣！今纵有小获，岂足掩大罪！所以未即罪尔者，犹冀尔力后效盖前愆。尔其勉之！"[77]

草原角力中获胜的瓦剌更加受到宣德皇帝的重视。瓦剌与明朝的朝贡关系仍在继续。在瓦剌使臣昂克陛辞之际，宣德皇帝令其赍敕谕脱欢，敕曰："王克绍尔先王之志，遣人来朝进马，具见勤诚。闻杀阿鲁台，尤见王之克复世仇。所云已得玉玺欲献，亦悉王意。然观前代传世之久，历年之多，皆不系此，王既得之，可自留用也。"最后，宣德皇帝赐脱欢纻丝，以答其进贡之意。[78]

宣德九年十二月（1435年1月），刘广再次因边防事务奏请圣裁。他说："北虏脱火赤等三人至甘州，言朵儿只伯率众三千，驻也可林察儿舟之地，去凉州十余里，已绝粮饷，欲来朝归附。且言近至凉州，失其甥卜鲁罕虎里，乞还之。所言恐有诡诈，已议调兵往凉州、永昌、镇番等处，令都指挥包胜等严督堤备。其朵儿只伯、脱火赤等，请旨处之。"宣德皇帝也不认为朵儿只伯会真的投降，他对行在兵部尚书王骥说："虏言不可信，朵儿只伯必不来。宜戒边将严守备。脱火赤三人，卿等别议处置，务适其宜。"①（据史料记载，朵儿只伯曾经追随阿鲁台归附明朝，被授为都督。后来阿鲁台败亡，朵儿只伯无所依靠，只好落草为寇。其甥卜鲁罕虎里在寇掠凉州时被边将俘虏。宣德皇帝怜其境遇，没有杀他。朵儿只伯因此有所畏惧，故遣脱火赤来甘州议降，观察明廷的举动。）王骥与廷臣集议后，还是决定对朵儿只伯采取招抚政策。他向宣德皇帝奏曰："虏酋朵儿只伯假息塞下，无所依归，恐生异心，将肆鼠窃。宜遣人招抚，若其来归，亦省边虑。"宣德皇帝是其言，令刘广等谕朵儿只伯，要求他尽快归还凉州所掠人口，并保证不再首鼠两端。作为回报，脱火赤及卜鲁罕虎里得以回到朵儿只伯处。79

宣德九年十二月（1435年1月），宣德皇帝不豫；宣德十年正月初三（1435年1月31日），帝崩，寿35岁。②

* * *

至于处于北境防线东北翼的辽东，它的某些方面与西北翼有异曲同工之处。离边防线越远的地方，由非汉人组成的卫所就越多。在西北方面，明朝通过各级卫所与喇嘛领导的各部落打交道。

---

① 原著称这一意见是兵部提出的，核《明实录》原文，是宣德皇帝自己对兵部尚书说的。——译者注
② 核《明实录》原文："尊谥曰：'宪天崇道英明神圣钦文昭武宽仁纯孝章皇帝'，庙号宣宗。是年六月辛酉葬景陵。上在位十有一年，寿三十八"，又核《明实录》，宣德皇帝生于"己卯岁二月九日"（1399年3月16日），卒于宣德十年正月初三（1435年1月31日），以周岁计，当为35岁。——译者注

在东北地区亦然，明朝需要处理好与女真诸部的关系，往往以部落为单位授予他们卫所军衔。而无论是西北还是东北的非汉人卫所，它们的共同特点是需要经常派遣使者到京师朝贡，这一点与朝贡体系中的其他藩属国类似。明廷似乎更愿意以这种方式维持双方之间的关系，而非将之并入明廷的实际管辖之下。正因如此，边疆卫所在巩固大明边防的同时，也容易从中孕育出新的势力。到了17世纪中期，辽东诸卫中逐渐诞生出我们熟知的势力，亦即后来的清朝，继而席卷中原乃至更遥远的西域。

当然，宣德时期的辽东地区总体仍算平静。在这段时间里，辽东总兵官一直由巫凯担任——长期出任总兵官一职似乎是明前中期边防军事长官的一个特点。另一方面，在洪武时期与明朝争夺辽东领土的朝鲜，也作出了妥协姿态。双方敌意渐消，到了永乐和宣德时期，朝鲜与明朝的朝贡关系已经变得成熟自然。

但是，对于明朝势力向黑龙江地区扩张的现象，我们又应如何看待呢？这仅仅是明朝盲目扩张而致的结果？抑或出于对未知世界的某种好奇？又或明朝的某些霸权象征？还是建立世界贸易的需要？我们知道，在永乐时期，明朝几乎与东半球的所有国家打过交道。在1411年到1432年间，内官亦失哈（海西女真人）曾先后六次前往位于黑龙江以北的奴儿干都司。① 他在今天俄罗斯尼古拉耶夫斯克附近的特林建立了一座寺庙（永宁寺），此地距黑龙江流入的鄂霍次克海约100公里，约于辽阳东北1600公里，离北京更是有2300公里远。这一行动看起来似乎是由皇帝本人亲自授意的，这意味着它严格意义上说属于明皇室内部的行为。它

---

① 亦失哈前往奴儿干的次数，一说有十次。——译者注

既没有与廷臣集议,也没有任何公开布告天下的诏旨,看起来与明朝政府无涉。

尽管如此,从那个时候流传至今的两通由多语种书写的碑刻——《永宁寺记》《重建永宁寺记》[①],仍能让我们管窥彼时永乐皇帝、宣德皇帝想法之一斑。

第一通碑,首文即吟"天之德高明,故能覆帱;地之德博厚,故能持载;圣人之德神圣,故能悦近而服远,博施而济众",而后开始叙述皇明圣政,文如下:

> 洪惟我朝统一以来,天下太平五十年矣。九夷八蛮,梯山航海,骈肩接踵,稽颡于阙庭之下者,民莫枚举。惟东北奴儿干国,道在三译之表,其民曰吉列迷及诸种野人杂居焉。皆闻风慕化,未能自至。况其地不生五谷,不产布帛,

---

① 此二碑者,均为明朝宦官亦失哈巡视奴儿干都司时所建。其中,《永宁寺记》立于永乐十一年(1413年),是年亦失哈于奴儿干都司官衙所在地附近原有观音堂基址上修建了永宁寺,作此碑以记之,被称为《永乐碑》。后亦失哈于宣德七年(1432年)巡视奴儿干都司时发现前寺已毁,遂于次年重建新寺,并作《重建永宁寺记》,被称为《宣德碑》。据载,《永乐碑》高102厘米,宽49厘米,厚36厘米,碑正面刻汉字30行,每行64字,额书"永宁寺记";碑阴所刻文字为蒙古文与女真文,是对汉文内容的简要翻译,各15行。碑两侧均为汉文、蒙古文、女真文、藏文刻写的佛教"唵嘛呢叭咪吽"六字真言。碑文中的汉文由明朝官员邢枢撰写,蒙古文由阿鲁不花书写,女真文由康安书写。《宣德碑》高120厘米,宽70厘米,厚32厘米,碑刻则相对简略,只有正面碑文,额书"重建永宁寺记",刻字30行,每行44字,碑文全是汉字。故原著称碑为"multilingual inscriptions"。清末曹廷杰重新发现永宁寺碑并将碑文拓下,使其得以流传于世,而石碑本身则被沙俄拆除并运往海参崴。由于保存条件不佳,碑文已经模糊。——译者注

畜养惟狗。或野人人养驾□，运□诸物，或以捕鱼为业，食肉而衣皮，好弓矢。诸般衣食之艰，不胜为言。是以皇帝敕使三至其国，招安抚慰，□□安矣。

圣心以民安而未善。永乐九年春，特遣内官亦失哈等率官军一千余人、巨船二十五艘复至其国，开设奴儿干都司。昔辽、金畴民安故业，皆相庆曰："□□今日复见而服矣！"遂上□朝□□□都司，而余人上授以官爵印信，赐以衣服，赏以布钞，大赉而还。依土立兴卫所，收集旧部人民，使之自相统属。

十年冬，天子复命内官亦失哈等载至其国。自海西抵奴儿干及海外苦夷诸民，赐男妇以衣服器用，给以谷米，宴以酒馔，皆踊跃欢欣，无一人梗化不率者。上复以金银等物为择地而建寺，柔化斯民，使知敬顺太祖以圣□□为相□之瑞。

十一年秋，卜奴儿干西，有站满径，站之左，山高而秀丽。先是，已建观音堂于其上，今造寺塑佛，形势优雅，粲然可观。国之老幼，远近济济争趋□□高□□□□□威灵，永无厉疫而安宁矣。既而曰："亘古以来，未闻若斯，圣朝天□民之□□□上欣下至，吾子子孙孙，世世臣服，永无异意矣！"以斯观之，万方之外，率土之民，不饥不寒，欢欣感戴难矣。尧舜之治，天率蒸民，不过九洲之内。今我□□□□□□□□□，蛮夷戎狄，不假兵威，莫不朝贡内属。《中庸》曰："天之所覆，地之所载，日月所照，霜露所坠，凡有血气者，莫不尊亲，故曰配天。"正谓我朝盛德无极，至诚无息，与天同体。斯无尚也！无盛也！故为文以记，庶万年不朽云尔。

碑文后，附载大约54名立碑官员之名单。书丹者、钻字匠、木匠作头、漆匠、烧砖瓦窑匠、泥水匠等名字亦开列于后。更多姓名则因碑刻风化严重而难以辨认。

宣德七年（1432年），宣德皇帝命亦失哈率官兵2000人，分乘艨艟巨舰50艘，随新任奴儿干都司都指挥使康政前往奴儿干都司任职。到达当地之后，亦失哈发现永宁寺已成废墟，观音菩萨像也被当地的吉烈迷人所毁。不过，即使如此，为了贯彻宣德皇帝的仁政，亦失哈并没有惩罚他们，而是设宴款待他们，并组织当地人民重建永宁寺，新的观音雕像也得到重塑。次年春，重建完成后，亦失哈重立《重建永宁寺记》碑。① 碑文后又一次附载参与立碑的官员和匠刻者的姓名。碑文内容再次强调皇明"布德施惠""天下归服"，但没有提到明朝在当地可能面临的安全问题。毕竟，奴儿干地区不像松潘那样充斥着暴力冲突。幸而有这两通石碑，我们对明朝在奴儿干地区的存在才有所了解。[80]

* * *

宣德皇帝的驾崩，宣告洪武以来一个时代的终结。在这个时代里，人们对明朝天朝上国的地位深信不疑，也认为其为礼仪教化之邦，天下中心，当之无愧。但是，在宣德皇帝之后，似乎没

---

① 原著称，《重建永宁寺记》碑中亦有藏文、汉文、蒙文和女真文等多种文字，但据其他资料叙述看，此碑仅有汉文，碑中残存可见的名单中亦未见"书蒙古字""书女真字"等信息。——译者注

有哪位明朝君主敢这样宣称。他之后的明朝诸帝，亦不再具备率领其臣民走出"围墙"，去更广阔的世界行军打仗的能力。在这种情况下，明朝对草原世界以及自身国家安全问题的认识就出现了一次转变。明廷与草原领袖们的对话频率越来越低，从草原前来归附的人民亦越来越少，甚至赴阙朝贡的使臣也在慢慢减少。使节往来变少了，仁慈圣明、天下一家之类的措辞，也越发少见于史书记载中。慢慢地，取代这种"天下"世界观的，是一种更加趋近于"大汉族主义"的世界观，一种使中原与周边走向隔绝对立的"堡垒姿态"。

第四章

正统时期——

英宗皇帝[①]的多事之秋

（1436—1449年）

[①] 因明英宗朱祁镇先后有两个年号，故本章称其为"英宗皇帝"，而不作"正统皇帝"，下章同。——译者注

第四章 正统时期——英宗皇帝的多事之秋（1436—1449年）

宣德皇帝驾崩后，继位的是他年仅7岁的幼子——英宗皇帝。嗣君年幼，因此，皇室与在廷文武之臣需要共同协心辅佐。皇室方面，由威严端庄的太皇太后张氏主政，直到正统七年（1442年）她去世。内廷方面，由略通经书的宦官王振充任小皇帝的教官。王振乃山西蔚州（今河北蔚县）人，因落第不举而自阉入宫，当了宦官。入宫后，王振颇得明宣宗喜爱，被任命为东宫局郎，服侍皇太子朱祁镇，也就是后来的英宗皇帝。（他与英宗皇帝的关系极为牢固，可谓亦师亦友，亦父亦兄。）朝廷方面，则由阁臣杨士奇、杨荣、杨溥主导，他们就是历史上著名的"三杨"。他们从永乐时期就为朝臣，后又陆续于洪熙、宣德朝担任重要职务，对政府运作和决策了如指掌。主少国疑当前，"三杨"确保了明朝政治从宣德时期向正统时期的平稳过渡。然而，"三驾马车"的格局很快被打破。除了前述太皇太后张氏的去世外，三杨也在随后几年内陆续去世：正统五年（1440年），杨荣去世；正统九年（1444年），杨士奇去世；正统十一年（1446年），杨溥去世。王振还幸运地活着，但他将给年轻的英宗皇帝带来不幸。

明廷之事权且搁置，我们先来看看因宣德皇帝驾崩而被打断的阿鲁台势力瓦解之事。阿鲁台败亡后，一些残部被阿台王子和朵儿只伯重新收编。阿台王子是黄金家族后裔，很可能是又一名被阿鲁台树为标杆的人物。朵儿只伯则是阿鲁台的旧部。在阿鲁台势力瓦解后，他们成为继承其政治遗产的双寡头——一个是成吉思汗的后人，一个则是强大的军阀。

正如前章所述，在宣德九年底到宣德十年初，朵儿只伯成为明朝边防的最大障碍。到了三月，巡抚陕西行在工部右侍郎罗汝敬①在巡边后向朝廷奏报："先有凉州住坐土番叛，于大铁门关南一堵山潜住岁久，往往窥伺边境。苟不先事为备，恐虏得我人口，用为向导，于永昌、镇番等处劫掠，其害非小。矧甘州、凉州、庄浪相去各五百余里，遇有警急，猝难应援，乞将临洮等四卫官军操备甘州者，选将臣统领，同都指挥包胜于永昌、凉州、镇番地方守备，以扼虏寇往来犯边之路。"英宗皇帝②命之与刘广计议此事。[1]

七月，宣府总兵官谭广向朝廷奏报，据"达子"（鞑靼）称，瓦剌脱欢与朵颜三卫联结，欲合兵一起寻找阿台王子。但英宗皇帝认为他们只是假寻人为由，实则意图犯边，因此他命边将"整搠军马，严督城堡、墩台，昼夜巡哨，庶几有备无患"。[2] 皇帝的猜测是对的，草原诸部对明军的骚扰确实增多了。但即使如此，一如既往所发生的那样，明朝并未因这种骚扰而与草原诸部断失联系。九月，脱欢甚至遣使臣月鲁卜花贡马及貂鼠皮、青鼠皮，英宗皇帝也盛宴款待了使臣。[3]

十月，阿台王子似乎成功躲过了瓦剌军队的搜捕，并向西进发，与朵儿只伯顺利会合。英宗皇帝告诉兵部尚书王骥曰："达

---

① 原著作"Liu Rujing"，核《明实录》原文为"罗汝敬"。——译者注
② 作者这里改用"palace"，意为此时正统皇帝朱祁镇尚未亲政，其政令虽以其名义发出，实则为太皇太后张氏所为。考虑到《明实录》中亦皆载作皇帝言行，因此本处仍从《明实录》，译作"英宗皇帝"，特作说明。下文情况同。——译者注

贼阿台、朵儿只伯等不顺天道,罔感国恩,屡寇边境,各处虽有官军守备,缘此贼出没不常,未能剿灭。卿等其榜谕多人,如此贼再来寇边,凡一应人等,有愿奋勇效力,剿贼立功者,许其赴官自陈,即关与糇粮、兵器并绵布二匹,以俟调遣。若能出奇劫寨,斩首擒贼者,升二级,赏绢四匹,布加其半。其遇敌斩首擒贼者,升一级,赏绢二匹,布倍之。"4

十月初四,英宗皇帝遣使敕谕阿台王子[①]等,曰:"尔等昔在先朝,屡厪职贡,朝廷嘉乃诚悃,听尔于近边生聚。讵虞尔等不戢,互为仇敌,时复突入凉州、镇番境内为患。朕体好生之心,不欲兴兵殄灭,尔能识达天命,相率来归,许尔休养如故。若永昌土达头目长脱脱帖木儿等曾出为寇,今能效顺,亦许自新。尔或稔恶不悛,朕虽欲曲全尔生,如王法何?尔尚筹之,无贻后悔。"5

或许是阿台依旧执迷不悟,明军最终采取了行动。宣德十年十二月(1436年1月),甘肃总兵官、宁阳侯陈懋率军连败阿台和朵儿只伯的军队于黑山。陈懋称,先是,阿台和朵儿只伯率军围镇番(位于凉州东北约80公里),陈懋与侍郎徐晞一同率军支援,敌人退却,明军追袭。右副总兵李安率兵至字罗口,率先侦察到敌人的营地,于是明军压至,阿台等大败,遁入黑山,又为明军追袭一阵,总计折兵260多人,被夺走马匹牲畜3.5万余匹,舍弃辎重无数,所掳男女悉被放还。甘州左卫指挥刘杰跃马入阵杀敌,还缴获元枢密院官印一枚。阿台、朵儿只伯等又向深山遁去。6

[①] 《明实录》中称"阿台王"。——原注

事情仍远未结束。刘广（此时被降为"甘肃左副总兵都督同知"）向朝廷奏报："比闻来降胡妇脱欢等言，贼首阿台并朵儿只伯等，向被大军杀散①，各遁于亦集乃并亦不剌山潜住。马疲粮绝，欲纠合入寇。脱欢夫阿曾出，同叔脱欢合儿窘迫来降，为镇番巡哨官军杀死。其官军擅杀来降者，法宜究问。"但英宗皇帝认为这名胡人女子可能在撒谎，其目的是"诱我师远出，乘虚入寇"，因此他只令边防明军严加防备，不可主动出击，前述擅杀之事亦不再追究。[7]②不过，令皇帝始料未及的是，甘肃方面的部队早已纪律涣散。行在兵部尚书王骥曾就此事与公侯、驸马、五府、六部、都察院等官弹劾陈懋，认为此前黑山一役，作为总兵官的陈懋"失机误事，以致达贼入镇番等处，杀伤官军，抢掠孳畜"，负有不可推卸的责任。对刘广的弹劾，措辞更甚。廷臣们认为，"副总兵刘广耻活懋下，凡事推避，军政多被沮败。虏犯凉州，懋属广援之，广引避不进击。副总兵李安与虏战，广又不助之。比虏自遁去，乃冒取所遗老弱为指挥马亮、昌英及子杰等功，受升赏"。副总兵李安、右侍郎徐晞亦受到程度不等的指责。廷臣弹劾的结果，是一系列惩罚。最甚莫过于刘广，英宗皇帝认为刘广父子"纵贼怀奸"，令械送京师治罪。[8]还有更糟糕的事。正统元年（1436年）四月，镇守甘肃太监王贵带去的鞑官赛因不花、司兀鲁思不花偷盗官马，叛逃出境，并将明军的边防虚实透露给了"敌军"（很可能叛逃至朵儿只伯处），致使敌军犯边。此

---

① 作者转译此段时，误称"阿台、朵儿只伯已死"，核《明实录》原文，实际上只是被"杀散"，并未言及其死。——译者注
② "前述擅杀"一句原在注释中，行文需要挪至正文。——译者注

后，二人回到王贵身边，王贵竟为之隐匿，终究纸包不住火，东窗事发。英宗皇帝震怒，命人将王贵从京城带去所有亲信之人押送回京。[9]

阿台和朵儿只伯当然没有死，不但没死，还具有极强的犯边实力。很快，他们袭击了守备不足的肃州。[10]五月，英宗皇帝敕甘肃左副总兵都督任礼等曰：

> 冬胡寇遁去，朕已计其必来。及来降胡妇言状，朕计此贼诱我出师耳，屡敕尔等戒严。而尔等略不加意，辄领兵东行，贼果自西来寇肃州，皆尔见小利而忘大计，致此，虽悔何及！囊贼奔遁之时，灭之反掌耳，而奸人刘广故意逡巡，纵之出境。广既失计，复敢欺诳，于法不可容。已执其父子下狱，舆论称快。尔等与广同事，不察其奸，而从其议，是至东出无功，而肃州大创！贼既得志，而去复来必矣。此贼不除，则士卒之苦，转运之劳，将何时而息耶？尔等宜夙夜竭忠，以励士心，以饬边备。俾贼来无所得，去有追袭之惧，庶称委任。[11]

这一判断被证明是正确的。六月，王贵奏称，有胡兵百余人犯边，杀伤驿站军民，并夺走牛羊马匹等。朝廷以指挥颜昇、刘兴玩忽职守，罢免其职。[12]在这里，为何《明实录》称来犯者为"胡"，而不再称为"鞑"，我们尚未知悉。合理的猜测是，他们虽是阿台和朵儿只伯的部属，但并非来自漠北草原，而是甘肃本地人。

"胡寇"再次犯边。这次，他们选择从宁夏方面入手。宁夏总兵官都督同知史昭奏称，胡寇来犯，掳走军屯中的耕牛70余头，马100余匹。都指挥陈忠率兵追之，只夺回耕牛，未能夺回马匹。陈忠被罚俸半年，与指挥丁昱、林英等以失去马匹数量作价赔偿。[13]看来，新天子的"辅政团体"更愿对失职官吏施以惩戒，而非如宣德皇帝一般，报以宽恕。

随后，在七月，又有胡骑千余人寇犯肃州，袭击了两座哨塔及一个驿站，杀掳边民200余人，及马匹牲畜等1.4万多匹。[14]

举朝皆惊。八月初一，英宗皇帝敕谕甘肃副总兵左都督任礼曰：

> 比闻达贼又纠沙州贼来寇肃州，尔等徒拥精兵在甘州何为？且甘、肃相去五百里，不早为备，及贼已退，方出兵追剿，其何有济？沙州达子归附已久，乃与同恶，此必为奸人所诱，宜密察以闻。贼既获利，其贪无厌，今秋及冬，或御或剿，宜悉条奏。朕当择其所长，以安边境。[15]

宁夏总兵官都督同知史昭同样收到了朝廷的敕谕。敕曰："向者，人言达官牧马草场密尔境外，恐为达贼所掠，以助其力，轻我边备。已尝命尔等筹画哨备，尔等略不加意，以致达贼入寇，果若人言，乃饰词支吾，以掩其过，论罪难宥。姑置不问，顷因延安都指挥王永言欲往河曲焚草搜贼，已允所请，并敕尔等相机而行，其会永悉心搜捕，期灭此贼，以赎前罪。"[16]

明廷对其西北边疆民族复杂程度及其对边防安全的冲击和影响，有着非常深刻的认识。这种认识，在镇守陕西都督同知郑铭的奏议中有所反映。他说："巩昌府（位于兰州东南约150公里）

迭烈孙巡检司在黄河东岸，回回、达达、土番杂居，恐诱胡贼来寇边境。宜即巡检司修筑营堡，增添官军，以备不虞。"我们不清楚郑铭担心的事情所依何据，但朝廷听取了他的意见后，也认为应"急为缮理"。[17]

明廷还试图与顺宁王脱欢结盟，以便对付被视为最大边患的阿台、朵儿只伯。英宗皇帝遣使往谕脱欢曰："惟王克绍先志，屡修职贡，朕心嘉悦。先后二次遣来朝贡使臣，朕皆重加宴赏，遣官赍敕护送，并赐王彩币，用嘉诚悃。不虞出境俱为达贼孛的答里麻等阻隔，已敕边将发兵擒剿，俟道无梗塞，即遣使同王使臣归报。今王又遣使臣朝贡，足见诚意。比者，阿台及朵儿只伯等逃居亦集乃地，时来骚扰边疆，抚谕不悛，不得已发兵剿捕。近闻王亦躬率人马往征西北弗率之人，若两军相值，王宜约束部伍，遣人驰报边将，俾两无相犯，彼此并力追捕，则此贼可擒矣！王其亮之。"[18]

但是，在西北方面做好应对阿台、朵儿只伯的袭扰并非易事，有许多工作亟待解决。九月，英宗皇帝命行在兵部尚书王骥榜谕陕西及缘边甘、凉等处各卫所，募集骁勇善战之人，或能料敌制胜、知敌底细的人参军。有愿应征者可赴平房将军蒋贵处报名审核，收用有功之日，"一体升赏"。[19]

同样亟待解决的，还有刘广留下的烂摊子。为了征剿阿台和朵儿只伯，西宁、庄浪等八卫选调官军，往戍甘肃，跋涉道途，冲冒霜雪，十分辛苦。将士们正欲一举其志，却因前任总兵刘广的失职，导致前功尽弃。英宗皇帝认为，尽管如此，但八卫士兵没有功劳也有苦劳，因量情迁赏，以激励将士。在前番黑山战役中，赤斤蒙古卫亦尽力剿捕贼党，其都指挥同知且旺失加等51人俱升官受赏。[20]

到了十月，局势有所好转。新任总兵官的蒋贵及左副总兵都督任礼全面负责甘肃一带明军边防。朝廷知道，"残虏不过二三千人，而尔等所领军士殆十倍焉"，因此，英宗皇帝要求二人勠力同心，必能殄灭贼寇。可以说，此时战场的主动权掌握在明军手中。在督促边将恪尽职守的同时，朝廷也得到边报，称"阿台、朵儿只伯人马自亦集乃路而东"。皇帝与廷臣合计后认为，此番行军是因为阿台、朵儿只伯等知甘肃方面有备，故试图从宣府方向袭扰明军。英宗皇帝随即命宣府明军加强戒备。后来的史料表明，阿台和朵儿只伯并没有往宣府方面进发，而是对庄浪①发起了进攻。镇守陕西都督同知郑铭奏称，"达贼"袭击庄浪，被调去增援的京军打败。据俘虏称，他们正是阿台和朵儿只伯的部下。不久，"达贼"又于兰州附近杀掠人畜。[21]

看来，想要准确预测敌人的进军路径、进军人数是很困难的。这从正统元年（1436年）朝廷与边防部队的信件往来和讨论中就能看出。十一月，蒋贵奏报"达贼"再次袭击庄浪，内官吉祥、都指挥江源等率兵击杀来犯之敌，但明军牺牲人数高达140多人。英宗皇帝闻讯，心甚痛之，高赞牺牲者"为国死忠、名垂青史"。痛定思痛，英宗皇帝敕谕边将："此贼谲诈万状，甫侵我西，又掠我东，诚不可测。尔等宜多方图之，期于一举扑灭。且兵家胜负无常，慎勿以庄浪一挫自馁也。"[22]

---

① 原著称，庄浪即今之平番县。实际上，平番县是清朝旧制。清代雍正时期将庄浪改为平番，1928年改永登县，今仍称"永登县"，隶属于甘肃省平凉市。庄浪约在兰州西北85公里。——译者注

作者认为，庄浪一役之于明军，确实谈不上胜利，而是一场失败的战争。因为，在不久之后，行在兵部右侍郎徐晞就弹劾此役指挥官——总兵官都督蒋贵及其部将。他说："蒋贵身居将帅，心罔朝廷。比者达贼出没庄浪，贵乃逗留不进，以致官军轻敌失利。都指挥魏荣分守庄浪，往西宁选马，延缓不还，坐此失误，俱宜究治。"朝廷最终决定对他们的过失不予追究，却反过来质疑弹劾者徐晞。朝廷认为："（蒋）贵受命甘州选兵，庄浪有警，彼何能及？（魏）荣论罪难容，但以初犯，姑宥之。然庄浪密迩凉州，正（徐）晞及都督李安所隶，今乃归咎他人，以晞己罪，令具实以闻。"[23]

正统元年十一月二十五日（1437年1月1日），英宗皇帝再次敕谕蒋贵曰："近得甘肃副总兵都督赵安奏，达贼东北行距凉州五百余里，追之弗及。又得陕西镇守等官奏，馈运烦劳，民力弗堪。卿等其公集议之。如达贼出境已远，可将所领官军暂令就饷于东，往来巡哨，或仍驻原处，将羸弱者发还腹里卫所就饷，庶几兵精费省。以朕遥度如此，未识于事宜何如？卿等宜酌其可否，或更有良策可以强兵足食，御贼安边者，详悉以闻。"[24]

正统元年十二月（1437年1月），镇守陕西都督同知郑铭等奏："陕西地界，与东胜及察罕脑一带沙漠相接，胡寇侵扰，殆无宁岁。洮、岷等卫亦临绝塞，所控番簇，叛服不常。各卫官军恒被调遣，止余羸弱居民。比者，庄浪有警，虽有守备官军，临敌不能捍御。况瓦剌脱欢人马，比之诸胡特盛，其使臣有在甘宁等处久住，习知中国虚实。脱使亡归本土，必然泄我事情，导之入寇。访得各卫军丁及民间多有骁勇、精锐、通武艺之人，乞命廷臣前来慎选。及募自愿立功者，量加赏赉，给廪蠲役，严督训练，有警易为调用。又言巩昌府迭烈孙巡检司地方，密迩沙漠，止赖黄河为之限隔。每遇河冰冻合，辄调官军往戍，岁复一岁，祇为烦劳。乞将巡检司改设一卫，拓其城垣，修其墩隑，分兵屯守，庶几兵政有备，边境永安。"事实上，此事早在去年就讨论过了。兵部认可其议，出榜招募。六个月后，募得"军余民壮愿自效者"4200人，每人得布2匹，月给粮4斗。[25]

总体而言，明军在北境防线西北段的防务仍然面临巨大压力，君臣之间累次引发对这一问题的讨论，而这是15世纪初以来还未出现的局面。据边报，阿台与朵儿只伯等长期游弋于宁夏附近，乘间侵扰。事态发展令人错愕，行在兵部尚书王骥、右侍郎邝埜竟锒铛入狱。英宗皇帝责之曰："边情紧急如此，尔等何故迟延不议？欺朕年幼邪？"但作者怀疑这是否是英宗皇帝的本意，毕竟当时他才9岁。

英国公张辅与其他侯爵、五府、六部官员重新集议边备之事。最后，他们共同认为："甘肃、延绥、大同、宣府，各边俱有镇守总兵等官，师旅不为不多，烽堠不为不备。然而残虏得为寇者，以守将提督之不严尔。欲便命将出师，则贼寇出没不常，初无巢穴可捣。为今之计，宜令各处镇守等官尽心措置，毋踵前为，遇贼剿除，不限分守。仍令蒋贵、赵安各率精骑时于贼人出没地方巡哨，遇贼追杀，毋纵入境。官军有功，计劳受赏，畏缩失机，量情行辟。其延绥地方旷远，都指挥王永所领兵少，乞将山西在京操备官军内摘2000人，举智勇都指挥一员管领，前去同永守备。其在京旧选官军四万，令成国公朱勇训练，以备有警。"英宗皇帝接受了这一建议。

又数日，英宗皇帝敕甘肃总兵官蒋贵、宁夏总兵官史昭、大同总兵官方政等曰："即今冬寒，草枯马瘠。正残虏授首之时，机不可失。尔贵其率兵趋宁夏，尔昭其与贵会合出兵。尔政其率兵出境巡哨，为贵等声援。尔等先议出师之期，道里所由，并剿贼方略，密疏以闻。境外机宜，惟卿等所便，朕不遥制。"

至于其他地方各级将校军官，虽然他们会因为违反纪律受到朝廷批评，但法不责众，他们通常不会因此受到过多指控。奉命行事、埋头苦干仍是他们最好的选择。甘肃左副总兵都督任礼试图于春季发动剿捕敌人的攻势，但"贼人巢穴无常，莫知所止"，于是他请求朝廷暂且释放还在狱中的刘广以为向导，因为刘广长期在前线供职，熟知敌情。但英宗皇帝认为刘广"纵贼出入，罪当诛夷，不可释"，令任礼重新于甘肃官军中选得替之人。[26]

正统元年十二月二十六日（1437年2月1日），成国公朱勇[①]奏称："夷狄桀黠，从古为然。近闻瓦剌脱欢与朵儿只伯互相仇杀，势不俱立。臣恐其并吞之，余势益强大。乞敕各边广其储积，以备不虞。"英宗皇帝是其议，命严饬边防战备。[27]

且不问边报是否准确反映敌情，但有一点可以肯定，即朵儿只伯对宁夏的攻势日益凌厉。"达贼"多在庄浪、兰县及宁夏山后潜藏出没，时常纠合入寇宁夏，因此总兵官史昭不得不向朝廷求援。英宗皇帝一面以京畿卫所调拨宁夏协防，另一方面又令大同总兵官方政、都指挥杨洪率兵两万，都督蒋贵、甘肃右副总兵都督赵安亦从凉州出发，率兵前往与宁夏方面都督佥事丁信会合，出击清剿阿台和朵儿只伯的部队。这支部队预计将于两个月后与阿台、朵儿只伯的军队爆发一场全面生死战。明军的战略是，

[①] 作者把成国公朱勇写成"Zhong Yong"，显属有误。——译者注

以凉州、宁夏方面的部队发动进攻,而以大同之兵填充两方因出击而造成的防守兵力真空。而弥补大同方面兵力缺失的是来自京畿的部队,因在大同边境的阿鲁台残部仍非常活跃。[28]那么,这一切的最终结局又如何?

正统二年(1437年)二月,瓦剌脱欢的使臣阿都赤等陛辞时,英宗皇帝告诉他们,明军即将对阿台、朵儿只伯发动大规模攻势。为防止误伤使节,朝廷会派兵护送使臣出境,并请使臣转达顺宁王脱欢,如两军夹攻阿台、朵儿只伯时相遇,令"两无相犯"。[29]

三月,蒋贵来报:"先因达贼阿台、朵儿只伯等在宁夏山后潜住,上命臣等探其情实,与宁夏会兵剿杀。臣等累遣夜不收分途出境,直至宁夏贺兰山后,探知贼营移往东北。宁夏总兵官都督史昭遣夜不收谷聪言生擒达贼阿台部下同知马哈木,审知阿台等欲往亦集乃去。臣等议欲整捌军马,遇有声息,不分界地即往,相机剿杀,互相策应。"英宗皇帝命其小心行事,"尽心竭力,奋忠贾勇,以建大功"。[30]

或许出于对他族的防范,镇守陕西都督同知郑铭等向朝廷奏报另外一个问题,即希望西安左卫等番、鞑官军通过调除的途径移居内地河南,分守南阳等偏远州郡。但朝廷对此事持谨慎态度。英宗皇帝告诉郑铭:"朕以此徒狼子野心,非可以仁义诱化,亦非可以法度制驭。若轻迁动,必然生疑。敕至,尔等再议可否。仍密切察听,如果各安生业,恒令管束官员关防抚恤。其或有强梁生事,决不可容者,具奏来闻。"[31]复杂的多元民族矛盾一直是明朝西北地区常见的问题,因此,行在兵部尚书王骥在被释放出狱后,又重新被朝廷派往陕西、甘肃处理这些矛盾。临行时,英宗皇帝嘱托道："陕西多夷人杂处，军中奸诈亦多，交引漏泄，故边境虚实动静，贼皆知之，得以纵横出没。卿其会议，寄居鞑靼、西蕃诸人当发遣者，如例徙之江南，以杜其患，当留者亦宜严关防、申禁令，使不得肆其奸。"[32]

蒋贵声势浩大的进攻并没有取得很好的效果，相反，明军却因此陷入后勤补给困难的窘境中。镇守陕西右副都御史陈镒向朝廷奏报："都督蒋贵等奉敕征虏兵，至鱼海子逗遛弥月而还，虚糜馈饷。今夏旱，无麦，禾亦未植，第恐边储不继。乞敕总兵镇守等官，度事势缓急，储蓄多寡，或选兵守御，或去冗省费，养威蓄锐，以图后举。"英宗皇帝命王骥、任礼等前往合计陈镒所奏之事。随后，朝廷又令陈镒往宁夏、延绥等处遍历，协助史昭等处理当地大小政务。

很显然，蒋贵这次失败的远征令人大失所望。与他们大肆宣传相反的是现实中并没有反馈对等的战果。都御史等上疏弹劾蒋贵等人，理由是蒋贵等"怀奸失机"。王骥等奉命前往执行军法，将做出重大失误决策的陕西行都司都指挥使安敬斩首以徇。[33]

六月初六，宁夏总兵官右都督史昭奏报：五月十六日，"胡寇五千余骑犯唐来渠，退驻三塔墩，剽掠马牛三千有奇。署都指挥施云，指挥刘理、戴全领兵哨备，玩寇不追，请治其罪"。但朝廷方面认为这一切罪责应归咎于史昭。英宗皇帝道："昭等拥重兵，而达贼入境，不自追剿，乃归咎偏裨以掩过，总兵、参赞所掌何事！"兵部左侍郎邝埜、都察院右都御史陈智等纷纷上疏弹劾史昭，英宗皇帝命朝臣集议此事。[34]

我们前面问，这场征讨阿台、朵儿只伯的声势浩大的战役，结果怎么样？从这一系列事件看，怕是出师未捷即崩溃了。明军甚至没有真正与阿台、朵儿只伯交锋过，遑论战果。正统二年（1437年）六月初八，英宗皇帝敕谕史昭，总结此次征伐的全过程。敕曰：

> 去冬，达贼匿宁夏山后，草枯马瘠，正殄灭之时也。朕屡敕尔等及都督蒋贵、赵安合兵剿之，尔等不遵朝廷之命，欲自为功。适贵进兵，而尔报云贼往亦集乃去，致贵趑趄不进。及了贼起营，驰报则缓不及事矣。尔等虽云领兵追剿，去贼仅一二程，乃畏缩不前，使贼得遁，失此事机。今贼又犯唐来渠，纵横劫掠，实尔等之咎。欲诿之于下，可乎？廷臣论尔等罪不可宥，其洗心涤虑，图以自赎，否则，以军法处之无赦。

史昭是安徽合肥人，同样行伍出身。他的从军生涯漫长而给人深刻印象。由于英宗皇帝的斥责，朝廷处罚了一系列措置失当的将官。其中，史昭就由宁夏总兵官右都督降为都督佥事，仍充总兵官。英宗皇帝还警告他们，如能立功，则官复原职，如再失机，则必置以军法。[35]

接下来，事情朝我们始料未及的方向发展。阿台、朵儿只伯竟遣使来朝纳款！[36]难道这是那场一塌糊涂的战役所取得的战果吗？以作者愚见，这显然不太可能。更大的可能是，阿台和朵儿只伯的部队面临饥寒交迫的威胁，抑或受到瓦剌军队的威胁。总之，在七月初使臣阿鲁陛辞时，明廷仍慷慨地赐予阿台、朵儿只伯彩币等物。[37]

然而，在使臣来京的同时，袭击却仍在继续。任礼奏称："达贼寇庄浪，都指挥魏荣等率兵却之，生擒贼首朵儿只伯侄把秃孛罗"。英宗皇帝下令论功迁赏。这似乎表明，阿台、朵儿只伯阵营内部在明朝问题上存在分歧，抑或因所部过于分散，把秃孛罗方面尚不知阿台等与明廷媾和之事。

使臣阿鲁陛辞时，英宗皇帝还修书一封与阿台等人。信文如下：

> 尔等自和宁王没后，妻子老稚，不得宁处。近者，屡于边堡劫掠，盖饥寒切身，不得已故也。朕屡敕边将，不令出兵加害，又令兵部揭榜，宥尔等前罪，悉听自新。尔等今遣使臣来京，览其所奏，具见尔意，良用嘉悦。尔今欲求边方居住，乞粮接济，此诚改过迁善之意，转祸为福之机也。兹特遣指挥岳谦等，谕朕至意。尔等宜集众审处得当，遣大头目或亲信子弟来朝面议，朕即与封爵，任尔择近边利便处，居住耕牧，打围飞放，得以保全部属，作我外藩，实朕本心，亦尔之大利也。朕之此心，坚如金石，通于神明，尔更勿致疑，失此机会。若今东南海外诸番，国王与九夷、八蛮、酋长莫不归心向化，遣人朝贡，朝廷重加恩赉，令各安其所。即如昔时，和宁王阿鲁台至诚归顺，亦近我边北方居住，钤束部伍，不相侵犯，遣人朝贡，相与和好，恩待之礼，始终不替于时。尔等皆其部下，岂不知之？今既使臣往来相通，尔宜严加约束，更不令复来边境侵扰，则天心悦鉴，不惟多人受福，且俾尔子孙及部属人民，俱得永膺富贵，安享太平之福矣！[38]

瓦剌对阿台和朵儿只伯形成的压力，显然也是他们对明朝称臣纳贡的原因之一。泰宁卫都督拙赤曾奏："顺宁王脱欢遣部属剿杀阿台。"但朝廷对这一说法表示存疑。为防其诈，英宗皇帝还是令辽东、宣府、大同、宁夏、甘肃、延安、绥德等处总兵官用心哨备。[39]

八月十四日，瓦剌脱欢遣都指挥佥事阿都赤等267人来朝进贡驼马等物，英宗皇帝命赐宴款待来使。正巧于次日，朵儿只伯的使臣阿蓝火者陛辞，英宗皇帝赐之彩缎等物，又敕谕之曰：

> 尔等比遣殿中阿鲁奏，欲率众来归，复遣知院伯（阿）蓝火者贡马，具见诚敬。数年来，尔等屡寇我边，朕宥不问。今瓦剌顺宁王脱欢，及哈密河州赤斤、罕东并兀良哈等处俱遣使奏请合兵征讨。朕以帝王视天下为一家，不忍加兵以毒尔众。尔果来归，听就近边，视水草便利处居牧，永享太平。若仍不悛，朕将从瓦剌等所请，尔悔不及矣！[40]

在这里，有两点值得我们注意。第一，史料记述中阿台的名字不见了，似乎明廷认为他可能已经死了（事实上并没有）。第二，朵儿只伯改变了其以往的政策，决定向明朝称臣纳贡，显然与他从甘肃到辽东处处捅马蜂窝的行为有关。他的四处剽掠引起群愤，而瓦剌又是其强大的对手。因此，朵儿只伯希望能够寻求明廷的庇佑，而明廷自然也乐见其成。于是，明廷的态度也发生一百八十度大转变，从一心备战的姿态，恢复到宣德时期不插手草原诸部矛盾，充当居间调停者的位置。

但是，我们知道，明朝这些充满道德说教的措辞，充其量不过是在粉饰太平，掩盖早已纷纷扰扰的边防局势。宏观上来看①，九月，行在兵部尚书王骥奉敕前往甘肃，与边将们集议平虏方略。其略为："兵贵合而能分。若合兵于一处，则贼来或东或西，我军疲于奔命。宜分兵四处，各命将臣分领守御，自庄浪西抵古浪城，南抵黄河，东北抵宁夏界，以属都督李安；自凉州北抵镇番，南抵古浪，东北至板井，以属都督赵安；自甘州东过山丹，直抵永昌，北至胭脂堡，西至深沟垒，以属都督任礼；自肃州东接深沟，东北抵镇夷，西抵嘉峪，北抵天仓，以属都督蒋贵。俾其各守地方，训练士卒。贼至则各自拒御，去勿穷追。如贼大举入寇，则互相应援，并力截杀。如此则内外有备，将士齐心，军无奔走之劳，民省转输之苦。"朝廷认可了这一方略，命诸将尽快实施。⁴¹

微观上看，如肃州内部，仍有将帅龃龉不和的情况出现。肃州都指挥胡麒原为镇守肃州都督王贵麾下部将，后因功迁至都指挥一职。王贵妒忌其升迁过快，于是处处刁难他。据《明实录》载，王贵"尝出城迎敕，闻但敕麒，遂勒骑回，竟不赴拜"，又"有所部镇抚以事如京，贵附百金于京官，谋所以倾麒"。胡麒因边报，急命城门不得早启，王贵以令非己出，杖责守门者，说："城中产畜如许，欲馁死邪？"乃悉纵民出牧。虏卒至，尽为掩取去。王贵还曾藏匿降胡4人，及虏犯边，令降者为向导追之。降者反而降虏，引导虏大肆杀掠。士卒死者，不可胜数。镇守金都御史曹翼等弹劾王贵，朝廷命将王贵押解京师，问罪当斩。但英宗皇帝念其"效力边圉日久"，决定赦免

---

① 本句为译者所加，使上下文更为衔接。下文"微观上看"亦同。——译者注

他。但是，明廷以西宁卫都指挥陈斌取代王贵的决定显得非常奇怪：陈斌本人在西宁也卷入了将帅内斗的矛盾旋涡中，而兵部认为陈斌其人"奸宄不忠"，请求将之调离西宁卫，故而将其调往肃州。[42][①]

此后，政策再次毫无理由地出现戏剧性反转。明廷再次动员军队剿捕阿台和朵儿只伯。在朝廷的命令中，中军左都督任礼佩平羌将军印，充总兵官；左军右都督蒋贵充左副总兵；左军都督同知赵安充右副总兵；兵部左侍郎柴车，右佥都御史曹翼、罗亨信等一起率军出征，行在兵部尚书王骥、太监王贵监督之。又以都督李安、侍郎徐晞等居守甘肃，并敕宁夏总兵官都督史昭、监察御史郭智选精锐士卒交付参将丁信统领，以俟调遣。英宗皇帝同时敕谕王骥，命他全权掌握前方军情，临时作出区处。其敕曰："卿监督诸军，剪除残寇。凡百机务，悉听便宜处置。有功者赏，不用命者诛，事得专制，然后奏闻。"[43]

从这一政策转变中，我们可以至少发现两个问题。其一，朝廷现在显然已经肯定阿台没有死。其二，是什么原因驱使明朝发动战争？实际上这很难猜测，因为当初阿台和朵儿只伯的

[①] 此处作者认为"陈斌取代王贵成为肃州新的都指挥"一事很奇怪，实际上恐怕是作者的误解。核《明英宗实录》卷35原文，陈斌在西宁的内斗及其调动之事如下："调西宁卫都指挥陈斌于肃州哨备。初，镇守西宁著（署）都指挥金事金玉言，斌党附会宁伯李英，数构陷前镇守官。英坐罪，斌谋招番簇寇掠，觊朝廷释英，又以危言，迫取诸簇马牛。恐败边事，请迁斌远方，或调他卫。章下，行在兵部复奏，以斌奸宄不忠，宜从玉言，故有是命。"从这一段记述看，此调动既符合金玉所请，也没有直接提到陈斌取代王贵之事，只令之往"肃州哨备"，是正常调动，很难认为是令人费解的决定。——译者注

称臣纳贡应当是真心的，并非权宜之计。果真如此，那么变化的原因很可能就出在朝廷方面。我们可以设想，假定明廷只是因阿台、朵儿只伯袭击肃州一事感到恼火，那么它的惯常举动应该是对他们进行斥责，并警告说如不停止这种行为，将会产生严重后果。但事实上我们并没有看到这方面的任何记载，因此我们猜测，明廷高层可能出现了翻天覆地的权力变动，这一切看起来像是好战的太监王振一手策划的。台阁三杨就曾经批判王振的本性。特别是在此后正统十四年（1449年）的土木堡之役中，王振越来越多地显现出了这个特点。而此时，正统二年（1437年），王振尚未一家独大，9岁的英宗皇帝还在宫廷、朝堂权贵势力明争暗斗的夹缝中生存。尽管有上述部署，但战争最终没有爆发。

十月二十五日，甘肃参赞军务佥都御史罗亨信曾上疏总结此前蒋贵带兵出征而被劾一事。他说："比奉敕，同都督蒋贵、赵安等领军，会宁夏军马搜捕达贼阿台、朵儿只伯等。军士莫不用命，踊跃争奋，使为将者能出奇画策，协力同心，一鼓而进，贼必成禽。而贵等乃驻师鱼海，逗遛不发，臣苦口力劝，彼此龃龉，延缓十日，竟尔空还。"基于这种失败的教训，罗亨信进一步谈道："今水冻草枯，兵难再出，宜且休师，多遣间谍探贼所在。俟来春和暖，乞专命智勇谋略总兵官一员，量调原分四处精兵，约会宁夏军马，仍从鱼海出境，如此则残贼可灭，边方宁谧矣。如或仍前委任不专，彼此抗衡，则贼徒无授首之期，边民无息肩之日。"英宗皇帝深可其奏，命传抄与行在兵部尚书王骥及甘肃等处总兵官等。[44]

蒋贵的实际情况，是否如罗亨信所说的无勇无谋，不能"出奇画策，协力同心"？很显然，罗亨信恐怕有曲解之嫌。如果我们从蒋贵的神道碑、墓志铭的传记材料看，会发现蒋贵实际上是一名才华横溢、久经沙场的老将。我们且节选其《定西侯赠泾国公谥武勇蒋贵神道碑》中与此事相关的一段作为示例：

> 正统改元，召还，升右都督。时西戎伪王阿台等寇甘凉，边将屡失利，命公佩平虏将军印，率京营五千骑征剿。凡陕西及甘、肃、凉州等处官军，悉听节制。兵至镇番，出鱼儿海子哨还。时虏酋把秃孛罗率众犯庄浪，公命将御之，生缚孛罗等百人。又谍报阿台屯伏河西，遂蹑踪倍道至乱山，奋勇冲入，且追且杀。至石城泉，斩首二百余，尽获其马驼衣械。虏有逃奴来言："阿台府在。"公议即往，副将李安沮之，公拔剑厉声曰："汝任边寄肉食且数年，坐视其纵横不制，尚掉三寸舌，以挠我师！敢复谏者死！"乃策马前驰见贼，遂整阵而前，生擒男妇数十人送营。谍复知其不远，令军士疾走至兀鲁，猝见虏牧马，遂约冲马群，以鞭击箭櫜声惊之，马尽佚。虏既失马，皆挽弓步战不决，即令众跃马挥刀齐入，以旗牌手督之，遂大捷。内擒一胡译，审自石城泉败衄，止余八百精勇者。公得其情，乃分为犄角势列五百骑为左右翼，纵百骑登高峻疑之。既遇贼夹击战逾九十里，阿台亦窘死，西土遂宁。

阿台固然没有死，但从《神道碑》的记载中我们可以看到，这场战役实际上也有其胜处，而蒋贵在其中功不可没。[45]

那么，我们能否设法将《神道碑》所载的内容与罗亨信的弹劾内容协调起来呢？恐怕不能。神道碑、墓志铭这类文体，是将死者生平公开展示给所有能够看到的人，镂之金石，传之后代。因此，这类文体往往会丰富和夸大死者生前的个人形象，但它不可能完全无中生有。《明史·蒋贵传》中提到了蒋贵因鱼海子一役而受到朝廷指责，而《神道碑》中却未提到这一点。①而传中又提到，蒋贵因为被指责而感到羞愧，决心弥补这一损失。当其时，"朵儿只伯惧罪，连遣使入贡，敌势稍弱"，蒋贵借机出兵，于石城大破敌军。此后，蒋贵"闻朵儿只伯依阿台于兀鲁乃地"，遂领兵2500人前往突袭。副将李安试图阻止他，蒋贵大喝："敢阻军者死！"最后，蒋贵率军"疾驰三日夜"，赶到敌营，驱赶其马匹，杀败敌军。随后，他分军为两翼，追赶敌人80余里，"阿台与朵儿只伯以数骑远遁，西边悉平"。这些记载与《神道碑》同。[46]

蒋贵对阿台、朵儿只伯的进攻，与彼时的和平形势相悖。然而，蒋贵并未因此受到任何惩罚或指责。不过，蒋贵肃清阿台、朵儿只伯的另一负面效果是，瓦剌方面得以借机向东扩张。朝廷告诫宣府总兵官谭广务要作好应对瓦剌的准备。英宗皇帝敕谕之曰："比闻瓦剌脱欢聚兵饮马河，又遣人交通兀良哈、女直诸部。今虽遣使来庭，然虏情谲诈，终不可测，万一猝来犯边入境，不知卿等所恃以待之者何策？所用以御之者何人？以战以守，必有

---

① 《明史·罗亨信传》中亦载有此事。传曰："正统二年，蒋贵讨阿台、朵儿只伯，亨信参其军务。至鱼儿海，贵等以刍饷不继，留十日引还。亨信让之曰：'公等受国厚恩，敢临敌退缩耶？死其孰与死敌？'贵不从。亨信上章言贵逗遛状。帝以其章示监督尚书王骥等。明年进兵，大破之。亨信以参赞功，进秩一等。"《明史·李安传》对此亦有所载。——原注

成算，一一条陈告朕，庶见卿等方略。"

* * *

阿台和朵儿只伯的势力退去之后，瓦剌人将成为明朝接下来20多年在漠北草原的主要对手。正如前述，明廷收到情报称瓦剌聚兵饮马河，与兀良哈、女真诸部秘密交结，其情叵测，为此，英宗皇帝命都督陈怀、谭广、李谦、王彧集议应对这一威胁的对策。正统二年（1437年）十一月十三日，他们向朝廷奏报策略："胡寇出没不测，难以常法取胜。自古御之，惟守为上策。宜于沿边要害，各置军马，而聚兵以守总会。仍遣智勇头目，不时巡行，遇贼入寇，彼寡我众，则相机剿杀，彼众我寡，则坚壁清野。遣间谍探之于未来，出轻兵蹑之于已去，如此则贼来无所得，去有追袭之虞，而边患可少弭矣。"英宗皇帝是其议，命之严饬边防，切勿疏忽。[47]

在明军的北境防线中，防守最为薄弱的地段位于陕西的延安至绥德一线，其北面则为鄂尔多斯草原，西临宁夏，东至大同。十一月十五日，英宗皇帝提醒镇守延安绥德都指挥同知王祯曰："大同总兵官都督陈怀奏，了见鞑贼约三千骑，自东而西，意者兀良哈三卫贼徒，欲往延绥一路劫掠。又指挥岳谦使残房阿台、朵儿只伯处还，言此贼探知甘肃有备，亦欲来延绥、宁夏一路侵扰。卿等其整饬军马，昼夜戒严，贼至多方剿杀，毋或怠误。"正统二年十二月二十日（1438年1月15日），英宗皇帝又敕大同总兵官都督陈怀等曰："镇守延绥都指挥同知王祯，械所俘贼徒朵罗歹等三人至京,言兀良哈、朵颜、福余等卫部落约四五百骑,先屯东胜地方,恐大同军马截杀,欲引还,及获我边军,询知总兵官皆畏懦无为,乃敢长驱而西。既而祯又报,贼复寇榆林庄及桃园墩,被官军追杀遁去。朕虑此贼,不逞于西,必窥伺于东,卿其严督哨备,多方剿除。若拥兵坐视,而不能为边境有无,信如贼所谓畏懦无为者矣。卿尚勉之,苟立懋功,不吝厚赏。"[48]

我们看到,就在漠北草原对明军边防的威胁愈加升级时,宫闱和朝廷的意见是通过年幼的英宗皇帝的"圣意"传达出来的。这些意见化为皇帝旨意,加盖玺印,而太皇太后、阁臣和宦官在其中各提出怎样的意见我们却无从得知。想来,如果这一切皆非幕后操作,而置诸当面,那么明廷中的党争可能会稍为削弱。

被击溃的兀良哈寇在东返途中遭遇游击将军杨洪率领的明军的截击,明军斩获无数。杨洪是一位才华横溢的明军将领,备受朝廷宠幸。其先太原人,北宋名将杨业之后,其后一支迁至六合县,因此到杨洪的曾祖父辈时,杨家已经是土生土长的六合人。其祖父杨政从龙起义,官至汉中卫百户,其父杨璟袭职,后战死。永乐初,杨洪袭父职,远戍开平。永乐皇帝亲征时,杨洪随御驾至饮马河,"首入贼阵,获其人口、马驼以献",永乐皇帝夸他乃国朝"将才"。[49]此后,杨洪的职业生涯顺风顺水,直到现在我们谈到他对兀良哈寇的伏击,也取得成功。他的事迹后面我们还会叙述到。

因为王祯、杨洪的前呼后应,兀良哈寇被彻底击溃。朝廷褒扬他们,英宗皇帝甚至以此为例,敕谕谭广、陈怀曰:"顷者,都指挥佥事杨洪击败鞑贼于西凉亭,俘其人畜、器械,盖此贼即前日寇延绥一路者,屡为都指挥王祯所败,遁还而洪复败之。然此贼尝越东胜而西，去尔等所驻甚迩，亦既知之，而不能奋勇扑灭，视洪等不有愧耶？继自今其各勉图尽职，否则责有所归。"[50]

正统三年（1438年）初，瓦剌使臣再度来朝进贡。他们从大同入境，朝廷只令正使三五人赴京，其所贡马驼亦遣人代送，其余随从则只住在大同等候。不过，朝廷仍同意留在大同的随从们在不滋扰当地社会的前提下，得以与民众任便交易。同时，朝廷赐予使臣们彩缎800匹，作为对瓦剌方面贡马的回应。赴京的瓦剌使臣速丹等转达脱欢的请求，他希望明军能与瓦剌一起夹击阿台和朵儿只伯。但朝廷对脱欢的建议半信半疑，既不肯定，也未否定。与此同时，英宗皇帝却敕谕谭广等严加戒备，防止瓦剌以此为名，借机犯边。[51]

另一方面，杨洪率领的明军却节节获胜。福余等卫酋长阿鲁歹等纠集500余骑，从葭州渡河肆掠，返至西凉亭，又遭游击将军杨洪截杀，生擒百户乞里麻等3人，斩杀6人，所夺女子、马驴骡、衣服、器械等尽数被明军夺回。朝廷命将所俘乞里麻等人当着兀良哈使臣的面斩首示众，同时于喜峰口外枭首以震慑敌军。[52]

数日后，朝廷遣指挥陈友等携带敕书，随瓦剌使臣往顺宁王脱欢处宣敕。其敕曰：

> 尔累遣使臣知院察占、国公兀思答阿里等远来朝贡，具悉尔之勤诚。往者，阿台、朵儿只伯犯边，为我边臣剿获其亲属人等，悔过祈恩，朕已许其效顺。今尔复请兴兵夹击，朕以大信不可失，远道难预期，行止听尔自便。但宜戒饬部属，毋使近边，以坚和好。[53]

同时，英宗皇帝又敕谕兀良哈、福余等卫都指挥等人，警告说："尔等不思累朝恩宠，却纵部属人等来扰我边疆……在廷文武群臣咸请发兵征剿。朕曲全尔生，姑令遣敕谕，意尔等能将为首者擒赴来京，及还我所掠，庶赎尔愆。毋尚不悛，以重后悔。"[54]

更为令人称奇的是，明军在正统三年（1438年）夏初竟独自对阿台、朵儿只伯所部发起进攻，甚至没有与瓦剌联手。行在兵部尚书王骥与总兵官蒋贵、史昭等组织了这次行动。二月二十七日，朝廷同意王骥等出兵，四月初二，前方即传来捷报。据王骥奏："臣同总兵官都督任礼、蒋贵击败胡虏朵儿只伯于石城。残虏食尽，窜于兀鲁乃地依阿台。贵将轻骑二千五百人出镇夷，间道兼行三日夜。及之，虏众迎拒，指挥毛哈剌奋入其阵，诸将率麾下乘之，执其伪左丞脱罗及部属百人，斩首三百有奇，逐杀八十余里，获金银牌六面，玺印二颗，马骡驼牛四百有余，兵甲、衣裘称是。阿台与朵儿只伯以数骑遁。是日，礼兵至梧桐林，执伪枢密同知、院判、金院等官十五人，明日至亦集乃地，执伪万户二人，云朵儿只伯窜野狐心。礼令为乡道，将二千骑追袭五百余里，至黑泉而还。伪平章阿的干招其余党来降，右副总兵都督赵安等出昌宁至刁力沟，执伪右丞都达鲁花赤等三十人，及马驼、械器。盖兵出沙漠，千有余里，东西夹击，虏众几尽，边境用宁。谨遣署都指挥佥事马亮，指挥佥事马能奏捷。"毋庸置疑，明廷大加迁赏参战的将领。[55]

九月二十六日，少师、兵部尚书兼华盖殿大学士杨士奇上言，据从瓦剌回来的都指挥康能称，阿台、朵儿只伯等已被瓦剌脱脱不花王所杀，西北方面得以平静。那么，此前大量调集到宣府、大同、延绥、甘肃一带的明军，就需要各自撤回驻地休养生息，同时也可以减轻前线的后勤补给压力。[56]而让我们重新聚焦到几个月前，兀良哈寇被杨洪等杀败一阵后，重新来朝纳贡。泰宁卫指挥伯都、福余卫指挥哈孩来朝时，英宗皇帝敕谕他们道："尔等远处东陲，奉公守法，保境恤下，于兹有年。朕屡敕边将，不许令人需索，听尔等自在放牧。不期尔处人马数犯边疆。朕初以为部属无知，及边将擒获解京，询其所由，悉尔等同恶相济。在廷文武群臣皆欲举兵征剿，朕虑大军一出，未免伤及无辜，心所不忍。已尝遣敕往谕朕意。今尔等遣指挥伯都、哈孩等朝贡，具奏作歹之人远遁不服，此似饰非难信。兹因伯都、哈孩等回，再遣敕往谕尔等，宜深念朝廷大恩，即将犯边贼首擒获解京，以正国法。否则，命将问罪，虽欲追悔，不可及矣。尔等其审思之。"[57]至是，兀良哈诸部的短暂作乱结束了，它们对明朝边防所起的威胁不过一点儿涟漪。真正的威胁，仍然弥散在大草原。

* * *

取得全面胜利的明朝是时候该与瓦剌建立更加紧密的联系了，后者现在是漠北草原的主宰势力。故此，正统四年（1439年）正月，英宗皇帝遣使赍敕，随瓦剌使臣回见瓦剌可汗脱脱不花。在这里，英宗皇帝称脱脱不花为"达达可汗"①，并一如既往地采

---

① 脱脱不花是瓦剌真正的可汗，为脱欢、也先父子先后拥立。脱脱不花是元昭宗爱猷识里达腊之子哈尔古楚克的孙子，黄金家族后裔，尊号岱总汗。脱欢、也先父子以之为旗号控制瓦剌。最后因与也先决裂而败亡。——译者注

用溢美之词赞扬天地的"好生之德"及明朝无上的正统地位。随后，信中又详细地罗列了剿捕阿台、朵儿只伯时所获各色金珠宝玉、牛羊马驼及所属将臣。最后，英宗皇帝再次表达"使命往来，讲好修睦"的意愿，并赐其织金四爪蟒龙膝襕八宝衣等物，其下文武俱给赏赐。作为回馈，是年冬，瓦剌亦遣人贡马3725匹，驼13只，貂鼠皮3400张，银鼠皮300张。[58]

也正是在这年前后，瓦剌人强有力的领导脱欢寿终正寝了。他的长子也先袭位，称太师淮王。也先是一位久经战阵的老将，在接下来的年份中，他将倾其所能建立一个强大的草原政权，并因此成为明廷迄今所面临的最强大的对手。

接下来发生的一系列事件，必须被放置在草原和中原均出现人口大规模增长的背景下进行观察解读。显然，边地人口密度的增加暗示了未来产生冲突的可能性及其规模。有一个现象可以说明这个问题，即瓦剌方面的朝贡规模逐步扩大，瓦剌人对来自明朝的商品，特别是通过边关自由市榷的需求不断扩大。正统七年（1442年）正月，英宗皇帝在给边将石亨的敕文中就对这种现象有过抱怨①："往者，瓦剌遣使来朝，多不满五人。今脱脱不花、也先所遣使臣，动以千计，此外又有交易之人。朕虑边境道路军民供给劳费，已令都指挥陈友等赍敕往谕瓦剌，令自今差遣使臣，多不许过三百人，庶几彼此两便。此后如来者尚多，尔等止遵定数，容其入关，余令先回，或令于猫儿庄（位于独石西南、大同北部，明军在大草原上的一个季节性哨所）俟候使臣同

---

① 此时的英宗皇帝已年过14岁了，或许已不再是太皇太后或顾命大臣教他如何拟敕，而是他本人的意思。——原注

回,从彼自便。"数日后,瓦剌使臣还在大同驿站殴打明军士兵,寻衅滋事,英宗皇帝对此感到非常恼怒。他敕谕也先曰:"来使有于大同驿伤残服役军人陆弘得肢体者。又四人于驿前迫狎妇女,遂伤百户晏昱之母。有司俱请治罪,朕以太师所遣人,曲贷之,令脱思木哈等率去,听太师自治。后此遣人,必须严切戒饬,毋因小衅,以伤和好。"[59]

在与明廷和谐相处的同时,瓦剌却试图对其他地方施加压力。嘉峪关以西,是丝路通向的广大西域地区,这些地区并未为明廷直接进行行政管理,但明廷往往通过"羁縻卫所",来构成明军防御的最前沿。嘉峪关以西500公里,是哈密,又以西350公里,是吐鲁番。再往西,由于远离明廷中枢,明军在此的防御部署就极为稀少了。哈密东南300公里,嘉峪关以西300公里的沙州卫,离明廷实际行政管辖的地区就很近,但它属于羁縻卫所。

由于上述地缘关系,沙州卫一旦陷入困境,则意味着明军的边防线受到威胁。正统七年(1442年)八月,针对此前沙州卫掌卫事都督困即来对瓦剌骚扰事件的上奏,英宗皇帝回敕困即来道:"比者,尔等言哈密援引瓦剌人求索物件,及踏看道路,已力拒不与。尔之忠诚,朕深嘉悦。盖尔等臣事朝廷,已历四朝,继自今务坚此心,如复有人邪言扇诱,慎勿听信,则上天鉴祐,永远享福。尔虑瓦剌今冬或来劫掠,欲修赤斤城以为备御,又言赤斤是且旺失加地方,虑有争竞,乞修尔沙州境内苦峪旧城。朕已敕总兵镇守官遣官军前来修理,汝可熟计。若尔与且旺失加等两相和好,久后无争,欲修赤斤城,即从修理;如以苦峪城为便,即修苦峪城。计定当即兴工,时将寒冻,不可缓也。尔等亦须起集军马,协力修筑,远出哨了,不可怠忽。"同时,英宗皇帝又敕赤斤蒙古卫都督佥事且旺失加："沙州卫虑瓦剌劫掠，乞修赤斤城以为保障。朕已敕困即来计议之矣。如尔等与其和睦，即听修理，遇急同住。或有相碍，尔亦明白声说，令只修理沙州旧苦峪城。务要两相利便，共图长远。已敕遣去官军，不许扰害，尔亦宜戒饬部属，无或生事，自取罪愆。"[60]

然而，且旺失加因为担心瓦剌来袭而希望迁居肃州，英宗皇帝不得不安抚他们："比闻尔等虑瓦剌劫掠，欲迁居肃州也恪卜剌白城山地。朕思尔世守赤斤地方，人口众大，岂可迁动，自虚其地，为人所窥？尔等宜整搠军马，严饬部伍昼夜哨探，果有声息，即星驰遣人飞报总兵镇守官统军策应，相机擒灭。已敕总兵镇守官令人常于境外巡哨，尔等安居乐处，毋为深虑。"[61]

明廷试图组织沙州卫与赤斤蒙古卫一同对抗瓦剌，但二卫之间几难结盟。困即来称，赤斤蒙古卫指挥鉴可者劫掠其牛马。朝廷命甘肃总兵官转告且旺失加，要依价格赔偿。结果可想而知，沙州卫最终只能修苦峪旧城，而明廷没有允许赤斤蒙古卫修建赤斤城的请求。[62]

由于明廷拒绝且旺失加举卫迁徙至也恪卜剌的建议，他对瓦剌来袭的忧虑与日俱增。于是，他又进一步向朝廷请求能在也恪卜剌山中修建寺庙，并致书总兵官任礼，请求拨给颜料、工匠等。任礼却认为，"夷虏异类，若许其建寺，彼必移居之矣，恐遗后患"，而英宗皇帝也认可任礼的建议，再次拒绝且旺失加的请求。[63]

确保丝路（彼时当然还未有"丝绸之路"这一专业术语）保持开放和安全，对明廷来说是个令人头疼、永无休止的问题。明军需要时常应对来自瓦剌的威胁，以及处理与各个位于绿洲的"卫所"之间的关系。正统六年（1441年）五月，朝廷敕谕沙州卫都督困即来等曰："朝贡使臣及买卖回回，道经哈密来甘肃者，多被尔处人民劫杀。此事未知虚实，或尔部下所为，尔所不知。今使臣回经过尔处，尔等须戒约部属，以礼相待，护令出境，勿纵小人抢劫，自启衅端。"[64]

而早在去岁寒冬之时，位于沙州东南部的罕东卫就已经率人马至哈密城外，俘虏其居民、僧道百余人，获马匹、牛羊无数。哈密、罕东都是明朝的羁縻卫所，承认明朝的宗主地位。哈密遣人至罕东取索，但罕东卫拒绝了哈密的要求。哈密不得不向明廷告状，而明廷则指令罕东卫都指挥等人尽快归还哈密卫人畜等物，避免伤及邻好，又敕哈密"与尔（罕东）消释旧怨，不许怀忿互相侵犯"。[65]

祸事接踵而至，且旺失加对此负有重大责任。早在正统五年时（1440年），哈密忠顺王倒瓦答失里曾向明朝求医治母疾，明廷也派遣医官哈先偕药前往，并敕令沙州卫困即来、赤斤卫且旺失加遣人护送。沙州卫顺利地完成了护送任务，但赤斤卫却有将官于"沙州地界肆为寇盗，邀劫往来使臣"。不仅如此，他们还诈称自己是"沙州头目"，意欲嫁祸沙州卫。英宗皇帝对此大加斥责，他对且旺失加说道："朝廷建立卫分，授尔官职，正欲管辖一方之众。而尔等自为不道，尚安望其钤束下人，使之安分乎？传闻之言，事或失实，朕已悉置不问。自今宜恪业勤诚，恭承朝命，毋蹈前非，庶几享福于悠久。"[66]

还有更多麻烦事需要明朝来处理。正统七年（1442年）七月，哈密忠顺王倒瓦答失里奏称，他近来派遣头目亦剌马丹送礼给赤斤蒙古卫都督佥事且旺失加，试图与之缔结婚约，不料至中途，被其下属都指挥可儿即男写令掳掠牛羊马驴。明廷敕令写令归还所掠财物。倒瓦答失里还试图与瓦剌的也先太师缔结婚约，同时希望明廷能赞助他修筑佛寺以报答父母恩情。为此，明廷赐其纻丝彩绢及颜料等物。[67]从这些细节可以看出，在以明朝为中心的"天下"中，明廷必须时刻密切注视着周边势力的敌对或友好的各种状态，并在其中当好仲裁者。

＊　＊　＊

在离京师更近的地方——大同，瓦剌使臣的越轨行为令明廷不满，明廷要求其纠正做法。此前，明廷曾要求大同方面，将入境的瓦剌使臣人数限制在300人左右，而如何具体执行，却成了边将们头疼的问题。九月，大同总兵官、武进伯朱冕，参将都指挥同知石亨，户部右侍郎沈固等上奏建议："比奉旨：瓦剌朝贡使臣入关者，毋得逾三百人，余悉留猫儿庄，以俟使臣同回。兹者，瓦剌使臣朝贡在迩，切虑夷人不识王化，带来从人必多，苟执法拒之，必生嫌隙而起衅端。臣等集议，其使臣三百名之外，余者亦令入关，宴待糇粮如例。第人不给车辆，马不支刍料，如此则骑负者必致羸败，控引者亦多瘠损，鬻之则价不登，存之则料不敷，原直有亏，贪心必戢，下年来使，自能减少。况今春使回，调军远送，彼乃不知感恩奉法，敢于中途困辱我军。乞自今使臣回还，止送至播儿庄，量给酒食糇粮，听其自去，著为定例，庶免途中不虞之患。"英宗皇帝回敕称："去岁曾遣敕与脱脱不花王及也先，言不可多遣人来。今若一概又纵入关，尔后何以示信？敕至，若彼使臣至境，尔等即与太监郭敬会议，审度事情。或敬同石亨量带精锐官军，前去接取，就与都指挥陈友等筹议。先令要紧之人暂于猫儿庄以里牧放，遣人星驰具奏处置。仍须用心照管，毋令失所。盖彼夷人不知礼法，必须善谕晓之，使不惊疑。尤须整饬我军，严切堤备，及防外盗侵扰。此待夷重务，朕一委付尔等，宜熟思审处，用副重托。"[68]

不过，数日后，明廷就撤销了前述敕令。英宗皇帝敕谕瓦剌使臣卯失剌字端曰："尔等敬天道，尊朝廷，不远数千里，奉使来朝，朕深嘉悦。已遣内官林寿及敕缘边镇守总兵等官，如例馆待，遣人护送来京。然去年因使臣及贸易人众，其中有纵酒越分，缘途殴伤军夫者，今年春敕谕令自后少遣人来，亦敕大同总兵镇守官，除正副使定数外，凡从人及贸易之人，悉留居猫儿庄。今闻尔处遣来之人，仍复过多，朕念天寒远来，若处之边地，必致失所。特令总兵等官俱纵尔等来朝，俟来春同归。大抵和好之道，贵以至诚，彼此人民皆须爱恤。尔之来者不少，则此供给不易，远来不恤仁者，不为劳此给彼，亦非仁道。况遣人动以千计，其间宁无越分违理者乎？尔等宜体朕眷待之意，戒约从人及贸易之人，各遵礼法，不许生事扰人，庶几可保和好于永远。"

同时，明廷还敕谕大同总兵官、武进伯朱冕，参将都指挥同知石亨曰："今瓦剌朝贡使臣众多，于理宜如前敕，约量俾人。第念天寒，若遣之回，必致失所。敕至，尔等可令其来大同，如例馆宴，起送赴京。"又令马军同都指挥陈友等处理使臣所贡马驼等。[69]

明廷的宽容，使2000名瓦剌来使进入大同，得到官府款待，然后遣送北京。随后，又有瓦剌来使百余人至大同，他们自称是也先太师派来的使臣，总兵官朱冕不敢擅自接纳，只能再次作询朝廷。英宗皇帝敕曰："瓦剌使臣续有至关者，尔等疑弗纳。然彼既远来，理须从宜宽待。敕至，即启关纳之，同前使发遣来京。馆谷之例，一准前敕。"数千名瓦剌使臣来京，果然容易发生治安问题。正统八年（1443年）正月十三日，在一次宴会后，瓦剌使臣卯失剌与女真使臣酒后喧呼忿争，甚至抢夺卫士的武器互殴。事闻明廷，英宗皇帝说："夷狄素无礼义，不可以醉饱之故责之。宜谕虏王自治。"而随行翻译人员、通事都指挥昌英等不能导之以礼，责令其戴平巾供事。最后，在正月二十六日，这个庞大的瓦剌使团终于带着明廷赏赐给脱脱不花和也先太师的敕书和礼物离开了。[70]

早在正统七年（1442年）的十一月，巡抚大同宣府右佥都御史罗亨信就曾奏称，边境局势持续升温，这与"达贼"作耗有关，边防各级将官对此发愁不已。锦衣卫指挥佥事王瑛上疏八策，受到广泛关注。其中，针对作耗"达贼"，他提出：其一，"御虏莫善于烧荒。盖虏之所恃者马，马之所资者草。近年烧荒远者不过百里，近者才五六十里，胡马来侵，半日可至。向者甘肃，今者义州，屡被扰害，良以近地水草有余故也。乞敕边将，遇秋深率兵约日同出数百里外，纵火焚烧，使胡马无水草可恃。如此，则在我虽有一行之劳，而一冬坐卧可安矣"。其二，"积粮莫先于屯田。近年屯田，皆取卫所老弱之人，是以粮无所积。乞将马队守了，夜不收并精选奇兵遇警调用外，其余悉令屯田，责其成效。俟秋成之后，归伍操备。如此则民力不劳，而边储有积矣"。其三，"虏使入贡，朝廷每遣官锡宴，赏赉有加。但犬彘之性，实贪货利，交易物货，稍不足其意，辄凌侮驿夫，伤残市人。朝廷每曲法宥之，彼以我为可欺，而恣肆不止。乞凡遇虏使非礼凶虐，即令其酋长自责罚使，知朝廷法度之明。如此，则中国尊严而夷狄知戒矣"。其四，"边境士卒，终年演习武艺，别无奖劝，止是视其军装有不称，即加捶楚，致其贫难逃窜者有之。乞将陕西、山西税课，赃罚量拨甘、宁、大同等处，收买皮铁筋角，以供修造军器。遇总兵官会同较艺，果有才勇骑射特出者，量加赏赉。如此，则赏罚明信，而三军鼓勇矣"。[71]这些建议在朝廷中集议，并颇受采纳。

翰林院编修徐珵（后改名徐有贞）也建言五事。关于"达贼"，他主要提出了两个建议。其一，"国之武备，莫先于治兵。要使国兵足以制边兵，边兵足以制夷狄，可也。我朝太宗皇帝建都北京，镇压北虏，乘冬遣将出塞，烧荒哨了。今宜于每年九月，尽敕坐营将官巡边，分为三路，一出宣府，以抵赤城、独石；一出大同，以抵万全；一出山海，以抵辽东。各出塞三五百里，烧荒哨了。如遇虏寇出没，即相机剿杀。每岁冬出春归，休息一月，仍于教场操练。如此，则京军皆习见边情，临敌不惧，虏寇慑伏，无敢窥边矣"。其二，"西边去京师窎远。自延安、绥德以至宁夏、甘肃，地方数千里，关山隔绝，寇入路多，遇有警急，猝难应救。今西安八府之民，不下二十余万户，其中大户有四五十丁者，有二三十丁者，有十余丁者。乞差御史、给事中与兵部官，会同陕西都督、都御史并方面堂上官，集民点选五丁以上者，户取一人为兵，愿两三丁为兵者听，从免其粮差。每府立为一营，委廉干官管领，教之战阵。遇有征进，与官军一例关支行粮。有功之日，一体升赏。如此，则兵力不患于不足，守备充实而朝廷无西顾之忧矣"。此外，他还提了不少其他建议，英宗皇帝令兵部与五府管事官集议之。[72]

罗亨信从更高站位，对火器在处理"达贼"问题中的作用提出建议，并要求朝廷重视地方火器的配置。他说："北虏强悍，惟畏我中国火器。各边自洪武间，置神铳、神机箭、火枪等件，但有损敝，许令修理。近年惟给诸京库，然必损敝多，始得给少，则因循度日，有警何以应用？"[73]

* * *

有两个看似风马牛不相及的问题正在迅速恶化，最终影响到北境防线。其一是宁夏方面的防御缺失和腐败。明廷注意到，宁夏方面之所以累次遇袭，与自总兵官史昭以下无人恪尽职守，多敷衍了事的局面有关。史昭无心守备，他甚至把4000名精壮士兵纳为私人部曲，与他们畋猎悠游，无心训练。史昭尚且如此，遑论其他下属将官。这也就无怪乎明军的防御体系会受到削弱。朝廷斥责在宁夏参赞军务的右佥都御史金濂，也斥责总兵官史昭。其文曰：

> 宁夏密迩胡虏，屡敕尔等严兵以防不虞。近闻缘边城垣颓圮，兵器损坏，皆不整饬。乃广买庄田，私役屯军，改挑渠道，专擅水利。又纵下人占种膏腴屯田，是致军士怨嗟，兵政废弛。近胡虏入境不满百人，官军束手无措。若大寇猝至，何以御之！今姑不问，敕至，尔等其洗心易虑，废弛者整饬之，私占者改正之，以赎前愆。如不遵朕言，仍前恣肆，必罪不宥！[74]

或许，像宁夏或者北境防线的其他地方，攻守双方之间永远会存在着一种不平衡的心理预期。作为进攻一方的掠夺者更为警觉，亦更专注于他们想要获取的对象和目标。而防守一方的明军却很难将注意力集中如斯。在明军看来，突袭频繁过甚，而防御却四处静默，枯燥无味。

实际上，宁夏方面也并非毫无建树。据当时担任参赞宁夏军务右佥都御史的金濂奏称，史昭等亦曾极力拓荒开垦新田，积极发展灌溉，并于贺兰山中砍伐树木，以构建阻挡游牧骑兵南下的屏障。但现在，"比来官校多徇公谋私，深入斩伐，至五六十里无障蔽，有如樵采者，猝为虏所得，致知我虚实，豕突入寇，即无以阻遏之。"因此金濂提议："自今凡百材木需用，于雪山取之，不得于贺兰山纵伐，以规利目前，贻患无穷。"朝廷是其议，并责令总兵官史昭严加禁约。[75]

兀良哈部的朵颜三卫——福余、泰宁、朵颜，是明军边防的第二个问题。兀良哈人别具一格。在生活方式上，他们与其西部的其他蒙古部落有差别。他们没有永久定居场所，总体生活在蒙古高原的东部及辽东地势海拔较高的地区。自永乐皇帝将这片地区划拨他们从事游牧生活后，他们就与明朝建立了亲密互利的朝贡关系。他们常需与明军协同作战，随时待命。明朝对他们偶尔的不端行为亦予以宽容。当然，这一宽容并非无底线。如前文提到的，永乐皇帝和宣德皇帝就曾先后给予兀良哈人沉重打击。

兀良哈人本身并未留下任何文献，所以后世学者在研究中不得不时常揣度他们令人费解的行为和动机。朵颜三卫之间时而会发生内部冲突。明廷认可他们的首领采取世袭方式继承卫所都指挥职位，而即便在鞑靼、瓦剌人裹挟他们一起进攻明朝时，三卫也均向明廷表示臣服。他们参与掠夺，但似乎除了掠夺之外，别无动机。三卫首领通常否认自己对掠夺行为进行授权，以此来推卸因袭击明边而需要负起的责任。

举例来说，正统五年（1440年）三月，福余卫鞑靼人（他们与西边的蒙古人一样被明人称为鞑靼）猎于辽东石峰口外。4名骑兵悄无声息地拆除木栅入境，直至静安堡窥探时，明军仍无察觉。事情上报后，英宗皇帝命记都指挥裴俊、胡源等罪。[76]但在这里我们可以看到，兀良哈人所谓的突袭很可能纯粹是偶然事件，他们的行为似乎不受其首领指使。

当然，明朝不恰当的双边政策，亦有可能引起兀良哈人的反抗。正统五年（1440年）五月，朵颜卫都指挥同知朵罗干奏称，其于明朝易货所得农具犁铧等物，为边隘守军所阻，未得通关放行。英宗皇帝告诉兵部大臣："远人当怀柔，农具故未有禁，听其归勿阻。"[77]这一事件最终虽因最高层干预而得以和平解决，但事非通例，很可能在其他场合就会被推翻。

有时，朵颜卫还会试图讨好明朝。正统五年（1440年）十一月，英宗皇帝曾敕朵颜卫都指挥完者帖木儿及大小头目等曰："比奏本卫头目委塔委心朝廷，无他异怀，兼多识见，欲保协同视事，已允所言。但命谨守国宪，安处边陲，恪修职贡，用副朕怀。"[78]

正统六年（1441年）九月，福余卫都指挥安出奏称，其卫有野人头目等300余人往西捕猎。朝廷急敕宣府总兵官、左都督谭广："其旧尝入寇，恐假此故，欲来扰边。或闻瓦剌使臣来朝，欲肆劫掠。尔等宜严为之备，贼至，相机剿杀；贼去，不可穷追，恐堕贼计，慎之慎之。"[79]

传闻成真。十月，大同总兵官朱冕奏称："达贼声息切近边境，臣今与太监郭敬等领马队并神铳官军四千八百余名，马六千匹，于本月二十二日出境，往龙门伯颜山等处哨探截杀。"十一月初二，宣府总兵官左都督谭广又奏："十月二十四日，左参将、都督佥事黄真等率兵巡哨至伯颜山，遇虏骑百余，击走之，获其马八匹。明日，至闵安山，复与兀良哈三百余骑遇，都指挥朱谦、文弘广等率众又败之，生擒二人，获马四匹。贼溃，官军从之至莽来泉，贼遂越山沟遁去。"英宗皇帝非常高兴，称"边将遇敌，效力可嘉"，遂升黄真为都督同知，朱谦为都指挥使，文弘广为都指挥同知。[80]

朝廷不愿边将过于急功冒进，在没有充分准备的情况下远征漠北，否则他们可能会重蹈覆辙，落入埋伏，同时也使大后方兵力空虚，疏于防备。[81]早在正统三年（1438年），镇守大同参将石亨欲于官山设立界牌，令北方来者知其越境。但朝廷拒绝这一建议，理由是"圣朝土宇之广，际天无外，立界牌未当"。在朝廷看来，边防无须警示，只要"哨备谨严，何用牌与关邪？"但到了正统六年（1441年），明廷的态度发生了变化。英宗皇帝敕诸边将曰："曩时，各处边境多有界碑，凡外夷不得擅入，入则即同犯边，擒杀毋赦。其后边将怠慢不修，致夷人往往辄入近边，以围猎为名，肆行寇盗。自今其即于境外要害之处，约量道里远近，可置界碑者，并具地名，奏来建立，使外夷不得擅入为非，而我官军亦不得私出启衅，庶内外各安其所。"[82]

正统六年十二月（1442年1月），泰宁卫都指挥隔干帖木儿奏称，因其女欲与瓦剌也先太师为婚，故乞进贡马匹，用以换珍珠罟、姑姑冠等物为新娘嫁妆。英宗皇帝命赐大红纻丝、青纻丝、珍珠罟、姑姑冠等物。[83]但不久后，英宗皇帝就敕谕福余、泰宁、朵颜三卫都指挥同知等官及大小头目人等，指责他们没有约束部众，致使明军在牛心山与越境的"达贼"50余人发生冲突。其敕文曰：

> 今年十二月十八日，边将奏达子五十余人至牛心山寨边，称系兀良哈三卫人出猎。至晚，各贼围寨，掳去军一人，又至扒头崖寨，射伤军一人。朕以尔三卫皆朝廷设立，统领部属，安处边陲，尝戒饬边将听尔于境外牧放，不许侵扰尔等，盖欲远近人民各安其所。今乃侵犯本寨，伤害官军，是皆尔等为头目者平日不能严切禁约，以致下人如此。边将奏请发兵追剿，朕念作恶者不过十人，大兵一至，不免害及良善，故不允其请。敕至，尔等即挨究前项贼人，追要掳去军李羊儿，及擒其为首贼人解京罪之。其为从者，听尔自治，庶见尔等遵奉朝廷之意。今后仍须戒饬部属，不许生事犯边，若有不遵朕命，党比小人，则天灾人祸，必不可免矣！[84]

是年九月，兀良哈人又来了。时永平（位于北京东北200公里，靠近喜峰口，是兀良哈人朝贡的入境点）等处总兵官都督同知王彧等奏："兀良哈三卫，往往假以牧放射猎为名，犯我边境。今后遇有近边者，欲便剿杀。"朝廷却不认可其建议，英宗皇帝告诉他："三卫头目，亦有尊朝命不为非者，岂容一概剿杀？况田猎乃其衣食所关，卿等其念之。"[85]

随后，福余、朵颜二卫遣使臣与察罕使臣一同赴阙朝贡，但守关将领以无印信文字，不予放行。事闻，英宗皇帝敕谕王彧曰："察罕远在千里之外，非附边诸部之比。其使臣忽南不花等如尚在关,即审实发遣赴京。今后凡朝贡人使系卫所属,而无印信文字者,照例止之。其远方初至,及往来希阔者,不在此限,不可概行阻遏,以失远人归向之心。"[86]这里,我们看到兀良哈人表现良好的一面,即能为他人的利益奔波于途。

但很快,他们就展示了其恶劣的一面。他们掳掠辽东,这令英宗皇帝大为震怒。他敕谕辽东总兵官都督佥事曹义曰:

> 近者,兀良哈要结女直野人入境剽掠。此贼多有受我官职及赏赉者,朝廷以其向化,听于近边牧猎,而彼乃因以为非。尔等又皆姑息偷安,致彼纵横出没,如蹈无人之境,失机损威,如国计何?论尔等罪皆不可宥。今姑曲法贷之,命佥都御史王翱往取尔等死罪招状,就令提督整饬边务。此贼孤恩悖德,神人共怒,尚其同心协谋,设法挨捕,以宁边境。毋以私废公,毋以小妨大,毋纵目前,以贻后患,期于成功,以赎前罪。[87]

佥都御史王翱是位非常有名的文官,政绩卓然。他被派往辽东,是明代边防管理由军管向文官政治转变的又一前兆。[88]

正统七年十二月(1443年1月),明廷加大了对辽东兀良哈人的镇压力度。英宗皇帝敕谕兀者卫[89]掌卫事都督佥事剌塔曰:"犯边贼寇内,二人系女直野人,四人系朵颜等卫头目及家下达子。廷臣、边将俱请发兵剿捕,朕念各卫之人为恶者少,为善者多,锋镝之下,猝难分辨,特遣指挥王息等同尔赍敕前去女直各卫同兀良哈三卫,责令管事大头目挨捕犯边贼人,追要抢去人口、头畜,及将贼首遣人管押,随王息等赴京。其余随从贼人,悉令各头目处治。朕以尔世守东陲，累效忠勤，兹又传报声息，已加升赏。尔宜体朕眷待之心，宣布朝廷恩德，抚善擒恶，用副委托。事完，仍同王息等来京，爵赏之典，必不尔吝。其王息等至尔地方，及往福余卫等处，尔等须量拨军马护送，往回缘途，但有纤毫失所，即是尔等纵容下人为恶，罪不轻恕。尔等其钦承朕命，毋怠毋忽。"事实上，这项任务确实在次年四月顺利完成了，相关人等亦各有迁赏。[90]

显然，此时的明廷更热衷于局部剿捕作耗"贼人"，而非对漠北、关外诸部进行全面打击。但这种局部剿捕行动似乎并未抑制兀良哈贼人作耗的热忱。他们的活动轨迹遍布整个北境，从辽东乃至延绥、宁夏，连绵千里。正统七年的那个冬天（1442—1443年），烽烟营火日夜交辉。战斗警报响了，但明军并不知道他们的来意。与此同时，袭击也在辽东方面出现，但守备明军未能彻底击退来犯之贼。朵颜三卫贼孛台肆掠辽东时被擒，明廷命总兵官都督曹义遣人押送京师问斩，并聚朵颜三卫其他在京头目及使节共同观看行刑。[91]我们不清楚兀良哈人突然大加肆掠的原因，但人口增长可能是其中很重要的因素。正如前文所提及的，兀良哈人对农具的需求似乎已经暗示了这种现状。

很明显，王息对歹徒的局部剿捕未能起到震慑作用，更多兀良哈"贼"仍逍遥法外。正统八年（1443年）七月初三，英宗皇帝敕谕三卫首领曰："尔等不能戢下，屡致寇窃。比朕使人督捕，始遣使谢罪，然览观所奏，皆曲护其非，且边将所擒戮者，悉是犯边贼徒，尔等所知也。今乃云彼因报复旧仇，故为不靖。朝廷以朝贡之礼，不在多人，彼此交易，自有边市，故省节来使，免致纷扰。今乃云缘阻节往来，因怀怏怏。以此观之，党恶纵奸，罪在于尔，但念尔等既知悔罪，姑示优容。其即挨究未获贼徒，擒送赴京，庶赎前愆，毋贻后悔。"[92]这些兀良哈"贼"仅仅是一个祸害吗？也许仅就其本身而言，的确如此。而他们更有威慑力的地方是，他们可以按照瓦剌也先的想法，投送到任何一处需要他们出现的地方。这让他们更令人厌恶了，此时的他们俨然成了明军的军事威胁。

＊　　＊　　＊

在兀良哈人侵扰不断的同时，也先率领的瓦剌军也蠢蠢欲动，对明军遥远的西北边防施加沉重压力。甘肃总兵官、宁远伯任礼奏曰："近得边报，瓦剌也先遣其徒那那舍利王等率众三千攻围哈密，分遣款哥伯等领众二万，欲来劫掠沙州、赤斤及肃州。"朝廷急命各边将领加强防备。[93]

来自瓦剌方面日益严峻的威胁可能会严重窒碍丝路商贸，特别是作为护送商贸使团的沙州、赤斤卫受到直接威胁时。正统八年（1443年）七月，英宗皇帝敕谕沙州卫困即来、赤斤卫且旺失加曰：

> 哈密诸处贡使回，朝廷念其远来，道经番夷，恐有疏虞，特敕尔等卫之出境。今得边将奏言，前项使臣至赤斤，尔且旺失加称人马放散，令其自去。至沙州，尔困即来称疾，令使臣少驻。俟其收集人马，延数日竟无一骑卫送。朕以尔等为国内属，朝廷恩待，积有岁年，今遽违命，恐有他端。

第四章　正统时期——英宗皇帝的多事之秋（1436—1449年）｜0237

敕至，各具实来闻，毋朦胧欺蔽，自取祸愆。[94]

随后，更多对赤斤卫的不利指控传到了朝廷。明廷感到震怒，英宗皇帝再度敕谕且旺失加及赤斤诸将，责之曰：

> 近者，哈密等处朝贡使臣沙免力爪秃等回，朕念其远来，缘途恐有疏失，已敕尔等遣人护送。今得甘肃总兵镇守官奏，遣千户周晟赍敕伴送使臣。至沙州，困即来遣都指挥南哥领人马护送。至莽来川，被尔卫所千户乞巴他儿等四十四人欲行劫夺，使臣畏惧，与三梭布十匹，鞯六副，小刀十把。又追逐至哈剌忽鲁烘地面，复欲劫夺，使臣又与布十五匹，洗白布四匹，锅二口，方肯放去。然此事必下人所为，未审尔等知否？敕至，尔等即拘千户乞巴他儿等追究，原勒要使臣沙免力爪秃布匹等物明白，听尔等自行惩治其罪。仍具实奏来，尤须戒饬部属大小头目，今后使臣经过，务体朝廷优待远人之意，不许纤毫侵扰。违者，即尔等钤束不严之罪。凡有境外声息，即遣人飞报甘肃总兵镇守官，协力剿杀，务使边境宁靖，尔等其钦承朕命。[95]

瓦剌的也先，亦越发成为明朝边防的心腹大患。明廷试图在他朝贡时，通过异乎寻常的优待来安抚也先的野心。正统八年（1443年）九月，瓦剌使臣朵脱儿等来朝贡，朝廷命内官林寿接待，又令大同总兵"应付车辆，遣人护送"。使者所乘马、驼，由宣府、大同方面官给照料。而随使臣前来的回回商人哈三火者、肉迷等，亦被允许将"带到马、驼等物，听于大同、宣府及缘途交易。若欲带至京师买卖，亦从所便"。边防守将亦被告诫"禁约下人，不许搅扰"。后来，大同总兵官朱冕又奏称"迤北使臣所进马多瘦小不堪"时，明廷亦无表现出过分焦虑和不安。[96]

即使也先有更为出格、令人不安的消息传来，明廷仍试图对其进行安抚。正统八年（1443年）十月，哈密忠顺王倒瓦答失里奏称，因其不肯前往瓦剌，致使瓦剌人马大举来犯，抢掠城市。明廷即命在边明军戒严，同时抚慰倒瓦答失里曰："闻尔遵守朝命，不肯去瓦剌，足见忠诚。已遣敕谕也先，令敬顺天道，无听谗构祸……已敕甘肃总兵官差人往彼，追究陪还，并赐尔织金袭衣、彩币，至可领也。"随后，英宗皇帝又敕谕缘边诸将曰："瓦剌虽岁遣人贡，然虏情不常，讵可忘备。曩闻也先遣人纠合兀良哈，近复攻劫哈密，擒其王母，又与沙州等卫结婚，其情皆未可测。尔等受朕边阃重寄，须夙夜尽心，严督训练，以防警急。阅视山川险易，修葺（茸）城堡墩台。贼至，相机战守，多方殄灭。尔等皆勋旧之臣，当体念前勋，乘时建立，以古名将自期，爵赏之颁，朕不尔吝。"[97]

明廷还试图以一种建设性的手段出面干预瓦剌、哈密卫、赤斤卫和沙州卫之间的关系。对于也先提出的政治联姻，明廷对且旺失加、困即来道："得奏，知也先差头目款哥伯送马匹酒礼，欲娶尔困即来女为弟妇，且旺失加女为男妇。尔等敬畏朝廷，不敢承命，特遣人奏请，具见忠诚之心。也先与尔等皆朝廷臣属，结亲之事，听从所愿，但须审实差来头目，以防欺诈。"

明廷恩威并施，在向也先宣布批准其联姻的同时，也对其作了不算严厉的批评。英宗皇帝敕谕之曰：

近哈密奏称，太师头目奄克土剌等率领人马寻猛哥不花，同哈密逃叛头目陕西丁围哈密城一月，杀头目三人，及城外男妇五十余人。抢去忠顺王母及人口千余，并牛羊马匹等件，纵火焚其田苗。又令忠顺王逼年去瓦剌见，令陕西丁同忠顺王一处管事。惟哈密去甘肃不远，其地方人民视他处最少，然与太师世为亲戚，未尝侵扰。今太师若见王之母，及头目果有不律，为亲戚之耻，当以大义正之，见其微弱，当体尔先人之志，厚加存恤，使保其境土，安其部属，不宜欺凌劫杀之也。大抵惟德有常，势力强弱无常。虽豪杰不能保后，但在人勉于为善，以求天祐耳。天道好还，不可不审。太师宜深体朕言，逼绝小人，以扶微弱，以保亲谊，则上天鉴临，享多福于悠久矣。又沙州卫都督困即来、赤斤蒙古卫都督同知且旺失加，俱奏太师遣头目送马匹酒礼，欲与结亲。困即来等以世受朝命，未敢轻允。朕惟太师恭事朝廷，困即来来归命守边，彼此和好，如同一家，听从所愿，故兹敕谕。[98]

不料，就在是冬，困即来和且旺失加却相继离世，朝廷遣锦衣卫指挥同知丁全前往祭祀。当然，我们更愿意相信，二人的死仅仅只是巧合。[99]

如前述，大量瓦剌人随使团涌入大同，以及他们在当地的傲慢表现，某种程度上可以被视为明朝与漠北势力重新取得平衡的晴雨表。瓦剌使臣甚至还带头交易大量违禁品。为此，英宗皇帝敕谕总兵官谭广曰："瓦剌使臣行李内多有盔甲刀箭，及诸违禁铁器，皆大同、宣府贪利之徒私与贸易者。尔等号令不严可知。其自今申明禁令，有踵前非，一体治罪。"彼时，又有民众以铁器卖予瓦剌使臣，牟取暴利，为锦衣卫捕获，可知走私贸易猖獗。瓦剌使臣还对朝廷御赐诸物挑三拣四。礼部尚书胡濙曾奏："瓦剌使臣、左丞兀麻儿等十四人不受素纻丝，求换织金衣服及退还彩段表里、绢女衣，并下下等马价绢。既而兀麻儿等十人于都指挥陈友处告取，惟沙黑撒答并妻男三人固执不受。"英宗皇帝道："受者与之，不受者其勿与。"[100]

从这一系列事件看，毫无疑问，瓦剌人正在四处夸耀其武功。后来，明廷似乎逐渐意识到其在外交上的安抚性辞令正在失去效力，瓦剌人对此无动于衷。我们未能尽知，此时的朝廷是谁在发号施令，但从一系列后续事件看，明廷显然认为，应该在适当的时候展示自己的威力，以震慑蠢蠢欲动的群小了。于是，在正统九年（1444年）正月二十一日，明廷突然命成国公朱勇，兴安伯徐亨，都督马亮、陈怀等分统兵出境剿贼。不过，此次行动的目标并非针对也先，而是相对易于打击的兀良哈人。动员的部分约有三四万人，分别从喜峰口、刘家口、界岭口等出兵，辽东的部队也将加入剿捕行动中。据《明实录》载，此次出征的原因是"兀良哈三卫达贼，虽阳朝贡，屡寇辽东、延安边境"，英宗皇帝对这种反复无常的行为深感恼怒，故有是役。

劫掠的兀良哈人从延安返回，需将近1600公里的行军。英宗皇帝命守备独石、永宁左参将，都督同知杨洪前往邀击截杀。同时，他又告诫杨洪："中途或遇瓦剌迎接贡使人马，宜明谕以截杀兀良哈犯边贼寇之意，庶免其惊疑相犯。"

总体而言，明朝对也先的态度仍然比较友好，尽管如前述，有些瓦剌使臣在朝贡途中显得倨傲不恭。在给瓦剌可汗及太师也先的敕谕中，英宗皇帝提到在最后一次朝贡中，瓦剌使团只有283人前来，规模符合明朝的要求，且也先为此前使团过多的人数和酒后撒泼事件向明朝道歉。英宗皇帝非常高兴，命赐其大量奇珍异物。

与此同时，杨洪告捷，其与内官韩政等率领官军，于以克列苏等处俘斩兀良哈贼无数。但一份来自右都御史王文的奏议提到发生在延安方面的另一场失败的战争。时"达贼"千余人突入延安卫的定边营，百户张琏等6名提调墩台的军官因畏缩不前，致贼杀死千户杜璟等军官并士兵40余人。把总守备龙州寨门等寨署都督佥事陶敏等4名将领600骑迂路潜回大营，不于沿途截击敌人。镇守延绥都督佥事王祯等亦不按命令出兵，故意迁延逗留，贻误战机，而宁夏前来的援军"俱不奋勇向前"。撒谎、欺瞒、督师不力，弥漫在延安方面的明军中。明廷震怒，对所有王文上报的军官都逐级作了惩罚。为了增强延安明军的战斗力，明廷又决定拨付延安、绥德等处官军手把铳2000支，奋勇讨贼杀敌，量功迁赏者1781人。后来，又在一次冲突中，"达贼"杀死官军50余人，余军皆降，"跪伏乞命"。最终，这些士兵丢盔弃甲、赤身裸体地被放回营地。陕西监察御史程宪认为，"窃闻此虏每与官军战，辄用此计，示以可生之路，弛其必死之心。故我军遇虏，不肯力战"，同时又因"将领不得其人，操练无素，号令不严"，故程宪请求朝廷派遣"兵部堂上官"一员前来督边，以戒饬将士用心卖命，勇敢作战。

正统九年（1444年）二月二十二日，对兀良哈贼人的征伐结束了。英宗皇帝敕谕泰宁等卫（不知为何没有提到朵颜和福余二卫）都督佥事拙赤及大小头目人等曰：

尔等自前岁十月以来，不体朝廷眷遇大恩，纵容部属，屡犯边方。朝廷累敕尔等，令擒首贼并所掠人畜解京。尔等曲蔽恶人，饰词妄奏，或云被杀亲属报复旧怨，或称远方部落不能管束，阳遵朝命，心实诡谲，遣使来朝者未回，纵贼犯边者叠至。去年十月，又侵延安边境，边将俱奏尔等怙罪日深，请调大军剿绝。朕念天地好生之心，不忍大肆杀戮，姑止进兵。尔等宜痛加警省，改过迁善，仍遵前敕，擒获首贼及所掠人畜解京，严禁部属，毋再犯边境。若尔等仍前作恶，朕必命骁勇将臣，大调精锐官军，分路剿杀，穷追沙漠，捣尔巢穴，非惟使尔父母妻孥不保，凡山川草木亦皆不得宁息。此时虽欲改悔，万无一及矣！尔等其深省之！[101]

敕文中反映出明朝的某些外交手腕。显然，对延安的袭击很可能只有泰宁卫参加，而明廷为了掩盖明军在延安的糟糕表现，以皇帝好生恶杀为由，为最终采取不报复的行为作说辞。然而，明廷又威胁称，如泰宁卫再不停止行动，明军必将"分路剿杀，穷追沙漠，捣尔巢穴"，充分展示其恩威并举的外交辞令。

* * *

15世纪40年代中期，明朝的边防形势变得更加严峻。明初以来皇帝喜用温情脉脉的外交辞令——"天下一家""皆吾赤子"等，都在这种格局变动中呈现衰势。与此前的数十年相比，这些辞令的使用，及皇帝使用时的信心，都在下降。取而代之的是对抗、现实政治及带有报复色彩的恐吓。认同明朝话语体系及文明价值观的群体，与对这种话语、价值观充耳不闻，恶虎毒狼般贪婪的群体之间的分歧也在进一步撕裂。瓦剌、朵颜三卫，与明朝及其羁縻卫所哈密、沙州、赤斤、女真诸部等由此陷入了更为复杂的深渊之中。甚至他们彼此亦非铁板一块，如瓦剌与兀良哈人之间，有时关系虽很密切，有时却势同水火。当然，最值得关注的，还是瓦剌方面势力日益增长的"太师"——也先。

正统九年（1444年）五月，大同总兵官朱冕似乎已经预感到某些与以往不同的氛围。他向朝廷奏道："大同地方广远，密迩敌境。近年，胡虏骄矜，往来之间，多纵凶横，虽云通好，其实怀奸，所宜预加兵备。今本处军马止有二万四千六百余人，内分天城等六处守备，外左参将石亨等领四千人守备东西二路，余存大同。若居常无事则可，倘贼势奔突分寇，恐策应不给。况马队尤少，师旅之兴，步军持重守营，而驰骤追剿，克敌制胜，惟马是赖。请以大同原调步军二千四百人往山西行都司屯田者，仍旧遣回，选其半为马队。更于山西、河南操备步军内选一千五百人为马队，赴京领马。分中、东、西三路操练，庶军威大振，战守无虞。"朝廷答应了朱冕的请求。[102]

在前述延安一役中惨败的明军，时隔半年之后仍深受上次败绩的影响。英宗皇帝敕宁夏总兵官都督同知王直等曰："去冬，兀良哈侵延安，命沿边诸将及在京官军出境剿杀，捣其巢穴，获其人畜以归。尚虑余党必怀报复，秋高马肥之时，尤当谨备。闻灵州千户所土人鞑鞑官军，其中多骁勇精健，稔知夷情，尝自备鞍马随征。今年防秋之时，其选堪用者，令署都指挥佥事许宗、指挥佥事韩鹏统领操练，仍委都指挥张泰提督，加意抚恤，固其心志，养其锐气。遇警，令鹏率领出境，必能同心勠力，用图灭贼。如彼欲取便前进，不必拘制，有失机会，亦不许摘拨，以分其力。至明春河开之后，仍令依旧生理农业，不许拘集妨废。如其用之有效，以后防秋依此而行。尔等其尽心审处，务存远图，若或别有窒碍，尔等驰奏以闻。"[103]

不久，年仅17岁的英宗皇帝御奉天门，谕都察院大臣曰："诸土达之在宁夏、灵州诸处者，边适有警，朝廷亦借其力，彼所以为生，惟马牛羊诸畜耳。比闻各卫所官军有亡借者，往往假名巡捕诈取之，不啻辄肆禁辱。又有横者既盗之，复从而夺其器械，不容追求。尔都察院其揭榜，为沿边多人言，往者悉置不究，后此敢有复尔者，宁夏参赞军务官收治之。军官降调，军旗调守边墩，民舍发充军。参赞官如徇势不理，罪亦不宥。"[104]

又后来，朵颜三卫头目晃合儿等朝贡辞归时，英宗皇帝敕谕指责了他们，其文曰："尔三卫部属，屡犯辽东、延安边境，劫掠人畜甚众，边将屡请发兵剿捕，朕恐大军一出，伤及无辜，但敕尔头目擒贼首及所掠人畜解来。尔等累饰虚词，不见擒送一人。今年春，总兵官巡历边境，捕获近边贼徒并原掠去人口，至京俱审，系尔三卫部属。仍敕尔等挨拿未获贼徒，尔等不即同心协力，设法擒解，复饰词延缓，则尔等平日党恶纵贼之情，昭然可见。朕怜尔等愚昧，姑置不问。敕至，即会所部头目，将节次犯边贼徒及掠去人畜悉解来京，赎尔前愆，仍加升赏。如是似前党蔽，朝廷必发大兵，夷尔境土，捣尔巢穴，锋镝之下，善恶难分，此时虽悔亦无及矣！尔等其深悔前过，殄灭凶徒，保全良善，同享太平之福于悠久。"[105]实际上，明廷并非就此忍气吞声，而是时刻准备进行报复。在此后不久，英宗即令提督辽东军务左副都御史王翱整搠人马，做好进攻朵颜三卫的准备。[106]

那么，到底是谁真正想要复仇？正统九年（1444年）七月二十三日，辽东总兵官奏称，朵颜三卫抱怨明军经常"擒杀人畜"，决定整顿兵马一战。另外的情报却显示，瓦剌也先正差人于三卫索取人畜，但明廷未能确定这一情报的可靠性。为此，英宗皇帝敕谕边防诸将曰："尔等宜整搠军马器械，预备粮炒，如法操练。缘边关隘墩台，急为修整完固，精选守瞭官军，勤谨哨望，遣夜不收往来巡探。遇贼入寇，即相机擒剿，务在谋画周慎，用图万全，庶几军威振举，边境肃清。敢有怠慢边事，遇贼不能殄灭，及闻邻境有贼，推托畏避，不即策应者，俱重罪不宥。"[107]

而与此同时，远在西边的赤斤卫，在新首领阿速的领导下，正逐步被证明成为明朝防御体系里的薄弱环节。正统九年（1444年）八月，阿速遣使往甘肃总兵官任礼处，告称也先要求阿速将其妹妹许配于他，但阿速并未答应。阿速使者又称："臣思归顺朝廷已四十余年，今被达子累行侵扰，不能安业，欲迁居善地。"明廷曾在两年前拒绝过赤斤卫类似的要求，此时任礼再次上疏陈言此事，明廷又用更多安抚语言劝说阿速：

> 尔赤斤蒙古，自我祖宗时设卫授官，多效劳力，遇有事务，宁不加意保恤？去岁，且旺失加尝奏也先结亲之事，已谕令各从所愿。今彼诚欲求亲，则当遣人赍送礼物，岂可呼其亲远取财物乎？且尔为一方之长，受朝廷重爵，有土地人民之寄，又可屈己而远取微物乎？万一为彼所制，悔将无及。尔等宜以善言辞之，斯为万全。且尔赤斤地方，去边境不远，系尔祖父世守之地，足可耕牧养赡。今无故欲迁，是自示怯

弱，弃尔善地，或为人所乘，欲复不可得矣。已敕总兵等官踏看境外附近，有无山川险固，可以保众御寇之处，奏来处治。尔等宜仍旧安处，毋自惊疑。果有警急，驰报总兵等官，悉为尔裁处，不致疏失。尔阿速与且旺失加亦当奋忠贾勇，奖率头目，同心勠力，抚治人民。务使地方宁靖，外寇不敢侵侮，则尔等功名愈著，朝廷爵赏愈加。尔等其勉之。"[108]

到了九月十二日，英宗皇帝又降敕与王翱等曰："比得降虏言，北虏计议，待我使臣回日，即携其家属于堆塔出晃忽儿槐地面潜住，分兵两路入寇。脱脱不花王率兀良哈东侵，也先率哈密知院西入。卿等宜戒饬将吏，练军马，缮营垒，多遣间谍以觇之，坚壁清野以待之，使其进不能战，退无所掠，卿等其慎之。"[109]

事态愈发严峻。兀良哈人与女真人的战争正在进行。肥河卫都指挥别里格称，"兀良哈拘杀其使人，朝廷许其报复"。别里格遂同呕罕河卫都督你哈答等率众与兀良哈头目拙赤、安出等战，大败兀良哈人，英宗皇帝命赐彩币等物以为奖励。兀者卫指挥莽剌本与别里格同往诸部互市，不料因兀良哈人袭击其边境市场，所赏之物，悉为掳走。莽剌要求复仇，明廷亦准其所请。[110]我们可以看到，在此之前，明朝试图以一个居间调停角色介入诸部之间的纷争，而现在，它开始有所倾斜，这一变化，恐怕与瓦剌也先所带来的与日俱增的威胁密不可分。

迤西之地，也先太师也应接不暇。据任礼奏报，正统九年（1444年）六七月间，"瓦剌也先遣人授沙州等卫都督佥事喃哥等伪官，及欲分遣人马，由大同、宁夏等处入寇"。十月二十五日，明廷戒饬边防将士"备边御贼"。[111]当然，在这里我们要注意到事件前后的时间差。

从时间差看，明廷的反应似乎已为时过晚，但朝廷仍向沙州、罕东、赤斤卫发出敕谕。敕文曰："初，朝廷以尔等忠顺岁久，瓦剌亦常来朝贡，欲结姻亲，各随所愿。近闻彼此往来频数，必生衅祸。盖自昔憸人诱惑良善，或啖以微利，假以官爵，或许以土地，胁以势力，一或听从，则驱使如奴隶，稍不如意，则斩艾如草芥，积威所制，虽使之赴水火，不敢有违。及事机败露，彼则深藏远遁，而被诱者乃受其祸，如晓霜春雪，太阳一升，无不消化，此必然之理也。尔三卫头目皆朝廷选拔委用，大小人民皆朕赤子，故特惓惓开谕，欲相保全，宜坚守臣节，毋听人诱惑，陷身罪恶。部属有不遵约束者，以法治之。果有执拗不驯，心怀反覆者，奏来处治。如遇外寇侵扰，协同诸部并力相援，果别有警急，即速报边将，为尔剿捕。尔等体朕至怀，省念毋忽。"

关于此事，《明实录》中没有更多的记载。该段之后却提到，"时兀良哈已阴附瓦剌，而沙州、罕东、赤斤蒙古三卫亦将附之"。我们可以看到，如兀良哈，其一方面阳作尊奉明朝圣谕，为其掳掠行为致歉并逮捕参与掠夺的人，另一方面，却阴结瓦剌，结成同盟。而在西部，则有也先遣人授喃哥等以颇有元代特色的行省平章等官。看来，也先的野心是要在以罕东、赤斤等处恢复其"甘肃行省"，明廷急令边将做好防御。[112]

如此事态进一步发展，结果将难以想象。也先不仅仅是一位游牧式的掠夺者，正如前文所述，他的野心更为宏大，似乎在考虑建立起自己的国家。而其入主中原的桥头堡，就是甘肃。不过，此时的明廷似乎仍未意识到也先的真正意图，他们的注意力还没有完全放在也先身上。

正统九年十二月（1445年1月），长期沉寂后，我们终于看到来自哈密方面的消息了。英宗皇帝（此时英宗皇帝已经年近18岁，这则敕谕很有可能是他自己的看法）在给哈密王倒瓦答失里的敕谕中回顾了双边关系的整个历史，其文曰：

> 近得尔差镇抚沙免力赍奏到京，备言前被小人于也先处赞言，将尔子母取去，今俱差人送回具悉。然尔去岁尝奏也先取尔子母赴瓦剌，已尝敕谕也先以义处之，全尔亲亲之意，毋听谗言交构，有伤大理。今彼以礼遣尔子母还本土，是亦顺天道、尊朝命之所为也，朕甚悦之。又闻彼累差人往来尔处，然也先与尔，俱世事朝廷，往来和好，如同一家，皆以保境安民为心，朕固不禁绝之。但虑往来之人，或有交构蛊惑，坏久长之好，甚非尔一方之福也，朕切虑之。且尔祖脱脱早亡，父继亡，伯茕茕无依，乃流来中国。我皇高祖特加恩养育成人，暨我皇曾祖即位，尔祖脱脱之叔安克帖木儿来朝，特封以王爵，颁给金印，俾管治哈密人民，保御边境。其后亡没，皇曾祖俯念尔宗祀无人承继，命尔祖脱脱袭封王爵，遣还抚治人民，恩礼锡赉，视之如子。迨尔父卜答失里，及尔承袭王爵，世受朝廷大恩，下及头目，俱受重职恩赏，愈久愈厚。尔当体念国家厚恩，勉竭忠诚，一心无二，庶不负尔先世之志。若或昧于大理，罔知顺逆，岂臣子忠孝之道？已往之事，悉置不问，自今尔益宜敬顺天道，忠事朝廷，坚秉臣节，恪修职贡，用图保全于长久，严禁部属头目人等，各怀忠诚，毋为小人所诱，自作不靖，以取灭亡。敢有奸诈之徒，生事启衅者，尔即严加惩治，毋累良善。其有

强横凶恶,构怨生灵,不听尔惩治者,即具实奏来,调大军剿杀。盖天道以福善祸淫为心,国家以赏善诛恶为治,一于至公,远迩无间。尔其钦承之。[113]

在这份敕谕中,明廷几乎动用了所有能用的外交辞令,来试图控制1900多公里外的哈密。在它看来,和平共处的希望无处不在,而它更不希望看到哈密与瓦剌联手对抗明朝。天道,是明朝外交辞令中常为倚借的内容,而明朝总是将自己置于"奉天承运"的角色。在这个角色的带领下,温情脉脉的情感纽带用以联结四夷,进而彼此同享太平之福。因此,明朝呼吁哈密,必须认真考虑其在"天道"中的道德责任感。当然,如果最后这一切善意归于虚无,明朝也必将采取惩罚手段。

沙州卫方面同样传来令人不安的谣言。英宗皇帝敕谕沙州卫掌卫事都督佥事喃哥等曰:

近闻今年七月间,脱脱不花王并也先差人来尔处,着喃哥做平章,锁喃奔做王,撒力做三平章,别立哥做右参政,锁可帖木儿做大使等情,但未见尔等奏到,朕深疑之……迤北近年差人朝贡来京,朝廷亦遣使臣往彼赐赉,视同一家,无有间言。今彼妄与尔等职事,未知果出脱脱不花王等之意,或其差来人虚张声势,假托妄为。已遣敕谕脱脱不花王等,尔等或被其威胁,不得已而受之,即宜改悔,毋为所累,仍具奏来。若系尔下人所为,不听尔等约束,不行改过为善,即具奏来,剿杀不宥。如尔等纵容部属,与彼交构,即尔等不忠之罪,亦不轻恕。朕以尔等世世忠事朝廷,特以至诚谕之，实保全尔等长久之意。切不许听彼奸人甘言哄诱，受制于人，自取灭亡。果有外寇胁尔，即遵前敕，起集人马，协力剿杀。及飞报甘肃总兵镇守官出兵剿捕，务使尔等大小人民，不至失所。尔等其体朕至意。[114]

难道明廷仅仅以这些敕谕就能挫败也先的野心吗？彼时人们还不知道，但时间会证明一切。

* * *

兀良哈人与女真人之间的战争仍在继续。正统十年（1445年）十月，明廷一改此前支持女真对兀良哈人的报复行动，恢复其居间调停的中立角色。英宗皇帝敕谕兀良哈人："尔兀良哈与女直，皆朝廷开设卫分，乃彼此交构报复，论法俱不可容。特念尔等远人无知，悉置不问。自今各宜谨守法度，毋作非为，与邻境和睦，用图永久。仍宜戒饬部属，凡往来须远离边境，恐巡哨官军一概剿杀难辨，特谕知之。"不久，类似的敕谕也被送到女真诸部。[115]

明廷仍试图扮演天下一家的守护者角色，于是它又向远在西陲的也先发出敕谕。敕文曰：

今沙州卫大小头目人等差人朝贡，报称今年九月间，太师遣头目款哥伯等将文书、马匹、貂鼠皮等物到沙州结亲，令都督喃哥自送女去。或不自去，差人马劫掠沙州，致彼处头目人民怀怨惊疑，屡报甘肃总兵镇守等官，具实以闻。且沙州等卫切近边境，设卫授官，皆朕臣子。太师诚欲与之结亲，亦须以善相处，若生事构怨，非惟有伤朝廷和好之意，实背尔祖尔父（马哈木和脱欢）忠顺之心。近者，迤西来朝使臣至甘肃边境，多有假称瓦剌者，真伪莫辨，已敕边将不许放入。太师今后遣人，只从大同路来，庶照管得所。或有警急事情，欲从甘肃来者，只可令三五人赍真实印信文书前来。太师宜遵朕言，毋令小人乘间为谤。[116]

有趣的是，瓦剌使臣桑加失里等奏，太师也先求人参、木香诸药及阴阳、占候、算卜诸书，但明廷拒绝给予其物。在明廷看来，"彼贪得无厌，且词涉不孙（逊）"，故不愿予之（或许我们能够合理地推测，在瓦剌阵营中，能阅读这类书籍的都是原先从明朝叛逃过去或被俘的人）。后来，也先还派遣一名特使——灌顶国师刺麻禅全，乞求明廷赐封号并银印、金襕袈裟、五方佛画像、铃杵、铙鼓、缨络等物。但礼部尚书胡濙认为，这种赏赐"稽无旧例"，不当给予。英宗皇帝认可了礼部的意见，再次拒绝也先的要求。[117]

也先之所以有这些未能成功的请求，似乎与两个目的有关。其一，他似乎重新遵循忽必烈时代的某些传统——与藏传佛教结为一体，以使他如日中天的帝国对其他地方的人更具吸引力；其次，他似乎还有更大的野心——不甘为"丑虏"，而希望自己步入文明世界的序列。以此观之，明朝的拒绝显得狭隘且妄自尊大。

然而，瓦剌的朝贡已经超出以往所见的极限——贡马800匹，青鼠皮13万张，银鼠皮1.6万张，貂鼠皮200张。因为贡品过多，明廷只收其中上等马及部分动物皮毛，其余均允许使臣们自己于市场中出售。[118]

　　大同方面，因招待瓦剌使臣而支出的费用也在与日俱增。正统十年十二月（1446年1月），大同左参将都督金事石亨奏曰："比年，瓦剌朝贡使臣动二千余，往来接送，及延住弥月，供牛羊三千余只，酒三千余坛，米麦一百余石，鸡鹅花果诸物莫计其数，取给官粮不敷，每卫助银完办。其卓（桌）凳釜瓮之类，皆军民应用，毕日所存无几。宰过牛羊等皮，亦系折粮之物，递年销费无存。臣近奉命提督，切思丑房络绎，请求无厌，虽朝廷优礼远人，不此之计，然非处置有方，则亦不免劳费官私。"为此，石亨向朝廷提出了一些权宜之计，大多为朝廷所接受。[119]

　　也先计划将蒙古高原上的所有游牧民族重新联合起来，重新建立一个新的草原帝国。事实上，他的这一计划已经取得很大进展了，从哈密到辽东，草原上遍布着瓦剌的势力。正统十一年（1446年），也先开始进一步吞并阿鲁台死后鞑靼瓦解的残部，并欲遣人马往朵颜三卫搜捕阿鲁台之孙。三卫首领竟遣使至北京，"请朝廷悯恤"。明廷同意其请求，敕之曰："朕从所奏，敕边将不许侵扰。其阿鲁台之孙，听其来朝，保全身命。"不仅如此，英宗皇帝还借机劝谕朵颜三卫，希望他们能与女真议和，"但在各守礼分，共图悠久，毋生事启衅，以取罪戾"。[120]

　　明朝一般会从两个层面处理与周边势力的关系，当然，对待也先更是如此。明朝惯于以德谕人，以天下一家为号召，这并非空话，在强敌环伺，夷虏难信的环境下，在明军需要投入大量军事、行政成本才能控制他们的情况下，这切切实实是明朝的政策出发点。从大量记载可以看到，每当瓦剌可汗或也先方面稍作缓姿，明廷就会予以大量馈赠，哪怕一些烈度不高的掠夺仍在发生。事实上,我们很难确定,"丑虏"的掠夺行为是否受也先指使,抑或他们仅仅是肆虐的强盗。而明朝通常也不会将罪责直接归于也先。正因此,也先的策略是在巩固其在大草原上的权力的同时,试图与明朝保持顺从友好却又若即若离的关系,进而在明朝"天下一家"的政治格局中逐渐建立自己相对独立的政权,此后甚至有发展为取而代之的征服王朝的趋势。也先所领导的瓦剌,有这种格局和态势。比如,英宗皇帝多次严饬明军不得劫夺使臣的马匹、物件,而也先也同等对待明朝使臣。除此之外,双方还多次归还那些被偷盗出境的马匹。①明军士兵甚至因偷瓦剌使臣的马匹而被斩首示众于边境。[121]

* * *

正统十一年(1446年)五月,哈密王倒瓦答失里的使臣奏称:"近日,瓦剌也先令头目塔剌赤等至哈密,取尔母妻弟,适有撒马儿罕兀鲁伯曲烈干遣使臣满剌麻等一百余人进贡方物,路经哈密,被塔剌赤等逼诱,同往瓦剌。又将沙州逃来人家,亦强逼带去。又称瓦剌令三百人马至边,体探事情等。"明廷对此深感不满,但与其说是对也先所作所为的不满,不如说是对哈密管理不善的局面的不满。几个月后,也先释放了撒马儿罕使臣,而他们最终也成功抵达北京。[122]

沙州确实陷入了危机。据甘肃总兵官任礼称,沙州当时面临

---

① 该句结合上下文意作了调整。——译者注

着沙州卫都督喃哥与其兄弟争权及"饥窘"的问题,这座丝路城市正出现内部崩溃的前兆。喃哥率领一部分沙州人"欲入居肃州之小钵和寺",而另一部分沙州人却决定投奔瓦剌。任礼以兵所迫,将沙州人250户1230余口尽数迁入肃州。入迁的沙州人最终由朝廷安排到甘州南山一带,令之耕牧。明廷给任礼的建议是:"俟其志向安定,收为土官土民,随军操调,皆姑从尔议。但安抚远人,须在经久,今其来附,恐非得已,且向背不齐,实情叵测,不可不防。议者谓果无异图,置之边州无不可者。如或不然,必须徙之内地,庶无后虑。"[123]

与此同时,喃哥又称,其弟锁南奔曾与罕东卫指挥撒巴之女有婚约,请求朝廷批准其弟往娶撒巴之女为妻。但明廷得知锁南奔曾受瓦剌伪封祁王,恐有他变,于是又令任礼随其往罕东卫安抚众人。[124]

从这些记载看,遥远的西北防线毫无疑问处于混乱动荡之中。不唯如此,赤斤卫也面临分崩离析的局面。我们可以从一些记载捕捉到蛛丝马迹。《明实录》中记载了一段关于赤斤卫的往事,并由此提到了此时赤斤卫面临的严峻局势:"初,赤斤蒙古之先有苦苦者,娶西蕃女,生塔力泥。又娶于达达,生锁合者及革古者,乃分所部为三:凡西蕃人居左帐,属塔力泥;达达人居右帐,属锁合者;而自领中帐。后苦苦没,塔力泥及锁合者相继来归。永乐中,始置赤斤蒙古卫处之。及且旺失加、阿速继掌卫事,部众日盛,遂欲并右帐,累相仇杀,而锁合者不能支,至是诉于边将,言怨隙已深,势难共处,欲以所部内属。"

于是,总兵官任礼令锁合者诣京朝贡并陈述此事。任礼的意见是,信从锁合者之言,发兵收其部众,而明廷却认为,锁合者的意见虽可考虑,但仍要考虑事情原委是否如锁合者所言。英宗皇帝敕谕任礼:"锁合者至京,欲朝廷尽取其右帐人民,与之且乞波罗寺白真山之地以居。然观其词情,未可尽信。今仍遣还尔处,尔等须再三审察,果无他,即遣人往赤斤,谕都督阿速发其家口部属同来。然其人之在赤斤者,未知其意亦果愿偕来乎?盖此事须出本情,少有抑逼,则得此之心,失彼之心,亦非经久之道。"125

喃哥率众来归后,到了正统十二年(1447年)三月,①朝廷将之分开,迁徙至内地山东平山、东昌二卫及清平、博平二县等地。其所率头目至普通部众等,俱得薪俸、田地、月粮及各色袭衣、绵布、房屋、床榻、器皿、牛羊不等。126

任礼奉命往罕东卫接喃哥弟锁南奔,但罕东卫都指挥阿黑巴不肯发遣。明廷遣人敕谕罕东卫,速将锁南奔送回,"若仍前党蔽,或纵令出境外,因而勾引为非者,剿之不贷"。127明廷的威胁并非无稽之谈,且事情很快就会得到印证。

正统十二年(1447年)十一月,罕东卫千户阿束偷盗哈密的马匹。哈密头目脱火赤率众追击,道遇赤斤卫指挥锁火者②,杀之尽掠其人畜而还,显然没有再去找罕东卫复仇。后来,哈密以赤斤人畜为质,令锁火者子总失加前往罕东索取其被盗马匹。三卫之间的纷争告到明廷,英宗皇帝令三卫各还其所掠人畜,并依西蕃习俗赔偿各自死伤。他还指责哈密王纵容下属之罪。128故此我们看到,在遥远的西北防线,除了如沙州、赤斤等卫有内部分裂

---

① 此处记载实则与前述内容一致,当系指一事,故译时作一定调整,使上下文更为衔接。——译者注
② 即前文所述欲内附明朝的赤斤卫锁合者。——译者注

的情况下，诸羁縻卫所之间的攻讦不断也给丝路及沿线明军造成不少困扰。

这些现象多少都预示着明朝边防安全问题堪忧。尽管也先一次次尝试从这种混乱的僵局中获益，但他仍有失手之时。他的部属把把来王率众两千屯伯塔山，却在一次出巡中意外被哈密军队袭击，人畜皆为所俘。英宗皇帝获悉此信，即敕谕边将曰："也先既失志，必欲报复，其令甘、宁、延绥总兵镇守官严饬兵备。"[129]

明廷对哈密也有所不满。在明朝君臣们看来，哈密在保护撒马尔罕使臣免受也先侵扰的问题上表现不尽如人意。英宗皇帝敕谕哈密王倒瓦答失里曰："前岁，撒马儿罕等处来朝使臣回至尔处，不即遣人护送，却纵令无知之人潜通瓦剌，拘留使臣，夺取赏赐。揆之大法，当捕治示众。今姑不问尔等，自今宜各效忠诚，谨守法度，若迤北人来诈诱，悉拒绝勿听。远夷使臣往来者，皆如旧护送，庶盖前愆。若尔等悖逆朝命，仍私通夷虏，贻患生灵，必调大军剿捕尔等，其毋忽。"[130]

正统十三年（1448年）七月，兵部奏称，任礼千里追袭，已于罕东擒获接受也先伪祁王号的喃哥弟锁南奔，认为对锁南奔"宜正大法"。但英宗皇帝持反对意见，他决定放过锁南奔。他说："朝廷先因沙州系近边卫分，每被瓦剌逼胁欺害，已准都督喃哥等奏移其全卫头目人民于境内，安居优恤。锁南奔不感朝廷大恩，潜窜瓦剌，私受伪职，又拒官军，不听招抚，论其叛逆之罪，固当处死。但念其父兄忠顺年久，特屈法伸恩，免其死罪，待其到时，兵部与通事明白谕以恩意法度，连其家属送东昌卫，与其母兄完住。"[131]

因剿捕有功，任礼与副都御史马昂并麾下各级将校8421人俱

第四章 正统时期——英宗皇帝的多事之秋（1436—1449年）| 0257

受赏，锁南奔等26人则被遣往山东定居，并颁赐农田。[132]

我们现在已无法知晓，也先得知"祁王"锁南奔被擒获时的反应，但是，也先对沙州、赤斤诸卫所施加的压力，显然已经使当地社会趋向支离破碎。现在，他还在向哈密继续施压。也先邀请倒瓦答失里前往瓦剌，看望其被俘的母亲。倒瓦答失里不知如何应付，于是请示明廷。英宗皇帝回敕道："尔奏瓦剌太师也先因亲戚之故，遣人邀尔往见彼母。及也先声言出军回，尔亦当往见，并所有尔遗民，候尔到时，俱与领回等因，具见尔忠敬之意。朕以天下为家，一视同仁，固无分彼此，但尔世膺王爵，守御近边，洊受恩宠，忠诚尤笃。凡有事务，宜与尔图长久。也先虽与尔为亲戚，其部属安能尽体也先之心，倘为利害所惑，一言不合，必生嫌隙。况相去窎远，山坂溪涧之间，或为小人所乘，祸患难测。古云：人无远虑，必有近忧。又尔以王爵统守一方，亦当知所自重，思患豫防，斯无后悔。也先果促尔行，尔以保守地方之事，明白回答。或选一良使往彼致意，用全交好，亦无嫌疑。尔尤须谨守礼法，不许轻听奸诈忄诱，妄谈是非，自速后祸。盖朝廷选将练兵，赏善诛恶，行之未尝或爽。尔宜体国厚恩，益坚臣节，庶几永保富贵，尔等其钦承之。"但英宗皇帝的一席话，倒瓦答失里最终没有听进去。两个月后，他率众前往瓦剌，英宗皇帝甚至为此责骂他一番。[133]但由此事可以看出，此时的明廷对哈密的管束力度非常有限，对哈密王的最终决策往往无能为力。

正统十四年（1449年），英宗皇帝的统治生涯意外中止了。彼时，甘肃走廊及丝路沿线的局势正在进一步恶化。[134]赤斤、沙州、罕东、哈密诸卫纷争不断。他们对明廷显然不再像其祖辈时一般效忠，内部倾轧、斗争、报复、迫害，此起彼伏。而明廷唯一能做的，只有责备、威胁，或威逼利诱。

而在东北段防线，则有瓦剌、兀良哈与女真之间的斗争。他们的战火甚至经常燃烧到明军防线。

* * *

至晚从正统十一年（1446年）后期开始，明朝官员们就开始投入到全面巡查北境防线的任务中，并在巡查中提出各种建议及措施，如增加明军数量，优化明军部署，建立更多后勤保障、粮仓等。从这些行动中我们或许可以意识到，瓦剌也先正在迅速成为一支重要的力量，明军必须尽可能在其羽翼丰满之前做好一切准备。

搜集并复原关于也先各种行动的零碎信息，对于明军来说非常重要，因为明廷必须根据这些不完整不连续的信息作出判断，以研究如何使大明免受也先袭扰乃至入侵，并制订相关的计策行动。而我们也试图去探究了解这一点。当然，我们没有义务在对情报进行推论的基础上进一步付诸具体行动，而明朝却不一样。明朝在推知瓦剌试图成为草原霸主的时候，就需要采取实质行动去应对这一威胁。它一方面设法安抚也先，另一方面也在不断加强战备。那么，问题在于，在具体执行这一策略时，明朝又有哪些现实可行的选项呢？

让我们从正统十一年（1446年）十月看起。彼时，也先遣其部下奄克到大同，称也先率众往兀良哈，恐回程时人马困乏，希望大同方面能有所接济，同时还希望与太监郭敬会面。事情上报到朝廷，英宗皇帝希望也先亲自与朝廷商谈，于是他敕谕郭敬道："此房狡黠，切宜严备。设若必欲要尔相见，宜应之曰：'我奉命守边，非有诏旨，不敢擅离。况我与太师皆朝廷臣子，以心相契，虽不相见，即如面会。'或再言求粮，宜应之曰：'非有朝命，升合不敢擅支，京师储峙如山，尔可自请。'"同时，英宗皇帝又遣使臣敕谕也先曰："朝廷闻太师与兀良哈仇杀，已戒饬边将勒兵，切宜严禁部属，毋令近边，恐难分辨，务在善辞应答，毋启衅端。"[135]

数日后，英宗皇帝再次敕谕也先，曰：

> 近者，太师差头目把秃不花等赍奏，将所得兀良哈人口、马匹来进。朕特颁敕褒奖，赐以彩段表里，付把秃不花等赍回颁给，用旌太师之忠诚。初，把秃不花等不由大同朝贡使臣往来大路而来，乃从迤北境外，山路险窄之处行走。及遇巡边官军，又不明白说系太师差来进贡之人，及不将所赍文书看验，几为官军剿杀。朕令人审其实情，及得所赍奏文，方知果系太师差来进贡之人，特宥不问，仍给赐衣服、加恩宴、赏馆待尤厚。今后太师凡差使臣来者，务令赍铁牌及印信文书，从大同路来。太师又奏请将先差使臣把伯等今冬打发回来，然把伯等近方到边，即日放进，于大同宴劳，复遣官迎接馆待，从容来京买卖物货，及陆续赏赐筵宴，礼不可缺。待其事毕，即遣使臣护送回还，必无所失。朝廷兵制，在内有大将精兵，各路有总兵镇守，缘边有守备之兵，境外有巡哨之兵，皆常操练，以防不虞。近闻太师等杀掠兀良哈部属，恐彼余众奔遁，来边为盗，已敕边将严谨堤备，

遇有近边者，即时剿杀。今虑太师人马不知朝廷禁令，或往来境外，边将一时不辨，或误有所伤，太师宜毋令近边，庶副朕一视同仁之心，亦见太师克全和好之意。

这则敕文显得很微妙，英宗皇帝竟描述了明朝的层层防御体系。这种描述似乎在暗示也先，明朝拥有最顶尖的防御体系和精锐部队，从漠北草原进入中原的每一条道路都被严格控制起来，固若金汤。[136]

不久，朝廷又收到靠近蒙古高原的吉河卫的奏报，称鞑靼来抢各卫人畜，诸女真卫所欲集结人马，驱逐来犯之敌。英宗皇帝赞成他们的主张，但同时也告诫道："尔即约束部属，但有远夷奸人，到来蛊诱尔众为非者，即拒绝捕治。或来侵尔境，即并力剿杀，斯为尔福。"英宗皇帝给女真诸卫举了兀良哈人的例子，称"兀良哈三卫，皆因其头目与远夷交通，致彼数数往来，察其动静，今被劫掠人畜，实所自取"。[137]不过，我们尚不清楚，为什么在这段记载中，"瓦剌""也先"这类名字，会被"远夷"这种模棱两可的说法所取代。

又过数日，也先奏称，永乐皇帝封其祖父马哈木为瓦剌顺宁王的金印，在与把秃孛罗的斗争中丢失了。明廷即重新赐予其瓦剌太师金印。[138]这一细节暗示我们，此时也先仍在名义上臣属于明朝，而他在瓦剌亦仍有一位名义上的可汗——脱脱不花。

又一日，明廷由礼部主持宴请脱脱不花汗朝贡使臣、也先使臣等1165人，毫无疑问，其中有大量的随行商人。[139]

所有这些事情，表面上看双边关系似乎非常稳定，但我们知道，实际并非如此。正统十二年（1447年）正月，兵部尚书邝埜对当前形势作了令人不安的评估。他向英宗皇帝奏称：

> 瓦剌虏酋也先，自其父脱欢时吞并阿鲁台部落，益以强大，而西北一带戎夷被其驱胁，无不服从。惟兀良哈三卫不服，也先又亲率人马，分道掩杀，自此北漠东西万里，无敢与之抗者。前年，也先尝欲俟我边将送彼使臣出境，乘间抢杀，及分遣人马于甘肃、宁夏等处，约期入寇。仰赖皇上深烛其奸，豫敕沿边严备，又命定西侯蒋贵等统率精兵巡边备之，其计不行。今也先率其丑类，远离巢穴来边窥探，烟火不绝，乞敕在京各营拣选精壮军马各数万，令智勇头目分投管领，整点军装、器械，于虏使起程之日，命将统领往宣府、大同两处驻操，壮我边军勇敢之气，消彼虏贼觊觎之心。又京师官军，为因修城摘拨二万人，工作已一年之上，宜令休息养锐，遇警调用。

邝埜建议如此，但朝廷方面鲜有应对举动。也许在明廷看来，这样的说辞未免过于危言耸听。[140]但之后，罗亨信又奏道："达贼也先自去年秋抢掳兀良哈，得志回还，累来窥探不绝，料必扎驻不远，决有伺隙为患之意。臣等深虑大同左右参将分守东、西二路，所统军马数少。乞将山西、河南操备下班官军暂留堤备，遇警分遣二路，并力杀贼，俟二月终无声息放回。"这次，明廷终于同意其奏。[141]

与此同时，明廷又向朵颜三卫首领下发敕谕，这看起来似乎意味着他们仍游离于也先之外，而非为也先所控制。敕文曰："比闻尔等为瓦剌所侵掠，朕甚悯之。盖尔部属，或有私与往来交通者，屡敕尔等禁约，率不经心，今被其害，实所自取。自今宜戒饬部属，毋听其诱惑致祸。或有警急声息，星驰奏报。今赐尔等及大小头目织金、袭衣、彩币表里，分命来使脱木儿等赍与，至可领也。"在这里，明朝表现出了其以德报怨的大度姿态。[142]

这一年，也先逐渐完成对丝路沿线诸城市的控制，并慢慢将注意力转向东侧。就在前述事件不久之后，辽东总兵官曹义便以"虏寇也先离辽东不远，恐乘隙为患"为由，奏请朝廷精拣2000人于广宁（位于辽阳以西120公里、北京东北500公里）操备，以应付可能遭遇的突袭。明廷接受了他的请求。[143]

但曹义口中所称的"虏寇也先"，确然是瓦剌军队吗？似乎也未尽然。三月，提督辽东军务左副都御史王翱便奏称："臣会同军马出境巡哨，总兵官都督曹义出广宁，兀良哈贼众匿林中，义卒兵围之，贼突出迎战，我军奋勇击之，贼大败……凡斩首三十二级，生擒七十余人，获马牛羊四千六百有奇。"英宗皇帝命选良马赴京，其余的分赐诸有功将士。[144]

也先虽未在明军辽东边防附近，但他的确在周边其他地方。根据王翱的奏报，朵颜卫指挥乃儿不花等向辽东方面抱怨，称"也先诱彼往取所虏人畜，比至，一无所还，反遣人取其所虏人家属"。为此，乃儿不花请求移居白山，以躲避也先之锋芒，明廷是其议。尔后，乃儿不花又再次状告："速可台娶兀者卫都督剌塔妹为妻，也先令可台来，迫剌塔馈送粮食，且言违命即肆抢掠，因来侵扰广宁、开原。盖也先今者犹在境外，夏深草茂、秋高马肥之时，必复来胁兀良哈同来犯边。"为此，英宗皇帝令王翱"往剌塔处体察事情"，确保各项防御事务就绪，同时安抚诸卫，务求对明朝忠诚不贰。[145]

但坏消息亦接踵而至。朵颜卫指挥乃儿不花弟阿鲁花遣使奏称："瓦剌也先弟赛罕王，领人马侵轶部落，杀死乃儿不花，劫掠头畜，即今在边未回。"明廷命阿鲁花为指挥佥事，代领其众，同时驰文与辽东、大同沿边总兵等官，"各令戒饬士马，申严号令，如有侵扰，出奇掩捕"。[146]

这样一来，东北防线的局势就变得更糟了。兀良哈人俘虏了明军的侦察斥堠夜不收，后来将之放归。但在英宗皇帝看来，夜不收之所以能被放归，"岂不漏泄事情？"英宗皇帝称，此事非小，边防将领必须提高警惕。[147]

七月，大同参将都督佥事石亨奏："达贼也先并吞诸部，其势日盛，必来犯边。宜令各边将分别队伍，孰可为正，孰可为奇，大小头目孰可以守，孰可以战，俾各分领操习，庶使兵知将意，将识士情，不致临阵无统，仓卒误事。"朝廷是其议，并请有长策者，同议奏来。[148]

我们把视线拉回辽东地区。辽东总兵官曹义等奏："泰宁等卫达子在小凌河等处，哀告为也先所害，逃散乏食，愿以土物来易米粮。宜令暂于广宁魏家岭关外放入交易，即令回还，庶使不得窥探虚实，且知朝廷拯恤之意。"但英宗皇帝仍不放心这些"可怜人"，他告诉曹义："此辈艰难时来投托，稍得势便为贼盗，恐往来熟知道路，后为北虏向导。"他提出的建议是："果归顺者给赏安置优恤，不愿归顺者，听于境外远地居牧。敢有近边，调军擒剿。"[149]

同时，海西、野人女真诸部也都接到了来自明廷的警报。英宗皇帝敕谕之曰："今兀良哈来朝者，言瓦剌复欲侵劫兀良哈部属。且瓦剌居迤北之地，兀良哈居迤南之地，本不相侵犯，近年瓦剌谋取兀良哈，以结亲为由，与其都督拙赤等交结。去岁为彼劫掠，拙赤等先死，其余败亡，往事可鉴。今此虏又欲谋尔野人女直，尔宜戒饬所属头目人民，但有虏寇来蛊诱者，即便擒拿，送镇守官具奏处治。侵犯者即并力剿杀，无失建立功名，忠报朝廷之意。"

八月，兀者卫都督剌塔奏："迤北鞑靼遣人来其卫，追寻兀鲁歹等。"明廷急令王翱告知剌塔，以朵颜三卫的惨痛教训为戒，不要"轻与虏和，自取灾祸"。[150]

九月，王翱来报，据瓦剌使臣言："也先兵侵兀良哈，其泰宁、朵颜二卫已为所胁，惟福余人马奔脑温江（今嫩江），彼又欲待冰冻时追之，因往海西收捕女直。"英宗皇帝告诉王翱："尔宜遥振军声，使虏闻风不敢近塞，斯为全策。谨斥堠，饬将卒毋贪微利，以启衅端。"[151]

九月，明朝与瓦剌有了一次使臣互动。时骁骑右等卫副千户马青奉使瓦剌，回来时，与脱脱不花汗及太师也先使臣皮儿马黑麻等2149人同归，英宗皇帝命赐宴于大同。原来，在此之前，也先曾俘虏了辽东明军4人，于是朝廷派马青与千户马云赍彩缎、布帛13345匹出使瓦剌，索回被俘士兵及犯边寇2人，故而有此次瓦剌使臣的大规模回访。而也先的影响力更是突出体现在他对哈密和撒马尔罕使臣的控制上。他令哈密使臣脱脱不花同撒马尔罕使臣马黑麻的等339人由陕西入贡，对明军边防骚扰日深，但明朝似乎接受了这一切。那我们不禁要问，明朝的朝贡制度究竟由谁运作？是也先，还是明朝？《明实录》编修们总结也先的行为是"公私骚扰，边患益深"。[152]

也先在辽东方面施加的压力也与日俱增。明廷告诫王翱，不要忘了"太师"曾经的所作所为。英宗皇帝说:"瓦剌也先以追捕仇人为名,吞噬诸部。往者,既自北而西,又自西而东,今又东极海滨,以侵女直。女直自开国以来,役属中国,一旦失之,是撤我辽海藩篱,唇亡齿寒,不可不虑。已敕女直卫分,俾知堤备,卿等亦宜严兵为备,毋恃其不来,恃吾有以待之;毋恃其不攻,恃吾有所不可攻。不来不攻,尚须有恃,况其必来必攻者乎!卿等其慎之。"[153]对瓦剌"往事"的回顾,虽然简洁,但很奏效。但目前为止,也先已经粉碎了丝路上原本附属于明朝的势力,而现在又开始在辽东地区对女真诸卫做同样的事。那么,这一切到底意味着什么?

同时,瓦剌脱脱不花可汗和也先太师竟径直绕过明廷,致书在宣府总兵官杨洪,并赠送其马匹。如前述,杨洪是明军一员大将,以袭杀挫败兀良哈偷袭部队而闻名,但他没有直接面临过瓦剌大规模入侵的情况,因此他对这种潜在可能性的担忧并非无稽之谈。杨洪选择把事情上报到朝廷。显然,这是瓦剌试图与明朝边将建立的"私人联系"。瓦剌十分擅长分裂瓦解对手,而与杨洪的直接联系,也恰恰是这种策略的外在表现形式。对此,英宗皇帝敕杨洪曰:"人臣无私交,但夷虏以礼相敬,不可固拒,宜量以礼币答之。虏情虽多虚少实,料其意亦不过以岁时人使往还,烦尔馆待故耳。凡接见之际,虽以礼貌相接,犹必内加关防,动以朝廷恩威为言,务有以阴折其心,使无所窥测,则善矣。"[154]

瓦剌在外交上对明廷施压的同时,对辽东防线也增加了威胁。十一月,英宗敕谕王翱、曹义曰:"得奏瓦剌平章领人马于北山驻扎,此必也先所遣,欲胁野人女直,使之归己,又窥山川道路险易,及我边境兵备虚实。尔宜勤瞭望,谨巡逻,练士马,利器械，昼扬旗帜，夜举烽火，使虏知我有备。或彼侵扰近边女直，宜酌量事情，遥为声援。若来犯边境，则严督官军，运谋奋勇殄灭之。"[155]

此时，鞑靼阿儿脱台来归，带来了令人震惊的消息。原来，阿儿脱台与也先帐下平章克来苦出有矛盾，为防被其加害而叛逃明朝。他说："也先谋南侵，强其主脱脱不花王。王止之曰：'吾侪服用，多资大明，彼何负于汝，而忍为此？天道不可逆，逆之必受其殃。'也先不听，言：'王不为我将自为，纵不得其大城池，使其田不得耕，民不得息，多所剽掠，亦足以逞。'"[156]

朝廷显然认为这种说法可靠，因此英宗赐予其冠带房舍，命其于南京居住。如果这则消息是真的，那它对明朝可以说有独特的意义。这是一则来自瓦剌内部的军情，充分显示瓦剌内部阵营的分立，特别是也先与脱脱不花的矛盾。也先想要推翻其主，入侵中原，甚至想要征服天下，正如消息中也先所说，纵不能占领中原的大城池，起码也能有所剽掠。

那么，这个时候的兀良哈人怎么办？我们从史料中可以看到，有部分兀良哈人不惜长途跋涉几千公里，到西部地区冒险剽掠，另一些人则觉得难以忍受饥馑冻馁，逐渐归附明朝。当然，他们往往得到明廷慷慨的安置。[157]前述福余卫都指挥安出等，因瓦剌袭击而逃往脑温江，明廷决定让他们重新于辽东境内，选择水草便利、宽舒善地安插居住。到了正统十三年（1448年），英宗皇帝又敕谕仍于旧地居住的朵颜三卫首领，允许他们如再被也先劫掠时迁徙辽东。六月，朝廷再次重申了这一政策。[158]

女真诸卫方面，兀者卫都指挥剌塔等从瓦剌处收到一封文书，决定上呈明朝。英宗皇帝览毕，回敕道：

近尔等进瓦剌与尔等文书,朕览之,皆甘言诱语。且自古国家兴废,皆出天命。今虏乃以元成吉思、薛禅可汗事诱尔,且元亡已百余年,当其亡时,子孙奔窜草野,皆为人所害,今其称为首领者,亦不过冒其名以胁部属耳。其属人尚皆不信服,况欲欺远方之别类者乎?我祖宗受天明命,统御万方,尔女直野人皆自开国之初设卫授官,颁给印信,管治人民,尔等世受国恩,听朝廷节制,兹乃受虏文书,于理不当。况尔居东陲,虏居北地,相去甚远,虏以文书遗尔,事必有因。论情固当究问,但念尔等素多忠谨,自以文书缴进,不隐其情,悉置不问。自今尔等宜严禁部属,毋与虏往来。或虏侵犯尔境,尔等备御不及,驰报辽东总兵等官,为尔量度应援,务使尔等不致失所。尔等其敬慎之。[159]

正统十三年(1448年)年底的这则史料,为我们了解瓦剌的征服战略提供了另一扇稀见的窗口,尽管我们此前在许多史料中已经捕捉到蛛丝马迹。看起来,瓦剌的征服战略并非也先一人在唱独角戏,而是也先与脱脱不花的双簧戏。毕竟,也先仍需要脱脱不花这一所谓的黄金家族后裔来彰显自己统治的合法性,而脱脱不花也绝无可能脱离也先的瓦剌而自号为汗,二者处在一个相互倚借的共生系统中。尽管脱脱不花与也先都接受了明朝的册封,但他们又坚持向其下属乃至其他部属授予元代官职,这就以一种模糊但极具象征意义的方式宣告,元朝并没有在1368年结束,它在草原上仍世代永存。也正因此,也先只能对脱脱不花宣称,他进军中原只是为了掠夺。但这完全是表象,也先永远不可能将其内心深处的野心——恢复整个蒙古帝国——透露给脱脱不花(而事实很快证明，即使没有成吉思汗黄金家族的合法外衣，也先也照样能够统治瓦剌）。

正统十三年底（1449年1月），瓦剌使臣如约而至，次月，礼部亦设宴款待1799名随从使节，其中还有666名穆斯林商人得到单独款待。无疑，这又是也先的一次"安排"。正统十四年正月二十八日，瓦剌使臣陛辞，英宗皇帝托其致书达达可汗脱脱不花，其文曰：

> 朕惟天地运至诚之德，故能生成乎万物。帝王存至诚之心，故能抚育乎万民。天理、人心，一诚无间。朕即位以来，祗体天地之德，推至诚以御华夷，可汗深体朕心，竭至诚以通和好，是以家国乐清宁之福，人民享太平之治，皆一诚相与之，明验也。去年冬使回，备称可汗敬礼朝使，亲领人马护送而还，知顺天循礼之意……来书首举尧舜贤明帝王为言，又云："说过的言语要坚固谨守，中间或有小人奸诈非言，不可听信；所行的事务要诚实和好的道理，不可怠慢。"盖知可汗明达古今灼见，顺逆用图和好久远之意，朕甚嘉之……来书有云："去岁书内写我作达达可汗缘故，不知如何？"可汗自我先朝通好，朝廷其所称名号，亦有定体。自朕即位，重念可汗和好至诚，以其管治迤北人民，特以达达可汗称之，亦尔俗至美之号。朕与可汗和好，在有诚意，不必论此虚文也。

这是英宗皇帝回信中措辞较为柔和的部分，但随后，针对脱脱不花的"大元可汗"梦，英宗皇帝的语气转向强硬："去

第四章 正统时期——英宗皇帝的多事之秋（1436—1449年）

岁……尔……赍文书到（女真）各卫。其书言：'前元成吉思及薛禅可汗授彼父祖职事，要令彼想念旧恩，及要彼整备脚力粮饭。'……朕览其词，皆诱胁之意，非正大之言，未知果系可汗之意否？且自古国家兴衰，皆出天命，非人力所能为……今元运久去，天命在我大明……朕虑或可汗以下贪利生事者妄为，姑令止之。若此事果出可汗之意，以后宜切戒，毋启衅端。倘出下人，即严切禁止，穷治其罪，庶彼此相安，毋伤和好……凡尔处使臣，亦独选择的当之人，节减差来，庶朝廷可以加恩馆待。"

当然，随着信件寄出的，还有英宗皇帝赏赐给脱脱不花及其妃子的大量物资，当然，也先与另外数十名将领，及各家女眷也获得了各类赏赐。[160]

通过这些文书，明朝展示了其对北境防线安全战略的考量。在明廷看来，脱脱不花也好，也先也罢，只要他们不以反明复元为旗号，他们在草原上的势力就会得到明朝的承认，得以肆意发展，因为明廷认为，一旦打出"复兴大元"的旗号，就会对周边其他势力，如中亚民族、藏人、女真人产生吸引力。明朝对其权力和重要性的承认，无疑十分重要，因为这代表明朝将会以礼待之，且在朝贡时给予大量馈赠。明朝承认脱脱不花的首领地位，但除了他那天然的黄金家族身份外，我们无法得知明廷基于什么理由才承认其地位。但我们同时也发现，在这份明朝对草原权力格局的描述中，也先的地位并不明显，我们甚至不知道，明廷对他的评价是什么。总的来说，文书中明朝的姿态显得柔和低调。

二月，辽东总兵官曹义奏："广宁沿边累报烟火，臣等同太监亦失哈、提督军务右都御史王翱率领官军出境，遇见达贼，与之对敌。将士奋勇杀败贼众，斩首一级，生擒男妇五十名，马八十七匹，牛二十七只，车七辆并军器等物。"英宗皇帝命将俘虏及勘用马匹、武器送往京师，其余犒赏有功将士。四月，大同左参将都督佥事石亨、备御署都督佥事卜马麟"出境巡哨，至箭豁山，亨分巡山北，麟巡山前，各遇达贼数百人，俱击败之，擒四十六人，斩首四级，获马七十余匹，牛四头，及弓刀衣甲。贼盖兀良哈部属也"。[161]

以此观之，明军开始有效地制止小规模掠夺的发生。或许这也是也先决定组织大规模进攻的原因。宣府总兵官杨洪很早就预感到也先可能会组织大规模进攻，因此正如前文所述，他时常对此显得担忧。明廷同意其奏请，拨付杨洪所属部队角弓5000张，弦1万条，箭15万枝，碗口铜炮300个，信炮1000个，木马子火药若干，全旗牌各10面。[162]

守备防线的明军多少预感到了什么问题。总督独石、永宁等处守备都指挥佥事赵玫奏："独石、马营、云州、赤城、雕鹗等七堡，止有军马七千，分守地广兵少，乞于腹里量拨官军，带领火器，前来训练备用。"但明廷的意见是："腹里官军不必调，但令玫等整饬见在官军堤备，遇有贼寇，即报杨洪，令互为应援。"明廷似乎有更加庞大的计划。六月，英宗皇帝决定令平乡伯陈怀等，率精锐马步官军3万人往大同，都督王贵、吴克勤等1.5万人往宣府。英宗皇帝令他们"在彼训练，养威蓄锐，以备不虞。或遇虏寇侵轶，即与总兵镇守等官相为掎角以击之"。所有4.5万名京军士兵都得到了银两、盔甲、衣鞋等赏赐。随后，东起辽东，西至甘肃，整条北境防线上的所有士兵都赐银一两，新鲜的粮食、草料亦源源不断运往大同、宣府、永平、山海关等地。[163]看

第四章 正统时期——英宗皇帝的多事之秋（1436—1449年）

起来，明军已经做好打一场硬仗的准备。

　　＊　＊　＊

正统十四年（1449年）七月十二日，瓦剌军队动地而来。没有宣战，没有任何辩护和声明。瓦剌军兵分四路，全面进攻明军，也先本人则率领其中一路军队，由猫儿庄进抵大同，明右参将吴浩迎战败死。可汗脱脱不花放弃此前的立场，率军在辽东方面声援也先。阿剌知院寇宣府、围赤城，甘州方面亦报瓦剌军队入侵。

当时的明廷并不清楚是什么引起了瓦剌此次大规模入侵。从《明实录》的字里行间可以推测，瓦剌此举与其对明朝索取需求日益失衡的形势（可能由人口增长造成的）有关。如前述，瓦剌对明朝的朝贡规模日渐增大，峰值时达3000人，而明朝却不愿其使节大规模前来，时时加以限制。明廷所能提供的贸易量不足，使瓦剌方面日益不满，而双方缺乏相应的机制或机构来磋商解决这一外交、贸易矛盾，因而，由经济而起的"蝴蝶效应"，最终煽动了一场大型战争。[164①]

消息传到北京，明廷立刻动员在京五军、神机、三千等营官

---

① 《明英宗实录》卷180载："虏使贪婪无厌，稍不足其欲，辄构衅生隙。虏酋索中国财物，岁有所增，又索其贵重无有者，朝廷但据有者与之。而我所遣使阿媚虏酋，索无不许，既而所得仅十之四五。虏酋以是衔恚。初，遣使不满百人，十三年增至三千余人，又虚益其数，以冒支廪饩，会同馆官勘实数以闻，礼部验口给赏，其虚报者皆不与。使回，虏酋愈怒，遂拘留我使，胁诱群胡大举入寇。"——译者注

军，每人赐银1两，胖袄、裤各1件，鞋2双及行粮1月，麦3斗。明廷又颁给他们新武器80余万件，每三人给驴1头为负辎重。随后，英宗皇帝又宣布，其本人将御驾亲征，剿灭胡虏。[165]

皇帝亲御六师以临塞下，自然是有风险的，但并非毫无意义。在宣德时期，宣德皇帝虽也三次亲临边防，但并非为抵御外敌大规模的入侵。年轻的英宗皇帝血气方刚，试图效仿乃祖乃父，却完全没有经验。彼时，吏部尚书王直率廷臣合章奏请英宗皇帝慎重考虑。在他们看来，"天子至尊而躬履险地，臣等至愚以为不可"。但英宗皇帝拒绝这一劝谏，他告诉王直："虏贼逆天悖恩，已犯边境，杀掠军民。边将累请兵救援，朕不得不亲率大兵以剿之。"[166]

这一切似无先谋，都是在紧急事态的推动下所作的临时安排。这又与宣德皇帝不一样。宣德皇帝亲征时，漠北草原局势相对稳定，且经过朝廷一定的规划。如今，22岁的英宗皇帝，将第一次作为九五之尊出现在公众视野。有说法认为英宗皇帝并非自愿走向前台聚光灯下，而是在王振的坚定支持和鼓励下，他终于迈出了这一步。他的弟弟，郕王朱祁钰留守京师监国，宦官金英等辅之。太师英国公张辅，太保成国公朱勇等17名大将，与户部尚书王佐、兵部尚书邝埜等15名朝臣扈从随征。因为前方事态紧急，故此次御驾亲征，英宗皇帝几乎没有时间大力宣传。七月十六日，车驾启程离京，前往宣府、大同，因为也先正在那里指挥瓦剌军队进行作战。在明廷看来，也先所在，即是瓦剌军威胁所在。但大军最终并没有到达那里。

前线开战，传来了噩耗。大同总督军务宋瑛，总兵官朱冕，左参将都督石亨等与瓦剌军战于阳和后口（大同东北数公里处），但因为太监郭敬①监军,诸将俱受其节制,导致军队全无纪律,全军覆败。宋瑛、朱冕战死,石亨奔还大同,郭敬躲在草丛中逃过一劫。也先同时还包围了马营堡,将河水切断,致使营堡中无水。[167]

英宗皇帝率领的明军士气十分低落,且在出征前并无详细的进军路线。扈从文武并不知道他们接下来会走到哪里,明廷也从未对此事进行宣传,以便使天下臣民相信这一亲征的正确性和必要性。这次充满问题的出征,将很快终止于八月十五日的土木堡之变。是役,也先彻底击溃了明军,俘虏了年轻的英宗皇帝,这一事件,大多数人已经耳熟能详,本文在此不再赘述。[168]值得一提的是,数十名高级文武官员及王振等宦官均在战役中被杀(太监喜宁被俘,后成为也先的谋士)。英宗皇帝率领的明军遭到毁灭性打击。[169]

* * *

本章到此就结束了。英宗皇帝的正统时期,在次年(1450年)正月初一就结束了,但实际上,早在正统十四年(1449年)八月十五日,英宗皇帝的统治就暂时宣告结束了。我们回顾其自登基而到土木堡之变的14年间,可以形成这样一个相对合理的看法,即就明朝的北境防线而言,其前景并非完全暗淡无望。即使在这段时间里,明朝名义上由年幼的皇帝统治,但在太后、内阁和王振的辅佐下,明廷所作出的政策总体上是理性、有智慧且符合国

---

① 原著作"Guo Ying",核《明实录》原文,实系郭敬。——译者注

家利益需求的。复杂的边防机制一次次发挥其应有的作用,边防形势相对稳定,没有出现重大失误。但是,我们一再看到,后世不少学者总把明朝的军事防御概而论之为失策或严重管理不善,但这一结论显然与我们看到的正统年间(1436—1449年)的文献记载相矛盾。那些被广为诟病的征用或管理不善的个案,事实上大多得到了处理和补救,事情或多或少,差强人意。当然,问题也接踵而至,首当其冲的,便是正统年间辅佐英宗皇帝的顾命元老相继离世,最后只有宦官王振成为英宗皇帝的亲信。以此观之,土木堡之变不能被过度解读为明朝政治肌体慢性恶化的结果,似应被视为短暂的命运转变更为妥切。它固然造成了一场明朝政权生死存亡的危机,但明朝终究转危为安。

第五章

阶下囚皇帝

（1449—1450年）

第五章　阶下囚皇帝（1449—1450年）

土木堡之变中，有相当一部分幸存者。英宗皇帝即为其一。据杨铭（又名哈铭）的《正统临戎录》载，当瓦剌士兵一拥而上时，英宗皇帝"蟠膝面向南坐"。后来，"有一达子来剥我[①]衣甲，我不服他剥，达子要伤害我。有达子兄到来，问说：'怎么的？'达子回说：'我要他的衣甲，他不肯与我。'达子兄说：'这个人不是等闲的人，动静不像个小人儿。'就将我拿去见也先弟赛刊王[②]。"

《正统临戎录》后文又载："我就问：'你是也先吗？你是伯颜帖木儿吗？你是赛刊王吗？你是大同王吗？'赛刊王惊惧，不花就上马去见也先，说：'我的爱马的拿将一个人来见我，问那颜名字，问我的名字，问大同王名字，怕不是大明皇帝？我来报得那颜知道。'也先说：'这个人在哪里，领来我看。'当时，也先就在帐房内，叫原来我们处做使臣的哈巴国师、哈者阿里平章来，看是大明皇帝也不是？我见了他，就叫他二人名字。二人惊惧，与我磕头。回也先说：'是大明皇帝。'当时，也先聚会大小头目，说道：'我们问天上求讨大元皇帝一统天下来，今得了大明皇帝到我们手里。'"看来，也先对此战果也难以置信。[1]

[①] 此处引文中的"我"均指英宗皇帝。——译者注
[②] "赛刊王"又译"赛罕王"。

* * *

我们需要将以下三条事件发展脉络交织起来考察。其一，英宗皇帝如何在瓦剌处度过了长达一年的囚俘生涯。直到目前，这位君临天下的皇帝还只是一位鲜少露面的默默无闻的主上，以他之名的明朝政府正井井有条地管理着这个幅员辽阔的偌大帝国。除此之外，我们很难得知他更多的信息，当然，杨铭和另一位锦衣卫袁彬[①]，因为追随英宗皇帝"北狩"而有了更多关于他的记载。英宗皇帝本人对此事则三缄其口。其二，也先的战略，特别是关于他对统一草原乃至中原的宏大目标，是如何一步步潜移默化地影响被他俘获的英宗皇帝的。其三，明廷如何应对这次突变所带来的双重劫难：大军覆灭，皇帝北狩。我们将从这三条事件发展脉络出发，考察其与明朝边防安全问题之间的关系。大明是否能经受住这次打击？又或许可以进行如下思考：在土木堡之变前，明朝对于其政权安全非常自信，且认为其在外交事务中能够占据足够的主导地位。而土木堡之变后，明朝震惊于此，且很长一段时间内充满了复仇的思想。

先从英宗皇帝本人说起。中国历史源远流长，而这位年轻君主的遭遇恐怕绝无仅有，因此，历史中自然没有什么先例能够给他提供参考。22岁的他在被俘的岁月里坚忍安静，小心翼翼。我们从史料的只言片语中未察觉其抱怨，甚至想象他是否已经作好

[①] 原著作"Yang Bin"，实系袁彬。——译者注

准备，永远成为一位游牧民，开启一段新生活。生活水平一落千丈，从原本奢华的宫廷生活变成如今囚禁的境遇。这种囚禁的日子似乎没有尽头，偶尔也会令英宗皇帝感到沮丧和焦躁，但值得敬佩的是，他并未因此让大明王朝蒙受羞辱。

袁彬和杨铭，对他的帮助甚大。袁彬是江西人，为锦衣卫校尉。据其多年后所撰《北征事迹》载，土木堡之变中，"皇上在雷家站高岗地上众坐，达子围着。是臣远观，认的是我英宗皇帝。臣叩头哭，上问：'你是什么人？'臣说：'是校尉。'当奉圣旨：'你不要说是校尉，只说是原在家跟随的指挥。'又问：'你会写字不会？'臣说：'会写。'就令在左右随侍答应。本日，奉圣旨讨珍珠六托，九龙段子蟒龙金二百两，银四百两赏也先，着臣写书与千户梁贵回京奏讨"。²

杨铭大概也是20多岁，与英宗皇帝年纪相仿。他与其父杨只均为穆斯林，其先辈大约于永乐时期来华，并在此定居。杨铭曾为通事，出使瓦剌，并被也先带枷拘束，以此表达对明朝的不满。后来他随也先南征，最终被也先放回明朝。杨铭的《正统临戎录》，是他多年后对英宗被俘事件的回忆录，虽为汉语口语，但偶尔显得语无伦次。他是如何获得也先的准许，得以侍奉英宗皇帝左右，我们也很难知晓。一开始，英宗皇帝只知道其父，未知其本人，但很快，他就与袁彬一样，成为英宗皇帝的侍从了。³

杨铭在《正统临戎录》中叙述了也先及其下属就如何处理英宗皇帝所进行的一系列讨论。据载："数中有一达子名唤乃公，言说：'大明皇帝是我们大元皇帝仇人，今上天可怜见，那颜恩赐与了到手里。'口发恶言伤害。当有伯颜帖木儿忿怒言说：'那颜要这等反狗似的人在眼前开口说话！'当时，把乃公面上搠了两拳,说道:'那颜只要万年的好名头。大明皇帝是云端里的皇帝,上天不知因那些怪怒他,推下来。数万的人马,着刀的,着箭的,躧死的,压死的。皇帝身上,怎么箭也不曾伤他?刀也不曾砍他?怎么人也不躧着他?他的洪福还高,还在里。拿住他时,怎么就问那颜的名字?怎么问我们的大小头目的名头?他不曾做歹,我们也曾受他的好赏赐,好九龙蟒龙。天地怪怒上,今日到我们的手里。上天不曾着他死,我们怎么害他性命!那颜图万年的好名头,落在书册上,差人去报他家里知道,着差好人来取,那颜这里差好人送去,复在宝位上坐着,却不是万年的好名。'众头目听说了,齐说道:'那颜,特却(知)院说的是。'也先说:'伯颜帖木儿,你就把皇帝领了去,养活他。'有伯颜帖木儿回说:'是,我养活他。'就领了我去。"

不过,瓦剌方面想要以英宗皇帝为赎的策略,遇到了困难。就在俘虏英宗皇帝的数天后,瓦剌人把他带到了宣府,袁彬的《北征事迹》中也提到了这一点,时间在八月十七日。也先让英宗皇帝与宣府官员联系,试图开始讨论移交事宜,英宗皇帝"传旨谕杨洪、纪广、朱谦、罗亨信开门来迎"。但是,他的"圣旨"能得到认可并执行吗?

杨洪并不在城中,城中纪广、朱谦、罗亨信等却在商量如何应对这一局面。最后,他们通过城中守军称,他们奉命为天子守城,如今天色已晚,不敢随便开门。火铳手已经准备好射击,也先决定不再硬闯。他带着英宗皇帝前往大同,准备去那里碰碰运气。[4]

八月二十一日,瓦剌军带着英宗皇帝抵达大同,跟随他的还有瓦剌士兵20余人。大同守将尚未知悉土木堡之变,于是英宗皇帝差力士张林到大同城相告。总兵官刘安、都督郭登、都御史沈固将张林付断事司审问来历，终于弄清事情原委。尽管他们未能全信此事，但还是同意进行谈判。于是，英宗皇帝又派袁彬持驾牌入城相告。

袁彬向城中守将诉说土木堡之变，并奉圣旨令刘安出城相见。刘安闻讯，急忙出城与英宗皇帝相见，叩首痛哭。确信圣驾被俘之后，郭登、沈固等大小官员亦俱出城迎驾。唯有通事指挥李让不愿出城，理由是"我①女儿许与大同王对亲，如今不与他，我若出去，他定杀了我。"袁彬扯住其腰带，道："皇帝在门外，你如何不去？"刘安也说："我在（皇）上前说过了你。"于是李指挥不得已而同行。

众文武与英宗皇帝相见痛哭。郭登哭曰："六军东归，孰料至此！"英宗皇帝道："将骄卒惰，朕为所误，复何言！"于是询问大同尚有钱物多少，刘安等答"有银十四万两"。伯颜帖木儿等索要赏赐，英宗皇帝命取22000两，以5000两赐也先，以5000两赐伯颜帖木儿等三人，余钱赐其各级随从将士。八月二十二日，英宗皇帝又命袁彬入城取赏赉物，得朱冕、郭敬家资，分送也先官员。整个过程，英宗皇帝始终谈笑自若、神采毅然，丝毫不失人君风范。郭登见之，谓其他人曰："圣主可谓处困而亨者矣。"⁵

瓦剌并没有打算放走英宗皇帝，而是继续挟持他西行。临走前，英宗皇帝告诉郭登："固守城池，人来有所传报，必察诚伪，慎勿轻信。"郭登试图派出夜不收五名前往瓦剌军中救驾，但英宗皇帝拒绝了他的建议，说："我命在天，今若为此，万一不虞，乃自取也。"⁶

---

① 本句的"我"，是李指挥本人。——译者注

八月二十八日，刘安赴京奏报："皇上谕臣曰：'也先欲将其妹与我结姻，送我回京，仍正大位。'又谕臣：'尔奏报皇太后，朕虽房中，身体无恙，若再遣使臣，多赍表里物货，前来给赏，可得早回。如来迟，恐深入虏地。'"但监国的郕王不认为这样的做法是正确的，他对刘安说："此盖虏寇设计诈诱尔等，尔等无知无谋，至于如此。朝廷用尔镇守何为？中国惟知社稷为重，今后但有此等不分真伪，尔等决不可听信，以误国家。"

与刘安一同前来的，还有被俘的明朝宦官喜宁。他是北方人，很可能是鞑靼人，而他不久之后即将向也先投诚，并为之充当向导。随后，岳谦等赍赏赐等物回到大同，到达瓦剌军营。来使告诉英宗皇帝，郕王朱祁钰即将即皇帝位。杨铭抗议道："也先诚心要送皇帝回来，你且不要立！"但无人在意他的说辞。[7]

又往后数日，太后托人送来貂裘、胡帽、衣服等物给英宗皇帝。

英宗皇帝让袁彬写书三封，一并托使者带回北京，一封禅位于郕王，一封问安于太后，另一封则致意于百官，"绝也先辟地之心"。[8]本来，也先一直将英宗皇帝视为大明天子，完全没有想到他会变成"太上皇"。明廷另立新君，彻底打乱了也先的节奏。

十月初一，也先在大同城下，再度试图将英宗皇帝送回朝廷。喜宁、岳谦等代为传言，曰："今送上皇回京，若不得正位，虽五年十年，务要仇杀。"知府霍瑄出城觐见英宗皇帝，皇帝密谓之曰："汝去与郭登说，固守城池，不可开城门。"十月初三，大同总兵郭登奏称："自虏中还者白叵罗至京，言也先会众议云：'北京已立皇帝，要领人马来交战，终无讲和之意。我今调军马再去相杀，令彼南迁，与我大都。'"景泰皇帝命兵部、锦衣卫同

通事审实以闻,而事情很快得以证实。⁹

十月初五,宣府总兵杨洪称:"本月四日,达贼三万人马过顺圣川、洪州堡,欲侵犯京师。"而与此同时,明廷也在首都积极动员,为保卫京师而努力。明廷实行坚壁清野策略,同时"分遣诸将帅兵二十二万,陈于京城九门。总兵官石亨陈于德胜门,都督陶瑾陈于安定门,广宁伯刘安陈于东直门,武进伯朱瑛陈于朝阳门,都督刘聚陈于西直门,副总兵顾兴祖陈于阜城门,都指挥李端陈于正阳门,都督刘得新陈于崇文门,都指挥汤节陈于宣武门,皆受石亨节制"。城门外所有民用、军用房屋俱被下令夷为平地,居民们徙入城中,以便军队在城外安营扎寨。但由于"众情汹汹,争负行李入城",给事中李震认为这样下去会"动摇人心",于是拆除建议被取消了。朝廷又从宣府调集2万部队,同时从没有受到进攻的辽东方面调集3万部队增援京师。十月初九,喜宁引瓦剌骑兵攻进京要道紫荆关。4天后,瓦剌军从背后偷袭紫荆关,副都御史孙祥战死。初十,另一支瓦剌军队突袭京师以北50公里处的居庸关。事态看起来非常严重。¹⁰

* * *

让我们稍微把时间提前一点儿,重新评估一下当时的形势。土木堡之变是明代边防建设迄今遭受的最严重的系统性冲击。明军本来发动了一次大规模远征,但到头来,皇帝本人却成了阶下囚。在古往今来的历史中,几乎没见过类似的灾难降临到中原王朝头上。若非要说有类似的案例,那也只有公元311年西晋灭亡及

1126年的靖康之变。这两次巨变，导致中原王朝大规模撤出华北地区，而偏安于南方。但凡受过教育的人，对这些历史典故大约无不知晓，因此我们有理由猜测，肯定有某些时人认为，因为土木堡之变，明廷甚至不得不重蹈历史覆辙，撤离北京，在南方建立偏安政权。如是那样，天下将重陷割据。但这一次并没有。为什么呢？

因为，尽管土木堡一役损失惨重，但中原大量的人力、物力，仍为明朝政府牢牢掌握。另外，此时，明朝始立国八十载，内部还没出现严重的党争，因此，即使事起仓促，朝堂之上也几乎可以立刻形成基本共识，即无论付出何种代价，都必须抵抗瓦剌，保卫京师。最后，明朝的国家机体之所以没有进一步伤筋动骨，还因为它所面对的入侵者也先，与此前公元311年和1126年的入侵者不同。也先充其量只考虑征服和统治华北，他甚至对自己的成功感到意外和惊讶。而直到俘虏英宗皇帝时，他的全部想法也只有让英宗皇帝怀戴其恩，重新回去执掌大明政权。

明朝上下又是如何在这一局面下恢复万众一心的斗志的呢？土木堡之变发生的第二天，即八月十六日，消息就传到了北京。而事实上，可以用来保卫北京的大部京军，已经葬送在土木堡了，更可怕的是，英宗皇帝下落不明。谁也不知道，也先接下来会出现在哪里。京师陷入了恐慌，"人心惝惝"。有些官员已经预谋将家人送往南方避难，又有许多官员聚首恸哭。郕王聚文武百官商议对策。翰林侍讲徐珵认为星象有变，应将朝廷迁回南京，但众议纷纷，没有人觉得这是一个好建议。礼部尚书胡濙曰："文皇（永乐皇帝）定陵寝于此，示子孙以不拔之计也。"兵部左侍郎于谦更是厉声责道："言南迁者，可斩也。京师天下根本，一动则大事去矣，独不见宋南渡事乎！"而在宫闱中，太后也与太监李永昌商议认为,"陵庙宫阙在兹,仓廪府库、百官万姓在兹,一或播迁,大事去矣"。最终,"中外始有固志",太后和郕王决定留下守卫京师。[11]

当然,土木堡之变,总是需要有人出来负责的。八月二十三日,以于谦为首的官员们,包括都察院右都御史陈镒等,于午门外痛斥王振等祸国殃民(英宗皇帝极为宠信王振,如果他此时在场,肯定不会同意群臣的观点)。郕王说:"国家多难,皆因奸邪专权所致。今已悉准所言,置诸极刑,籍没其家,以谢天人之怒,以慰社稷之灵。"最终,朝廷只处理了内官毛贵、王长随等少数王振"党羽"。[12]这是一种有效的替罪羊手段,避免大规模的政治迫害和清洗,使得朝廷得以将全部精力放在拱卫京师上。

群龙无首时,明朝政府又是如何有效运作的呢?这一点,明廷的处理也极为巧妙。监国和储君之立,使人心得以安定。①我们可以从八月二十二日太后的诏书中窥见一斑:"迩因虏寇犯边,毒害生灵,皇帝恐祸连宗社,不得已躬率六师,往正其罪。不意被留虏庭,尚念臣民不可无主,兹于皇庶子三人之中,选其贤而长者,曰见深,正位东宫。仍命郕王为辅,代总国政,抚安天下。呜呼!国必有君,而社稷为之安;君必有储,而臣民有所仰。布告天下,咸使闻知。"

军队护驾有失之责,也一概被豁免。彼时,"官军脱回者"心有惊疑,怕朝廷有怪罪之意。郕王即令谕各营大小把总、管队官:"迩者,大驾亲征胡虏,不意被留贼庭,究其所由,皆由主事者不得其才,所以赏罚不当,运谋不得其人,所以号令不严,

---

① 本句据上下文意增补。——译者注

勇敢之士莫用其才，忠正之士莫展其志，致有此失，于尔何罪。尔等即将所领官军回到京者，一一开报，以凭给赏。果有阵亡及被伤成残疾者，令弟男子侄袭替，其无伤者仍旧操练，每人再给赏银二两，布二匹。"

　　这些符合当时需求的政策举措，最终以景泰皇帝的登基为标志，得到贯彻推行。英宗皇帝被遥尊为"太上皇"，实则不过一虚衔。景泰皇帝的登基存在严重的合法性问题，更像某种柔性的篡夺。但仅就目前而言，明朝政府面临严重危机的情况下，这一做法无疑具有合理性。它修补了明朝统治体系中一个关键缺口，完成了英宗皇帝在外被俘期间无法完成的工作。这一举动也进一步意味着，也先无法再将英宗皇帝作为自己可资利用的工具了。[13]

　　我们不妨假设一下，也先在土木堡胜利后就直接向北京进军（北京在土木堡东南方100公里处），这座毫无防备的城市，很可能就会被也先迅速占领。假设他真的控制了北京，那结果也必将是灾难性的。对于也先的势力而言，草原注定是他的最优选择，而中原腹地更适合作为他剽掠物资的"大仓库"。正因如此，他与明朝长期以来相安无事，明皇室南渡的威胁也从未因他而出现。

＊　＊　＊

　　如何安排英宗皇帝回驾，仍旧是横亘在明朝与瓦剌中间的一个问题。也先希望回归的英宗皇帝能够重获最高权力，而明廷却反其道而行之。在明廷看来，太上皇很可能只是也先的一个诱饵，用以诱使北京或其他城池的官员打开城门，进而让瓦剌军队可以肆意掠夺。对于也先而言，威胁和武力永远是最好的谈判筹码。因此，在双方的共同作用下，也先希望逐步放弃这个"废帝"的想法，甚至要比明朝希望也先接受他的愿望①更为强烈。某种角度看，明朝在这一问题上有发号施令的权力，并最终使僵局得以解决。

土木堡之役后，也先就撤回了他的军队。八月二十一日，明廷以于谦为兵部尚书，他利用也先撤退之机，动员整个帝国以应对危机。为了保卫京师，重新修复北境防线的缺口，地方各省及各地明皇室成员纷纷应召勤王，大规模征兵活动也节次展开。

如前述，八月二十一日，瓦剌军裹挟英宗皇帝，向大同守军施压，得到了巨额银款。此时，英宗皇帝仍是大明皇帝，但瓦剌人没有试图通过谈判让他尽快回国。

大约一周后，总督独石等处备御、右少监陈公奏称："达贼万余围龙门城（位于宣府东南约140公里），云是阿剌知院遣我等来讲和，因系书于矢，射入城内。臣等答言：'可说与阿剌知院，尔是好人，素向我朝廷，我皇帝厚加赏赉，未曾相负，今奈何兴兵留驾，毒害生灵。'②贼点头，然臣等所言而去。少顷又来言：'我阿剌知院说：我是个大头目，已年老了，如何留一个恶名？我与你讲和了罢。我亦曾劝也先太师来，不听我说，可将所射书奏尔朝廷，我亦回禀也先太师，须仍旧往来和好。'贼又言：'王子军马从东来，也先从西来，我从独石马营来。我伤了几处小边

---

① 景泰皇帝自然不希望英宗皇帝回来，因为这将对他的皇位造成巨大冲击。——译者注
② 这是明廷惯用的外交辞令。显然，在危机当头之时，明朝当局各级官员仍能在外交政策和事务上保持一致。——原注

城，我却不是了。'"但兵部认为"虏情谲诈，不可轻信"。[14]

尽管阿剌知院的话看似真诚，但明廷的怀疑也不无道理。一系列事件表明，在瓦剌内部，首领们之间对战争目的的意见是不一致的。当然，也先最终会接受阿剌知院的观点。

九月初五，郕王致书鞑靼可汗脱脱不花和太师也先，二信内容大同小异，略曰："往者，朝廷遣使通好可汗，以保太平之福于悠久。近者，因下人之言，彼此动兵，大抵天道人心莫不好生恶杀，好逸恶劳，好治恶乱，我与可汗当顺天道，合人心，和好如旧。"与文书一起送出的，自然还有大量贵重的礼品，如金百两，银二百两，托珠十托，珍珠百颗，织金九龙纻丝五匹，织金蟒龙纻丝五匹，织金胸背纻丝十匹，浑织金花纻丝五匹，素花纻丝二十匹及乐器等物。这些信件对瓦剌方面产生多大影响未可尽知，但明廷期望的和平并没有马上到来，战场上仍旧兵戎交错。但当郕王正式登基为景泰皇帝后，锋芒毕露。他立刻敕谕宣府总兵官："皇太后命朕即皇帝位，以安天下，尊大兄皇帝为太上皇帝。奈何虏寇往往使人假作大兄皇帝，到各边境，胁要开关入城，或召总兵镇守官出见。尔等恐堕其奸计，故特驰报尔等，今后凡再有如前项诈伪到尔处，不许听信。"[15]

前述那位随同刘安去觐见英宗皇帝的通事官李让，在九月份被大同总兵官郭登举报通敌叛国。郭登奏道："李让以讲和为由，潜结也先，约许幼女为也先弟大同王儿妇。又密受也先赏马四匹，被虏妇女二口，将各城指挥姓名尽报与也先。又诈传上皇圣旨，令臣与也先相见，又擅许也先以口外城池。臣已羁留让于此。"副都御史朱鉴亦奏："也先许以让为知院，镇守大同，让教也先诈为上皇敕书，言皇上不当正位，也先必来为朕报仇。"得此奏报，兵部令郭登遣人押解李让赴京。[16]

瓦剌军在土木堡搜集了明军的衣甲战旗之后，以之为模板进行新的设计，准备在未来制造供给军队使用的新式武器铠甲。

九月二十四日，锦衣卫小旗陈喜同自瓦剌走回，称："脱脱不花王领一万达子去劫广宁，既回野猪口旧营，又往西南，欲与也先及阿剌知院约来攻北京。"宣府总兵官杨洪也奏："得奉使瓦剌都指挥季铎报言，也先嗔赏赍物薄，又云自送至尊赴京正位，要五府六部官出迎。约在四五日后，即至大同。先是有敕令臣选官军七千往土木焚瘗将士遗骸，恐宣府军马一出，贼人猝至，难以堤备，宜候边事稍静，方去焚瘗。"[17]

九月二十八日，景泰皇帝又向瓦剌寄信两封。一封给太上皇英宗，一封给也先。他对英宗说："弟祁钰再拜，奉书大兄皇帝陛下：迩者，以保宗庙社稷之故，率师巡边，不幸被留边廷。自圣母皇太后以及弟与群臣，不胜痛恨。我皇太后复念宗社臣民无主，已立大兄皇庶长子为皇太子，布告天下，以系人心，以待大兄驾回。奈何日久，宗庙缺祀，国家无主，我皇太后及宗亲诸王皆统率人马，赴京卫护宗社，同念太子年幼，不能亲理国事，臣民无望，命弟即皇帝位，以慰舆情。在京公侯驸马伯及文武群臣万姓亦合辞，请蚤定大计。又使臣回，亦传大兄之命令弟主典宗庙之祭，弟不得已受命主宰天下，尊大兄为太上皇帝。弟身虽已如此，心实痛恨不已，仰望大兄蚤旋，诚千万幸也。近得赐书，捧读再三，且喜且痛，若太师也先果欲送大兄回，是能上顺天道，下顺人心，真大丈夫所为，岂不名扬千古？大兄到京之日，君位之事，诚如所言，另再筹画。兄弟之间，无有不可，何分彼此。但恐降尊就卑，有违天道，望大兄与也先太师言之，送兄回国，不必多遣人马，恐各王人马在京众，大势有相犯，不能自已，非弟所能保无恙也。只宜用五七骑送来即可，以全和好，伏望大兄深念祖宗社稷生灵为重，善为一辞，天地鬼神，必加保佑。"

给也先的信中，景泰皇帝又写道："迩因太师遣使致书，欲送大兄太上皇帝回京，足见太师上顺天道，下顺人心。比先朝廷与太师处，皆因下人之言，彼此俱动军马。我朝廷为奸邪所误，以致一时生灵受害。先因朕兄不知存否，国家无主，宗室诸王统率天下军马皆来守护宗社。我圣母皇太后及王公侯伯并臣民皆言，自古生灵不可一日无主，朕当嗣位，主宰天下。又得指挥岳谦、梁贵回京口传大兄皇帝圣旨，命朕嗣位以典宗庙之祀。朕不得已，勉尊大命，祭告天地、宗庙、社稷，诏告天下，即皇帝位，尊大兄为太上皇帝，尊居朕上。太师果能送兄回京，朕有大事，必当禀命而行若大兄。大兄仍居皇帝位，则为降尊就卑，是罔天矣。罔天之事，朕岂敢为？太师必同此心。朕谓太师送兄回京，以全和好，真大丈夫所为，古今少有，岂无美名播扬千古？但今各处军马皆来，聚集京师，保护宗社，布列远近，太师宜少遣数十人，送朕兄回京，庶几众军之心不疑，不至相犯，尤见太师保全和好之盛心也。往事彼此俱勿留意，颁去礼物，至可收领。惟太师亮之。"[18]

从使者的口头转述看，英宗皇帝似确已同意由其弟继位，因此，在上述两封书信中，景泰皇帝都点出了这一点，并希望也先真心诚意送回其兄，而非借机兴兵推翻他的统治。[19]

也先当然派了一支军队"护送"英宗皇帝回来，但并不是信中所称的"五七骑"或"数十骑"。在我们继续讲述事件经过之前，我们是否应当思考一下，在土木堡之变中，明朝到底有没有什么地方应受指责？这也许难以理解，因为一般我们会优先认为，是瓦剌军队发起了这次战争，他们才是应该受指责的对象。但仔细想想，或许在明廷看来，明军未能充分进行抵抗就兵败如山倒，同样也应受到指责。

* * *

也先的护送部队到达京外西南十余公里处的卢沟桥。据《北征事迹》载："十一日（10月27日），到卢沟桥。有果园署官以果品来进。上（英宗皇帝）又令臣（袁彬）写书三封，奉圣母皇太后及御弟皇帝，暨文武群臣，通报虏情，固守社稷。"很明显，这些信件得以寄出，与也先对英宗皇帝的松懈管理有关。十月十二日，京城外支起了英宗皇帝的大帐，也先希望明廷看到英宗皇帝后，会决定把他接回去。这个策略并未奏效，但这并不意味着明廷完全要放弃这位曾经失败的统治者，而是明廷拒绝屈服于也先的施压。前来接洽的是通政司左参议王复，中书舍人王荣，二人并非朝廷重臣，无权代表明廷作出任何决议，和谈很快结束。①

---

① 从杨铭的《正统临戎录》，我们可以更直观地感受彼时现场的对话。据载："十五日，有也先同圣驾领人马到于德胜门外土城庙里。将吴良升都指挥，阮旷升内官，父亲升正千户，差同鸿胪寺卿赵荣等赍送羊酒，俱见圣驾前说话。奉圣旨：'家里怎么大官人不出来？'也先问：'这个都是什么识事？'爷爷回说：'这个都是小官。'季铎说：'是中书舍人。'也先亦说：'大臣宰每（们）怎么不出来接皇帝进去？养狗还认得主人。我把皇帝送到门口，都不来接皇帝进去。'有圣旨：'你每（们）都回去，到家里说，叫大臣每（们）出来见太师，接我进去。'当时，赵荣等就回。"——译者注

赴京勤王的军队源源不断。永平守军两万前来增援京师，女真诸卫、朝鲜亦遣兵来援，户部郎中汪浒甚至前往河州调兵勤王。武清伯石亨、兵部尚书于谦在德胜门外击溃了来犯的瓦剌军队。战争的经过，据载如是："初，虏以数骑来窥德胜门，谦等伏兵于两傍空房，先遣数骑迎战诈败，虏众万余来追，伏兵起，以神炮火器击之。虏遂却。"十月十四日，王敬、武兴又于彰义门外与瓦剌军交锋。"兴以神铳列于前，弓矢短兵次之，报效内官数百骑列于后。虏至，以神铳击却之。"不料骑兵争功冲锋，致使明军阵脚大乱。瓦剌军趁机突击，明军逃入土城，幸赖"居民皆升屋，以砖瓦掷之"，抵住瓦剌军。后王竑、毛福寿驰援，瓦剌军方退。[20]①

瓦剌军队决定不再挑战固如铁桶的京城防御，他们带上英宗皇帝，从来时的路撤回，由紫荆关而顺圣川。至迟到十一月十六日，回到了漠北草原深处。[21]

从杨铭或袁彬断断续续的记载中，我们似乎能感受到无论是明朝还是瓦剌，都对这种僵持状态感到疲惫。也先不明白明廷为何不愿派出高级官员来接英宗皇帝，袁彬甚至放声大哭。英宗皇帝希望能被接回朝廷，因此他要求赵荣等回去，"叫大臣们出来"。可惜，没有任何大臣出来接驾。数日后，喜宁甚至略带挖苦讽刺地告诉他们："太师诚心送皇帝来到你的城门前，你的家里兄弟做了皇帝，你的臣宰悖了你的恩，不肯出来认你，接你进去做皇帝。"另一支瓦剌军队甚至已经失去控制，开始于沿线村

---

① 原著叙述事件有所删略，难以理解，故译者据《明实录》原文补全。——译者注

庄肆掠起来。受挫的也先深感愤怒,决定北归。[22]

在此期间,明廷也向也先和押送英宗皇帝的伯颜帖木儿致书。可以这么说,给也先的信件充斥着外交说辞。书曰:"使来得书,知太师欲送太上皇帝回京,足见厚意。今闻军马从西路剽掠人民,众心惊疑,以此整搠军马,堤防他人,非为太师。太师倘能退扎山下,止遣一二十人解甲置兵,送至中途,此亦当遣一二十人解甲置兵来迎,重加赏赐。太师及众头目以全永远和好,庶几上顺天道,下协人心,惟太师亮之。"

与伯颜帖木儿的书信,内容大体一致,但同时也感谢他对英宗皇帝的照料。书曰:"今者,闻太师与知院亲送大兄太上皇帝回京,足见敬顺天道之意。又闻知院晨夕省视,供应帐房饮食之类,尤见厚意。今遣人来迎,倘得少遣人早送回京,自当重加赏赐,以答知院。"[23]

也先曾经认为,展示瓦剌军的军威可以帮助英宗皇帝重新掌权,但明廷巧妙地化解了他的意图。瓦剌军或许能够肆无忌惮地突至京城,但不能试图强迫明廷改变意志。但我们换个角度想,假设当时的明廷真的屈服了呢?如果英宗皇帝在此时如愿回来,也先的妹妹会不会成为他的皇后?瓦剌能否借此顺势控制明廷?历史无法假设,但人们很想知道未来的发展会怎样。

* * *

那么,瓦剌军过后的华北形势如何?通过史料介绍,我们知道,此时的华北必定是一片废墟,到处都是尸骨累累的战场。原本的良田村庄被抢劫、摧毁，遭到遗弃。牲畜横行四野。这一萧瑟的死亡地带，最终将北京与也先的部队隔离两端。使臣恐怕无法再自如穿梭其中，有的使臣甚至被沿途游荡的劫匪杀害了。随后，杨铭、袁彬与喜宁之间还出现了龃龉，后者已经由金銮殿下内侍一跃而为也先的军师了。① 是年冬，天大寒，蒙古高原的气温降到了零下几十度，这给英宗皇帝的生活带来更多苦难。据袁彬记载："时天寒甚，臣得宿寝傍。每至中夜，令臣伏卧，内以两胁温上足。"同样，杨铭也需要给英宗皇帝取暖。至春天时，也先以为宁夏的明军会来抢夺英宗皇帝回朝，而事实却没有发生。于是，也先的部队洗劫一番之后，就掉头向东，返回漠北草原。[24]

对于被俘的英宗皇帝来说，也并不需要感到沮丧。瓦剌人对他的招待是周到的，牛肉、羊肉、野味、牛奶、酒菜等一应俱全。② 他们甚至还在万寿节和元旦时为英宗皇帝设宴。③ 也

---

① 事见《正统临戎录》。据载："后太监喜宁与忠勇伯把台说：'都是袁彬这厮每（们），年纪小想家里，拨置皇帝。将这厮每（们）都杀了。'铭说与袁彬，有袁彬慌了，哀奏。奉圣旨：'哈铭，你去与太监说，不干袁彬事。'是铭传奉圣旨，说了后差使臣计安、苏斌等赴京奏讨使臣，到宣府地方尽行杀了。"——译者注
② 据《否泰录》载："伯颜帖木儿每二日献羊，七日献牛。也先每七日献马。二人者，每出猎，则又以其所获野马、黄牛之类来献。"——译者注
③ 如《正统临戎录》载："十一月十一日，遇圣节，有也先亲来与爷爷上寿，进黄蟒龙、貂鼠皮袄，杀马做筵席，计议差人讨使臣……正月初一日，爷爷烧表告天。烧表已毕，有也先差人来请圣驾。到于地名断头山营里做年，同妻并大小头目递皮条庆贺。"——译者注

先甚至还曾对英宗皇帝说："勿忧，终当送还！"①为了宽慰英宗皇帝，伯颜帖木儿还曾经在酒席上跟他讲过一则故事："我有一个比喻，你皇帝上奏。大海里水潮时，一个大鱼随潮水落在浅水滩里。大海里的鱼怎么在浅水里住得？这个鱼急了，还要归大海里去。潮水时候不到，怎么到得浅水根前；潮水时候到时，接着浅水，这个鱼还归大海里去了。皇帝你宽心，你不要心急。你的时候到了时，留不住，自然回去了，好歹见娘娘。你心焦忧出病来，有些好歹，没人替你皇帝宽心。"又一日饮宴饯行，"也先、伯颜帖木儿貂裘帽，其妻珠琲覆面垂肩，碗酪盂肉长啜，亦更互吟弹歌舞以为欢"。总之，英宗皇帝在"在虏营逾年，未尝屈尊"，"虏人往来窥觇天容，穆然殊无惨沮"。[25]

据《正统北狩事迹》载："也先一日自至帐殿前，曰：'日出处至日落处皆皇帝臣子，然不得其济，只得哈十一人之力。你饥饱冷暖非铭言何由知？我两人坐，你看着我，我看着你，总不知道。我有一譬喻，铭可将闻于上。一朝天子为百姓与恶人相争，落在恶人之手。本国只有一人与他为伴。一日天意回，复还本国，复登宝位，把这一人忘了，也不寻他，也不举用他。一日早朝，百官皆会，这人于众中举其一指，皇帝金台上看见，问是谁，其人曰："彼时只我一人也。"皇帝他日回朝，勿忘铭今日之功。'

---

① 据《正统临戎录》载，也先曾说："一日，天意回了，皇帝还得回他本国，坐了皇帝位儿，还管着他的人烟。"——译者注

诏说:'太师言是,我不忘也。'"²⁶①

从这些事例可以看出,也先也有非常明显的两面性。一方面,他似乎认可明朝时常提到的"天道""伦常",他的话语中不时也带有"天命"色彩,体现其某种政治家风范的品质。甚至,他非常在意自己的形象,希望能留名青史。而另一方面,他却又是不折不扣的军事首脑。现实中瓦剌人也需要他成为一个掠夺者,通过掠夺人畜、纺织品和其他商品,获得朝贡和榷市所远远不能满足的需求。

九月二十日,脱脱不花汗遣使兀灵哈等来朝。礼部尚书胡濙、吏部尚书王直、户部尚书陈循等曰:"脱脱不花王本与也先俱来犯边,今乃遣使入贡,愿容纳之,依例赏赐遣回,使也先知彼潜求和好,不无怀疑,此亦离间之一端也。"景泰皇帝又给脱脱不

---

① 本段在《正统临戎录》中也有,但过于拗口,故转引《正统北狩事迹》。《正统临戎录》文如下:"又于本月内,有也先亲自来帐殿看望,言说皇帝:'日头出至日头落处,往来的人多,吃了皇帝的盐米茶饭。许多的臣宰听见说,前番营里皇帝领出来大小四十万人,天地的怪怒上,皇帝上都不得济,你如今只得了哈铭的济了。你的饥饱冷热,他不说,我每(们)怎么得知道。他如你的身口一般,我两个坐着,不得他说,我看着你,你看着我,怎么得知道。我说的,你也不知道;你说的,我也不知道。我有一个比喻,皇帝上说,哈铭你不要怕,你说是我说的话。一日一朝皇帝,也为自家人烟。上与歹人两个相争,落在歹人手里,止则有他本国一个人做伴。一日,天意回了,皇帝还得回他本国,坐了皇帝位儿,还管着他的人烟。那时,止得了这个人的济。做了皇帝时,把这个人忘了,也不寻这个人,也不抬举他,十分亏了这个人的心。一日,皇帝早朝,多官众会间,这个人把一只手抬起,伸出一个指头来。皇帝在金台上坐着,说道:那个人是什么人?拿了。有这个人回说:'彼时,只有我一个来。'后皇帝与他官做了。皇帝你若回朝时,天可怜见你的洪福大,皇帝位子坐时,把哈铭不要忘了,好生抬举。'皇帝回说:'官人说的是。我不忘了,吾抬举他。'也先说:'这每(们)便好。'"——译者注

花致书一封,其文曰:"近者朕兄太上皇帝,一时信任奸邪,遂为所误。已往之事,不必尽言。今朕继大位,岂肯再蹈前失?当与可汗彼此鉴戒,若听下人之言,则其利归于下,祸归于上,国土人民,皆不得安矣。今得可汗致书与马,足见能顺天心,以全和好之意。兹特加意款待使臣,授以职事遣回,并致礼物回答。至可收领。可汗其深亮之。"[27]

瓦剌军队簇拥英宗皇帝到漠北草原时,已是冬去春来。瓦剌军队的入侵和撤退,使所过之处变成一片废墟,仅有残存绝望的难民和三五成群的劫匪,包括冒充瓦剌军的,以及依附于也先的鞑靼人。明军正耐心地完成对难民的安置及清剿劫匪的任务。[28]

十一月初八,因瓦剌退兵,景泰皇帝诏告天下曰:"朕以凉德,嗣承大统。仰惟祖宗创业之艰,宵旰孳孳,勉图治理,重以大兄太上皇帝銮舆未复,痛恨日深,方诘兵数十万,欲以问罪于虏。而虏以使来请迎复者,屡皆诈太上皇帝诏旨,谓若重遗金帛以来,虏必款送还京。朝廷固疑其诳,而于礼难辞拒,悉勉从之。奈何其计愈行,而诳愈笃。乃十月十五日,也先悉众躬诣城下,仍以请迎讲和为词。朕遣大臣出迓,遍历虏营,不见大兄銮舆所在,遂焚书斩使,挥六师捣之,斩获其类无算。虏众大溃,乘夜奔遁,余孽散伏于近郊者,亦皆搜戮无遗。京师内外,为之帖然。尚虑四方远近,罔闻克捷,犹怀惊怖,耕鉴未遑,室家靡定,无以慰安人心。特兹诏示,其各复尔旧宁,尔生永彰杀伐之功,共乐雍熙之治。"[29]

这份昭告天下的诏书,旨在安抚明朝百姓,因此在语气和内容上都与送达脱脱不花和也先的书信完全不同。另外,针对是否通过和谈,容忍瓦剌的行为,抑或继续坚持激进和对抗,明廷内部出现分歧意见。

十二月初八,景泰皇帝敕谕居庸关、宣府、大同等处将领,决定采用较为激进的军事路线。敕曰:"自土木师溃之后,也先累言送上皇还京,朕喜以为实,然三遣使赍书及金宝缯锦往迎,不见送来。十月,也先亲率人马犯京师,至土城外,又言送上皇还。朕念至亲,立遣王复、王荣出迎,虏意遂变,乃知也先欺诈。今闻又以送驾为名,显是欲来窥伺边境。倘彼复来,尔等其念宗社为重,固守城池,拒绝勿纳,毋堕虏计,以误国事。如其送上皇来,有喜宁随行,尔等先诱喜宁入城,即时杀之,枭首示彼,以见拒绝之意。如喜宁不来,必是欺诈,必无上皇,其仍前固守拒绝勿纳。"30

喜宁在土木堡之变中被俘,之后成为也先的得力助手。他会两种语言,熟悉中国北方许多极具战略意义的地理环境,可以成为也先的行军向导。喜宁的另外一层身份是英宗皇帝的内官侍从,因此,这种两面派身份对他来说是非常致命的。英宗皇帝决心除掉喜宁。景泰元年(1450年)初,仍是寒冬腊月时节,英宗皇帝为瓦剌军押至东胜州。一日,他对喜宁说:"使人往往不达,须烦一行。"喜宁不愿前往,于是英宗皇帝又至伯颜帖木儿帐,令他将相关诉求转达也先。伯颜帖木儿为言于也先,乃令喜宁与高鏊①同行。英宗皇帝令袁彬想好计策,密书两封,将喜宁谋叛情迹函于木片内,绑于高鏊腿上,令其带回给朝廷。不过,似乎也

---

① 《北征事迹》作"高鏊",《正统临戎录》《正统北狩事迹》作"高旺",《明实录》则作"高斌"。——译者注

不必要这份密函，朝廷已经对喜宁的所作所为咬牙切齿了。

二月二十日，万全右卫报称，探知瓦剌方面有三人使团抵达边防线附近。两天后，高鐅及瓦剌士兵50人亦到达。高鐅称乃瓦剌方面来使，确认身份后，便得入关。宣府方面，朱谦与杨洪之子杨俊等领军于万全东北15公里处的野狐岭埋伏。二月十五日上午，喜宁等千余人行至野狐岭，被高鐅抱住滚下濠里，缚入城内。其他瓦剌军，多被火器打死打伤。随后，喜宁很快于北京被凌迟处死。

事件很快被传到英宗皇帝和也先那里。英宗皇帝获悉，自然更高兴，他说："干戈久不息，人民被害，皆喜宁所为。今后边方宁靖，我南归亦有日矣。"也先的反应不为史料所载，但我们可以看到，喜宁死后，也先的袭击行动一度加强了。[31]

＊　＊　＊

从正统十四年到景泰元年（1449—1450年）的冬春之交，明朝所有的活动都围绕三件事展开：征集各方关于下一步行动计划的意见，稳步重建边防工事，在从甘肃到辽东整条北境防线上全面阻止瓦剌入侵。明廷与也先之间几乎没有任何积极的交流。

英宗皇帝默默忍受着这一切，尽管局面看似走向绝境。早在景泰元年（1450年）二月初八，景泰皇帝就发布诏谕，称"凡被虏人口，有能自还者，军免差役三年，民免徭役终身。官支全俸，各赏银一两，布二匹。有能杀获达贼一级者，军民人等俱与冠带，赏银五两，官升一级，一体给赏。若能杀给也先，赏银五万两，金一万两，封国公、太师；杀伯颜帖木儿、喜宁者，赏银二万两，金一千两，封侯"。[32]

尽管喜宁已于二月十七日被捕并押往京师凌迟处死，但明廷认为，瓦剌军可能还会发动一次袭击。兵部认为，应当巧妙地利用也先与女真、兀良哈等之间的潜在矛盾，瓦解他们之间可能形成的联盟。兵部称："女直、兀良哈、西蕃部落，虽或投附也先，然狼子野心，本无常性，大抵视强弱以为从违。臣等愚见，欲奉敕各处边夷，量与赏赐，谕以有能擒杀也先者，赏金一千两，银一万两，彩币一千，封以王爵，仍管本处夷人。万一此计得行固善，不然，亦可使卜野、也先与各夷彼此积忌，足以散其乌合之势矣。"景泰皇帝同意这一建议。[33]

但不久，在面对瓦剌的再次侵袭时，景泰皇帝的说辞又似与现实有异。他敕谕各处官员及部分京官，曰："去岁，因反贼喜宁诱引虏寇也先入关，劫掠数日，即被官军杀败而去，再不复来。然而各处人民一向惊疑，不止挟带家口逃躲，亦有自弃毁其产业，无家可居，不思复业者。今闻水陆通路尚百十成群，或白昼肆夺，或暮夜行劫，尔等佯若不知，不思设法招抚，又且蒙蔽，不以上闻。况今喜宁已被擒获，处以极刑，也先失其向导，无复入寇……腹里人民，何用虚惊？尔等若能以此晓谕多人知悉，彼必安心，回还复业，谁肯仍前流移在外？……敕至，尔等严督府、州、县官，分投设法，招抚晓谕，务令回还复业，趁时耕种，如果缺食及无牛具、种子，或官为赈济，或设法劝借。"[34]

景泰皇帝所说，是否属实？恐未尽然。景泰元年（1450年）三月，从被俘的瓦剌间谍口中，明廷得到了一个情报，即瓦剌军队正酝酿发动大规模、多管齐下的袭击。据称，"也先与赛罕王部分诸酋入数,欲自领人马一万七千寇大同、阳阿,大同王领人马一千七百寇边头关,答儿卜花王领人马一万七千哨乱柴满,铁奇卜花王领人马七千寇大同、八里店,铁哥平章领人七千围天城,脱脱不花王领人马寇野狐岭并万全,痛战以偿喜宁田达子命"。据俘虏称,为打赢这场殊死决战,也先还令"于老营束草人为虚营,诱官军劫之",又令汉人"至北京,诈云也先已被杀",请迎英宗皇帝回京,并伺机入城劫掠。35

四月,又有边将报称,当初明军失利时,马营、独石、龙门、雕鹗等处守军弃城内徙,留下的物资被瓦剌军队带着驼马运走了。不久,雁门关处又为"达贼数万"袭击,"贼众我寡",明军无法应敌。瓦剌军同时还不断袭击怀来、宣府,进一步向明军防线施压。36

面对这一局面,大同右参将都督佥事许贵奏:"近者,边报有达贼三人来言,若朝廷差人讲和,我等便回去。窃见自旧岁七月以来,达贼攻劫,人心惊惶,田土不得耕种,道路不得转输,山野不得樵牧,欲与战斗,众寡不敌。以臣愚见,莫若遣使和好,休兵积储,练卒养锐,密定讨伐之策,如来侵犯,则我有备,而贼可擒矣。"37

许贵的建议,或者是和谈的好理由,但景泰皇帝的拥立者,兵部尚书于谦提出强烈反对。四月十八日,于谦奏:

> 贼首也先,逞枭獍之雄,合犬羊之众,既侵犯边境,邀留上皇,复入寇京畿,震惊陵庙,其为仇恨,庸可胜言!且以和议论之,去年秋冬,朝廷亦尝遣都指挥季铎,指挥岳谦往使财略,方入穹庐,骑已至关口。继遣少卿王荣、通政王

复又往,不见上皇銮舆而还朝廷,灼见虏情谲诈,和不足恃,以故绝使,不与往还。惟敕边将修武备,励人心,固城池,相机守战。今贵又倡和议之说,臣窃惟今日之事,理与势皆不可和。何者?中国与虏寇有不共戴天之仇,和则背君父而忘大义,此理之不可和也。且虏贪而多诈,万一和议既行,而彼有无厌之求,非分之望,从之则不可,违之则速变,此势之不可和也。苟以为虏强难制,姑从和以缓其兵,臣请质之。前宋澶渊之役,契丹屡为我兵摧沮,既盟之后,朝廷尚岁输银绢三十万,迨徽钦北狩,中国名将如张、韩、刘、岳之徒,屡败京师。及奸臣秦桧,一主和议,既割土以与之,又输币以贿之,甚至降去尊号,其含垢忍耻,屈己从和,无所不至,卒之人心解体,国势陵夷,援古证今,和议之不足恃也明矣。为今之计,莫若选将练兵,养威蓄锐,贼若来侵,则相机剿贼,贼若远遁,则不贪利穷追。若大举入寇,则将帅奋勇,臣当尽死效力以图剿灭,以雪国耻,必不出犬羊之下。其或点虏自知数寇不利,遣使入贡,则量与赏赐遣回,示不拒绝而已。若欲朝廷先遣使臣,往彼通好,则示彼以弱,而启其轻侮之心,万万不可。贵叨居重任,保障边方,不能锐意灭贼,乃敢倡为和议,其忠义何在?请移文贵,令其整饬边务,固守城垣,期必灭贼,以盖前怨。及行缘边总兵镇守等官,训练士卒,谕以忠义大节,使之感激思奋,以图成功。[38]

到了四月底,各地又陆续出现瓦剌军队的袭扰。巡抚山西右副都御史朱鉴奏,瓦剌军数千人进犯河曲县(约于北京以西450

公里，大同以南210公里），"杀虏人畜殆尽"，四天后方退。随后，瓦剌军"又犯义井屯堡，尽杀其守卒，及指挥佥事刘受安"。总兵官武清侯石亨又奏："达贼五六万攻围代州，官军出战，射杀百余人，明日又射杀八十人，即今南侵腹里，四散剽掠。"山西静乐县也奏报："达贼杀虏男妇八十一口，牛马驴骡一百四十余匹，羊六百八十二只。"五月初五，石亨再次奏道："达贼营雁门关一路，恐侵犯京师。"对此，廷臣议曰："黄花镇驴鞍口外卫西北边境，内护陵寝京师，宜益兵守备。"景泰皇帝即命军队增援驴鞍口。与此同时，瓦剌军再次突破明军防线，进入宣府，守军几乎难以抵敌。[39]

又数日，景泰皇帝敕朝鲜国王李珦曰："近得镇守辽东总兵等官奏报，开原、沈阳等处达贼入境，抢掠人畜，及攻围抚顺千户所城池。审知各贼乃建州、海西、野人女直，头目李满住、凡察、董山、剌塔为北虏迫胁，领一万五千余人来寇，守备官军追逐出境，又称欲增人马，再来攻劫。已遣敕辽东总兵等官，整搠军马，固守城池，设法擒剿。朕详李满住等素与王国有仇，至今怀恨不已，恐其乘机前往王国地方，哄吓为寇，不可不预为之备。敕至，王宜戒饬边将，严整军马，谨慎烽堠，设法防备。倘遇前贼出没潜遁，即便截杀，以除边患。将士人等有功，一体赏赉。王其图之慎之。"[40]难道，另一场"蒙古征服"将要出现了吗？

与此同时，兵部奏称："通事达官千户马云、马青等，先是奉使迤北，许也先细乐妓女，又许与中国结亲，又言节减赏赐，皆出自指挥吴良，致开边衅，请置诸法。"景泰皇帝命将之缉拿到锦衣卫狱中审问。[41]

五月底，瓦剌阿剌知院遣其参政完者脱欢等贡马请和，明廷不知真伪，于是令太常寺少卿许彬、锦衣卫都指挥同知马政前往怀来，与之接洽。完者脱欢称："欲朝廷差大头目，去阿剌及也先、脱脱不花讲和退军，如欲迎上皇，就奉还京。若不讲和，我三家尽起人马，来围大都，彼时毋悔。"但是，完者脱欢又称："此非特阿剌意。凡我下人，皆欲讲和。如朝廷不信，留我一人为质。"景泰皇帝与群臣商量后，仍然认为"也先背逆天道，邀留上皇，不共戴天之仇，如何可和"。但户部尚书陈循同时也提出，即使不与也先和谈，也可"敕谕阿剌并赏来使，令回，以缓其谲诈之情"。同时，景泰皇帝又敕谕在京各营及各边关，务必整搠兵马，以防瓦剌军队偷袭。景泰皇帝还给阿剌知院回了一封信，信曰："自我祖宗以来，与尔瓦剌和好，尝加恩意相待。不意也先违背天理，去年率领军马犯边，朕兄太上皇帝兴师问罪，也先背义，邀留大驾，毒我生灵，残我边境。赖天佑我国家，命朕嗣承大统，宗室臣民，咸请兴兵复仇。朕以也先屡奏欲送大驾回京，是以遣人赍书给赏，乃知也先谲诈，终无实情。今阿剌使至，又奏要朝廷遣使讲和，朕欲从之，但闻也先军马尚在边上，似有挟制之意，恐违天道，难以讲和。盖天下者，天所与之天下，朕不敢违天。阿剌若欲讲和，必待瓦剌军马退还原地之后，异日和好如旧，未为晚也。若在边久住往来，寇掠中国人民，朕决不惜战斗，也先后悔，恐无及矣。使回，朕加恩赏赍，并颁赐阿剌礼物，以答来意。至可领之。"[42]以此观之，虽然明朝与瓦剌有潜在和谈的可能，但明朝不愿在武力胁迫的情况下参与和谈。

六月十四日，瓦剌军请倒霉的英宗皇帝往大同一行。总兵官郭登计划于城月门里穿朝服迎接英宗皇帝，同时命人埋伏两侧，一旦车驾入城，即放下城门闸板，救下太上皇。但瓦剌军发现了郭登的计划，于是未即入城，又把英宗皇帝带走了。[43]

瓦剌军之所以让英宗皇帝出现在大同，是因为他们从被俘的明军夜不收王智那里听说，明朝百姓已经确信太上皇"为虏所害"。在杨铭的劝说下，也先决定将英宗皇帝带至大同，使明朝老百姓眼见为实。但无论是瓦剌军队还是杨铭，所有人对郭登的诱捕计划都一无所知。也先似乎也随军在场，后来，杨铭为此费尽口舌，才让也先等知其并无事先串通郭登之意。[44]① 而据袁彬《北征事迹》的记载，当时的情况是："也先到大同东门，叫城中头目出见。城中不从，惟进羊酒诸物。上亲说与城上官军，这厮每（们）说谎，不肯送我，你们守祖宗的城池，操练军马，不可怠慢。"[45]

* * *

在这种攻守博弈中，明朝和瓦剌的对峙终于走向缓和。针对

---

① 据《正统临戎录》载："次日，也先差伯颜帖木儿等，自领人马同圣驾到大同。见得大同，说计请驾。众达子知计，将铭怪怒要杀。伯颜帖木儿言说：'皇帝把你当眼目、心腹一般。你往来两日，与城里人说话，你和他一心害我每（们）。若养狗时，也认得主人。'铭回说：'我并不知道。'当有也先弟赛刊王说：'我的人在先时赶他城里的人往东边小门里进去，城楼上放下闸板，把我的人拿了。我和你说，你也不信。'有孛来劝说：'是哈铭不知道，你也不要怪他。'有伯颜帖木儿言说：'我每（们）若进去中了他的计，只争一分，不曾落在狗口里死了。'铭方存命。"杨铭所述文白参半，难以解读，因此更多参照整理版《正统北狩事迹》。——译者注

"太上皇"的回归，明廷与瓦剌开始进行认真谈判。或许英宗皇帝是此时双方关系的焦点，是平衡各方力量的重要砝码，因此，确定其重返明朝的时间、方式及理由的过程是十分曲折的，不容半点儿含糊。

掳掠仍在继续，但明朝的防御体系正在重新焕发生机。景泰元年（1450年）六月，瓦剌2000余骑犯大同，总兵官郭登邀击之，斩首5级，获马12匹及各色武器盔甲。防线漏洞正在逐渐修复。宣府总兵官朱谦也几乎在同一时间与2000余名"达贼"作战，"至午，铳炮矢石齐发，贼遂败北"。但敌营仍在左近，等待下一次掳掠的机会。大同方面，也爆发了大规模战争。许贵奏称："达贼万余骑，突至城下而退，焚毁东岳庙，复率轻骑二千余来薄城。臣同内官韦力转帅，都指挥周广等出城截杀，斩首二十七级，获马四十三匹。"怀来、永宁等处，亦遭到瓦剌军队程度不等的袭击。而对于山西的地位，明朝官员之间出现相左意见。一些官员认为山西地处前线，不宜就地辟耕、建设粮仓，而于谦等则认为，必须支持山西当地的耕作，为大同等前线城市供应粮食，进而使山西成为拱卫京师的西部重镇。在于谦等人的坚持下，景泰皇帝终于接受其建议，敕右副都御史罗通曰："山西外控大同，内卫京师，连及河南、大名等处，实为西北重镇。况今虏寇在边，累以讲和为言，实则设诈，缓我边备。今特命尔往彼，与内官怀忠、署都指挥佥事王良一同镇守地方，提督军马，修整器械，设法训练，分守关隘，以防御之。务令寇不能侵，地方宁靖，庶尽尔职。"[46]

明朝君臣竭尽全力重构防线，对也先所寻求的和平却视而不见。直到最后，明廷认为防线已经足够强大了，才开始尝试与也先接触。就在六月的一天，郭登称，有"达子"40余人①至大同西门，送之前掳去的男子二人入城，他们带来了一封用番语写就的信和一封来自袁彬的信，信中通报虏中情报，并提出讲和。但景泰皇帝对此不置可否，只是令地方守将"相机战守，不可怠忽，以堕奸计"。47

六月下旬，瓦剌阿剌知院遣完者脱欢参政等5人再至怀来，希望能前往北京朝贡。明廷令守备都指挥同知杨信遣兵送赴北京。但与此同时，明廷认为，瓦剌军队正在酝酿着在北境防线的西段或辽东侧翼某个地方发动入侵。一如往常，兵部尚书于谦再次认为阿剌知院的朝贡只是一个幌子。他对景泰皇帝说："近日以来，虏使迭至，皆以讲和为名，而边关虏贼窥伺。自如兵法有曰：'无约而请和者，谋也。'况黠虏也先，奸诈百端，恐以讲和缓我兵备，而别出精骑，攻袭关隘，侵犯京畿。"48力主拥立景帝的于谦，或许担心未来可能的报复，因此他的言辞在任何时候都透露出不希望英宗皇帝回来的想法。果真如此，那么他的担心并非全无根据，而事实上，这一担心将在7年后成为现实。

很快，也先也派遣5名使者到大同，郭登遣人伴送至居庸关。提督守备、右佥都御史王竑向京城奏报此事，称使者"赍番文表至请和"。朝廷不欲令其入京，于是遣礼部侍郎李实等为使，赍厚赏以赉来使，并与之一同前往瓦剌。从史料看，于谦没有提出异议。于是，景泰皇帝升李实为兵部右侍郎（后又改为礼部右侍郎），为正使；罗绮升大理寺右少卿，为副使；马显升指挥，为

---

① 作者称有"四千余人"，核之《明实录》原文，仅有四十余人。——译者注

通使，与瓦剌使臣一同回去。① 七月初一上午，李实等陛辞，景泰皇帝于左顺门敕谕之曰："尔每（们）去脱脱不花王、也先那里，勤谨辨事，好生说话，不要弱了国势。"⁴⁹

随着时间推移，使节团也逐渐从中原进入草原地带。七月初五黎明，有"达贼"20余人，剑拔弩张，其中一人更是仗剑冲入帐边。完者脱欢询问之下，才知道原来是尚书阿鲁述送平章皮儿马黑麻去往北京，就近在此等候。误解消除后，气氛就融洽许多。阿鲁述等下马作礼，复送30里别。不过，在接下来的两天里，使团却相继被盗去十来匹马。到了七月十一日，使团终于到达也先驻扎的营地，该地名为失八儿秃。⁵⁰

也先与其妻在大帐中，李实等前来开读敕书。敕曰：

自尔祖父至尔，我国家所以待遇之恩至矣。曩因小隙，遂致连兵，将臣弗戒，大驾淹留，此特一时之失，不可以为常理。昨已遣人重赍金帛，奉迎大驾，至三至四，而尔不发不报，以此使命不通，此非朝廷之过。乃者，纵兵四出，杀掠人民，夫彼此人民皆天之赤子，欲其啖饭着衣，长养生息，若有生事残害其生，绝其衣食者，是天之仇也。既为天之所仇，岂能享有其富贵？近阿剌之使来言，追止各家兵马，仍议和好，是能畏天爱民，真大丈夫矣。而近边尚闻有劫掠者，是情与词异，朕固不惜大战，但恐害天之赤子，违天之意，故特命使臣偕来使往谕此意。太师其念往日之恩，

---

① 原著把阿剌知院的使臣完者脱欢误作也先的使臣，实则有误。据《明实录》，也先的使臣是哈丹、纳察罕等。——译者注

顺上天爱民之意，罢兵息战，以图永远之福。[51]

开读敕书毕，也先曰："大明皇帝因何差尔每（们）来？"李实答曰："自太师父祖以来，至于今日，朝贡朝廷三十余年。你使臣进马，往往待以厚礼，遇以重恩。近因奸臣王振专权，减少马价，以故勒兵拘留太上皇帝圣驾，抢掠人民，杀害军马。今瓦剌知院（阿剌）上合天道，下顺人心，奏知可汗，禀过太师，特念前好，同差参政完者脱欢赍文赴京，以求和好，依旧遣使往来。"

也先曰："这事只因陈友、马青、马云小人上是非，所以动了军马，小事儿做成大事。我的实心送太上皇帝到京，你们不差大臣出城迎接（也先所指乃正统十四年十月在京城附近发生的对抗）。我又着张关保、姚谦去奏，又将他来杀了。"

李实答曰："太师说是送驾，军马不由关入，漫山而来，肆意抢掠，不过假名送驾，我朝廷不能无疑。况又分兵各门厮杀。姚谦、张关保既为使臣，却引达达百余人各张弓矢，遇敌乱杀，实不知二人为使臣。"也先曰："说得是。"

随后，他们又对沟通失败进而发生战争的诸多问题进行讨论。李实解释了明廷的想法和意见，也先似乎能够接受。后来，也先又问："我又差喜宁奏事，何以杀之？"李实说："喜宁自幼至长，受累朝圣眷厚恩，托为心腹，令赍金帛迎取上皇，却令太师人马抢掠，复寇宁夏。朝廷已将喜宁明正典刑，凌迟三日，以为将来不忠之戒。"也先喜其言，曰："我亦知道。"

也先又曰："大明皇帝与我是大仇，自领军马与我厮杀，天的气候落在我手里。众人劝我射他，我再三不肯。他是一朝人主，特着知院伯颜帖木儿，吾早晚恭敬，不敢怠慢。你们捉住我时，留得到今日吗？明日着人引你们去见。"李实答曰："足见太师仁厚之心。"

最终，和谈在欢乐祥和的气氛中结束。七月十二日，李实又差人往脱脱不花和阿剌知院处送敕书并礼物。当日，也先又差平章人等引李实、罗绮、马显去30里外朝见英宗皇帝。三人给英宗皇帝带来苎麻丝4匹，及粳米、鱼肉、梅杪、烧酒、器皿等物。李实三人泣下，行礼毕，见到英宗皇帝帐中只有校尉袁彬、余丁刘浦儿、僧人夏福等三人侍左右，杨铭似乎不在这里。英宗皇帝所住的是围帐布帏的帐篷，席地而寝，另有牛车一辆，马一匹，以为移营之具。

英宗皇帝说："比先我出来，非为游猎私己之事，乃为天下生灵，躬率六军，征讨迤北。不意被留在此，实因王振、陈友、马青、马云所陷。也先实意送我回京，被喜宁引路，先破紫荆关，抢杀人民，拥至京师，喜宁不肯送回。后至小黄河，也先欲送回，又被喜宁阻住。在乾又要送回，又被他阻当。喜宁既凌迟了，陈友等不要饶他。"英宗皇帝又问："圣母及今上安否？"李实奏曰："安。"又及问旧臣，李实一一道其姓名，英宗皇帝觉得特别熟悉。他又问："我在此一年，因何不差人来迎我回？你们与我将得衣帽来否？"

李实如实奏曰："陛下蒙尘，大小群臣及天下生民如失考妣。但房中数次走回人口，有言见陛下者，有言未见陛下者，言语不一。又四次差人来迎，俱无回报。因此，特差臣等来探陛下回否消息，实不曾戴得有衣服靴帽等物来。"

英宗皇帝又曰："你们回去上覆当今皇帝并内外文武群臣，差来迎我，愿看守祖宗陵寝，或做百姓也好。若不来接取，也先说今人马扰边,十年也不休。我身不惜,祖宗社稷天下生灵为重。"

李实询问得知,也先每五日进牛、羊各一只,并认为这就是最上等的食物,但李实还是认为还缺少米菜。李实奏曰:"昔陛下锦衣玉食,今服食恶陋不堪,臣有大米数斗,欲进。"上曰:"饮食之类小节也。你与我整理大事。"

李实又奏曰:"王振一宦官尔,因何宠之太过,终被倾危国家,以致今日蒙尘之祸?"英宗皇帝曰:"王振无事之时,人皆不说。今日有事,罪却归于朕。我亦知此人坏大事,不能去之,今悔莫及。"李实对英宗皇帝说,因其昔日任用非人,所以回京之后,英宗皇帝本人当引咎自责,谦退避位。这是李实所谓的忠言直谏,此时此刻,英宗皇帝只能心悦诚服地接受了。

日暮,李实与英宗皇帝不舍作别。英宗皇帝本欲留宿李实,但同行馆伴催促其还,只能作罢。

次日,也先宰马备酒相待,令十余人弹琵琶、吹笛,按拍歌唱,欢笑曰:"你们来可怕我吗?"李实答曰:"古今敌国讲和为上,欲要讲和,必命使臣以通两国之情。中途有贼寇,躬冒危险,尚无所怕,今到太师营中,便是一家,何怕之有?"也先喜而然之,且曰:"有理的不怕。"也先又问:"你们认得上皇,可想他吗?"李实曰:"为臣尽忠,为子尽孝,君父之恩岂可忘乎?我们之思上皇,如太师之思可汗耳。"也先曰:"然。既是思想,何不迎回?"李实答曰:"朝廷四次差人,重赏金帛,太师皆不发。今太师既肯差我们迎回朝,自有厚礼,给赏不轻。"也先曰:"大明皇帝敕书内只说讲和,不曾说来迎驾。太上皇帝留在这里,又做不得我们皇帝,是一个闲人,诸事难用。我还你们,千载之后只图一个好名儿。你们回去奏知,务差太监一二人,老臣三五人来接，我便差人送去。如今送去呵，轻易了你们皇帝了。再不可言。"

又次日，即七月十四日，李实与也先作辞。也先曰："今我差一人与你们议，一人去大同调大同并山西黄河一带人马，说与大同、宣府沿边可放人出郊收禾稼，打柴草。我的人马也不动你一苗。差来接驾的人约在八月初五日（9月10日）。"李实答曰："差人不差人，奏知皇帝请圣旨，我们岂敢约期？"也先曰："初五日不到，你们边上人民吃苦了。"后来，他见李实实在无权应允，便又道："若来迟呵，可差去两个鞑靼同两个汉人，务要初五日先到回报，正差使臣迟三五日亦可。若无人来，军民扰边，我们不失信。"显然，也先对他手下将士的掠夺约束，只能控制在这一时间内。接着，李实又拜辞英宗皇帝、伯颜帖木儿及其妻子。英宗皇帝再三叮咛迎复之事，唯恐来迟，又从袖里出书三封，令李实赍回。李实又对伯颜帖木儿说道："皇帝在此，多蒙恭敬。奏知朝廷，给赏慰劳。"英宗皇帝又曰："你们回去，上覆圣母太后，上覆当今皇帝，也先要者非要土地，惟要蟒龙织金彩段等物，可着早赍来。"李实领命拜辞。52

七月十九日，李实回程至怀来，与都御史杨善等相遇。原来，前番平章皮儿马黑麻使至京城后，明廷又差杨善等再往瓦剌处议和。李实将瓦剌方面的情况，与也先应对之词等一应事情，还有奉迎回上皇之礼详细地告诉了杨善[①]，这样，瓦剌处就无法再借信息不对称之机进行讹诈了。还在京师的时候，皮儿马黑麻曾对景泰皇帝言道："今关外城池凡十四处，皆为我瓦剌所困，事势危甚。

---

① 杨善随永乐皇帝"清君侧"，又在英宗皇帝时任礼部侍郎，土木堡一役中侥幸逃归。此句原为正文，为使行文顺畅，改为注释。——译者注

昨者，阿剌知院遣使议和，朝廷尚令人偕往。今我辈乃脱脱不花王及也先所命，朝廷必须遣大臣同往，庶事有济，不然恐未易了。"明朝君臣虽然认为"黠虏多诈，虽遣使讲和，其情未可深信"，但仍念"边报日急，人民缺食流移者众"，而决定遣使议和。[53]

七月二十七日，杨善一行抵达也先驻扎营地。与也先见过后，杨善直问也先："太上皇帝朝，太师遣贡使必三千人，岁必再赍，金币载途，乃背盟见攻何也？"也先道："奈何削我马价，予帛多剪裂，前后使人往多不归，又减岁赐？"杨善解释道："非削也，太师马岁增，价难继而不忍拒，故微损之。太师自度，价比前孰多也？帛剪裂者，通事为之，事露，诛矣。即太师贡马有劣弱，貂或敝，亦岂太师意耶？且使者多至三四千人，有为盗或犯他法，归恐得罪，故自亡耳，留若奚为？贡使受宴赐，上名或浮其人数，朝廷核实而予之。所减乃虚数，有其人者，固不减也。"也先听其所言，屡屡称是。杨善又继续说："太师再攻我，屠戮数十万，太师部曲死伤亦不少矣。上天好生，太师好杀，故数有雷警。今还上皇，和好如故，中国金币日至，两国俱乐，不亦美乎？"

也先笑纳其言。他又问："上皇归将复得为天子乎？"杨善曰："天位已定，难再移。"也先又举他略知一二的古代历史人物，问曰："尧、舜如何？"杨善曰："尧让舜，今兄让弟，正相同也。"这时，伯颜帖木儿闯入，要也先"留使臣，而遣使要上皇复位"。也先惧失信，不答应伯颜帖木儿的要求，最终令杨善侍奉英宗皇帝回北京。

其实，杨善到达也先营地，还未见也先之前，他与馆伴之间还有一次有趣的对话。馆伴问杨善："土木之役，六师何怯也？"杨善道："彼时官军壮者悉南征，王司礼邀大驾幸其里，不为战备,故令汝得志耳。今南征将士归,可二十万。又募中外材官技击,可三十万。悉教以神枪火器药弩,百步外洞人马腹立死。又用策士言,缘边要害,隐铁椎三尺,马蹄践辄穿。又刺客林立,夜度营幕若猿猱。"馆伴惊惧,杨善却跟他说:"今皆置无用矣。"馆伴问其故,杨善曰:"和议成,欢好且若兄弟,安用此?"最后,杨善又送给馆伴若干礼物,馆伴心喜,又将杨善的话都告知也先。[54]我们不知道杨善说的是否如实,但他这种"夸张之辞",很可能是为了让瓦剌人相信,议和才是最符合他们利益需求的选择,而事实上,这些说辞似乎奏效了。

接下来,七月二十八日,也先带杨善去见英宗皇帝,同时设宴为英宗皇帝饯别。宴中,也先自弹琵琶,令妻妾奉酒。也先说:"都御史坐。"但杨善不敢坐,直到英宗皇帝说"太师着坐便坐",杨善方敢就席。也先称其"有礼",颇有羡慕之意。八月初一,英宗皇帝终于启程回京,瓦剌众人皆含泪相送。[55]

另一边,在七月二十一日,已经回到朝廷的李实将他与也先的谈话奏禀景泰皇帝。景泰皇帝问他:"也先讲和之意虚实何如?"李实说:"臣入番境,彼处虏人举皆喜悦,夹道讴歌。沿途乳酪劝臣等饮之,咸愿和好。盖用人马多病死。"但李实也不敢完全肯定也先的意图,随即又补充说道:"离家年久,窥其和意,似有实情。但也先万一变诈,非臣可知。望陛下处置。"到了七月二十五日,李实又进言,大略曰:"臣窃谓先差臣等未尝令迎上皇,专为讲和,今已事完。其欲差人迎复之事,及定约日期,皆出也先之口,臣特传说虏情,伏望陛下如群臣之情,另差有能大臣奉迎上皇。虽虏情变诈不测,亦可使无词。倘不差人,失约,则直在彼而曲在我耳。臣若不言,恐日后差人,复不用命,必曰臣实可差。臣自揣违期失约，决不敢去，则彼此猜疑。彼此猜疑则和议不成，和议不成则上皇终不可复，干戈终不可息，边鄙终不可宁。今臣颇测虏情，不避铁钺，昧死为陛下备陈，乞早赐乾断，天下生民幸甚。"景泰皇帝道："待杨善来再定夺。"[56]

八月初十，兵部尚书于谦奏："今大同、宣府地方，贼寇稍退，道路颇通。"[57]这是一个颇为积极的信号，表明也先对议和及送回英宗皇帝一事是带有诚意的。而这不应该是，但又似乎是，明朝迫于胁迫而屈从的一个实例。

还有一个必须认真对待的问题，即英宗皇帝的回归是否应该得到热烈欢庆。对此，朝廷官员似乎有一种相当广泛的共识，即应不遗余力地庆祝英宗皇帝回驾。八月初九，户科给事中刘福等言："今用轿一乘、马二匹，丹陛驾于安定门内迎接太上皇帝，礼仪似乎太薄。"而到了八月十二日退早朝后，有石亨、王直、胡濙等侯伯、尚书、都御史等官，于午门外拿到一幅书帖，正议论纷纷。景泰皇帝问其故，王直、胡濙即将实情具闻，奏曰："（书）帖实工部尚书兼翰林院学士高谷处接来，备载唐肃宗迎接上皇故事。"对此，景泰皇帝心有怫意，他说："朝廷大开言路，高谷是大臣，唐肃宗故事，何不明言，必有异情。"尽管后来胡濙等解释此事，但景泰皇帝不想再讨论这个棘手的问题了。他说："虏人谲诈，未可尽信，欲备大礼远接，恐堕贼计，故止用车马远迎。但得大兄入城，宗社奠安，亲亲尊让之礼，朕自处置。今太上皇帝车驾入东安门，朕于门内迎接，行叩头礼毕，朕同文武百官随至南城内便殿，太上皇帝升座，朕行礼毕，文武百官行礼。卿等悉遵朕命，再不许纷更。"[58]

我们最后来回顾一下，事实上，也先自从俘虏了英宗皇帝后，就一直希望能放他回到明朝，重掌大权，自己也得以与明朝建立更为深厚的盟友关系（假设英宗皇帝不会成为一个彻头彻尾的傀儡的话）。尽管景泰皇帝没有明言，但无疑他十分担心英宗皇帝的回归，会动摇他作为兄长的皇位继承人的合法性。八月十五日，在20名瓦剌士兵的护送下，英宗皇帝抵达北京城的东安门①。没有更多的排场，景泰皇帝率文武百官，依前述规格侯于南城内便殿。诸礼毕，英宗皇帝诏告文武群臣，曰："朕以不明，为权奸所误，致陷于虏廷。已尝寓书朕弟嗣皇帝位，主典神器，奉宗祀。此古今制事之宜，皇帝执中之道也。朕今幸赖天地祖宗之灵，母后皇帝悯念之切，俾虏悔过，送朕还京，郊社宗庙之礼大事，既不可预，国家机务，朕弟惟宜。尔文武群臣务悉心以匡其不逮，以福苍生于无穷。朕到京日，迎接之礼悉从简略，布告有位，咸体朕怀。"[59]此后，他被软禁于南宫，直到景泰八年（1457年）的南宫之变，他才复辟掌权。

---

① 原著作"Andong Men"，当作"东安门"。——译者注

第六章

景泰时期——规复行动

（1450—1457年）

第六章 景泰时期——规复行动（1450—1457年）

景泰时期以后，明朝对北境防线及国家安全的认知有了新的维度。这方面的史料，可从负责边防事务的官员的文集里找寻。《明实录》虽由基于原始文档编辑增删而得，但更多的细节，仍需于前述官员的文集中得到印证和补充。景泰元年到景泰七年（1450—1456年）间，于谦任兵部尚书，而在此期间，他前后向景泰皇帝上奏的边防事务奏疏就多达77份，这些奏疏收于其个人文集《忠肃集》。而叶盛的《叶文庄公奏疏》中，《叶文庄公边奏存稿》是他巡抚宣府期间所撰，亦多达68份。于谦的奏议多覆盖对北境防线的全面讨论，而叶盛则主要谈论其所巡抚地方的边防情况。

另外，于谦在景泰二年（1451年）的奏疏，为我们的观察打开了一扇广阔的天窗，使我们得以了解，明朝文武百官及其官僚机器在竭力保护明朝免受外部侵袭时所作的不懈努力。五月十七日，景泰皇帝批复于谦的奏议，简单的一个"是"字，是他通常的回复。

五月十四日，镇守宣府等处内官监右少监柏玉奏称，提督独石（位于北京以北170公里）、马营（位于独石西南20公里）等处都督佥事董斌，五月十二日率兵赴马营，见到夜不收百户李长目儿护送从蕃中逃回的妇女郭四女。据郭四女称，其本易州冻水县人，父亲郭义，正统十四年（1449年）八月连带家里的牛、羊、马匹等，俱为瓦剌兵掳去。到两路墙烟墩下，她趁夜逃出，最后终于逃回马营。副总兵纪广与董斌商议此事，议得："系干房中走回妇女，传说鞑靼近边驻扎……整擞见操人马，及行沿边巡哨官军，严加堤备。"景泰皇帝收到奏议，又将之转交兵部，令议拟此事。兵部尚书于谦审得：

> 郭四女与柏玉等奏，内相同外，参照郭四女所说，前项达人往南行走，去边不远，虽未审是何部落，及所说前言，未委虚的。缘本妇系在涞水地方抢去，先前也先入寇之时，正从此处回还。本妇被房在彼，今又带同前来，则知前兵系也先部落无疑。若不早为区处，严谨堤备，即目雨水沾足，青草长茂，诚恐各部在于近边去处驻扎牧放，分遣房众四散侵扰，非惟边人不得田作，而日加疲敝，抑且道路梗涩不通而难于攒运，则人心终日惊疑，边备愈难措置。
>
> 臣等会同总兵官武清侯石亨、昌平侯杨洪，及左右副总兵、参将、都督孙镗、范广、过兴、张义，游击将军石彪、雷通等，议得前敌虽侵犯之迹未着，而寇边之意已萌，防微杜渐，不可不虑。除选差乖觉夜不收星驰前去怀来、宣府，令彼处镇守总兵等官，一体差遣夜不收同去独石、马营等处，密切哨探，是否带有家小人众？即今见在何处屯驻？其人马号色是何种类？有无南牧犯边之意？作急从实回报。如果事情紧急，臣谦先行，亲诣怀来、宣府等处计议，相度寇势众寡、事情缓急。仍令石彪、雷通带领原议奏官军六千员名，每人关与银一匹、布二匹、炒五升，随即启行，前去怀来屯驻，相机行事，务在奋勇设谋，以济边务。既不许拥兵自卫，坐蠹粮储，亦不许率易轻出，致堕狡计。

及行总督军务工部尚书石璞、副总兵右都督纪广、参将、都督佥事杨能、提督独石等处都督佥事董斌、孙安，并赞理军务、左侍郎刘琏等，将石璞原先议奏挑选宣府、龙门、怀来、万全官军一万余员名，兼同石彪等带去官军，相看外兵众寡，事势缓急，若是敌人四散出没，可以乘虚掩袭，就便调遣官军，或乘夜扑捕，或按伏邀截，务要成功，以挫其锋，以遏其进，以壮军士之气，以安边人之心。设若其势浩大，难于争锋，务要坚壁清野，持重自守，差人驰奏京师，调遣大军，总兵等官统领前去。臣谦就便督同，随宜设法，分投应援，庶几有备无虞，边事不失。仍令户部设法措备粮草，本部通行大同、辽东、陕西、延绥、甘肃、宁夏、永平、山海、密云、古北口、居庸、紫荆、倒马、白羊、偏头、雁门、广昌等处关口总兵镇守官员，各要整搠人马，用心堤备，遇警相机行事，不许因循怠忽，致有疏虞。

及照走回妇人郭四女，间关跋涉，回自虏地，首先传说敌情，合无令礼部量与赏赐，发回原籍，给与完聚，以为方来之劝。[1]

这份一丝不苟的奏议，是对一个潜在的入侵信号的反应，而事实上，侵扰并没有出现。或因于此，《明实录》当中并没有记载这份奏议的内容。我们可以对此事稍加梳理：明军夜不收拯救了一名叫郭四女的妇人，她刚从俘虏她的部落中逃出。而后，她提供了部落的情况，由内官柏玉及边将董斌、纪广等奏报朝廷。接着，兵部尚书于谦根据情报，制订了应急计划。最后，朝廷还不忘对郭四女予以妥善安置。从这份奏议看，明廷当局应对突发事件的思路是十分清晰的，从最初的报告到最终景泰皇帝的同意，总共花去5天的时间。

* * *

让我们回到事件主线，即正统十四年（1449年）灾难后明朝的规复行动。

土木堡之变所带来的创伤，以及英宗皇帝被俘长达一年有余的惨剧，引发了明廷关于边防和战争的新思考。这些思考得到了明朝君臣认真的讨论，并在一定程度上被采纳。景泰元年（1450年）六月，五军坐营都指挥佥事王淳言：

> 国朝神机枪，诚为难敌之兵，但用之不当，盖枪率数层排列，前层既发，退居次层，之后装枪，若不量敌远近，一时数层乱发，后无以继，敌遂乘机而进，是乱军引敌，自取败绩。臣访求太宗皇帝旧制，参为束伍法：
>
> 神机队每队五十七人，队长、副各一人，旗军五十五人，内旗枪三人，牌五人，长刀十人，药桶四人，神机枪三十三人。遇敌，牌居前，五刀居左，五刀居右，神机枪前十一人放枪，中十一人转枪，后十一人装药，隔一人放一枪，先放六枪，余五枪备敌进退。前放者即转空枪于中，中转饱枪于前，转空枪于后，装药更迭而放，次第而转，擅动滥放者，队长诛之。装药转枪怠慢不如法者，队副诛之。如此则枪不绝声，对无坚阵。

第六章 景泰时期——规复行动（1450—1457年）

弓箭队亦每队五十七人，队长、副各一人，旗军五十五人，内旗枪三人，牌十人，长枪十人，长刀十人，弓箭二十二人。遇敌，列队牌居前，弓箭两行，前行射多手疲，后行代射，五枪、五刀居左，五枪、五刀居右，如贼突入，则牌迎马而前枪刀左右刺击，弓箭迭射，虽贼猛马健进，无不毙矣。三马队每队亦五十七人，队长、副各一人，旗军五十五人，内旗枪三人，其余枪叉刀斧随其所用。长器十人，杂兵二人，弓箭四十二人，如敌退却，马即追袭冲突，往来出奇制胜，巧在临时不敢预定。此束伍法大略也。束伍法既定，则营阵之制易明。今试以马、步十万人为一营，步军七万，前层四万，神机、弓箭队各半，每神机一队隔一弓箭队。次二层三万，神机、弓箭队各半，每神机二队隔二弓箭队。前层俱战锋队，次二层每一驻队隔一接应队，以号带别之。马军三万，次三层马二万，每一驻队隔一追袭队，亦以号带别之。次四层马七千，为游击队，以备设疑补缺。次五层马三千，大将握之，以应四向，如四面受敌，则抬营而战。

哱啰响，战锋队举旗放信炮三声，诸军发喊三次，各严队伍。长声喇叭响诸队，悉严行列备战。点鼓四向，各离营出二十步，以广战地。战声喇叭响，擂鼓交锋，不拘神机等营，惟听金鼓进止。敌在百步之内，神机枪射之，五十步内，弓箭射之，二十步内，牌、枪、刀迎击。敌退在百步之外，则鸣金止战，按兵而待，不许滥战。战久哱啰响，接应队举旗，长声喇叭响，接应队即出，离战锋队十步代战。出缓及不齐者，驻队诛之。再战久，鸣金止战，哱啰响，收队。九声喇叭响，旋队不用点鼓即还。二层原地，前层再战，奇正相生，循环无端。前行擅离，次二行诛之；二行离，次三行诛之。如敌败退，即吹长声喇叭响，追袭骑整众出而逐之，游击骑即踵而随之杀敌擒将。吹收军喇叭，打得胜鼓回营。此制有正有奇，有战有守，进无速奔，退无遽走，四头八尾，触处为首，变化无穷，所谓王者之师，节制之兵也。

如左右高山大川，前后受敌，即开营左、右门，六行以列，前后相向。游击骑居两端，亦前后相向以备敌，冲突两哨，余奇居中以应前后。其战与抬营同，但游击骑或三五成群，随宜备敌。其率领者号头，听其自便，如后有高山大川，可开一字大阵，三行以列，游击骑居两端，余奇居中。或开半面，四面俱同，既胜，收擒获级，鸣金止，齐吹哱罗收队。九声喇叭响，旋队，打得胜鼓回军。哱罗、喇叭、金鼓齐响，下营。其下营之制，前层先下，二层、三层仍列不动。前层下营既定，诸军方入下营。此所谓虽克如始战，将之慎也。众寡随宜，俱同此法。其制简而易知，其号略而易熟。乞敕诸将以此教练士卒，庶几有一定之制，无乱教之兵。其分营破队，攒兵偃陈，多方误敌，随机设宜，难于教士者，不敢滥及，并为练兵图八本以进。

景泰皇帝诏命兵部同各营总兵官采用此法。[2]

三个月后，即是年九月，大同总兵官郭登又提出了一些建议。[3]他说：

大同地居边塞，虏酋不时出没，军民艰于樵采，臣等辄出鄙见，模效古制，造为偏厢车，用以防护军民。其车辕长一丈三尺，前后横辕阔九尺，高七尺五寸，厢用薄板，各留置铳之孔。轮轴如民间二样，轻车其出，则左右两厢次第联络，前后两头辕轸相依，各用钩环互相牵搭，绷布为幕，舒卷随宜。每车上插小黄旗以壮军威。仍载脱卸鹿角二，长一丈三尺，遇屯止离车十五步外，钩连为外藩，每车用神枪二人，铜炮一人，枪手二人，强弓一人，牌手二人，长刀二人，通用甲士十人。无事则轮流推挽，有事则齐力防卫。衣粮器械，皆м车内。遇贼来攻，势有可乘，则开壁出战，势或未便，则坚壁固守。外用常车载，大小各样将军铳每方五座，共二十座。每座用推挽及药匠十二人，共二百四十人。其马步官军，或一千，或二千，以为出哨策应，转输樵采之人，皆处围中。又置一四轮车，高一丈二尺，别用木梯接高一丈五尺有奇。上列五色旗，视其方，有贼以其方旗招呼，听鼓而进，闻金而止……敢以其式进呈，乞敕在廷大臣议其可否，而行止之。

景泰皇帝命工部与石亨等商议，但大家普遍认为这种只适合防守，在进攻时毫无用处。石亨等说："可以守，不可以攻。大同之地，果能防护军民，任登为之。然必量料制造，若劳民伤财，亦宜停罢。"郭登的想法不被群僚认可，只能胎死腹中。[4]

* * *

英宗皇帝回到北京后，明朝与也先的关系确实在一定程度上有所缓和。但从根本上说，也先决定一统草原，将东起辽东、西达甘肃走廊的整片漠北地区都纳入自己的控制范围，这在根本上与明朝的策略是冲突的。更甚者，景泰皇帝决定富国强兵，一洗前耻，这也让明朝在暗地里不会真正对也先妥协。可以说，景泰元年到景泰五年（1450—1454年）间，双边的关系仍旧是紧张的。但当也先决心除掉脱脱不花汗并导致其"草原帝国"一度分崩离析时，形势便忽然对明朝更为有利了。

关于此事，仍须借助明朝的记载为依据，因为也先一方缺乏相关史料。但即使仅从明朝单方的记载，我们仍能看出，对于明朝与也先来说，双方总的相处模式是友好合作。没有一方希望爆发全面战争，和平友善仍是双方的外交主流选择。一方面，也先在明朝的朝贡体系中扮演着进贡者的角色，另一方面，他也试图在进一步扩大使团规模的同时，希望明廷能向他派遣对等的使团，从而使双方的地位更趋平等。

景泰元年（1450年）底，瓦剌也先使臣昂克等陛辞（兵部尚书于谦认为此人可能是也先派来的谍者）。景泰皇帝令其赍敕及彩缎、绢匹等物给也先。敕曰：

> 尔瓦剌都总兵、答剌罕、太师、淮王、大头目、中书右丞相也先遣来使到京进贡马匹、银貂鼠皮，并览奏文具悉。太师敬顺天道，尊事朝廷，保守两国祖宗以来并今重新和好之意，然思保全和好之道，在于各安其分，各循其道，勿听下人扇惑之言。若听下人之言，则利归于下，怨归于上。勿因小事而坏大事。若因小而坏大，则求利不得，而害即至。此理甚明，太师所必晓也。朕与朕兄太上皇帝，骨肉至亲，

无有彼此，毋劳太师挂念。所贡马匹、鼠皮俱照旧例，颁与赏赐，并所奏求物件，讨回人口等项，悉付来使领去。所言假金三两，此是下人作弊，以生金作熟金，已行痛治其罪，并谕太师知之。[5]

数日后，也先遣还掳掠人口，景泰皇帝又诏谕也先使臣，赏赐彩币、表里。[6]

在瓦剌阵营里，尽管也先的地位超然卓群，但他并未能完全控制阿剌知院和脱脱不花汗。阿剌知院和脱脱不花汗也分别向明朝派遣自己的使者。而到了景泰五年（1454年），也先和阿剌知院彼此之间甚至自相残杀起来。①

景泰元年十二月（1451年1月），身居大同，几乎已经毫无权力的代王朱仕㙻竟向朝廷上疏了，这一情况非同寻常。代王奏曰：

> 大同系西北绝塞，自胡虏犯顺，官军屡战失利，精兵健马，丧亡殆尽。及广宁伯刘安来镇，逾月还京，继得都督郭登充总兵官。时城中兵不满千，马才百匹，虏众不时围城，登令于四门外造木榨，近城设陷阱，伏军守了，募勇敢亲督训练数月，士气振作。今年闰正月，闻虏屯沙窝，登率兵千人，乘夜直趋贼巢，擒斩二十余人，大破贼众而还，所获牛羊，悉以给主，而烹其余以劳有功官军。四月，虏众万骑自东北来攻，登令开东土城诱之入，举号放榨，率兵出战，擒斩十五人，贼败去。又于南门外修战场周围为陷沟七百余丈。

---

① 脱脱不花汗已于景泰三年（1452年）为也先所杀。——译者注

六月，虏骑数千复自西南突至战场。登率兵出击，自晨至暮，战数十合，贼中箭炮死伤，擒斩五人。又置毒于酒具、羊豕肉、香纸，伪若祭冢者，见贼佯走。贼争食饮，死者尤众。又于四土城门置陷阱阔三丈深，半之起浮桥，傍穴以伏军士，四城角置大小将军铳，以遏奔冲。先是，军民出城樵采，每为虏所得，登造偏厢车四百辆，以为营卫军民便之。有自虏中还者，言也先初意欲取大同以为巢穴，故数来攻，后每至辄败，有一营数十人死不还者，虏众相谓大同新总兵有智略，自今不可与争。未几，虏果遣使求和，奉上皇还京。即今大同已宁，军民尚艰食，登律己治人，善抚绥慰，谕以逸制劳，以少胜众，虽古名将，何以过之？臣忝藩维，每念孤城危困，宗室保全，维登是赖。凡其克捷，皆诸郡王目击，故得其详。登虽已荷封爵，而其奇谋秘策，人未必知，乞以臣言降敕褒谕，使登感恩思报，益知勉于将来。

但兵部讨论后认为，"登虽有功，已进伯爵，王所请无例，不可从"。最终，景泰皇帝拒绝了代王为郭登加官进爵的建议。[7]

景泰二年（1451年）初，高山卫哨备指挥李英呈报："军人赵芦斗瞭见境外有步行人腰带弓箭前来，随令夜不收吕小良等二名，下墩潜入拦马墙内，因见向墩射箭，认是达人，其吕小良等奋勇向前擒获，连人解到。审系奄克帖木儿，也先部下，有也先差赛音帖木儿等将领人马二百余骑在边哨探，接取进贡使臣，因我省得汉语，差来打听声息，就被捉住。"

大同总兵官、定襄伯郭登，巡按直隶监察御史郑韶等人计议，认为："达人出没，不肯暂离鞍马，今奄克帖木儿步行到墩，又止一人，既称打听进贡使臣，其守墩官军只合温言抚接，却乃掩袭抢拿，非惟有失朝廷大信，抑且引惹事端，又恐来降及走回人口，小人邀功，驾祸无辜，如蒙准题，乞敕该部通行禁约沿边官军，惟当谨守信地，严加瞭望，不许贪图小利妄生边衅。"

这件事再次被呈到兵部尚书于谦那里。于谦奏道：

> 臣等窃惟中国之待夷狄，固当振之以兵威，尤当抚之以恩信，所以折其强而结其心也。今也先节次遣人朝贡，其谲诈之谋虽未可知，而和好之礼则未尝有失。今以使臣未回，遣人探听迎接，其奄克帖木儿既不骑坐，又不潜入边城，明说探接使臣，别无奸细情节，而守墩官军就将本人抢拿，只贪一时之近功，不顾朝廷之大体。而都督方善又不斟酌事情，辄便轻信起解。
>
> 今访得奄克帖木儿见行监问，切以此特一俘囚尔，杀之不足为武，而或有以启衅；舍之不以为怯，而或有益于事。如蒙圣恩，乞敕法司再行研审，委的止是探听使臣消息，别无其余重情，请敕令该府差人连奄克帖木儿赍送前去大同总兵官、定襄伯郭登等处收领，抚令听候。边上如有也先差来之人，就彼交与领回。仍谕也先以朝廷忠厚抚待之意，使知感激。本部仍行都督方善并各边总兵镇守等官，今后各要整搠军马，固守地方，果有外敌侵犯，相机剿杀。若虏中遣人来边打话，止是一二人、三五人，别无奸细情由，及远探随后再无跟随掩袭人马，就便抚令回还，不许贪图小利邀功，生事以启边衅，以贻后患，亦不许指此为由，纵彼入境剽掠，以误边务。[8]

类似由明朝边将挑起的事端,也可能成为边防地区暴力冲突的一大诱因。当然,长期存在的腐败问题,也会成为边防暴力冲突的另一诱因。腐败会将整个国家安全系统置于危险的境地中。景泰二年(1451年)二月二十日,刑科等衙门劾奏都督同知卫颖等人"交通饮酒,奸宿乐妇,怠废军政"。景泰皇帝本来决定宽宥其罪,但于谦认为:

> 臣等窃惟卫颖等俱以凡才,叨膺重任,擢居都府,分掌兵戎,不能宣力而竭忠,乃敢纵欲而败度。况终日饮酒为乐,又复用钱买奸,若非剥削害军,此物从何而得?即目虏人虽已请和,而边报未甚宁息,旧耻未雪,当人臣卧薪尝胆之时,大举未图,宜将帅捐躯致命之日。而卫颖等所为若此,上辜朝廷之恩,下失军士之望,惟骋一己之嗜欲,岂恤众情之艰难。曩者,土木之溃,大事几危,正由为将帅者平日贪淫败度,受财卖军,互相交通,夤缘党比,战斗之事不习,兵戎之政不收,将帅互为仇雠,上下自相矛盾,以致临敌无功,望风瓦解。前日之覆辙未久,而卫颖等又复效尤,廉耻荡然,全无忌惮。比者,在营军士逃者数多,动以万计,安知不为卫颖等卖放逼迫所致?杜渐防微,不可不慎。且赏从贱,罚从贵,此古今之通典,而兵家之要术也。今卫颖等位重任隆,而贪婪无度,则下人何所取法,而管军者何以为戒?所据各人罪名,已蒙圣恩宽宥,而此等驵侩之才,终难任牙爪之寄。合无将卫颖、范广、陶瑾、张义、郭英、穆晟,俱不许管理府卫事务及坐营领军,调往开平、独石、大同一带操守杀敌,以赎前罪,庶使法令昭明而余人知惧,恩义并

行而戎政修举。臣等猥以驽钝,叨掌兵戎,顾惟将帅之用舍,系乎国家之安危,事有当言,不敢缄默。

景泰皇帝最后认可了于谦的意见。[9]

作为景泰皇帝即位的强大推手和关键人物,同时也是一位有远见卓识的军事家,于谦的观点在朝廷中一直占据重要地位。景泰元年十二月初六日(1451年1月8日),兵部就边备等事,访抄到兵科给事中黄仕俊的建议。于谦从回答这一建议出发,全面阐述了其对边备问题的看法。奏疏文如下:

> 窃见中国土地虽是无穷,而其财赋所出,亦自有限,原其所由,天惟生此以供朝廷及百官俸禄之需,初非期有边外劳费之耗,是边外本供费所不载,而百姓实国家所宜恤,以培植邦本,为供应之具而已。今者,边庭乞和,谲诈莫测,必以还我上皇,则兵备不约而解,珍物不求而得,府库不劫而虚,民力不用而弊,国税不攻而靡。观上皇归时,彼使未起,而运粮之卒即各遣归各边。见其散军,而戒严之意不无十缓三四,非堕缓兵之计欤?见其和成兵缓,大起无厌之求,今日求某物与之,明日求某物亦与之,今年遣使增数百,明年遣使增数千。及其久也,多而无数,使轺往来,络绎不绝。又其久也,求之既屡,待之必厌,欲不应之,恐自坏和好,其短在我,以召祸衅,欲曲意应之,诚以府库之财有限,民之膏脂枯竭,又恐乘我不虞,以启一旦,袭虚之患,至于不可磨灭。
>
> 访得去岁也先大同敌杀之际,其伯颜帖木儿亲与总兵官

石亨打话，言："累年我使来贡，求金银铜钱等器，织金蟒龙等衣，宝石珍珠等物，俱不见与，是以兴兵远来。"盖求物不得，遂致入寇。则将少有厌忽之心，必致入寇可知。臣询侍郎赵荣等，言脱脱不花固不见有南侵之意，至于也先奸雄黠狡，则有莫测之机。观其即今遣使，至于数千，拆墙强入，略无忌惮，皆恃去岁土木之利，逼城之敌，气骄志满，纵横自如。盖以兴兵南来，狃于多胜，未遭我军敌杀之苦，痛挫狼戾之气，顺之则和，拂之则寇。况西北诸夷今已蚁附，而今所求器物，又皆帝王之具，阴谋不轨，意已明甚，岂可信其必和，以为久安长治之计哉？

伏望圣上念祖宗创业艰难，今日守成不易，劳心焦思，兢业图理，毋以土木而寒其心，毋以逼城而危其意。推原所由，皆因权奸所误，非区区丑虏之力乃能至此。然好生恶杀，贵人贱畜，天之心也，人之愿也。今彼掠我军民，不啻草芥粪土，无分贵贱，牧马放羊，饿死不知其数，冻死不知其数，因而遭虐疾病者亦不知其数，是乖天之心也，拂人之性也。故曰："天作孽，犹可违；自作孽，不可逭。"

今彼残虐天民，自作其孽，莫此为甚！是自干天诛，天又将假手于我陛下以殄灭之。昔我太祖高皇帝，奉天之罚，师至应昌；太宗文皇帝，肃将天威，扫清沙漠，皆不闻彼以犷悍而能御我。今皇天上帝以中兴之运付之陛下，正犹天命太祖、太宗之时也。况天之所助者顺，人之所助者信，陛下惟能修德勤政，顺天信人，则天自顺乎我，人自信乎我。彼虽犷悍，岂不足以削平以享无疆太平之治？且和可暂而不可久，利于彼而不利于我也。昔有商之世，鬼方跋扈，而高宗讨之；有周之时，猃狁作慝，而宣王逐之。使鬼方、猃狁可和而利于我，则高宗、宣王必先与之和，而不烦士马之劳矣。因其谲诈无定，和不可恃，故直举兵讨之，以宁华夏，延祚数百年，二君至今称为中兴令主。但即目以时观之，彼势犹张，我师尚弱，姑豺狼以饲之，犬马以畜之，佯存和好，以养锐蓄威，待时雪耻。

然九重深邃，下情难达，边事内攻，幽远莫知。万机之暇，乞御文华殿，或进内阁儒臣，或召元老硕辅，少降天颜，从容咨访。或令口陈，或具题帖，陛下从而采择可否，次第施行。如京师天下根本，军马几何？士卒操法精致者何营？则必赏其头目，庶怠惰者自知警惧。将臣素着谋勇者几人？陛下从而亲书其姓名，仓卒调用，庶不失人。某有将才，淹在卒伍之下者拔之；某事掊克，戮我士卒之心者罪之。京军贵多，欲备调用，今而数少，设何法以增之？军士日练，本期克敌，今而多怯，行何计以锐之？猾虏分外之求，难事之请，从何长以处之？西北诸夷，闻风降附，施何间以孤之？

威敌必先以其所畏。宣府、大同迤西一带，京师紧关屏蔽，急要骁勇谋将。今朱谦谋勇不及杨洪，而纪广慈柔；郭登虽曰谋勇，且久患风疾，而裨将无闻。今虏人所畏，惟杨洪、石亨父子。然二人已总重兵在京，固难轻动，而杨俊、石彪俱骁勇有谋，合令协副朱谦、郭登，虽曰谋勇，趁时设备，庶免临时掣肘。

他如各边，某无谋略，徒拥将名，久妨边务，即别选能者以代之。《书》云"去邪勿疑"是矣。某怀智略，久被忌抑，一筹莫展，即特命以伸之。《书》曰"任贤勿贰"是矣。某处将臣不智，必致相激，非国之福也。陛下即以所记将臣领其事，俾不智者知所畏惮矣。某处兵寡而将勇为可托；某处兵众而将怯之可忧；某处卫堡不堪策应，某处堪宜益兵添将，相兼守把；某处将帅头目剥削士卒，相继逃窜，边关空虚，匿不以闻；某处堪宜经理屯田，未及议奏处置；某处宜广蓄军饷，节被管粮官员措置颠倒，粮储有名无实；某处武职镇边，年久精忠，可褒奖以励廉污；某处文职贪酷，宜行体实劾去，以安士卒。又如各边年久，文武官员猫鼠一家，军士疲惫，今后合每年宜遣谙晓边务大臣数人分行，稽其弊端，以凭赏罚。如此一一咨访而处置之，则边事无一而不举矣。

至于都司方面、风宪守令等官，某向也廉，今也贪而殃民；某官虽曰能事，其实暴不堪命；某官虽曰忠厚，其实罢软，无益民事；某官老迈，不能举事，而乃贪得不去；某官掊敛以阿上官见留；某官忠鲠，以直事人见黜；某官听政超异，堪宜褒劝；某官才堪大用，久滞下僚。凡军民有无利病，四方有无休戚，及今后亦合每年分遣廉明大臣询察，以凭黜陟。如此一一采择而举行之，则内政亦无一不修矣。边事、内政既皆修举，则将士勇奋，坚如泰山，民之供饷，如子趋父。昔宋用孟宗政，金人不敢窥襄汉；中国相司马，辽人不敢犯其边。今我之精择贤能，养锐蓄威如此。

至若狡虏敢肆无厌之求，仍遣无数之使，必发敕也先，喻以祸福，令各守分。虽古者遣使，彼此不过正、副，从者不过数人，今后遣使不过百人，以通和好。倘过其数，则其短在彼，因而责之，庶或守分，不敢违约。使若侵逼边境，则必纵我锐兵，奋其勇武，大举剿杀，痛挫锋锐。彼势力自散,计算自迷,将奔逋无门,退保无暇,正如太祖、太宗应昌、沙漠之举也,安敢窥我中原,扰我疆场,以犯我士马哉!由是戒饬边关无通彼使,中国自中国,夷狄自夷狄,不惟莫测我之虚实,以息衅端,且亦得免夷狄之耗,以固我邦本,则将来太平景祚延至无穷,又自陛下开之,而其中兴功业之隆,直与高宗、宣王同一,垂休无疆矣。倘不此之图,陛下惟广天地之量,应无厌之欲,臣恐彼以多事之请,固不能一一遂欲。不遂其欲,必致交兵,惟恐边力不支,又或有如前日毁关逼城之患。而我京军止足以自护,而不能策应边关;边军止足以自守,而不敢掣授京师,甚至被厄所援,而进退无路。又或举我南北要区,坐困我师,虽有勤王义兵,莫由内应。又恐他盗亦闻风而起,其郡县军卫,亦被牵制,不敢北望。事至如此,思欲走檄多方,招募民兵,则又有兵无将;京师急欲调用,则又有将无兵。况民兵素不识戎,募之虽多,亦奚以为?昔宋贼刘豫大募民兵七十万,南侵至庐州等处,一鼓败之北走。原其所以,皆由闲暇之时,失于豫图方略,早建事机故也。《书》曰"惟事事有备无患",《传》曰"凡事豫则立,不豫则废",又曰"虽有智慧,不如乘势"。惟愿陛下乘此暇时,汲汲留意焉。宗社幸甚!天下幸甚!

以上是于谦奏疏的内容。景泰皇帝览毕,赞赏道:"朕览其所说,都是忧国保民之心。户部、兵部会官详看,可行可止,即便议拟停当来闻。"二部官员看完奏疏后,似乎形成了共识。他们向景泰皇帝奏曰:

贼虏也先等，狃于多胜，未遭我军敌杀，今已蚁附，所求器物皆帝王之具，阴谋不轨，意已甚明。"要发敕也先，喻以祸福，令各守分。今后遣使不许过百。若违约侵扰边境，则必纵我锐兵，大举剿杀"一节，臣等窃详，也先自其父脱欢以来，世受朝廷厚恩，一旦豺狼改虑，侵扰边境，进逼京畿，震惊陵庙，其为仇恨，何可胜言！也先自知罪恶稔盈，人怨神怒，及知我中国有备，遣人纳款，和好如故。皇上轸念苍生，俯徇其情，节次差来之人，朝廷倍加赏劳。迩者也先又遣昂克等二千六百余人到京进马，皇上天日之明，岂不知彼情谲诈？所遣数多，一则费我财用，一则探我虚实。但以彼既进贡来，亦难拒而不纳，以此待遇之礼不废，而防范之法亦未尝不慎。今昂克等已还，合无候也先再遣使到京，请敕令其赍回，晓谕也先：自尔等革心悔过，敬顺天道，节遣使臣，朝廷俱待以殊礼。兹者，昂克等若干人到京，委实太多，又况口外宣府、怀来等处，先因尔等侵扰，所在人力艰难。自今已后，尔等当体念我祖宗待尔之厚，诚为和好，保全始终。所遣使人，多不可过百十人。朝廷敷大信于天下，必不渝盟，致有怠慢。候也先仍前差遣人，众臣等另行议奏处置。

其奏"要万机之暇，乞御文华殿，进内阁儒臣，或元老硕辅，从容谘访。或令口陈，或具题帖，陛下采择可否，次第施行"一节，查得：近该南京工科给事中张云翰奏前事该，礼部议拟覆奏，节该：奉圣旨：今后各衙门，如有军国重务，得失的事面奏施行。钦此。钦遵，已有前项，奏奉钦依事理，别有定夺。

其奏"要令杨俊、石彪协副朱谦、郭登"一节，照得宣府见有总兵官、抚宁伯朱谦，参将左都督纪广，又有都督金事董斌提督独石、龙门等处，江福守备万全右卫等处，都指挥杨信守备怀来等处。大同见有总兵官、定襄伯郭登，参将都指挥潘兴，及都督方善，分守东路，许贵分守西路。及照今年自春初以来，虏寇不时攻围各该边城，所在镇守等官，俱能竭力防守，或出兵对敌。况杨俊先充宣府参将，伊父昌平侯杨洪奏伊年幼无知，富贵已极，性资粗率，语言轻躁，非惟长恶不悛，必误边方大事。乞取赴京随操等因，已蒙钦准，将杨俊取回。石彪充游击将军，带领官兵往山西巡哨，回京未久。若将各官再行分差宣府、大同，非惟官多人少，下情不堪，尤恐节制不一，人难遵守。已后若紧急用人，另行定夺。

其奏"各边某无谋略，徒拥将名；某怀智略，久被忌抑；某处兵寡，将勇可托；某处兵众，将怯可忧"等项，缘无指实，合无行移宣府、大同、辽东、陕西等处巡抚镇守都御史、侍郎及巡按监察御史，令将彼处守臣勇怯，兵备虚实，城堡道路险夷，粮饷器械多寡等项一应边务，逐一用心体察谘访。何人可存，何人可去，何者可以修复，何者可以用工无废，何处险要合当增兵守备，何处偏僻不当多用军马，何法可以实边，何方可以御寇，务要体覆详审，处置允当，上副朝廷，下合舆论，明白奏请，以凭裁决。

其奏"都司方面、风宪守令等官，某官贪而殃民；某官罢软老迈；某官忠鲠，以直见黜；某官德政超异等项，合每年遣廉明大臣询察"一节，查得各都司方面守令等官，节有钦奉诏敕,行令各处巡抚风宪等官,从实体察贤否,奏请黜陟,合再申明。通行各处巡抚官、巡按御史,查照先前节奉诏书事例,务要巡行所管地方,将军卫有司官员从公体察贤否,具实奏闻,以凭定夺。不许因循怠忽,徇情作弊,以致妨政害人不便。[10]

从以上内容,我们至少可以看到,明廷试图采取行动,促成北境防线从此前土木堡惨败中迅速恢复过来。上述内容可以说是君臣之间采取行动的蓝图,是朝廷有效运作庞大而复杂的军事官僚机器的具体指南之一。在景泰皇帝在位的时期,边防线上许多开发和管理工作都严格遵循前述原则和做法。这些工作虽然乏味,但对于边防建设而言至关重要。事实上,明朝对边防建设所采取的行动肯定要远远多于记录在案的部分。

* * *

景泰二年(1451年)三月,礼部尚书胡濙等奏:

据瓦剌使臣速哥帖木儿言及也先奏文,皆欲朝廷遣使,如正统中故事。臣等谓,当姑徇其意。昨奉圣谕,以为永乐间未尝遣使,彼亦不废朝贡,正统中使币往来,乃多为所拘执,但今和好初成,方以其间饬边防,实储蓄,若遽拂其意,必起衅端,则边运不敢进前,关外之田今年不得种。非惟大同、宣府等处悬急,而直隶人民亦复不安。愿遣使偕往,以全和好，待数年之后，我有足恃，徐以计却之未晚。

然而景泰皇帝认为，不必遣使去瓦剌，此事遂寝。[11]

但景泰皇帝仍然作书一封给也先，解释其拒绝遣使的原因。他说：

> 苏克帖木儿等至，具悉和好之诚，所云欲朝廷遣使偕往，朕再三思之。曩者，正以去人不能体彼此之意，往往取怒于太师，以致和好不终，利归于下，朕与太师徒自结怨。今惩前弊，不欲复遣人去，如太师欲令人朝贡买卖，听从所便，但来使必须识达大体，不喜生事之人，且只以文书往来通意足矣。所索把哈孛罗，今特于贵州取回，付之来使。凡国中人口在太师处者，亦宜遣还，以副其父母妻子之望。回赐礼币，至可领也。[12]

景泰二年（1451年）五月十六日，吏部考功清吏司郎中陈䕫上奏关于边备建议，其文略如下：

> 吏部考功清吏司郎中陈䕫题：臣闻夷狄自古为中国患，在乎有以御之。御之有道，则可以销其骄悍之气，而朝廷无北顾之忧。苟无道以御之，则凭凌桀骜，其患不可胜言矣。比见瓦剌初与朝廷通好，岁时贡献，赏赐巨万，岂期自启衅端，侵扰边鄙。顷岁以来，纵横尤甚。近闻又分人马一枝往辽东，一枝往陕西，又遣人来京进马，求要使臣。臣愚切计瓦剌人马本自强盛，今谋欲攻宣府、大同以及京师，故先

遣人马收掠辽东、陕西边境之人，以益其众。且恐朝廷知其势分力寡，乘其不备，出师击其各枝人马，仍复假设遣人进马，求要使臣，以缓中国用兵之意。俟其辽东、陕西人马回聚一处，秋高马肥，并力内侵，此其狡计也。今议者皆以兵备未修，粮草未备，只欲遣使往答其意，以图延缓，不复敢言战者，殊不知彼番求欲遣使，实非畏威怀德而来，盖将东征西讨，而以此延缓我师，刬纵遣使臣，量亦不能释其素负骄悍之气，不此之察，是自失机会而堕其计中矣。如蒙准言，乞敕总督军务总兵官量率精锐官军数万，倍道趋辽东或陕西边境，仍敕辽东或陕西主将，分兵刻期会于近边去处，物色丑虏所在，上赖祖宗之灵，合兵出奇，击其一枝人马。彼进不敢敌，退无所援，强盛之众将自穷蹙，殄灭可待也。计不出此，徒因议者之言，逡巡畏缩，日复一日，使其收掠辽东、陕西二边之人，大众复合，并力内侵，宣府、大同一或失守，京师之患，又孰甚焉！

奏议送到兵部，兵部尚书于谦在其基础上进一步细化完善了关于北方边疆战略的建议。其答曰：

看得郎中陈鉴奏称，"要总督、总兵官量率精锐官军数万，倍道趋辽东或陕西边境，及令辽东、陕西主将分兵刻期会于近边去处，殄灭虏寇"一节，臣等切详虏酋也先等，自正统十四年肆为奸谋，鸠集虏众，侵逼边境，杀掠人畜，其罪恶稔盈，人所共愤，实宜统率大军，声罪致讨。但自去年以来，节次遣使朝贡，钦命武清侯石亨充总兵官，都督孙镗、范广、过兴、张义充左右副总兵、参将，于五军、三千、神机等营挑选精锐官军六万，分作三营团操，及令都督刘深，另操官军三千听候策应辽东等处；都督石彪、雷通，另操官军六千听候策应宣府等处，并令工部尚书石璞总督宣府等处军务，遇有警急军情，各城军马并听节制，相机剿杀。近该石璞具奏，彼处烽火不见，边事颇宁，又况兵家之事，以直为壮，以曲为负，而制胜之策，以主为逸，以客为劳，必使计虑出于万全，然后战守可无疏失。今也先虽阴怀邪谋，而尊事朝廷之礼不废，虽闻声息，而侵扰边境之事未举。在我当为预备，难以自开衅端。又况关陕、辽东相去京师窎远，即目天气炎热，大雨时行，若使统领大军出境，未审敌营果在何处驻扎，待我兵至，非惟轻易举事而弗中机会，抑恐虚劳士马而迄无成效。况各边所积粮草有限，军马用度无穷，揆之事势，未见其可。合令在京总兵等官武清侯石亨，并都督刘深、石彪等，将选到团操官军务要申严号令，齐备器械，俾军威壮固，士马精强，不时点闸教演，以备警急调用。既不许怠惰偷安以废纪律，亦不许先为畏缩以损军威。仍令石璞等将宣府等处军马用心整搠，差人严密哨探，若有贼寇犯边，必须相机行事。若果贼势众大，星驰差人奏报，京师发兵前去应援剿杀。并行辽东、陕西、大同总兵镇守等官，左都督曹义，定襄伯郭登，兴安侯徐亨，都督王祯、张泰、王敬，都御史王翱、年富、陈镒、马恭、韩福、宋杰等，各照地方，将应有军马务在躬亲，逐一挑选精壮之士，留意训练，谕以大义，严其纪律，使将士相知，上下同心。候有贼寇来侵，就便随宜战守，或坚壁清野以待其弊，或乘虚掩袭以挫其锋。既不许畏缩无谋，纵贼抢掠，亦不许轻易穷追，堕彼奸计。此乃保邦御敌长策。[13]

掠夺的发生，又或许与也先的索求有关。也先通过朝贡所换回的，多为高级奢侈品，实际上这些金银珠宝很难满足普通战士的需求。而当他们无法通过朝贡贸易渠道获得普通物资需求时，掠夺就自然而然地发生了。二者或许相关。

景泰皇帝决定不派遣使者到也先处的做法，仍未能广泛赢得明朝高层官僚的好感。景泰二年（1451年）五月初十，太子太保兼吏部尚书王直与其他在廷大臣言：

> 北虏之性本凶暴不仁，近年以来，宽待之意乖，计较之心胜，省费不多，启衅甚大，遂致侵凌，肆其祸毒。尚赖天地祖宗保佑，今已乞和，率众北归。臣等逆料虏情必有谲诈，务须深防。往者，虏使来言，要遣使臣往来和好，朝廷止是优待令归，不曾遣使。今虏使又至，专以遣使往来为言，而我边务未尽修举，皆非旬月可得措置。况天雨及时，边民皆已播种，若乘此机便遣人往报，稍为延缓，俾边境宁谧，安于耕耘，及至秋成，粮草充足，器械精好，城堡坚完，士马精壮，勇气自倍，以守则固，以战则胜，丑虏不足患矣。《书》曰："必有忍其乃有济。"孔子曰："小不忍则乱大谋。"伏愿陛下俯加含容，少遣二三使臣往答其意，臣等又闻世之常情，有求于人者，一不得则惭，再不得则愤，而争斗之衅作。今虏之请使至，再而又不得，若逞其惭愤之气，肆其凶暴之心，兵祸又起，生灵受祸，不言可知。

景泰皇帝仍旧坚持自己的看法。他说：

> 朝廷自祖宗开创以来，丑虏远遁，不敢窥伺中国者，以绝其往来故也。正统间，奸臣用事，欲图小利，始遣使通好，遂致引寇入犯京师，宗社几危。今朕嗣承大统，拳拳欲富国强兵，以报仇雪耻，思与虏绝。而卿等累言复欲如前遣使，与虏往来，非朕本心，不允所请，咨尔大小文武群臣其共议长策。果当如何，可副朕志，明具以闻，勿事空言，图保身家而已。[14]

面对景泰皇帝的坚持，朝廷一时沸腾起来。五月十二日，又一拨文武大臣上奏请求景泰皇帝重新考虑遣使问题。他们说：

> 昨者钦承圣谕，欲富国强兵，以报仇雪耻，思与虏绝。臣等罔不痛心切齿，与之不共戴天。但边境之粮储未充，军民之疮痍未复，所以前日干冒圣听，今虏使又乞遣使，伏望圣明留心，至于预备粮草，操练军马，以振兵威，以雪前耻。臣等所宜鞠躬尽瘁，以仰副皇上富国强兵之盛心，岂敢忘君父之仇，为身家之计哉！

景泰皇帝再次坚持己见。他说：

> 遣使往来虽一时之利，国家久安长治之计，恐不在此。虏情谲诈，狗窃之意常存。前年入寇京师，岂因不遣使臣而致？卿等共知，但当广议备边御寇，复仇雪耻之长策，军马

如何可以战无不胜，粮草如何可以用无不给，其余皆勿论。草茅之士尚思献议国家政事，况国之大臣乎？卿等勉之，使臣不必遣。[15]

王直似乎妥协了，他从"使命不通，难保其不入寇"出发，转而向景泰皇帝献边防之策。而其他人则继续就此事与景泰皇帝争执。太子太保兼户部尚书金濂言：

> 瓦剌脱脱不花王遣使进马，及送使臣高能等来朝奏讨使臣，以通和好。皇上欲绝其往来，俱不遣使，切思遣使通番，行之既久，已为常事。若一旦不遣，虏情怀愧，托此为辞，边衅一开，遽难止遏。况今边方士气未振，兵备未举，仓廪之粮尚少，疮痍之人未苏，若不审己量力，远虑深谋，遽欲出师讨罪，雪耻复仇，恐非万全之计。昔汉高帝自将三十余万众往击冒顿，而有平城之围。今腹里人民悉皆凋弊，不堪供运，而边储有限，倘有缓急，诚为可虑。伏望皇上念祖宗创业之艰难，悯远近生灵之疾苦，屈从群议，俯就虏情，暂遣使臣，量给赏赐，往脱脱不花王处，转往也先营，以答来朝之意。延至二三年，边廪充实，兵备修举，随宜用事，可图万全。

景泰皇帝再次拒绝："遣使之事，朕自有定见。卿但当以足国为务，毋为后来边储无备张本。所引平城之事，恐非臣下所以愿望于国家者。"

礼部尚书杨宁向景泰皇帝奏报挑拨瓦剌内部关系的机会：

"脱脱不花王遣使入贡，近访知也先亦有人在内。切惟丑虏猜忌最重，彼也先未必不致疑于脱脱不花王，乞将脱脱不花王使迟留数日宴劳，锡与比也先使加厚，若此，则脱脱不花王与也先互生猜忌，而扰边之患缓矣。"但景泰皇帝认为这种做法太过下作，"柔远之道，宜待以诚"，因此拒绝了杨宁的提议。

太子太傅礼部尚书胡濙仍未放弃遣使的问题，他又继续奏道：

> 昨译出瓦剌番文一道，令臣等详议以闻。观其语意，专在求讨使臣，以为久远和好。彼虽谲诈，未保其终，然始则奉送上皇，今又还我制使，虏使络绎乎道，驼马迭送于廷，其归向之诚，悔过之善，亦有不可诬者。夫厚往薄来，致治之常经。今彼使再来，此不一报，似非所谓厚往柔远也。往年土木之事，为臣子者罔不痛心切齿，皇上所以拳拳宵旰不能忘也。然在边无储积之素，在野有奔亡之忧，所谓将军有生之乐，士卒无死之心者也。迩者，边报稍急，无一人敢言战者，甚至张惶失措，此系国家安危之大计，伏望皇上愍边境之艰难，生民之困苦，仰惟宗社付托之重，俯徇远人归化之诚，量遣使臣，往伸和好。仍敕在京总督、总兵等官操练军马，修饬器械，严切守备，庶得在彼无可执之词，在我有预为之计。

但倔强的景泰皇帝仍坚持己见，他说："卿等所言固是。使臣不遣，朕志素定矣。"[16]

五月二十三日，年轻的景泰皇帝致书脱脱不花，曰：

> 我国家自祖宗以来，四方万国，每来朝贡，止加恩遣

回,并不遣使至彼,以此四方和好,永远保全如旧。近年,瓦剌累差使臣赴京朝贡,朝廷嘉其诚意,往往遣使回答,岂期所遣之使不体朝廷厚待瓦剌之意,多有在彼贪功贪利,激怒可汗与太师,致使前年暂失中国之和好。两国人民多致伤害,此朕与可汗所共知者也。尚赖天佑人民,使两国仍和好如旧,朕与可汗不可不思保守。近得可汗差太尉完者帖木儿、知院失连帖木儿等赍书并人事马,及送辽东差往海西人员高能等还京,朕甚嘉悦,以礼厚加宴待,赏赐来使,升其官职,给与冠带遣回,并备马价、礼物等件回答可汗,就付完者帖木儿等领去交纳,至可收之。书中所言要照旧差使臣同去一节,盖朕既知前者差使有弊如此,今又不以与可汗言而复差使,是朕不以诚心待可汗也。可汗自今但差使来,朕当加恩相待,始终如一,决不食言。然高能等一起二十人,可汗已遣人送六人到京,尚有郎福等十四人未到,如有在可汗处,仍遣人送回辽东,足见可汗敬顺天道,保全和好之盛心也,惟可汗亮之。其所赐可汗与妃二人,有金银及金银器皿,织金蟒龙文绮等物,皮儿马黑麻都督等八十一人织金彩素表里有差,俱付其所差来使归赐之。[17]

但遣使问题并未就此得到解决。景泰三年(1452年)正月二十二日,景泰皇帝又向脱脱不花致书,回应瓦剌又一次请求明廷遣使的要求。书曰:

我国家自祖宗以来,与可汗初无嫌疑,彼此使臣往来,间谍生隙,前事以往,不必留意。今可汗能敬顺天道,复遣使臣皮儿马黑麻等远来朝贡，良可嘉赏。已令厚加升赏宴待来使，并酬所贡马匹等物价，及所索一应器物，皆如数付来。但所言要使臣同往一事，前者已有书报，恐小人不知利害，言语生嫌，有伤和好，徒使归下人，怨结于上，非但中国不便，实瓦剌之大不便也。但瓦剌人来朝贡者，听从其便，然亦人少为贵，庶好厚待。中国所有人民男女在瓦剌者，今后使臣再来朝贡，俱令带来，当与重赏不吝。[18]

不唯脱脱不花，也先也遣使要明朝派遣使臣前往其处。景泰皇帝诏谕臣下："正统年间，因遣使臣往来，以致宗社倾危。今只听其自来朝贡，以礼待之可也。"[19]十一月初三，也先等奏求"黄紫大红织金九龙段匹，黄红彩段衣服，金壶，金碗，各色药丸、药材、颜料、乐器、帐房、雨衣、铁砧、钳、锤、佩刀等物"，很明显，也先所求都是上层贵族所需要的物件。为此，礼部认为，"黄紫大红织金九龙段匹、黄红彩段衣服、金壶、金碗系上用之物，佩刀、铁砧等项系应禁之物，俱难给与。其余药材、颜料等物，宜令司礼监依数给赐"。景泰皇帝是其议。也先又为其国师三答失里奏求"僧帽、僧衣、佛像、帐房、金印、银瓶、供器"等项，出于某些没有解释的原因，明廷亦不允颁赐。我们不禁要问，也先是在重建带有浓郁佛教色彩的"元朝"吗？

景泰三年底（1453年2月7日），翰林院侍讲刘定之言：

今者，虏使还期渐近，朝廷定议，不遣使臣回答，意欲至其来寇而扑灭之。臣以为，待夷狄之道，但当为应兵，不当为祸。始若庙堂之辅，算无遗策，疆场之将，战有必胜，以暂劳而图永安，固臣子所愿，岂但渊衷哉！倘成败未可预料，则臣尚愿陛下广天地之量，止雷霆之威，含容丑虏，暂遣使臣，其或此以和往，彼以恶来，则足增我师之直气，免吾民之怨怼。若由此暂羁縻之，则岁年之后，国家闲暇，选练将卒愈精修，筑城堡愈完，赏罚愈明，资械愈充，腹里诸处无饥馑之患，口外各屯有奋发之勇，然后观衅徐动，亦未晚也。今者，掌武之臣谦让退托，惧当兵任，各部之臣合辞陈请，乞回睿听。卫所之兵，但有虚数，畿甸之民，望风遁逃，则成败未可预料也明矣。陛下何汲汲于违众论，信寡谋，以万姓之命，侥一时之胜哉！臣愚儒，不达时务，请以古者和虏事势可否较之。若谓和虏之后，縻费不赀，损我之富，则汉文帝在位二十余年，用缯絮等物和匈奴，宋仁宗在位四十余年，用金帛等物和契丹，为时甚久，为数甚多，不惜其费，未闻当时谓为不富也。今宜比此例，岂与汴宋之季虏兵来加，而要割藩镇劫质亲王，必不可和者比哉！若谓和虏之后，仇心未复，损我之武，则汉高帝先被围于平城而后解，唐高祖先屈己于突厥而后伸，不报其仇，未闻当时谓为不武也。今宜比此例，岂与南宋之初虏使诏谕，而羁留父兄，黜削尊号，必不可和者比哉！若谓和虏之后，篡弑不讨，损我之义，则冒顿弑其父而娄敬劝汉高祖通和，盖苏文弑其君而房玄龄劝唐太宗罢兵，不讨其罪，未闻当时谓为不义也。今宜比此例，岂与春秋之法，中国乱臣贼子在所当讨，必不可赦者比哉！然臣谓不惜其费，不报其仇，不讨其罪者，非因循偷安，止于是而已也。诚愿陛下虽未用兵，如已用兵，常加其警励；虽暂遣使，如未遣使，常加其防备，览群策而用之，以选练将卒，修筑城堡，明赏罚，备资械，使内无患，外有勇，然后彼有衅之时，此足以乘之也……望敕大小群臣，公同博议，若但委兵部，则臣之言必不见从，如水投石，而生民之命如以肉试虎，少有全理矣。① 盖和战皆所以待敌，而兵部必不以和为请，如巫医皆所以治病，而巫阳必不以药为说，各护其所短，而欲见其所长，保身爱国者，不可偏听而当慎择也。20

当然，刘定之的说辞仍未能打动景泰皇帝，因为于谦的意见是，设若明廷遣使去瓦剌，那么会使瓦剌人更加轻视明朝，而景泰皇帝自然非常赞同于谦的看法。21

其实，假设我们能在彼时进行一次民意调查的话，我们会发现，大多数朝臣是倾向于派遣使臣的。于谦的观点反而是少数派。我们再来看另外一份反对遣使的奏疏。② 景泰四年（1453年）正月十六日，户科给事中路璧言：

> 近丑虏遣人朝贡，逼我遣使往报，幸皇上独断不许。臣亦以为，遣使之无益有五：盖丑虏谲诈百端，彼之犯边，遣使亦来，不遣使亦来，正统间非不遣使，夫何使臣未归，而边报已急，终成土木之祸。此一也。且使者至彼，为其狎侮，或求土地，或索金币，使归告之，朝廷一有不许，彼即以为

---

① "对兵部的这一指责，也是后来南宫之变，英宗皇帝复辟后，于谦被处死的原因之一。"此句原为正文，为使行文顺畅，改为注释。——译者注
② 本句系结合上下文意所加。——译者注

口实而启衅矣。此二也。又使臣之往，必重有所赉，是以中国有限之钱财，填夷狄无穷之渊海，傥可以止其贪暴，犹之可也，况万万不足以塞其祸乎！此三也。今日彼求使臣既应之矣，他日又求大如使臣者，将何以却之乎？况前年未遣使而今年遣使，彼必谓我中国无备，而谋为后患，可胜言哉！此四也。又内外将卒，一闻朝廷遣使议和，必将侈然怠惰，无复训练，异日岂不坐受虏患？此五也。夫使固不可遣，而患亦不可不防，所以防患之道，在修德以为之本。厚边积粮，练师招贤，安民旌忠，以为之具。曰修德，盖德乃人君致治之本。《书》曰："惟德动天，无远弗届。"又曰："明王慎德，四夷咸宾。"伏望皇上日新圣德，罔敢怠荒，如此则内治修而外夷自化矣。曰厚边，我祖宗睿谋神算，既设马营、独石、云州、龙门、长安、定边诸城堡为第一藩篱，又设永宁、怀来、万全、宣府、大同、威远诸城堡为第二藩篱，又设居庸、紫荆、雁门、倒马诸关堡为第三藩篱，故七八十年得免虏患。奈何正统十四年，马营、独石等七卫官军逃入怀来，是自撤藩篱以延盗寇，故虏得以长驱入关，大肆荼毒。幸皇上既奋神武，以遏夷狄，又命官军复守边城，是皇上诚知藩篱之重矣。[22]

无疑，这一论调是景泰皇帝中意的，他说："朕观璧所论遣使无益数条，诚如所言，其余建明亦有可取。礼部其会官集议，择其可者行之。"正月二十八日，瓦剌使臣察占率2876名使节陛辞，景泰皇帝赐其各色织金彩素纻丝26432匹，本色并各色阔绢90127匹，衣服3088袭及靴、袜、毡帽等件，作为瓦剌所贡马及貂鼠皮的回馈。

另外，景泰皇帝还敕谕也先：

> 近得太师两遣使臣察占等远来朝贡正旦，足见太师忠勤之心。已命厚加宴赏使臣，赐太师诸人物并所贡马匹、貂鼠皮价及所求物，一一付使臣领回。其使臣买卖悉听，两平交易，与车辆送出境外。太师所言求差使臣，朕以为遣使臣去则恐交构是非，致令彼此怀疑，是以不遣，实欲保全和好故也。今者，太师遣人来多两次，共三千余人，边关守将不肯放入，朕念太师忠诚，姑令俱放。今后，太师只可少着人来，且与总数文书为凭，庶免边关阻当。如此，虽千万年和好，可不坏也。[23]

为什么互遣使者会成为一个问题？尤其是也先和脱脱不花一方屡屡要求明廷遣使前往，这又是为什么？我们不知道，只能作合理猜测。我们认为，明朝仍然认为其扮演了"天下共主"的角色。处于"共主"地位的明朝，要求其他政权或势力在与之交往时，都必须从属于其朝贡体系，以"贡者"的身份与明朝建立联系。"朝贡"一词，似乎暗示了明朝与其他政权或势力之间存在着不平等的地位，而掩盖在其背后的，是双方的经济贸易往来。明廷常喜用"赏"，特别是在对瓦剌的"赏赐"中，明廷更是希望塑造一种上对下的姿态。同时，明朝也定期授予瓦剌首领们明朝官职，但瓦剌不能反其道而行之。他们至多只能给自己加授一层元代的官职和头衔。在15世纪50年代，也先是一个带有野心的军阀，正在朝着"大元兀鲁思"的方向努力迈进。他希望尽可能地提高自身的地位，甚至试图通过互派使节来证明这一点。他对明朝的施压，无非试图展示自己的权力，并安抚曾一度四分五裂，最终为其所统辖的游牧各部。

* * *

对明廷而言，想要准确知道大草原上发生的事情，或瓦剌人等所欲何为，并非易事。如果游牧部落逐水草而南至时，边防线上的哨瞭部队就可以从飞扬的尘土、烟雾和火光中发现。如果游牧部落的营地没有靠近边防线，那就需要夜不收深入侦察。还有时而可见的俘虏，他们从敌人的营地中逃回，并向明廷报告他们的所见所闻。因此，也先或脱脱不花试图开战的消息，也往往由俘虏们率先带回。[24] 一般而言，游牧部落散居草原，各自为营，游牧生态的特点决定了他们只能在有限时间内高度集中起来。因此，若哪两个游牧阵营正在拼尽全力互相厮杀，我们也不免会为此而感到震惊。

兵部尚书于谦的奏疏上有很多关于这个问题的议论。从这些议论中可以看出，明朝对漠北草原知道了什么，又是如何得知的。以于谦景泰三年（1452年）正月十四日的奏疏为例。文曰：

> 兵部为被掳走回人口事。内府抄出镇守陕西内官王庄儿等题，景泰三年正月初二日酉时，准总兵官、征西将军、都督同知张泰等手本。景泰二年十二月十九日，据黑山营哨备署都指挥佥事任信，呈送被掳走回男妇三名口到官，会同镇守太监来福，副总兵、都督佥事马让，参赞军务、右佥都御史韩福审，据韩成供，系宁夏中护卫左所百户毛俊下选操土

军,陕失丁户内余丁,先于景泰元年正月初十日被达人赛罕王识字人讹力帖木儿抢去,跟随到于地名土剌河老营,住过是城。因晓番语,今年秋间闻知也先差使臣赴京进贡,留下达子五百于口外驻扎,等候使臣同回。后又听得也先怪恨脱脱不花王要人马去征杀了,要着他的外甥阿八丁王的男做王子。有阿哈剌忽知院不忿,领部下一枝人马,又有哈剌瞋三千人马,都投脱脱不花王去了。有脱脱不花王整点人马,要与也先厮杀,有赛罕王得知,收拾人马,报与也先,一同前去谎忽儿孩地面躲避。有也先又将原收讹专一枝人马连家小都放回原地方去了,等用着你时来。成等跟随讹力帖木儿行了十程,至十一月二十日夜,同妻李氏商议,约同直隶宁山卫右所百户贾贵、下总旗孟成,共偷儿骟马七匹,黉夜脱走,沿途倒死五匹,于本年十二月十八日到于黑山营,转送前来,据供告报。

……又该镇守陕西兴安侯徐亨亦题前事,通钞到部。除走回人口另行外,查得近该迤北走回男子段大口等说称,也先要与脱脱不花仇杀等因。本部为照也先之与脱脱不花,其仇嫌猜忌之心非止一日,今称仇杀,理或有之。又恐虏情奸诈,假以仇杀为名,意在犯我边境,不可不备。已经节次奏准,行移各边各关总兵、镇守等官,严加堤防去后,今钞前因,参照走回男子韩成等所说,听得也先怪恨脱脱不花,要领人马去征杀,着他外甥阿八丁王的男做王子一节,缘与段大口等所说事情颇同,及称有阿哈剌忽知院同哈剌瞋人马都投顺脱脱不花王等因,缘阿哈剌忽在虏人中颇知道理,略晓天道人事,必是因见也先邪谋彰露,厉阶已成,且恐不利于己，以此结连投顺。虽传说之言未见的实，然以理揆之，也先违天悖德，罪恶贯盈，或者鬼启其衷，使其自相吞噬，以速灭亡。且夷狄相攻，中国之利，先事预备防患之策，万一虏人果于自相攻击，其溃散败亡之寇，不无有款我边。诚恐所在总兵等官，仓卒之际，处置乖方，失误事机未便。合无令该府差人驰驿，赍文与各边各关总兵等官，务在整饬人马，固守地方。若有外寇近边来降，覆审明白，果无虚诈，就便差人伴送赴京。其有散亡部落，或在我边地方潜形隐迹，或相率侵扰，必须哨探贼众多寡，斟酌形势强弱，可以乘虚袭取，即便挑选官军，运谋设法，出其不意，掩其不备，奋勇剿杀，仍星驰差人具奏，有功之日，朝廷升赏不吝。

景泰皇帝同意了这一奏议。[25]

四月初八，于谦又有一封奏疏，涉及对漠北草原内讧的零星信息。文曰：

瞭高军人薛友亮等报，瞭见境外正北有一人骑马前来到墩，呈送到职。审据侯敬供，系大同前卫后所余丁，先于景泰元年正月内在于本城西南锡蜡沟牧放牛只，被也先下达子歹儿下平章抢掠，送到迤北，一向在彼住过。有也先今年正月内，将平章放回，往南行到捞盐海子，被也先差达子前来，将平章当住。后也先将平章就连老小放回，往东行走。本役于景泰三年三月十五日夜，骑马一匹走回。本役在营时，听得达子说称，脱脱不花领人马与也先厮杀，也先得胜，将脱脱不花赶往东北去了。后脱脱不花领好人马复来，要与也

第六章　景泰时期——规复行动（1450—1457年）| 0355

先厮杀，也先得知，就领人马往西北去了。又听得也先说，若是脱脱不花上，我就便与他讲和陪话。

备供连人马，咨送前来，会同太监裴当、右少监马庆审得：侯敬于前项年月日，被也先头目柔（朵）儿般平章下达子雪良歹抢至迤北，送与达人不台处随住。景泰二年十月内，有也先将朵儿般平章人马，约有四五千人，放回捞盐海子北边驻扎。二月复调回，与脱脱不花厮杀。敬在营看放马牛，不曾跟去，景泰三年正月内，朵儿般平章领人马回营，听得二十年抢去汉人说，也先将脱脱不花杀败，脱脱不花往东北去讫。又说脱脱不花若赶上我时，就便顺他；赶不上时，罢。本年三月十七日，朵儿般平章领人马起营，往辽东地面种田，敬跟随两程得脱，偷骑马一匹，昼夜行走五日到边。

但是，于谦敏锐地捕捉到了侯敬陈述内容中的前后不一之处。他接着写道：

除审侯敬所知前项敌情，与奏内相同外，查得先该节有迤北来降夷人及走回男子，往往说称脱脱不花王被太师也先人马杀败，或言脱脱不花已被杀死，或言将带人马往东去讫等因。及称柜子山见有屯驻达人，本部已经不次具奏，通行各边总兵等官，严加提备，行令大同总兵官、定襄伯郭登，差人密切哨探柜子山敌兵有无，见在动静何似？若果别有犯边情由，宜从相机守战去后，今侯敬又说称脱脱不花要住北边，借毛人毛马来与也先厮杀，有也先往西北去了，说称脱脱不花若赶上之时，就便顺他；赶不上时，罢等语，虽前后不同,未委虚的。设使果如侯敬之言,脱脱不花借兵与也先仇杀,自相攻击,彼既自有衅端,顾籍不暇,岂能别起奸谋,犯我边境?所谓丑虏相攻,诚为中国之利,但事情未可深信,而堤备不可不严。

景泰皇帝再次同意于谦的奏议。[26]

事实上,早在景泰三年(1452年)二月十八日,也先就已遣使赍奏来言:"其故父夺治阿鲁台部落,以可汗虚位,乃扶脱脱不花王立之。也先姊为其正室,有子,不立为太子,而欲以别妻之子立之。也先言之不从,乃起兵来攻也先,中道而返,于是也先追,与之战,败之。脱脱不花王领其下十人遁,也先尽收其妻妾、太子、人民,遣人报喜并献马二匹。"[27]

四月十六日,于谦奏道:"前项事情虽系一面之词,未见的实,然近来迤北走回人口同来降夷人,亦往往备述其事,但未见传说。脱脱不花王有无见在,今称被哈八王杀了,人马跟也先二处去等因,臣等切详,也先倚恃凶强,违天悖德,罪大恶极,凌迈古今。一旦无故将脱脱不花杀害,虽传闻之语,未可凭信。"不过,于谦尚不知道的是,数月后,辽东军人徐胜自草原逃回,称"景泰二年十二月二十八日,虏酋也先弑其主脱脱不花王"。在于谦看来,"万一……也先既将脱脱不花人马吞并,其部落气势,不无益加强盛,志骄气盈,愈无顾忌。又况也先桀骜险狠,敢为不义,已将本主杀逆,自知恶不可掩,罪不可逃,虽欲改悔,其道无由。近虽遣使朝贡,奸谋未易窥测,诚恐渐有图大之意,复萌犯边之谋,故意遣使来京,一则张大杀败脱脱不花,一则使我懈怠,不为设备。虽天地鬼神不容,而有必败之理,然犬豕豺狼之暴,不可不为提备"。[28]也先遣使的目的是否如于谦所说,我们不得而知,但可以肯定的是,也先的来使某种程度上带有自我夸耀的成分。

* * *

景泰四年(1453年)十月二十四日,景泰皇帝敕令宣府、大同、辽东、蓟州、永平、山海关、延绥、甘肃、宁夏、独石等缘边各关隘全面戒严。景泰皇帝敕总督、总兵等官,少保兵部尚书于谦等曰:"比闻瓦剌也先擅易名号,又其所遣朝贡使臣,有从大同来者,有从宣府、甘肃来者。此其奸计,必有所在。京师备御,不可不严。尔等其以所选军马,尽心训练,以俟调遣。或别有长策,悉听尔等便宜处置,必出万全,无堕贼计。"

另外,也先的新头衔,也令明朝君臣头疼不已。也先遣使,其书信以"大元田盛大可汗"为首称,落款年号为"添元元年",显然也先这是在表明,自己已经受元天命。景泰皇帝命大臣集议此事,以决定接下来明朝是否承认也先的新地位。当然,明朝比较满意的是,也先上年派遣使臣3200余人,今年只派遣使臣1143人,"不及上年之半也",也先给出的理由是"奉旨令,进贡少遣人故"。[29]

景泰四年十二月十一日(1454年1月9日),吏科都给事中林聪奏称:"也先不敢辄称可汗,而遣使于我者,觇中国能议其罪否耳。今若称为可汗,则长逆贼之志,若称其故号为太师,恐激犬羊之怒,贻患边境。莫若敕其来使,令归语也先以华夏夷狄之分,顺逆吉凶之道。庶几不失国体之尊。"刑科给事中徐正言:

"当赐也先敕书，晓以天命祸福之由，示以奸邪成败之理，如其幡然改悔，复称旧职，斯固为美。如稔恶不悛，我则执言讨罪，战必胜，攻必取矣。"太子太傅、安远侯柳溥言："也先弑主自立，所谓乱臣贼子，人人得而诛者。堂堂天朝岂不能正其罪？第以其夷狄，置之不较，若从其伪称，是与其弑主也。臣以为回书宜仍称瓦剌太师，否则阻其往来，不与回书。彼敢犯边，则兴师讨之，庶得中国之体。"

景泰皇帝诏谕更多官员讨论上述三人所言。五府、六部、翰林院、都察院、大理寺官员言："自古王者不治夷狄。今也先所称大元田盛大等号，固不可依，至若可汗，乃隋唐以来北狄酋长之常称，非中国所禁，朝廷回赐敕书，宜称为瓦剌可汗，以羁縻之。"

大臣们的意见又出现了分歧。于是景泰皇帝不得不诏谕礼部："仍会各官，酌古准今，求至当归一之论，可以行之久而无弊者以闻。"礼部仪制司郎中章纶言：

> 可汗二字，在中国固为戎狄酋长之称，在戎狄则比为皇帝之号。观其称唐太宗为天可汗，元世祖为成吉思可汗[①]可见矣。向者，脱脱不花为可汗，乃其世傅所称，名犹为近正。也先弑主，自称可汗，名实不正，今若因而称之，彼以为中国天子亦称我为可汗，以夸示其群酋。群酋畏服，无复携贰，则必有窥视中原之志。日后之祸，未可测度。且在我中国以为苟安，而将士之心必怠，异日对敌，谁肯当先？此固不可

[①] 明朝君臣有所误解。元世祖被称为薛禅汗。——译者注

也。若仍称为太师，彼必曰我数遣使朝贡，而朝廷仍轻侮我，必将犯我边鄙，生民为之荼毒，此亦不可也。以臣愚见，莫若赐敕，封之为敬顺王，或称为瓦剌王，因而赐与金帛，庶几得用权合经之宜。

章纶的建议看起来颇切中景泰皇帝口味，于是景泰皇帝又令官员们讨论其奏。但讨论似乎又陷入了僵局。[30]讨论无果，群臣只得奏请圣裁。五府、六部、六科、十三道等官奏："比臣等议称也先为瓦剌可汗，诏旨令再议，今给事中卢祥、李钧、路璧等执言欲但仍旧称为太师，伏乞圣裁。"景泰皇帝曰："也先虽桀骜，亦能敬顺朝廷，宜如所议，称为瓦剌可汗。"[31]

景泰五年（1454年）二月初二，景泰皇帝正式命瓦剌使臣哈只等赍书赐也先，曰："书与瓦剌可汗：自尔祖父以来，世世克修职贡，尊事朝廷。今可汗居尔国位，又能体前人诚敬之心，遣使朝贡，朕于四方万国来朝，虽皆有所嘉赉，而于可汗独厚者，盖以可汗尤能敬顺。"[32]但另一方面，明廷也时刻在为潜在的战争作好准备。[33]

与此同时，也先的军队逼近明朝的边防线，引起了明军的注意。也先还不断拉拢和胁迫原本效忠明朝，东至辽东、西至丝路沿线的势力。泰宁等卫都督金事革干帖木儿等遣人上书言："往者，也先令我三卫来扰边方，近又召我三卫听彼驱役。切思我三卫人民，世受天朝大恩，不敢背逆，愿附塞居住，为中国藩篱。且乞大宁废城及甲遁见赐，如有外侮，愿备前驱。"但明廷并不十分相信兀良哈人的请求，于谦认为"三卫变诈不一，不可从"，于是景泰皇帝只允许他们于近边200里的地方安营扎寨。而后，赤斤蒙古卫都督阿速遣百户总儿吉赍瓦剌也先所与阿速蒙古印信文书至甘肃，其信"意在逼胁诸番，以为己助"。兵部尚书于谦认为，"宜命甘肃总兵等官遣晓夷情者，往谕阿速等以朝廷恩威逆顺祸福"，景泰皇帝是其议。[34]

* * *

景泰五年（1454年）十月十六日，宣府、大同等处总兵等官奏：

> 屡获降虏及我军士自虏中脱回者，皆言虏酋也先为阿剌知院杀死，有定州卫达军可可帖木儿，自也先弟寨（赛）罕王部下脱归，备言也先既杀其主，自称可汗，阿剌知院求为太师，也先不许，遂生嫌隙。也先遣其子守番，俾阿剌二子从行，因令人持药酒毒死阿剌次子。阿剌诈报兀良哈盗己马，遣使请于也先回长子，回同追捕之。也先命其二弟歹都王、寨（赛）罕王统众与俱临行，觞阿剌长子，复毒之。行至中途死，阿剌怨益深。绐也先二弟先渡川，俟其既渡，阿剌统部落三万人径趋也先所居，使人数也先三罪，曰："汉儿人血在汝身上，天道好还，今日轮到汝死矣！"也先曰："我今日有灾，明日与汝战。"退与其心腹伯颜帖木儿、特知院、孛罗平章等坐帐中会议时，阿剌旧部曲卜剌秃金院、秃革帖儿掌判、阿麻火者学士事也先日久，也先不之疑，因其趋也先帐中，扳所佩刀剌也先，并杀特知院等，其众遂散。赛罕

王闻阿剌功(攻)其兄,领众七千蹑阿剌后,欲俟其战疲,然后行之。既而也先死,赛罕王弃其众,乘橐驼十七只南走,为其下卜儿塔追及射死之。歹都王领其人马西之。

看起来,也先与阿剌知院之间的战争并没有涉及任何过于深刻的形而上问题,甚至在毒杀阿剌知院二子之前,双方亦无旧怨,仅仅因为也先篡夺了可汗的头衔而引起了一场个人争吵。[35]

逃归之人所叙述的,的确是事实。也先被谋杀了。且不论其动机如何,也先的死在大草原上造成了权力真空。也先的帝国大厦轰然倾塌,只剩下无数碎片散落在草原四方。也先的兄弟有往南徙者,有向西走者,而明朝又要怎么去面对这种新情况呢?

显然,也先的倾覆,远远超出明廷的预计。那么,也先所带来的巨大威胁消失了吗,明朝能否稍缓口气,抑或也先的崩塌反而使事情变得更为棘手? 我们看看接下来所发生的事。

如前文所述,一些也先的部众向南迁徙,逐渐靠近明朝边防线。而此时在京师的都督佥事昌英①,于景泰五年十二月二十二日(1455年1月9日)奏曰:"近闻也先、阿剌至相仇杀,部落逃散,多潜匿我边境。宜给榜以招来之。"但景泰皇帝并不认可昌英的看法,在他看来,"豺狼反复无常,纵得之,无所用"。[36]

不过景泰皇帝同样也不想对这些残余势力诉诸武力。景泰六年(1455年)正月初十,景泰皇帝敕谕提督宣府军务右佥都御史李秉、总兵官右都督过兴曰:"尔奏哨见达贼近边收放藏夫,欲

---

① "昌英为畏兀儿人,曾以父作战阵亡功,封羽林前卫正千户,送翰林院学译书。"此句原为正文,为使行文顺畅,改为注释。——译者注

令守备官员统兵,捣其巢穴。然此贼果北虏也先之党,固当剿杀无疑,抑或兀良哈等避北虏之害,假息敬上,又当审量而行。朝廷但欲求安边,岂在谋利?今贼止是收放藏伏,未有犯边之情,尔等果获全胜,亦利少而害多。敕至,尔等务在量宜行事,不可贪功,以堕贼计。"[37]但到了正月二十日,宣府方面就传来消息,称守备独石等处右参将都指挥金事周贤等杀败来犯的兀良哈贼,生擒朵等12人,斩首5级,获贼马32匹,景泰皇帝命论功奖赏。这一做法,岂非恰恰违反了不久前景泰皇帝的命令?但很可惜,没人对此提出异议。[38]

在更为遥远的西北段防线,明军也发起了猛烈攻势。景泰六年(1455年)二月二十日,景泰皇帝敕谕甘肃总兵官都督金事雷通、参赞军务左副都御史宋杰、镇守凉州副总兵署都指挥同知萧敬等曰:"得尔等奏,虏寇自去年九月以来,互相仇杀,多有漫散逃至亦集乃地方潜住。(尔)等已选调人马,约于今年二月分投出境追杀,此系尔等职分当为,况计此时兵已出境,朕不尔制,但念守边贵于恃重,而举事宜图万全。敕至,尔等务在相机守战,若贼势众大,别无犯边实情,未可轻举妄动,引惹衅端。毋或因小利而忽远图,致有疏虞,罪在不恕。"[39]

四月二十七日,景泰皇帝再次敕谕雷通等曰:"边将受朝廷重寄,当以恤兵保境为心,贪功失利为戒。且二虏仇杀,如两虎相斗,观者当防其冲突,防之不谨,必为所伤。况可远出以犯其穷蹙乎?近御史劾奏,尔等轻调军马,远涉穷荒,追擒败虏,孤军几为所陷,斩获才数辈,而自损动过百人,其挫威误事如此,论法当处以重罪。但念边方用人,姑从宽宥。尔等自今痛改前非,勉图报称其重。慎之。"[40]

* * *

也先势力的瓦解还引发另一个问题，即朝贡问题何以得续？另外，设若再有人以也先或脱脱不花的继任者前来朝贡，那么明廷的赏赐应该维持与此前同等的水平，抑或相机有所减少？礼部奏称："今思丑虏也先，上逆天道，下毒生灵，罪恶贯盈，自底亡灭。而孛罗以其残党，畏彼阿刺潜来杀掠，意在近我边境牧放偷生，又恐我军缉捕，无所容避，故遣使臣假以进贡为名，探我意向。又况彼处未有君长，所遣之使，非出一人，其孛罗名义不正，位号不尊，既不可与不花比律，又不可与也先概论。赏赐若循前例，则虚费太多，又且堕其奸计。今不乘其类分势弱之秋，斟酌处治，切虑日后遗类复合，无厌之求，急难抑遏。请量减赏赐，着为定例。"景泰皇帝曰："胡虏艰难，姑从旧例赏之，以慰其心。"[41]

孛罗派来的为首使臣是皮儿马黑麻，此人此前是脱脱不花的使臣。明廷与之赏赐，并命其赍敕及彩币表里等，往赐脱脱不花的继任者王子麻儿可儿①及平章昂克。敕曰：

朝廷自祖宗以来，恭膺天命，主宰华夷，福善祸淫，惟天是法，是以四方万国，莫不仰戴恩威归顺之者，天必赐以

---

① 麻儿可儿，即北元蒙古大汗兀客克图汗马可古儿吉思，明代汉籍又译作麻儿可儿、马儿可儿吉思、马儿苦儿吉思、麦儿苦儿吉思等。——译者注

安全；背逆之者，天必降以祸乱。天眷昭彰，非人力所能干也。往者，也先逆天背道，扰我中国，又自杀汝主，僭称名号，曾不几时，遂致灭亡。今尔等能敬顺天道，尊事朝廷，痛改也先前非，遣人贡马，虽曰暂时穷困，然能归顺朝廷，即是敬顺天道，天将赐以福善，而免于危亡之祸也必矣，朕用尔嘉。今于使臣回，已厚加宴赏，并酬尔马价，赏赐尔彩币表里等物，及所奏讨物件，一一付与领回给授。惟米粮重大，难于搬运，甲胄弓箭皆出征所用，祖宗明训，不以与人，特谕尔等知之。尔等宜体天心，一敬顺为务，毋蹈前失，庶几上合天道，永享福祉。[42]

那么，新问题又来了，王子麻儿可儿的部下都有哪些人？孛罗？抑或昂克？景泰六年（1455年）八月，泰宁卫都督佥事革干帖木儿遣人奏称："虏酉卯（毛）里孩立脱脱不花王幼子为王，卯里孩升为太师。近者，卯里孩领人马来我三卫房掠，我三卫共追之，已击败其众。"为此，兵部议曰："虏情难测，恐卯里孩假以仇杀为由，因集丑类，来扰边境。宜移文辽东、大同、宣府等处总兵等官，严切哨备。"景泰皇帝同意了兵部的建议。[43]

十月，朵颜卫使臣又奏："北虏脱脱不花王子马儿可儿吉思并毛那孩（毛里孩）、孛罗等领四万骑欲攻阿剌知院，阿剌屯坎坎地面，亦聚众三万待之。夷虏相攻，势不可两立，败亡者必来假息近边，胜捷者必至乘势入寇。"为此，兵部认为，应当加强边防戒备，并多遣间谍探知虚实。景泰皇帝再次认可其建议。[44]

山西布政司右参政叶盛与都督孙安在宣府以北的独石处练兵备战。三月二十五日，叶盛奏："本日午时，瞭见境外男子三人，骑、牵马六匹到墩……审得：一名任景玉，年三十岁，系山西太原府太原县新村都民人……正统十四年八月十五日在于土木被也先部下达贼兀豚帖木儿抢去；一名李庄儿，年二十一岁，系直隶隆庆卫榆林驿军人李信下男，正统十四年十月内在于北京高丽马房被兀良哈达子谎哈台抢去……一名杨帖木儿，年二十四岁，系陕西宁夏高桥儿土军杨二男，景泰元年正月初八日在于本处地方门城放牛，亦被也先部下兀豚帖木儿抢去。"这些被虏逃归的人，向明廷官员们讲述草原上发生的事情。其大致事件为："也先部下毛那罕（毛里孩）平章、搏罗罕（孛罗）平章，见今扶着脱脱不花王的娘子与六岁的儿子，在营里人马约有两万，常被兀良哈人偷他马匹数多，以此怕他。近日，与他合火住了。有兀良哈头目革干帖木儿，并阿罗歹常来，王子、娘子见子（了），并毛那罕等前面听发放说，要青草长时，去与阿剌忽知院厮杀。"但叶盛并不完全相信这套说辞，在他看来，"各人被掳年久，今脱走回，所言未委虚实，又恐中间别有虏情"，于是，他建议"及行各堡守备、都指挥等官整搠军马，听候调用，仍严督沿边、腹里、墩台敌堡官军人等，昼夜用心严谨，瞭望堤备，遇有警急，相机行事。并行宣府军兵等官，一体行属堤备"。[45]

类似的报告越来越多。三月二十九日，有名为孛罗的辽东女真人逃归，称自己于景泰元年（1450年）被脱脱不花部下把秃不花知院抢去。随后，把秃不花部被也先"杀散"，孛罗被俘，又被转送到孛罗平章处。由于生活困难，孛罗于三月二十二日夜偷骑马二匹脱走，历经七日到达边境。他说："在营时，见得达贼约有三万余人，三个头目，过活十分艰难，常被兀良哈贼偷了马匹，又说怕南朝人马征杀，常时防备。"除了孛罗，还有白咬住等也提供了漠北草原的情报,但信息有限。总而言之,整个北境防线的明军都时刻关注着漠北草原的局势,保持警戒状态。[46]

实际上,明军的确已经整装出发,开始在草原上发动战争。叶盛参加了这次行动,并向朝廷奏报了此次胜果。[47]

四月二十日,叶盛又题奏道:"虏使皮儿马黑麻等内各人说称,有原系也先部下头目孛罗平章、毛那孩平章、猛可平章,将阿剌知院人马杀散了,将宝夺了,又将脱脱不花王儿子、娘子并也先的娘同他娘子、两个儿子都抢在身边,又抢了九个白毡帐子。今孛罗差我们来,有好的言语到朝廷,才说回去时还与阿剌厮杀,务要杀他败才罢。"

叶盛等又审问了虏使哈达等13人,知哈达"原系刘僧太监家人,汉语潜地,说称土木抢去"。据哈达称,其"原在也先部下,有也先因阿剌知院去杀他时,被他自家部下的人杀死了。有实原在他娘子处,因乱跟了孛罗平章走脱,见在不曾在阿剌处夺来。今孛罗人马家小约有二三万,多半行走,牛马瘦少,车辆全无,伯颜帖木儿同歹通实罕老小人马约有一二万,见在西边。孛罗常有信去,要待青草长时会合,与阿剌厮杀。阿剌人马约有五六万,见在北边,牛羊车辆都被他得了,想必青草长时,也要来与孛罗厮杀"。但哈达承认,阿剌等"料必孛罗杀他不过。如今孛罗的人见在凉亭一带林子里藏住,十分艰难,没吃的,火子里自家偷马,杀吃人马,也有饿死的。又兼日夜惊慌,前面、后面都怕人去杀他,不得已假进贡报喜为名,一则讨衣食养活,一则止军马杀他"。叶盛还称,哈达"又听得脱脱不花的儿子见在营里,要照旧扶他做王"。

叶盛最后对上述诸人所陈言语进行评估。在他看来,"虽虏人多诈，未委虚实"，但仅就这数人的陈词来看，"大概刘僧家人之言，或有着实真情。其房使之言多是装点浮夸，谲辞大话"。[48]

* * *

也先死去，漠北草原四分五裂，陷入"无政府"的可怕状态。极端恶劣的气候与贫困、相互残杀交织在一起，难民源源不断涌向明朝。大多数难民被陆续遣送到南京，置于锦衣卫的控制下。安置工作一直持续到景泰八年（1457年）夺门之变的发生。英宗皇帝南宫复辟，重新登基，景泰皇帝被废为郕王，不久离奇去世。

发动政变者，是那些曾经为瓦解也先势力作出努力的大臣。他们虽然篡夺景泰皇帝的大权，重新拥立英宗皇帝，却没有对明朝造成什么致命的影响，这很大程度上要归功于明朝相对成熟而体系庞大的军事、官僚体制。唯一的剧变，是京师人事的调整，但这种变化放之于大明，又可说影响微乎其微。于谦最终被处死，尽管他曾通过拥立景泰皇帝，扶大厦于将倾。他的党羽也陆续被清除出政坛，若非如此，事情也许还会往其他方向发展。不过，经由此场政变，明朝最高统治者——英宗皇帝重新获得实至名归的至尊地位，且尽管我们一直认为景泰皇帝的统治称职而合理，但事实也同样证明，他的哥哥——英宗皇帝的统治，也未必逊色于他。[49]

第七章

天顺时期——

此起彼伏"天难顺"

（1457—1464年）

第七章 天顺时期——此起彼伏"天难顺"（1457—1464年）

复辟后的英宗皇帝，改年号天顺，意为"顺应天意"。接下来，英宗皇帝需要着手处理明朝与边防线外各部落、势力之间的关系，以便对它们形成有效牵制。他需要谨慎对待也先之后，草原各势力可能造成的潜在后果。特别是在天顺五年（1461年）之后，各个游牧部族之间又开始出现政治上走向统一的趋势。部分瓦剌人向西迁徙，他们将在几个世纪后成为准噶尔汗国的一部分。他们的族群中有一部分在俄罗斯一直延续到今天，被称为卡尔梅克人，成为俄罗斯众多少数民族中的一员。而另外一部分，则在孛来的带领下，重新于漠北草原建立起新的政权。这一政权与此前也先所建相似，以黄金家族后裔、脱脱不花幼子马儿可儿吉思为汗，孛来则自称"太师"。与此前也先的政权一样，草原上又开始陆陆续续出现了带有元代官职的首领。

而景泰八年（1457年，同年改元天顺）到天顺五年（1461年）间，草原的贫瘠造成大量游牧民涌入明朝的同时，也加剧了袭击的发生。曾为使臣的皮儿马黑麻一家七十口，也成了移民浪潮中的一员。天顺元年（1457年），皮儿马黑麻为孛来使臣赴阙，之后奏请留京效力，被英宗皇帝授予左都督一职，留任后军都督府，并赐汉名马克顺。讽刺的是，作为原先瓦剌、鞑靼使臣的马克顺，又成为明朝使臣，被重新派往瓦剌和鞑靼。[1] 当然，明廷重新向漠北草原遣使的举动，意味着景泰皇帝时期一再争执不下的遣使问题尘埃落定。

毫无疑问，孛来也将成为明朝的麻烦。尽管复辟的英宗皇帝像此前派遣使臣到也先处一样，遣使去往孛来处，但这丝毫没有减少孛来太师发动进攻的决心。前述天顺元年（1457年）皮儿马黑麻来京时，奏称要将"玉玺"来献，通过转交"受命于天"的玉玺，来完成元朝统治终结和确立明朝统治完全正统的转移。英宗皇帝对事件的处理并不满意，他敕谕孛来曰：

先有尔处遣使臣进贡，以通诚款，朝廷宠信，特命都督马政等赍敕并彩段表里，重赐尔等。岂期尔重信小人之言，变诈不一，辄将马政等四十九人拘留在彼。及遣哈塔不花送哈铭等回，又从中途杀抢官军器械马匹，似此逆天道背，朝廷法不可容，因此朕内外将校，咸奏欲整饬军士，声罪致讨。朕体上天好生之心，不忍遽加杀伐。今尔又遣使臣来奏，说尔等念我朝太宗皇帝恩德，欲将传国宝来献，此意可嘉，但此宝已失其真，虽真亦是秦始皇所造不祥之物，非尧舜之所传。况我朝自有祖宗所传真正之宝，亦不用此，其进来与否，任从尔便。

即今朝廷良将健卒林立，其马政等留之，何损于我，但益生尔速祸之衅尔。尔处送至作孽者三人，想同恶之徒不止此，今姑还送尔处自杀之。盖朝廷惟体天道行，尔等敬顺朝廷之心，其诚与伪，并所言之事，或是与非，无不洞察。已敕沿边总兵等官，按兵不动，各守信地，今后尔等部落，宜各自管束，于境外荒远水草去处，自在牧放存活。其来进贡者，毋滥率人众，愿投降者，循例抚安之。无故入境，虏掠为害者，即加剿杀。特敕令尔知之。向为多遣使臣生事，今

第七章 天顺时期——此起彼伏"天难顺"(1457—1464年)

不再遣,就令原来使臣赍领彩段表里赐尔。故敕。"[2]

孛来同样在明朝边境施压,而这很可能与他的部属生活贫困的窘境有关。孛来常在宣府、大同方向哨瞭,后来又逐渐在延绥、宁夏、甘肃发动攻势。后者,甚至是也先在世时甚少涉足的区域。

天顺元年(1457年)五月,被孛来扣押的都督同知马政来书至京,称:"比闻敕旨令大同边臣给虏赈济粮米,至今未到,虏中饥窘之甚,俱带家属移营于黄口下水海子一带屯驻。近见孛来说,粮米如不见给,愿将前使放回。又言前使不回,尔辈亦未得回中国等语。今访得也先弟阿字伯阿剌的儿子昂克秃等,欲与孛来仇杀,若与赈济,以系其心,异日孛来有急,必有归附进宝之意。乞遣哈铭等来,以全和好。"[3]

兵部集议马政的意见,称:"政往时为孛来乞粮,朝廷不允,哈铭今已执问,虏贼近边驻扎,侵犯之谋,显然明白。但令各边总兵、镇守等官,严饬士马,固守要害,一或有警,应机战御,务使边圉坚完,贼人知惧,此策之善者也。"英宗皇帝认可了兵部的建议。[4]此后,孛来沿边发动了数次进攻,但均被明军击退。[5]九月,宣府总兵官杨能试图对孛来的营地发动夜袭。他邀约了兀良哈的奄克帖木儿一起劫营,结局如何,史无明载。但兵部和英宗皇帝不认为这是个明智之举。兵部曰:"虽云用兵之计,然虏情叵测,设使其党附孛来,异时犯边,举以为号,岂不误事?"英宗皇帝认为:"能此举诚为失策,但其初意欲除边患,姑置之。且敕其自后举动宜慎,再犯不宥"。[6]

宣府、大同方面的防御已经固若金汤,或许正是因此,孛来决定往西北方向试试运气。实际上,在十月,已经有漠北归附者将这一动向告知了明廷。明廷要求延绥、宁夏方面加强戒备，但孛来的行动更是出其不意：他在庄浪和兰县剽掠，而镇守庄浪的都指挥使魏荣等却未能阻止他。7

天顺二年（1458年）七月二十五日，吏部尚书兼翰林院学士李贤向英宗皇帝全面介绍了目前的局势。他说：

>　　臣等切思，虏贼见在陕西凉州等处，纵横抢掠，势甚猖獗。况此虏贪得无厌，又系秋高马肥之时，变诈难测，大同、宣府一带，不可不为之虑。近闻彼处田禾成熟，米谷价贱，草束正多，当预积粮草以备有警支用。宜写敕与两处都御史，将官军俸粮暂且停支本色，照与时价，关与银两，仍令趁时收籴草束。及晓谕官员、军民之家，倘有警急，亦当同心出力，以保乡土。凡有壮丁，尽数开报在官，仍令自在生理，只待紧用之际，方才借倩出力，有功之日，一体升赏，宁靖之后，各还本家，照旧生业，不许拘留应役。并酌量各处合用盔甲等项器械，一一整点，如有不敷，即便开奏取用。凡一应预备长策，听其设施措置。《书》曰："惟事事乃其有备，有备无患。"

英宗皇帝敕谕右副都御史王宇、右佥都御史李秉等前往各边实行李贤的提议。李贤等还进一步奏言："沿边墩台，全不得法，一遇贼来，多不能守，以致深入抢掠。访得右通政刘文，备知此弊，宜令巡视整理。"英宗皇帝一一采纳。8

就在数月前，鞑靼人大军压境，新兴崛起的毛里孩在延绥集结部队。天顺二年（1458年）二月，大同总兵官、高阳伯李文，游击将军、定远伯石彪就奉命调往延绥,与彰武伯杨信合兵退敌。不久,达兵7000余骑进犯高家堡,杨信领兵击退之,擒贼5人,斩首72级,另获驼马、器械无数。[9]

天顺三年(1459年)二月初十,总兵官、定远伯石彪奏:"比者,达贼二万余入安边营抢掠。臣与彰武伯杨信、右佥都御史徐瑄、都督佥事周贤、都指挥李鉴等统领军马往剿之,遇贼连战,掣夺旗号、喇叭,斩获贼酋鬼力赤平章首级,余贼奔溃,追至昌平墩出境。贼仍聚众,复回对敌,转战六十余里,交锋数十余合,至野马涧半坡墩,贼众大败。"是役,明军擒敌47人,斩首513级,缴获驼67头、马510匹,夺回被掠男妇18人,驴、骡、牛、羊2万余。都督佥事周贤被贼射死,又有达贼入南地名把都河,把总指挥柏贤等与战,败之,斩贼首一人。收兵间,贼复众四面攻围,官军奋勇杀出,都指挥李鉴亦陷没。

英宗皇帝对战果颇为满意,他敕谕石彪:"彪等能奋勇杀贼,忠勤可嘉。其生擒达贼并获到驼马,尽数解京,毋将好马抵换隐藏,达贼首级沿边枭挂。周贤赠都督同知,遣官祭葬,李鉴等阵亡头目俱给与棺衾殡殓。夺下人口给发宁家,驴、驼、牛、羊招主识认,有功官军明白造册,以俟升赏。"[10]

假如我们能从掠夺一方的角度出发来判断战争胜负的话,或许能使我们更为全面地了解边境局势。另外,我们也能因此更为客观地判断双方攻守之间的成功率。当然,这只是假设,我们缺乏一方的史料,难以全面判断。正如前述,明军看起来取得了丰硕战果,"达贼"溃退了,但谁又能完全保证?我们只能从明军单方面的记载看到其中的一面。闰二月初五,镇守延绥等处太监王春奏:"达贼杳无踪迹,边境宁靖。"英宗皇帝回道:"延绥既无声息，令独石、马营官军回原处操守。"而次日石彪也奏称"达贼人马已俱往东北去"，英宗皇帝又回复他"贼既去，彪领军且回大同"。[11]

天顺二年（1458年）七月十四日，兵部奏："陕西、甘肃等处屡奏北虏孛来等四散犯边，朝廷虽已命安远侯柳溥等统兵征进，而此虏在边日久，知我虚实，虽已败衄，去而复（来）。苟非先事而备缓急，何以支吾？乞敕在京总兵等官，忠国公石亨等计议区画，设何方略，用何将领，凡可以安边御侮，保续安民者，一一条陈，以俟上之裁择。"英宗皇帝从之。[12]而事实上，就在七月十三日，孛来已经领军进犯镇番城。[13]天顺三年（1459年）二月，因"达贼入境，杀伤官军，抢劫财畜"，守备兰县署都指挥彭智等受到朝廷谴责。监察御史陈典庸又奏"陕西、凉州等卫所俱被达贼抢掠耕牛，恐误屯田"，于是英宗皇帝命陕西布、按二司出银5000两，"于腹里买牛给之"。[14]

天顺三年十二月二十九日（1460年1月22日），明廷又全面拉响西北边防的警报。英宗皇帝敕谕镇守延绥太监王春、总兵官杨信等曰："得奏虏中脱归之人言，虏酋孛来率众二万剽掠榆林城等处，次于沙山。此虏既近边境，必乘间入寇，其严督各城军马，昼夜防慎。贼至，相机战守。"到了天顺四年（1460年）初，"达贼"再度来袭，他们以2万骑兵突袭榆林（位于河套沙漠边缘，位于宁夏东300公里）。总兵官杨信率轻骑兵分五路杀敌，擒贼12人，斩首23级，获马100匹，军器300余件。随后，杨信继续追击，追缴被虏人口及牛、羊、骡、驴等万余。[15]以上奏报所无虚言，那么我们可以肯定，这是鞑靼一次失败的突袭。

我们无法确切得知谁在指挥这些袭击，但更倾向于孛来坐镇幕后。尽管在此之前,孛来主要的活动范围在汉人、土达、藏人定居交界一带,但现在看来,他已经逐渐将活动范围扩展到甘肃东部和宁夏西南部了。

* * *

在上述军事冲突发生的天顺三年到天顺四年(1459—1460年)间,明军也遭遇某些来自内部的烦心事。天顺三年(1459年)八月初一,大同总兵官、定远侯石彪被捕,下锦衣卫狱。石彪是石亨的侄子,尽管石亨在奏疏中称其"不才",但我们仍能从史料中看到,石彪是明朝当时最杰出的将领之一,在抵御外来侵略的战争中,石彪甚至可称得上数一数二。石氏家族的兴衰沉浮事,颇耐人寻味,亦令人唏嘘,它甚至还导致明军对内部高层偶尔出现的变数变得更为敏感。

石彪的迅速晋升,并非通过继承某些特权取得,而是与他的赫赫战功有关。他曾在威远卫(位于大同西南90公里)用火器重创敌军。天顺元年(1457年),他又退敌于防线之外,并斩杀虏酋1名及敌军120名。他又乘胜追击,斩获敌首72级,夺取敌军所用旗帜。天顺三年(1459年)案发前,他还在安边营败敌2万,斩其首领,并追击残敌60余里,再度擒获47人,斩首513级,获牛羊马无数。从这些惊鸿一瞥的瞬间看,石彪可谓能征善战,但他又为什么被捕呢?

部分原因是他自己有不端的行为,而部分又与他的叔叔石亨有关。腐败是个永恒的话题,即使是最具军事才能的石彪,也未能幸免。此前，石彪曾虚捏奏词报复同僚，纵容家人侵夺田产（军队中司空见惯），又强迫50户难民到边境上拓荒，而这些不法行为，最终都被一一赦免。但是，石彪的傲慢自大、结党营私行为，已经使厌恶之情在英宗皇帝心里滋长。在阁臣李贤的提醒下，英宗皇帝开始注意到石家势力的日益壮大，这对他本人的皇位乃至对大明的江山社稷无疑构成了威胁。石亨是南宫复辟的关键人物，而对于一个家族来说，他（忠国公）和他的侄子石彪（定远侯）俱有爵位，这是极不寻常的。石彪还试图在威宁海子（今内蒙古乌兰察布市察哈尔右翼前旗黄旗海）筑城，此地远离明境，为鞑人时常出没之地。他为什么要这么做？在北京时，鞑靼使臣又为何称他"石王"？大同将士又为何一再请求明廷批准石彪继续担任大同总兵官？

这些问题不停地萦绕在英宗皇帝心间，他担心，石亨、石彪叔侄可能在酝酿另一场政变。尽管石亨上奏附和英宗皇帝对石彪的处置，但仍无法消除君王心头的疑虑。天顺四年（1460年）二月十六日，石亨死于狱中。四天后，石彪也被处死。

有人认为，石亨经常目中无人、盛气凌人，这种人很难会有缜密的心思去策划政变，而石彪的案子也多少存在一些疑点。不管如何，对于丧失这样一名堪称将才的将领，时人常有扼腕，也常私下质疑对石氏叔侄的处置是否公允。[16]

是年年底（1461年初），英宗皇帝敕谕大同总兵官杨信曰："今得偏头关械所获鞑贼间谍刘三等至京，言系石彪家人，惧罪逃往虏酋字来处，授以伪职。八月间，尝导贼入寇。今又同贼众四十余人潜来各边探听，约以黄烧饼衣针为信，及累石塔为号。但余贼尚多未获者，其严督官军及所属地方，昼夜尽心挨究。况今正旦已近，尔等慎勿以声息稍缓，纵情宴乐，懈弛防守。"[17]

以上现象向我们说明了明朝边防安全的情况。从中我们可以看到，明军的边防几乎是强有力又极具弹性的。且不问公正与否，石彪之死并没有在明军内部激起什么涟漪。国防机器仍在运转，仿佛什么也没有发生过。

* * *

孛来对凉州以及甘肃东部的其他地区发动的袭击似乎有利可图，因此他不断穿梭来回于此。甘肃总兵官卫颖奏："虏酋孛来等，自今岁五月以来，从镇番抹山儿入境，至凉州、永昌，延及山丹黑城子等处往来剽掠，官私畜产，俱已罄尽。自兰县抵于甘州，道路梗塞，转输不继。况今岁自春徂夏，大风连作，雨泽不降，河水枯干，麦谷俱无，人民艰窘，不可胜言。臣等原操官军六千八百员名，多方起调，止余三百六十员名。虽竭愚忠，昼夜区画，惟恐失误。"英宗皇帝命兵部商议。即使如此，明军仍然取得了一定的战果。据右少监龚荣等奏："虏酋孛来、阿罗出等率众二万，寇钞镇番、凉川（州）等处。臣会总兵等官、安远侯柳溥等，号令三军，前后于南乐堡、黑山等处交锋，擒虏三十五人，斩首八十一级，并获驼马军器等物。"兵部对这一战果似乎无动于衷，兵部议曰："我军虽小捷，而虏势益张。乞行总兵等官，毋狃于小利而失大机。"[18]

这的确只是"小捷"。天顺二年（1458年）十月二十三日，总兵官卫颖又奏："达贼自五月及今，屡寇凉州、永昌、古浪、庄浪、山丹、甘州诸处，杀官军男妇一千四百有奇，掠男妇五百余，马、骡、牛、羊八万二千，仓粮七百余石，焚毁草二万束，及驿站、屯堡、墩台数处。"对此，巡抚甘肃右副都御史芮钊毫不客气地弹劾一系列失职将领和边臣，卫颖赫然在列。他奏称："镇番、甘州、庄浪、古浪、凉州、山丹、永昌诸处镇守总兵官、安远侯柳溥，武平伯陈友，宣城伯卫颖，都督过兴、雷通、毛忠、李荣、刘震、林宏，太监蒙泰，少监龚荣，监丞福保，奉御杨敬，进保都指挥刘杰等俱失机。然其间亦有能奋勇剿贼者，乞量为劝惩。"柳溥被英宗皇帝赦免了。作为一名作战经验丰富的将领，柳溥被委以一方重任，但不久，再一次临阵对敌时，他却闭门敛兵，任由敌骑横冲直撞，"于城上坐观敌骑往来偷安"。柳溥再次被弹劾，英宗皇帝认为"溥玩寇长奸，法本难宥"，但最终并没有处死柳溥，而是革除其太傅头衔，致仕。[19]

到了天顺五年（1461年）二三月间，孛来再度拥众万余人来袭庄浪。与此同时，又有达贼数十骑过黄河准备剽掠兰县，被都指挥彭智掩杀败逃。随着时间的推移，明军构筑的防线愈发坚固，防守愈为严密。到四月底，孛来的袭击频率增加了，但明朝京军和其他地方部队也投入到支援战斗中，并在此后袭击减弱时返回驻地。即便如此，边防形势依然严峻，但我们又可以反过来想，若非明军如此投入，那么自景泰元年（1450年）以来，从宣府到凉州方面的无数袭击可能会使局面变得更加糟糕。[20]

袭击明朝显然能给孛来带来非凡的利益，而此后，孛来开始向明廷示好。天顺五年（1461年）七月二十三日，兵部集议应对孛来的示好作何反应。事后，兵部奏曰："虏酋孛来三上书求遣使讲和，宜顺夷情，选谙晓夷语，素有名望者，往彼开谕。如其诚意请和，即令退兵远牧，而我兵亦得暂息以待；如其谲诈，邀求无厌，候通事还，即与拒绝往来，堤备剿杀。"英宗皇帝同意其奏，并令指挥佥事詹昇为正使、都指挥同知窦显为副使，前往孛来处。

八月初二，英宗皇帝敕谕迤北太师、淮王（昔日明朝赐予也先的封号）孛来曰：

> 比得凉州总兵官奏进太师文书，前后三纸，其间事情，俱已尽知。所言拘留使臣，并无此事，恐是小人捏构，以为衅端。且往者我朝廷与尔北边国土，遣使往来，和好最久，其后背约构怨，常在北边。其中是非得失，朕与太师各自知之，上天神明所共鉴也。事在已往，彼此不必深究。今年以来，太师部下人马深入庄浪等处，抢掠财畜，残害人民，边将出兵追捕，两有所伤。在朝臣宰屡请动调天下大军，并力攻剿，朕体上天好生之德，爱惜生灵，不曾动调大军。今太师文书中累累以爱惜多人性命，要相和好为言，似此言语，方能上顺天道，下合人心，虽古之大丈夫，不过如此。朕一览之，再三嘉悦，特遣正使都指挥詹昇、副使都指挥同知窦显赍敕前来，谕以朕意。若太师果有和好诚心，宜即晓谕部下人马，散归北边，差遣使臣，照旧往来。朕厚以礼物赏赐，决不追咎前失。且世间道理，莫大于顺天恤民，自古以来，奉顺天道，爱惜民命者，无不久远享福；背逆天道，伤害民命者，无不立见灾祸。太师宜深体此意，弃细故，行大道，永远和好，使南北人民各安享太平之福，使臣行间，念太师在外劳苦，特赐织金彩段表里，用表朕怀。[21]

局势甚至更为复杂。明朝边将奏报,据降虏说,脱脱不花的"王子"领兵万余,准备前往袭杀孛来,而这一切发生在不久前孛来的部队刚对西宁卫进行洗劫之后。与此同时,明军亦加紧在西北防线的动员工作,明军势力迅速增长。十月十六日,甘肃右参将李荣等奏:"八月五日,达贼三千余骑犯永昌卫境,七日又有万余骑自山丹境外直抵甘州,近城劫掠。臣等各领官军,分门四出殊死战,生擒三人,斩首十级。至暮,黑风暴起,贼众遂退。次日,臣等追至四十里店,获回被虏男妇五百三十口,牛、羊、驴六千二百四十只。臣等窃惟贼酋孛来大举入寇,臣等不能运谋制胜,尽数荡除,虽有小捷而得不偿失,罪当万死。"兵部请命巡抚都御史、巡按御史前往覆实李荣所奏,英宗皇帝准奏。[22]

恰在此时,原前往孛来营地的指挥佥事詹昇陪同孛来的使臣纳阿出等,由大同旧道入贡,以通和好。方行一日,纳阿出拒绝由大同旧道入贡,而请改道兰县。而那里,正是孛来部队所在地。英宗皇帝敕从之。

孛来的使臣最终由兰县入贡。但在寻求和平的同时,孛来也对宁夏发动了袭击。他率众万余人,试图破坏大坝以淹灌宁夏城,但被明军有效阻击了。英宗皇帝很高兴,他敕谕宁夏守将曰:"尔等同心协谋,出奇制胜,以副朝廷委任,朕甚嘉之。然贼方请和佯退,而又乘机潜入,其狡诈昭然。尔宜益加戒严,勿以小捷而萌怠心,勿以约和而弛兵备,常如寇至可也,其敬慎之。"[23]

西北边防这些战争所带来的损失令明廷不安。通政使司左参议尹旻在巡按陕西后奏称:"臣到陕西,审其军行之处,非止一途。兰县至于庄浪,尤为紧要。已将各处米菽及民间谷草尽行征运赴彼,其后次征调士马驻扎平凉者,又别项重复征运。今逆虏北遁，官军八万之上，分为三路，刍粮之资，悉取民间，地产有限，费用无穷，财力俱殚，民无宁日。其转运之途，动经数百里外，路险天寒，牛毙车摧，不可胜纪。今东作方兴，民将何倚？近闻平凉之民，日渐逃窜，盗贼荐生。盖缘其地前岁既遭旱伤，去岁又遭疫疠，加以边务方殷，宁不益致困惫。夫民穷为盗，理势必然，师老费财，古今通患。今所运刍粮，仅备士马正月之用，若再催征，诚恐人民愈加逃窜，相扇为非，边患虽除，复有意外之虞。"对此，英宗皇帝命令户部官员："速移文总兵等官，从长区画，战守进退，惟彼所宜。毋弛边备，毋困农民。"[24] 显然，当地的局势已经甚为棘手，尚未有人能妥善应对。

以此观之，镇守庄浪奉御进保遣其家人及土军20人出境围猎，最后为达贼所伤并被掳走马16匹的事件，就值得重新思考了。进保这么做，是为了获取士兵的生存补给，或者仅仅是为了"畋猎嬉戏"，抑或他在试图试探明朝所能控制的辖境？但不管如何，英宗皇帝知道此事后，便将他召回朝廷了。[25]

天顺七年（1463年）四月十一日，巡抚甘肃右佥都御史吴琛奏："庄浪、凉州等卫所，累因遭贼侵扰，兼连岁霜雹为灾，军民缺食者多。正军月粮照例支给外，其贫难土民并正军户内家口，自今年三月至四月终，止每大口给米三斗，小口给一斗五升养赡，秋成偿官。"英宗皇帝同意其建议。[26]

看来，明朝西北边防一带的经济困难，使袭击变得不再如以往有利可图了，因此孛来将他的部分军队转移到东边的大同地区。天顺六年（1462年）五月二十三日，英宗皇帝敕镇守大同太监王春，总兵官、彰武伯杨信等曰："得尔等奏报，孛来所遣使臣察占等已入大同馆驿安歇，而余贼仍于各边拆墙进入，可见此虏名为朝贡,心存谲诈,且又有三千人马护送在边,尔等宜用心关防,恐有内应外合之变。"与此同时,英宗皇帝也敕谕其余宣府、辽东、延绥、宁夏、甘肃总兵等官,让他们提前做好防变准备。五天后,英宗皇帝又敕谕察占曰:"今得大同奏报,尔领三百人来京朝贡,跋涉远路,勤劳可嘉,兹特遣太监吴昱、都督喜信前去慰劳。然天顺元年曾有敕与太师字来,凡遣人朝贡,不可过多,今三百人来,其数多矣。往年为因人多,致生是非,遂失和好,今日当戒前失,以图久远。尔可与吴昱、喜信商议,将紧要使臣带领来京,其余从人,俱留大同安歇,给与口粮下程。有货物交易者,听其就彼交易。尔其体朕至意毋忽。"[27]

* * *

在西北地区,明军还面临另外一股游牧势力——其首领为乜(bié)加思兰[28]——的侵扰。这股游牧势力主要活跃在明朝通往哈密的道路上。天顺三年(1459年)正月二十四日,英宗皇帝敕谕哈密王卜列革曰:

先差使臣马云等往迤西公干,因尔处有达贼乜加思兰,截路为恶,不曾前进。后因尔处通报贼情宁静,道路无虞,以此使臣进去。及至尔处,其原差使臣指挥乌钦、舍人沃能回还,报说乜加思兰仍在彼处,差人见王,谋为劫夺之举。使臣在彼,进退两难。以此言之,过实在尔。且尔祖宗以来,世受朝廷大恩,守此境土。永乐年间,使臣往来,护送恭勤,何曾有失？尔宜遵承前志，不可与贼交通。今使臣在彼，尔即差人送去迤西，如不可前进，尔即差人护送回还。尔若背逆天道，包藏祸心，助贼为恶，以致钱粮人马疏失，朝廷必调大军征剿，决不尔宥。尔其慎之，毋贻后悔。"[29]

天顺四年（1460年）九月十八日，兵部奏言，"先遣使撒马儿罕等处都指挥佥事马云等尚在哈密，为孛加思兰攻劫"，因此朝廷遣兵护送"至卜鲁古秃地面，并敕赤斤蒙古、罕东二卫防护"。[30]

然而天顺六年（1462年）六月初六，《明实录》中出现了明廷为孛加思兰麾下首领加官晋爵并处理其继承事务的记载。这种记载似表明明廷与孛加思兰之间亦存在某种政治往来，令人费解。几天后，哈密王的母亲弩温答失里上奏，其羊畜"被孛加思兰尽掠"，因此希望能"于陕西边境买羊一千，以图孳牧"，但英宗皇帝只允许她买走200只。[31]

同年十月初六，英宗皇帝敕甘肃总兵官卫颖曰："得尔奏报，孛加思兰强取哈密忠顺王妃，及逼胁哈密人马往掠赤斤、罕东二卫，可见其势渐盛。今此虏又遣使来朝，似有远交近攻之意，尔等宜严兵为备，以防不虞。及遣译者往谕二卫，俾加备之。"[32]

但与此同时，英宗皇帝又急于安抚孛加思兰，他下令赐孛加思兰"织金纻丝十八匹，红白氆氇十段，并红缨、獭皮等物"。[33]

到了天顺七年（1463年）九月十二日，哈密王的母亲又上奏道，哈密僧人兀歹奴前往孛加思兰处，"妄言羊儿年本国城当破，孛加思兰信之，兴兵攻围本国城者两月"，而今孛加思兰派遣该僧赴京朝贡，"乞将此僧拘留，放之南方"。兵部认为"所奏不可从，恐失外夷心"，英宗皇帝是其议。[34]

* * *

孛来对明廷采取的策略与乩加思兰相似，亦战亦和。与乩加思兰的小打小闹不同，英宗皇帝必须时刻迁就着威胁更大的孛来，但同时又要坚决组织防御。然而，对于明朝而言，边防战线各处的明军难以团结一致地行动，前线将领也缺乏动员号召力——主战的呼声过于微弱。天顺六年（1462年）六月十八日，英宗皇帝严厉谴责了宣府守军。他敕谕宣府总兵官陈友、副总兵董斌、右参将江福等曰："近因达贼屡次入境剽掠，福等视为泛常，以致失亡甚众。及陈友等领兵前去，又不同心勠力，祛除边患，却乃立意矛盾，以误事机。且尔等为朝廷武臣，受边阃重寄，既无勇无谋，又多猜多忌，拥兵自卫，纵贼完归，为边将者，当如是乎！宜痛自克励，以副委任之意。如仍前乖戾，必治罪不宥，不患朝廷无人代尔也。尔等其慎之。"[35]

宣府总兵官、都督同知陈友向朝廷上奏，"独石、龙门等处守备内外官多私役军士，缺兵防守，以致达贼数入为寇"。朝廷命巡抚右佥都御史韩雍等核实。天顺六年十二月二十八日（1463年1月17日），韩雍等奏道："五月六月达贼凡四入寇，杀官军一百余人，掠人畜一千有奇。及右参将、都督同知江福私役军六百余，右监丞阮禄四百余，都指挥佥事张杰二百九十余，奉御陈庄一百六十余，都指挥郑祥等共几二千。因论福等职居守备，平时既不能廉以律己，而役兵图利，临事又不能勇以率众，而玩寇失机，宜痛惩其罪，以为将来之戒。"兵部亦对宣府诸将发动弹劾，于是英宗皇帝决定："私役军士如此，寇至，宁不误事？福、禄、杰、庄，尔兵部其即移文召还，另选人往代。其余失机者，令巡按御史执问，不系失机者，姑宥之，令退还操守。"[36]

看来，英宗皇帝不愿意把这些袭击完全归罪于孛来。天顺六年（1462年）七月十九日，他敕谕孛来曰：

去岁，太师遣使来京朝贡，边上虽有为恶者，非出太师本意。今太师又遣使臣察占等朝贡，所进文书又有悔过迁善之言，足见和好诚意，朕甚嘉悦。但来人数多，已依正统年间例，止将紧要使臣五十余人接取来京，其余俱留大同，馆待、衣服、表里，与来京者一例赏赐。今后宜坚守和好，若再遣使，止可三五十人，不必过多，仍戒约部下人马，毋得近边侵扰，庶得永享太平之福。[37]

当然，在草原上纵兵劫掠的并非只有孛来一家，乩加思兰和兀良哈人也在其中。不久，有"自虏中归者"带回消息称，"朵颜三卫达子议，待收田禾后，遣三千人马往东虏掠，三千人马往西虏掠，欲伏人马在边，止令一二百人诱我官军出战"。英宗皇帝即敕谕沿边总兵官、巡抚等曰："尔等务要严加哨备，如遇此贼入境，即用出奇剿杀。既退，不可穷追，恐堕其计，尔等慎之。"[38]

十月十七日，兵部又奏："有自虏中逃归者，言孛来于今年九月初二日，领胡骑万余东行，侵兀良哈地方。虏情叵测，乞敕沿边诸将严为备御。"这个消息是否准确，史无明载。史料本身并没有谈到兀良哈人对明朝的袭击,但英宗皇帝仍在随后敕谕他们:"近者,尔等部落妄生衅端,侵扰边境,群臣阖词请调大兵剿戮。朕念尔三卫皆祖宗恩恤人民,中间有善有恶,大军一临,玉石不辨,故敕边将按兵勿动,以俟改过。既而尔等果遣人朝贡,且奏逐回日前自作不靖诸人,驻扎一处,深惬朕意。自今,尔等宜各申谕部属,改过自新,以享平安之福。若仍不悛,必举大兵,剿无噍类。是时,尔等亦不得辞其责矣。"[39]

孛来对兀良哈人发动的战争,对明廷来说或许有利。据镇守独石的阮禄奏称:"虏酋孛来率众二万东掠朵颜三卫,遣使臣纳哈出等四十人来朝马献捷,欲从独石入境。"英宗皇帝命其仍从猫儿庄入境。但孛来使臣称其"马疲且境外无草,不能往猫儿庄",再次请求从独石入境,英宗皇帝最终答应了他的请求。[40]

天顺六年十二月十三日(1463年1月2日),孛来遣使臣来奏,称其"乃鞑靼国之为首者,而朝廷赐物与众略同,心实不甘"。对此,礼部抗议道:"旧年赏赐,孛来已尝额外加厚,唯其王子与之同,而丑虏贪求无厌,不复存君臣之迹,请更加织金彩币一表里,以塞其怏怏。"英宗皇帝同意了礼部的建议。[41]

可以说,孛来对明廷施加的影响是奏效的。四月二十九日,英宗皇帝再次敕谕沿边守将:"近福余卫遣使扣关奏报,虏酋孛来于今年二月间,差人纠集福余等三卫人马为前驱,意在侵扰我边。福余等卫头目虽称不肯从彼,因来奏报,然孛来与三卫交通,已非一日,所奏情词,实难听信。预防之道,在我当然。敕至,尔等各整搠士马,申严号令,以逸待劳,不可以此虏入贡,怠于边备。尔等其慎之。"尽管如此,明廷还是给拒绝追随孛来的三卫首领以丰厚赏赐。[42]

第七章 天顺时期——此起彼伏"天难顺"（1457—1464年） | 0389

* * *

管理沿边诸游牧势力一直是明廷最为伤脑筋之事。到了天顺七年（1463年）十月，兀良哈人又来抱怨。朵颜卫指挥兀孙帖木儿奏："孛来营所逼近本卫，乞依边城牧放。"但兵部认为"夷情谲诈难信，宜令沿边守将为备，并令通事都督季铎等省谕兀孙帖木儿回还，遍谕其部落毋得近边"。英宗皇帝同意兵部的意见。[43]看来，在朝堂君臣看来，兀良哈人此举可能是联合孛来犯边的前兆。

孛来与其名义上的君主——小可汗马可古儿吉思①，正不断向明廷施压，以迫使明朝答应他们提出的要求。天顺七年（1463年）四月十九日，小王子遣使臣500余人赴京进贡，户部于沿途委官准备好粮料草束等以为供应。使团中，也有太师孛来和毛里孩王的使臣，他们随后也会得到赏赐。他们索求的"洙翠织金冠服、琵琶、拍板、药味等物"，明廷逐一赏赐。在给小王子的信中，英宗皇帝称：

> 天下人民，皆天之所生。凡为君者，其地方虽有大有小，但能修德行仁，爱养百姓，则天必命之，世世为君，永远享福。若不能修德行仁，残害百姓，则天必恶之，累降灾祸，不能长久。朕奉上天眷命，嗣守祖宗大业，体天道好生之心，

---

① 马可古儿吉思是孛来拥立的可汗，又被称为"小王子"。——译者注

爱养人民，视万国如一家。今尔能继承尔父，君主一方，特遣使臣朝贡，朕甚嘉悦。自今以后，尔宜各安本土，毋相侵犯，以副朕兼爱天下人民之心。使回，特书以答，惟可汗亮之。

而在给孛来的信中，英宗皇帝虽重申了一些原则性问题，但也同时警告孛来不要犯边，制造矛盾：

天道好生恶杀，报应甚明。自古为君为臣，能体天爱人者，享福无穷，逆天害民者，主见祸败。朕为此故，常兼爱四方人民，不忍恃中国军马众大，侵害小邦，纵有作恶者，亦涵容不校，常以恩德抚之。今太师遣使通好，朕甚嘉之。但当坚持此心，戒约部属，不可近边，有乖和好。如此，庶几永远享福，其敬承之毋忽。44

此后，大草原方面的来使日渐增多，明廷"恶其数为边患"，有意推却。阁臣李贤等言："胡虏叛服不常，自古皆然。中国驭之，务得其道。今孛来遣人进贡，不过贪图财利而已，容之则喜，却之则怨，怨则必来扰害。莫若且宽待之，其使臣一千余人宜皆许其来京，勿令久住，就赐宴赏。俾回，亦自省费。"英宗皇帝虽然认可其议，却又同时敕谕宣府总兵官董兴等曰："近得大同奏报，孛来遣使臣千余来进贡。然前此累敕孛来，令少遣使臣，今愈增多，岂其诚心？不过假此以生衅端耳。若我边将谋勇，士卒精强，虏虽变诈，奚能为患？尔其体朕此意，整搠军马，严谨瞭备，如其侵犯，即为机相剿杀，毋畏缩以贻边患。"英宗皇帝同时将敕文发往辽东、代州、延绥、宁夏、紫荆、倒马、偏头各边关守臣。不久，兀良哈人亦有使臣400余人从大同朝贡，英宗皇帝敕谕镇守大同的王春、杨信等曰："得奏朵颜三卫进贡使臣共四百余，俱至大同。然三卫往年皆从东路入，今乃随孛来使臣一路入，殊非常例。尔等其谕以此意，令其头目三四十人赴京，其余俱留大同。仍须加意防闲，毋令漏泄事情。"[45]

英宗皇帝在位的最后时光，还处理了与孛来、小王子等相关的一系列政务。天顺八年（1464年）正月十二日，礼部奏："昨日译出迤北麦儿苦儿吉思（马可古儿吉思）可汗番文，欲乞遣使往来，以通和好。奉旨，命臣等议。臣等以为，宜谕来使满都等还报麦儿苦儿吉思可汗，果能尊敬朝廷，听其遣人来朝。今朝廷欲遣使臣往彼，恐别构是非，反生嫌隙，请遵祖宗旧制毋遣，庶得永远和好。"英宗皇帝是其议。正月二十四日，新继位的成化皇帝还授予马可古儿吉思王子及其太师孛来的部下满都等79人各类官职。[46]

正月十七日，英宗皇帝驾崩，年仅36岁。他在位时，先后有过正统、天顺两个年号，明朝亦处于多事之秋。最终，一场突如其来的疾病将他带走了。后世对他的统治普遍没有过高评价，但这在作者看来显失公允。他曾两次为人（也先、景泰皇帝）软禁，这对一个天子来说亘古罕见。总的来说，英宗皇帝看起来内向而被动，但他也有仁爱的一面，特别在复辟后，他的统治差强人意。他对王振有着近乎依恋之情，对他的弟弟景泰皇帝却近乎怨恨。而这一切，恰恰反映了在特殊处境下，任何人都有可能出现情绪化的一面，哪怕天子也不例外。

第八章

成化时期——

马不停蹄？疲于奔命？

（1465—1487年）

成化皇帝17岁登基，但39岁便驾崩了。尽管像他父亲一样，他的举止温和乃至近乎柔弱而缺乏自信，但在他的治下，明朝边防及边境管理策略渐趋强硬。失败的将领不再像从前一样轻易被赦免，俘虏也偶尔会被处死。不过总体而言，明朝所面临的局势的复杂程度，恰恰需要他这种温和的手段作为政策导引。相反，一个更有活力、彰显个性的君主可能会随时点燃这个火药桶。不过，在成化皇帝统治的后期，他的手段变得更具外向性。

* * *

在成化之前，明朝从未过多关注到河套地区（鄂尔多斯）——一个藏在黄河"几"字形河道下的半沙漠半草原地区。作为广袤的中国国土的一部分，河套地区的面积接近西班牙的一半，但在明朝，这里几乎没人定居，明军的防线已经铁桶般地将之保护起来。但在此后，随着草原人口的增长，它逐渐成为鞑靼人窥伺明朝边防的前线基地，而明军亦逐渐转向战略收缩态势。鞑靼骑兵可以在任何时候经过河套南下突击，而每当严冬黄河结冰时，鞑靼人的大军就可以随意穿越黄河，向东攻打大同，或向西进攻甘肃。

成化三年（1467年）三月，整饬边备兵部尚书王复，对整个河套地区的形势作了全面评估。他奏称：

> 今天下一统，诸种番夷，虽或出没，不足深虑。惟北虏动辄长驱深入，最为边患。辽东、宣府、大同、宁夏、甘肃，皆有高山大川，长城固垒限隔。延绥境外，亦有黄河千六百余里，实天造地设之险。洪武间，东胜迤西路通宁夏，墩台基址尚存。永乐初，残胡远遁，始将守备军马移入延绥，弃河不守。且延绥地方，东起府谷堡，西至定边营，萦纡二千余里。今声息稍缓，亦可因循度遣。倘班师之后，贼若复来，何以支持？且大同、宣府两处地方，通无二千里远，又皆控据雄险，尚有正、副总兵，参将，协同，守备共一十二员。宁夏三路，不满千里，亦有正、副总兵，参将，协同，守备八员。延绥城堡窎远，最为难守，止有总兵、参将三员调度，岂能周遍？[1]

因此，在陕西方面，河套地区逐渐变成军事冲突的集中地带。按照规划的方案，明军的防御部署也许能够挫败不少来犯之敌。[2]不过，鞑靼打击明军的机会同样存在。成化四年（1468年）九月，吏科左给事中程万里针对这一局面向皇帝献策。彼时，由满四领导的土达反叛势力在宁夏南边的山区中建立据点，而鞑靼太师毛里孩则伺机在河套前线蠢蠢欲动，兵锋直指宣府和大同。程万里指出：

> 陕西重镇之地，国初以来，安置土达于宁夏、甘凉等处，承平日久，种类蕃息。往年虏贼侵扰，今岁亢旱饥馑。有司失于抚恤，是以满四等据险啸聚，党类益繁，臣恐各边土达因之自相疑贰，不早防范，恐生他变。况今黄河欲冻，

第八章　成化时期——马不停蹄？疲于奔命？（1465—1487年）

虏酋毛里孩去边不远，比年关陕无事，尚欲深入，一或闻此，宁无奸计？

为此，程万里提出，应立即采取安抚政策，召集边陲土达人中没有跟随满四叛乱的"年高有识众所信服者"并宣布皇帝的恩威福谕。

针对"毛里孩等久不朝贡，窥伺边境……万一有变，惊扰畿内"的情况，程万里认为其必败者有三，不必惊慌："近我边方远才二三日程，是彼为客而我为之主，以客就主，以劳待逸，一也；自恃强众，并吞诸部，志满气盈，兵骄者败，驰驱不息，人马疲劳，二也；比来边报，见贼烟火有一二百里者，有三五十里者，散逐水草，兵力四分，三也。"有此三败，程万里认为应当对毛里孩的中心营地实施一次突袭，"选京师骑兵一万，宣府、大同各一万，每三千人为一军，以骁将十人统之，严其赏罚，密使人探毛里孩所在，出其不意，昼伏夜行，径捣其垒破之必矣"。①

兵部也认为必须派遣高级官员到甘肃等处巡按边防，同时抚恤各处土达。但兵部拒绝采纳奇袭毛里孩营地的策略，因为毛里孩尚无进犯之举。在兵部看来，对毛里孩而言，明朝兴无故之师显然不是一个明智的举动。③② 成化皇帝认可兵部的奏议，最终，

---

① 原著无此引文，据上下文意补引。——译者注
② 参见《明实录·宪宗实录》卷40，原文如下："于是兵部为廷臣议，请敕宁夏等处守臣，抚恤各处土达，或起陕西致仕兵部尚书王竑，就彼巡边，密切防范，不必专以抚安土达为名。毛里孩目前岁朝贡后，不复犯边，今无故兴数万之师，远涉沙漠，前有胜负未必之形，后有首尾难救之患，殊非万全之计。请敕东北一带沿边守臣，戒严以备。"——译者注

明军在成化五年（1469年）对满四叛军取得了压倒性胜利。[4]

然而，到了成化八年（1472年），明军边防全线几乎都发生了军事冲突。在冰雪融化之前，鞑靼人似乎更倾向在明境附近长期驻扎，而不打算再穿越黄河，回到河套草原了。而从《明实录》等文献看，这一年关于甘肃地区明军怯懦无能，而劫掠者肆意横行，百姓流离失所的记载比比皆是。延绥西路左参将、都指挥钱亮奏曰："正月初，虏众数万自安边营入境，即引兵追之。至师婆涧被围，与战五日，昼夜不息。都指挥蔡瑄等拥兵不救，粮饷俱绝，我军死者十三四，都指挥柏隆、陈英俱中流矢死。止收余卒一百五十人而还。"钱亮为此遭到兵部尚书白圭的弹劾。白圭指责钱亮等人"寡谋丧师"，请核实治罪。宁夏总兵官沈煜等复奏："虏众数犯边境，且以粪土湮塞各墩井泉，渴我士马，不可不虑。"成化皇帝命大臣集议以上诸事。不过，与此同时，前方也有捷报传来。宁夏副总兵林盛奏："正月以来，虏众累驱所掠畜产，从海马儿口东行出境。臣督游击将军张翊、都指挥韩英累败之。"是役，擒敌4人，斩首15级，夺获被虏男妇32名，兵仗700件，牛、羊、马、驴13394只。[5]①

是年二月十八日，兵部尚书白圭再次奏道："虏势深入，顷已敕吏部右侍郎叶盛亲诣陕西、延绥、宁夏会议边务。然臣等切虑，虏性桀黠，苟知我内地空虚，未免复肆剽掠，宜如臣等所会

---

① 本段原著颇有错误。原著称钱亮为"Vice Regional Commander Qian Liang"，与副总兵"Vice Regional Commander"同译。核《明实录》，钱亮并非副总兵，而是左参将、都指挥。又宁夏副总兵林盛，原著作"Liu Sheng"，亦误。刘昇任宁夏副总兵在林盛之后，核《明实录》，本次战斗由林盛指挥，非刘昇。——译者注

第八章 成化时期——马不停蹄？疲于奔命？（1465—1487年）

议，敕王越等俟盛至日，即调甘、凉、庄浪、兰县官军防守要害。又今河冰既开，虏无遁意，计其秋高马肥，必复入寇。在边并见调官军，仅足捍御，未可穷追。若明春复然，则边患何时可息？必须于明年二月大举搜剿河套，庶收一劳永逸之功。请先调军夫五万，摆堡运粮，计可足半年之费。然后选集精兵十万，简命文武重臣各一员充总督，总兵二员充副参将官，每兵一万坐营统领者各一人。所须出战驮马、鹿角、战车、军器之类，俱宜预备，期以十二月启行。"成化皇帝认为"虏寇悖逆天道，累犯边境，明春必须统调大兵，以剿除之"，同意其作战计划，但出于谨慎，他让白圭与叶盛、王越再仔细斟酌详细方案。

不久，总督军务、右都御史王越奏报一系列捷音。有"虏骑十余，从定边营入境"，把总都指挥廖斌领兵追之，将之击退，略有斩获；"又有虏骑二千五百从宁塞营入境，分为三路，南行剽掠"，总兵官许宁"分布官军御之"，明军于古峰子、小蒜涧、于侯家寨设伏，成功击溃敌军。成化皇帝听后大悦，敕奖励诸将。[6]

明军计划发动的大规模战役，显然是一项极为复杂严苛的行动。相关的战前会议断断续续地召开，其间，叶盛详细地向成化皇帝介绍明军一系列军事部署和后勤保障。他奏道：

若虏拥众来侵，我则通调各路军马，相机防御。或彼众我寡，势难轻敌，我则坚壁清野，弗与浪战。俟彼剽掠而归，气盈心惰，则设伏以邀其前，纵兵以袭其后，使彼大遭挫衄，庶可遏其侵暴之志。其在边官军，俟虏深入我境，宜相机设策，分遣精兵，捣其老营。若有所得，仍将军马分布要害，以邀其归，是亦取胜之道。若虏知我有备，仍如往年近边屯驻，我则号令军士分为数路，各裹糇粮，乘夜而进。彼有妻子头畜，卒遇我军，势不敢敌，乘胜急击，势必成擒。万一虏寇惧我兵众，远遁套内，不肯渡河，我则挑选死士，重加赏劳，使之迫近虏营，举火放炮，或阳为搜套之势，或诈为劫营之举，彼必心恐，渡河而去。剿贼方略，恐不出此。

成化皇帝命兵部进一步讨论叶盛的主张。[7]

到了三月二十四日，吏部右侍郎叶盛，总督军务、右都御史王越，巡抚延绥右副都御史余子俊等再次集议此事，并向成化皇帝奏道：

往年，虏寇或在辽东、宣府、大同，或在宁夏、庄浪、甘肃，去来不常，为患不久。景泰初，始犯延、庆，然其部落犹少，不敢深入。天顺间，阿罗出进入河套，不时出没，尚不敢迫近居民。至成化初以来，毛里孩之众乃敢深入抢掠，攻围墩堡，盖以先年虏我汉人，以杀戮恐之，使引而入境，久留河套。故今日贼首孛罗合、乜加思兰相继为患，卒不可除。臣等谨以增兵守险，可责近效，可保久安之事上闻。

一、延绥沿边地方，自正统初创筑榆林城等营堡二十有三，于其北二三十里之外，筑瞭望墩台，南二三十里之内，植军民种田界石。凡虏入寇，必至界石内，方有居人，乃肆抢掠。后以守土职官私役官军，招引逃民于界石外垦田营利，因而召寇。七年六月内，因总兵、巡抚官之议，乃依界石一带山势，随其曲折，铲削如城，高二丈五尺，川口左右俱筑大墩，调军防守，以为一劳永逸之计。然未尝拟奏，借役民

第八章 成化时期——马不停蹄？疲于奔命？（1465—1487年）

夫，而守备城堡客兵，多不过千人，不可供役。乞敕所司申戒总兵、巡抚等官，严加禁约，自后敢有仍于界石之外私役军民种田召寇者，官必降调，逃民即彼充伍。仍乞念修筑边墙之利，量起山西民一万、陕西民二万，于声息稍宁之时，听延绥会官移文二布政司，各选委堂上官，于每年三月、八月，各一兴工修筑。二三年间，必致就绪，此诚不战而屈人兵之计也。

二、延绥西路，旧守土门、大兔鹘等堡，并未守铁鞭、锁圪塔、五谷、黑城子、银州关等城，俱宋时防守夏人所筑，山势最险，水泉甚便。近年以来，弃土门等堡，乃守怀远、威武等堡，既无险可据，又取水太远。宜将今守怀远等堡官军，仍守土门等堡，其铁鞭等城，亦宜渐为修补，及于银州关隔河总要之处，添筑一堡，积贮粮草，量拨守边额内官军，于铁鞭等城操守，以为官军截杀驻扎之所。仍将内地鱼河堡官军移守，添筑新堡。又米脂以北，直抵榆林，乃顺川大路，粮运往来，居民商旅必经之地。亦宜令本地军卫、有司，量其远近，添筑小堡，以备警急。

三、成化二年，以延绥官军数少，敕监察御史李纲至延、庆二府，选取壮丁五千名为土兵，相兼操守有功，一体升赏。寻以都御史项忠言，土兵为边方头目科害，乃令每年九月朔，各于延安、绥德、庆阳三处操练，次年三月朔罢之。遇有警调，则不拘时月。近都御史马文升奏，欲将庆阳土兵掣回本境防御，而抚宁侯朱永等又奏，欲如大同土兵例，常年九月朔俱赴榆林城操练。事久未决，今边方有事，宜如永所奏施行。内地果欲防御，则更为佥选，方合增兵初意，有益边备。[8]

三月二十六日，吏部右侍郎叶盛在另一份奏议上质疑明军在河套方面的军事部署。他奏称：

> 臣与总督军务、右都御史王越等议，延绥边境与河套相对，东、西、中三路共二十堡，约远一千五百余里，旧无边备，且河套宽漫，便于驻牧，故虏连年不去。今本境马步官军、舍余仅一万二千，内马队精强者仅满七千，其余次等仅可分守墩堡，不足调遣，故递年调取大同、宣府、山西官军一万三千，往来随便进止。去冬，虏来侵犯，累为所拒，不得深入，遂往钞宁夏，而其守将不出，致虏入境得利，延至今春，又不渡河而去。若调军选将，分路入套，固安边之计，但套中地境，动经数千百里，沙深水少，军行日不过四五十里，往返必逾月计，惟调集官军，必至一二十万，所需粮料供运之人，不下数十万，事体重大，未敢定拟。若以原调，与兵部今拟，并本境官军，通为筹算，各就近分守要害，酌量虏情，来即拒杀，去不穷追，俾进无所得，退无所恃，势既困迫，必将图归，此虽为守之长策，亦战之权宜也。
>
> 今拟于东路清水、孤山、镇羌、柏林，中路平夷、怀远、威武，西路清平、龙州、镇靖、靖边十一堡，各拨骑兵一千守之。东路神木县、高家堡，西路安边营，各拨骑兵三千守之。中路双山、波罗，西路宁塞、定边，各拨骑兵二千守之。中路榆林城拨骑兵五千守之，东路令游击将军王玺、蔡瑄与延绥参将神英，西路令都督佥事徐恕，都指挥王

瑄、孙钺,中路令许宁、范瑾统领屯驻。其宁夏官军数余三万,本境虏可入路惟花马池、兴武营、高桥三处,不过二百余里。宜令总兵等官会选各城骑兵,及游击将军祝雄见领堪战者,共九千人。即令副总兵林盛分领三千,于高桥屯驻;祝雄分领三千,于兴武营屯驻;参将罗敬连所部轿(辖)领三千,于花马池屯驻。又虑各官如前怠忽,宜令京营把总都指挥白玉、康永、吴瓒协济操习剿杀。今次拟调甘州等处官军一万六千,宜令副总兵赵英等领六千五百人赴安边至高桥一带屯驻;副总兵马仪等领九千五百人,及选辖靖虏参将周海所部官军共二千五百人,量于固原、庆阳、环县、西安州等处屯驻添部。军马既众,乃拟于七月请命监督总兵官统领原拟京营马军,往与王越,通行调度战守。而京营与大同、宣府步军,势难追击虏骑,兼以沿途徒步艰辛,榆林各堡狭小,无以屯聚,今宜停止。

又虏马羸瘦,本境官兵可以截杀,原调大同、宣府、山西等处官兵,宜如兵部原拟,暂放休息,俟六月上旬,则先调取马仪、徐恕等官军至彼防守,其余以渐调发,或警报异常,乃不拘时月。然军马虽已分布,遇警则留行无定,必豫积供饷,庶乎绥急有济。

又粮料措办稍易,草束转输尤难,今所议定,延绥、大同、宣府、山西正从马凡三万九千六百六十有奇,自六月迄于二月,实用草一千七十一万九千。甘州、陕西、靖虏、宁夏正从马凡三万五千八百三十有奇,自六月迄于二月,实用草九百六十七万四千九百。今延绥一带边仓,见粮约可支本境一年余二月之费,豆可支八月,草可支五月。若用京营官军正从马,则所须粮草尤多。宜通行总督粮饷官急为措运。外,延绥有柳树会、土门子、塞门、大兔鹘、白落城、保安、铁鞭川,宁夏有山城、萌城、小盐池,俱虏出没要路,军马所必经,各有旧堡。今亦宜量为措办刍粟,以便屯驻。以将领言之,大同、宣府、延绥、宁夏、陕西等处,若游击参将等官范瑾、孙钺等,亦俱历战阵,堪以委任。其余沈煜、林盛、张翊、罗敬等,先以拥兵不出,行勘未报,而各处把总、都指挥等官,大同则缑谦、李镐,宣府则周贤、王祥,延绥则陈辉、岳嵩等,俱堪领军。①

但是,兵部尚书白圭并不同意叶盛的主张。他复奏曰:

御戎之道,守备为上,攻战次之。盛等所言,固持重之良策,但延绥二十三堡,已余一千五百里,而宁夏所属花马池,直抵高桥,又可四五百里。今各堡人马分地而守,供给倍常,使虏知我兵势之分、转输之苦,俾奥鲁②远处河套,而以精骑时出剽掠,因粮于我,至春不去,则大同、宣府、甘凉等处客兵,经年调发,累岁戍守,师老粮费,军罢民敝。况所积粮草有限,以七八万之众驻师坐食,倘有不给,

---

① 作者原著并无全段摘录《明实录》,而简单概括为"叶盛提出的一系列建议"。考虑到与下文白圭的反对意见形成呼应,译者将作者概括的内容具体展开,以便读者能更直观地了解彼时明廷的战守政策。——译者注
② "奥鲁"为蒙古语音译,意为"老小营"。蒙古军出征,置老小辎重于后方营地作为屯驻地,随军从事生产,经营畜群和其他产业,供应前方,被称为奥鲁。——译者注

必须征发。意外之患，在所当虑。宜俟盛、越至京之日，仍以所奏事情会官议处，所须粮草，宜行户部处之。沈煜等失机之罪，俟越等勘报至日处置。⁹

从这些奏议中我们不难发现，鞑靼人进驻河套地区的举动将明军旧的防御格局推向了崩溃的边缘。唯一能够解决的办法似乎是增派更多部队、更多马匹、更多武器和补给，同时加强战备训练，修筑更多城墙堡垒、哨塔墩台。但这势必将极大增加明军的防御成本，因此，某些"速战速决"的进攻性方案逐渐浮上水面。

与此同时，叶盛与巡抚宁夏右佥都御史徐廷章合议如何在宁夏复杂多变的地形上，利用现有交通网络修筑防御工事，以便阻止劫掠者长驱直入。这是明军要面对的现实问题，需要的是大量缜密的研究和计划，而非过多宏大的理论支撑。他们向成化皇帝奏报了一系列遣将分兵防守边防线的主张，而成化皇帝则令兵部具体考虑其可行性。¹⁰

但令人始料未及的是，明廷突然决定组织一场进攻。成化八年（1472年）五月十七日，明军开拨。成化皇帝命武靖侯赵辅佩平虏将军印，充总兵官，统制诸路兵马，与总督军务、右都御史王越赴延绥等处进攻虏寇。进攻的理由是"虏酋乱加思兰等久居河套，频年寇边，荼毒生灵，罔有纪极，若不痛加剿殄，边患终无宁日"。此外，除了赵辅和王越所领的大军，马文升、余子俊、徐廷章等亦分督陕西、延绥、宁夏方面的兵马，加入这场军事行动中。¹¹

但是，事情进展似乎并不顺利。八月，兵部以"西征将士未见成功"为由，请求派兵科给事中郭镗赴延绥等处，咨访行军事宜。成化皇帝降敕给郭镗道：

> 比因虏贼入寇，朝廷已命将出师。闻此虏六月间，又来剽掠临洮、巩昌、平凉之境，时赵英、鲁鉴等率兵俱到安定、会宁等处，适逢其会，乃拥兵坐视，致令得利而去。今七月间，虏复从花马池入，大掠环、庆等处。其时赵辅、王越统军已到花马池，而马仪、赵英、鲁鉴、姜胜、白玉、杨铭等亦驻兵境上，许宁、范瑾等又各领兵沿边防御，使总兵等官果能运谋设策，并力夹攻，必可大捷。倘又失此机会，纵虏出入，如蹈无人之境，则边患何时已乎？朕念地方骚扰，生灵荼毒，宵衣旰食，不遑宁处，特命尔星驰以往，逐一访勘地方虏情若何，总兵、参赞及统兵等官调度若何，勇怯若何，何人逗遛不进，何人坐失事机，何人竭忠效力，真有为国为民之心，何人推艰避难，专为畏首畏尾之计？今宜设何长策，作何处置，其博采群议，星驰来闻。[12]

敕书内容意味着，原本针对乩加思兰的进攻将被取消，明军转而回归本土，以抵抗虏贼源源不断的袭扰。到了九月，巡抚陕西左副都御史马文升奏："虏寇自夏及秋，深入环、庆、固原境内，四散抄掠，势日滋蔓。署右都督白玉，凉州右副总兵、都督同知赵英各分兵邀击之，前后擒斩六级，追获被虏牛羊二十余。"总兵官赵辅亦奏："延绥西路指挥孙鉴、阎威各率军御之，于半个城、红寺儿等处追还牛羊千余。延绥总兵官许宁军夜袭其营，于境外鸭子湖杀伤甚众，夺获其马百匹以还。"兵部对这种局部战果感到十分不满，在兵部看来，"虏众犯边，首尾三月，赵辅、王越师行已久。今唯闻白玉、赵英及阎威等略有捍御擒斩之功，其余俱拥兵袖手"，显然并非明军大动干戈而应得的结果。兵部告诫赵辅等将领要"立功赎罪"，并已令郭镗遍访核实战情，如再有战捕不力、督责无方的情形，将从实弹劾。[13]

数日后①，巡抚延绥右副都御史余子俊奏："虏寇自成化五年以来，相继犯边，累次调兵战守，陕西、山西、河南供馈浩繁。今边兵共八万之上，马亦七万五千余匹，略计今年运纳之数，止可给明年二月。且今山陕之间，旱雹所伤，秋成甚薄，每银一钱，止籴米七八升、豆一斗、买草七八斤。财力困穷，人思逃窜。倘不预为计虑，恐后患复生。如此，虏今冬不北渡河，又须措备明年需费。"余子俊"姑以今年之数计之，截长补短"，详细估算了军队后勤所需的人力、物力、财力：米、豆每石计银1两，共需银94.6万余两；每人运米6斗，共需157.7万余人；草每束计银6分，共需银60万两；每人运草4束，共需250万人。运输者往返两月，每人需行资2两，共需815.4万余两，而"脱用牛驴，载运所费，当又倍之"。因此余子俊认为，"盖自古安边之策，攻战为难，防守为易。向者，奏乞铲削边山一事，已尝得旨，令于事宁之后举行。窃计工役之劳差，减输运战斗之苦。欲于明年摘取陕西运粮军民五万，免徭给粮，倍加优恤，急乘春夏之交，虏马罢弱不能入寇之时，相度山界，铲削如墙，纵两月之间不能尽完，而通寇之路已为有限。彼既进不得利，必当北还。稍待军民息肩，

---

① 原著作12月时，但查余子俊所奏，载于《明宪宗实录》卷108"九月癸丑条"，距前款马文升所奏时间"九月甲辰日"仅有10天，断无可能是12月。——译者注

兵食强富，则大举可图"。

尽管听起来代价颇昂，但余子俊所奏仍不失为一良策。不过，兵部对此却持质疑态度。兵部称："铲削山势，恐虏已近边，难于兴作。"但成化皇帝认为"修筑边墙，乃经久之策，可速令处治"，于是很快批准了这一建设项目。[14]

马文升继续向朝廷奏报边情。在余子俊的奏议送达明廷不久后，马文升又奏曰："虏贼孛罗忽①于六月内，乘我大军未集，拥众深入固原、安定、会宁、环、庆等处。盖以道路平夷，居民富庶，寨堡疏远，戍守乏人，不入则已，入则必获厚利。窃计其入寇之路，自安边、定边、花马池、兴武营，进至萌城、盐池，约三百余里。自萌城、韦州分为三路，东则自东打狼山至镇原、平凉；中自胡卢峡至固原、静宁；西自雪山、鸣沙州至安定、会宁，远近广袤四方千里，路远地偏，兵分势寡，实难应援。"随后，对鞑靼人累次犯边之事，马文升又引咎自责，请求朝廷惩处自己和同僚："虏寇犯边，势将深入。比命议调大同、宣府、甘凉诸军征剿，今年四、五月间，此虏出没榆林左右，六月初，复大掠花马池、安边营境内。其大同游击将军范瑾，方充宁夏总兵，使能闻命，即趋率兵至高桥屯驻；延绥总兵官许宁，闻贼西行，率军至安边营按伏。虏众知我有备，岂敢长驱直至巩昌？而瑾延至八月，方抵宁夏，宁徒拥重兵，深居清平堡内，虽受总兵赵辅督责，终不能到安边。及分守庄浪都督同知鲁鉴，凉州副总兵赵英，都指挥姜盛，甘州副总兵马仪，或遇虏退避不战，或率师逗遛不行。太监刘祥，右都督白玉，并臣等俱不能镇抚，致此寇攘。请先将

---

① 关于孛罗忽，可参见前述罗文达的著作。——原注

臣等治罪,仍令科道官备劾宁等六人,重加刑宪,庶警将来。"但在明廷看来,现在还不是计较功过是非的时候。兵部要求马文升、白玉等"合谋御寇,务图成功,勿更疏虞,以罹宪典"。[15]

山西按察司佥事贾俊则十分担心鞑靼人对东线一带的袭击。他奏道:"偏头、宁武、雁门三关,俱边塞要地。偏头突出二关之外,西近河套,东接东胜,尤为要害。守关马军三千,既皆以大同步兵代去陕西听调,及代州、宁武马步官军亦尽调西征。况三关地势相联,而守备将臣不相统摄,且久处承平,失于训练。往岁,大同有警,命大同、宁武、代州三路合兵进剿,然总制无人,号令不一,临事却顾,卒难成功。今虏众一据河套迤西,一据东胜迤东,似有谋约,必须预防。倘河冰一冻,两虏势合,恐三关不敌之众,难以当之。乞遣一大将,假之重权,使总制三关兵马。仍乞选马军,量给各关,及时训练,以备战守。"成化皇帝和兵部同意贾俊的判断,遂令都指挥戴广专守偏头关,而敕巡抚山西右副都御史雷复在冬季总督三关,以解决"总制无人,号令不一"的问题。[16]

成化八年(1472年)九月,平虏将军赵辅,参赞军务、右都御史王越等奏:

> 虏寇被我军追奔出境,日夜东行。今方秣马厉兵,思与一战,窃恐此虏虽内惧剪戮,不敢逵边,而外避仇敌,不能北渡。迁延河套,又复经冬,老我师徒,弭患无日。夫御戎之策,不过攻与守而已,今欲攻之,必须搜套。缘河套之内延袤二千余里,而从征军士止余二万,所选近边精兵亦然。调遣不足,须得京营、山、陕精兵十五万,分道并进,庶可

成功。应用刍粮,宜区画以待。进攻之策,大略如此。但今议者,皆云延绥兵祸连结,供馈烦劳,国赋边民穷竭甚矣。重复科征,恐生内衅。倘念边务之劳,暂为退守之计,宜即散遣从征军马,量留精锐就粮鄜、延等城,以便防守。沿边军民悉令内徙山崖旧堡,深藏避寇。其寇经之路,多设坑堑,密置钉板、蒺藜,以为险阻。山头多置烽火,以相传报。

此外,赵辅、王越还认为,应当接受此前余子俊的建议,凿山筑墙,以为保障。但在宁夏花马池、高桥一带,因为地形平漫,沙漠绵连,因此难以像余子俊的建议那样修建山墙。于是,赵辅、王越进一步提出:"宜令都御史马文升、徐廷章等于萌城、盐池诸处,量度形势,浚壕筑墙。虏必不敢悬军深入,而甘凉被调诸军,亦且量留精锐,就粮固原等城,以为陕西藩屏。退守之策,大略如此。"

兵部尚书白圭对此再持质疑。他奏道:"辅等统兵七八万众,未闻有一矢之捷,乃称追奔出境,务为夸大。且既膺阃寄,或攻或守,宜定计以行,何乃依违陈乞,首鼠两端,自揣事势不支,欲推避之计。请令文武大臣会议可否。"成化皇帝同意白圭的请求。

于是廷议召开。群臣商议认为:

此虏深入边疆二千余里,单人匹骑,驱我人畜数千。边臣守将,俱拥兵自守,莫敢婴其锋。及辅等兵已至边,虏复大掠,延、庆不能少御,益兵攻剿,事将谁欺?且既欲进攻,又称险远,方张声势,遽诉艰虞,两可其词,聊且塞责。其言退守内地,欲量选精兵,分屯边堡,少苏民劳,似为得计，然大敌在前，我军退却，恐亦非宜。但军中事机，理难遥制，宜敕辅、越会同三边巡守统兵之臣，量度事情，具陈方略。

成化皇帝是其议，要求赵辅、王越等从长筹划，如敌军不退，则必须发兵剿捕，不许退守。[17]

前线的情况，要比朝廷"旁观"所理解到的复杂棘手得多。面对西北防线有史以来最强大的鞑靼人攻势，明军的防御似乎全未奏效。各边奏报的真实性也常受到质疑。兵部甚至还向成化皇帝奏报过，类似的袭击并非只有西北方面才有，修防御城堡之难，可见一斑。兵部称："比者，延绥、宁夏虏寇不息，而宣府、独石、古北口诸边警报迭至，辽东亦被杀掠。筑墙丁夫，虽尝取旨戒饬，但今冬寒，正虏马强弓劲之时，又恐冬至、正旦将近，各边守臣耽溺宴游，或私役军士，出境樵猎，以启边衅。更乞降敕，谕令倍加防守。"[18]

又后，延绥游击将军、都指挥同知祝雄来报，称"虏入延绥镇靖堡，杀千户黄琮，执夜不收以去"。这下，兵部对赵辅的质疑坐实了。兵部奏曰："比者，赵辅、王越累称虏众远遁，亟欲旋师。今境内官军潜被杀掠，必能觇我虚实，大逞入寇之谋。宜令辅等率兵追剿，毋徒坐视，以贻边患。"成化皇帝同意兵部的建议。[19]

十一月，镇守宁夏总兵官、都督同知范瑾奏："比闻虏酋乜加思兰，外畏阿罗出仇杀，内惧我兵攻剿，待河冰一合，欲西走甘凉，而宁夏孤城，是其归路。乞及今河冰未合之前，行令总制各路军马，总兵、参赞暂分一员，防守西路，或至冰合之际，将原调赴河东官军掣回城守,仍乞如侍郎叶盛所议,以凉州、庄浪军马悉调萌城,抵高桥一带协守。"成化皇帝敕赵辅、王越与范瑾一起斟酌事态缓急,制订临敌之策。[20]

与此同时,雷复又奏:"比奉敕,选调山西属卫守城屯田军士协守偏头关,但墩堡数多,分守不给,乞令三关下班官军,俱暂赴偏头,并力防守。"守备偏头关都指挥使戴广亦奏:"近获虏中人,言虏酋小石有众二万,欲入边剽掠,事宜预防。"兵部认为:"此虏今居东胜,逼迩偏头,入寇之计,恐不虚传。本关马军三千,先因赵辅等以大同步军五千易去,今步军之数虽存,但便于守城,而不便出战。宜令辅等即以所调马军三千遣回守关。其三关下班官军,则令协守。"[21]

不过,话音刚落,赵辅的军旅生涯就结束了。朝廷以宁晋伯刘聚佩平虏将军印,充总兵官,赴延绥代赵辅。不久,十一月十七日,兵科给事中郭镗的巡按结果终于反馈到了朝廷。郭镗奏曰:

> 自今年六月以后,虏众取道花马池,深入平凉、巩昌、临洮等府州县境内。一月间,劫四千余户,杀虏人畜三十六万四千有奇。时分守庄浪署都督同知鲁鉴、分守凉州副总兵都督同知赵英,守备兰县都指挥同知姜盛,俱被调驻安定内,止鲁鉴曾一出兵,余皆闭门退避,虏去始行。而姜盛防护辎重,军士遇寇,莫能救援。其分守靖虏等处参将周海、分守延绥西路参将岳嵩、协同都督佥事杨铭、宁夏都指挥韩英、游击将军祝雄,虽间有擒斩追夺、惊扰虏营之功,仅足赎罪。七月以后,虏众纵横出没于庆阳境内,都督白玉、都指挥张瑛及鲁鉴等出军追袭,而延绥总兵许宁屯驻宁塞,漠

若无闻。至若总兵武靖侯赵辅、参赞右都御史王越已至榆林，复逡巡旬日，不肯即到花马池、定远等处控制诸军，并力攻剿，致部将遇敌，辄以不得号令为辞，徒拥重兵虚费输运。方且撰为战书，诬下罔上，余若白玉已老，甘州副总兵马仪，宣府大同副总兵孙钺、黄瑄、赵英、鲁鉴、姜盛，及总兵范瑾等，俱有弛兵玩寇之罪。而赵辅、王越其罪尤深，俱宜逮赴法司究治，以为臣子误事不忠之戒。

对于郭镗的奏章，兵部认为只能处罚其中的典型个案。兵部建议："总兵、参将等官，拥兵自卫，玩寇殃民，皆宜究治。内惟岳嵩，承钱亮丧败之余，军马单弱，亦尝擒斩有功，庶可赎罪，其余欲一概逮系，恐战守缺人。宜令戴罪杀贼，以赎前过。白玉虽老，而善抚士卒，惟杨铭贪暴事觉，姜盛失机罪大，宜遣人往代。其赵辅、王越互相推倚，明肆奸欺，不正二人之罪，恐众怒不解，边事益隳。"成化皇帝是其议。因赵辅已被取代，不必再问，而王越则被责令尽早杀敌，赎罪立功。

郭镗又继续通过奏章提出很多关于边备的详细建议。他奏道：

比于边境访察之余，博采群议，酌量事宜条画以上。

一、赵辅等所陈退守之策，盖因刍粮不继，兵难久留。于兵食之计，犹在战守之间，或及军需尚充，边兵四集，先声鼓勇，乘间亟攻，此战亦可。分调军马，就粮内地，以逸待劳，俟隙邀遮，此退亦可。今势当全盛之日，手提万众之师，蕞尔小夷，莫敢攘却，脱复退守，亦岂能为？其入愈深，退将何地？且边臣将佐，富贵已极，骄惰偷安，视军民荼毒为寻常，以闭门避祸为得计。盖兵凶战危，人孰不惧。今赏功之典奉行如例，而失机之罚每从轻减。兵势不扬，奸人得志，职此故也。古称赏罚明信，则人人力于事功。乞自今厚之以赏：如当先阵亡、阵伤者，俱量加一级；严之以刑：凡败军偾事之人，无问大将小官，必行诛窜，庶法令一新，人思勉力。

一、每遇虏警，以边兵不足，动调诸路。彼料我客兵难久，粮饷为艰，或缪传渡河，或扬言款塞，或相持不战，或声东击西。比我师方旋，彼已深入，寻复调集，势已难为，春去秋来，堕其智数。今欲全军留戍，则供馈实难，欲从便班师，则此患可虑。窃见[①]平（凉）、巩（昌）、固原、靖虏等境，戍兵单弱，地势宽平，比之延绥，无险可守，且外与花马池相连，虏骑便于冲突。今平凉精兵二千四百有奇，屯驻环县，明春宜勿放还，悉留战守。仍留甘凉统兵将佐一人，分兵数千，就粮要地。俟彼乘我空虚，我亦出其不意，先人有备，必中事机。

一、关陕之民，材力坚强，兼精骑射，每能扼虏，夺其所俘。募以防守，可纾兵力。但闻前时所募义勇民壮，俱永编行伍，民间赋役不获蠲除，各顾身家，谁肯应者？又旧令，遇冬迁民避寇，但城堡狭隘，人畜难容，不若就令所司于近村便地，或古寨深崖，百家相依，共修一堡，无事则四散耕牧，有警则入堡敛藏。仍推举二丁，立为总甲，得相号

[①] 此处"窃见"原著作"Gao said"，即将"Guo"误为"Gao"，当系笔误。——译者注

召,保障一方,杀获功次,如例升赏。止属有司拊循,不许军职干预。

一、今边将遇警,不分众寡,惟事闭门。俟其大掠而回,徐图追蹑。或收拾弃余为夺获之数,或乞买首级为擒斩之功。传报寇警,以少作多,畏避贼锋,彼前我却,奸谋周上,积弊已深。是以黠虏轻视我军,肆行无忌,虽参赞、巡按等官得相纠举,然责任不专,玩忽如故。乞如旧制,仍命方正御史二员,特居军前,督军杀贼,纠察奸弊。

章下兵部,兵部认为:"镗所条列,俱中时弊,宜如议举行。但赏功之典,已有近例,败军之罚,如把总等官以下,退缩无勇者,听总兵、参赞以军法从事。而总兵等官,听巡按御史纠闻究治。督军杀贼,已有巡抚及参赞、都御史。又增御史督军,恐多掣肘。但乞敕遣二员随军纠察,以杜奸欺。"成化皇帝是二者之议,但遣御史督军之事则作罢。

郭镗继续奏道:

宁夏、灵州之地,土达错处,虏贼入掠之时,往往互相答问边情虚实,岂无漏泄?且其徒多贫乏,见外寇剽掠得利,岂无羡慕?乞敕有司加意抚恤,或多添军马,镇慑其心,或安置便地,以散其党,或收召豪勇,以尽其力,庶几防微杜渐之意。

…………

陕西边境,累岁用兵,士卒死于锋镝,不可胜计。此皆奋勇当先,忘身徇国之人,中间得与阵亡之赏者少,而摈弃不录者多。身膏草野而人，不知父母无依，而人不恤寡妻孤子，情事可怜。顷至庆阳，夜闻哭声满耳，问之于人，皆云多系前日师婆涧阵亡官军妻子，臣一闻之，不觉堕泪。况其同类，宁不感伤？然朝廷虽有存恤之典，行之既久，人以为常。乞令巡抚等官重加抚绥，务令得所。仍乞遣官，亲履边城，备勘累年阵亡将士名数，勿遗一人，尽收其骸骨，赐予一祭，非独以报死事，亦足以激劝众心。

对于这些建议，兵部认为："灵州军马数多，不必添置。土达安居已久，无事迁动，恐致他虞。宜行巡抚都御史徐廷章加意抚恤，其豪勇可用者，宜从招募施行。阵亡军士，理宜矜怜，乞行巡抚都御史余子俊审勘名数，抚恤其家，并收葬给祭。"成化皇帝从之。[22]

* * *

河套前线的诸多问题，仍需极大耗费明廷大量的时间和精力。赵辅因督战不力方从前线召回不久，又奉敕与王越、余子俊、马文升等讨论战守之策。

成化八年十二月十四日（1473年1月12日），赵辅奏道：

比奉敕，会同参赞、都御史王越，镇守总兵、巡抚等官余子俊、马文升等勘议所上攻守之策。及修筑沿边墙堡，皆以为搜套之计，用兵一十五万，姑以两月为期，共费粮料四十余万石，输运夫卒十一万有奇。深入虏境，事难万全，若精选从征军马，就粮内地，如庆阳、鄜州、延州、清涧等处，权宜退守，使虏进无所掠，退惧邀遮，事无大害。或可为其铲山筑墙，并修理铁角等城，用力不多，为计甚远。镇守等官奏欲动调人夫五万，优免徭役，支费官钱，俱乞允行。

兵部认为："赵辅等既覆议，以搜套为难，则向者乞兵十五万之言，欺诳可知。今乃以守为良，便欲量留军马，就粮内地，以省输运之劳。但比者传闻孛罗忽为小石所杀，乩加思兰顺何（河）亡走，傥此虏渡河而西，越至镇番，则甘凉必有侵轶之患。其甘凉调征军马，宜遣还操守，铲山筑墙及修铁角等城，众议既协，宜令及时兴举。"成化皇帝俱允之。[23]

成化九年（1473年）二月初九，因地方灾异，朝廷令各处上言献策。马文升因此上奏，陈御寇安民事宜。他奏道：

河套虏寇犯边，将及四载。今欲御之，方略有三：其一，远为哨探，遇虏将近花马池等边，我则通调各路军马捍御。但彼初来，其锋甚锐，况去边不远，彼兵方集，胜负难必，此下策也。其二，纵彼深入，示之以弱，待其还时，分布奋击，纵无大捷，亦无大失，此中策也。其三，及今虏马瘦弱之时，挈还各处客兵，驻于宁州、镇远、合水等处，以隐其形。俟彼入寇，则移往平凉、固原、静宁一带潜住，量留军马防守各堡。若虏至巩昌，离边已千余里，分掠则会兵击之，退走则纵兵邀之。又令宁夏军马于萌城一带，榆林等处军马于花马池、定边营一带，截其归路，此上策也。万一虏知有备，不肯深入，则分守守备之策，亦须讲求。盖我宿兵于边，供费日广，而虏常伺隙抢掠，反为以逸待劳。今宜效有宋缘边次边之制，省百姓转输之劳。以榆林等一带城堡为缘边，令见在重兵就粮防守。若虏来近边，则勿轻出，必其深入，乃合击之。以米脂、绥德、安定、保安、金汤、铁边、柔远、槐安、环县、庆阳、平凉、固原一带为次边，分布客兵，以时截杀。各处该运粮草，止于次边，使彼在边既无所掠，深入又多，失利必将渡河而去。纵不渡河，陕西军民亦可少息矣。

成化皇帝非常喜欢马文升的这份奏章，认为其"言多切事"，于是命各部参酌其言。[24]

事实上，从《明实录》中的各类记载可以看出，明廷确实在非常认真地应对来自河套方面的挑战。彼时，朝廷中最优秀的精英几乎都在这个问题上倾注了大量心血。二月二十七日，陕西纪功兵部郎中刘洪奏陈备边事宜，其中涉及不少边防薄弱环节，引起成化皇帝的注意。其奏曰：

一、延（安）、庆（阳）自清水营至永济堡，一千五百余里，险易相半，为营堡十有九。自永清堡至灵州所五百余里，俱平原沙漠，止有五营堡。其安边东、西三四十里，近参将岳嵩新设壕堑、陷阱，虏颇知惮。惟定边、花马池等处，墩台疏远，瞭望不及，馈运为难。宜及今虏马瘦弱，起自永清，直抵灵州，每一里半筑一墩，共为三百有奇。每墩下方十丈，上方六丈，高一丈五尺，上盖土房一间，四角用板遮护，剜为箭眼。墩中空处仿（岳）嵩之法，设为陷阱，筑墙浚壕，以渐修举。及观兴武一营，置于灵州、花马池之间，偏出东北境外，道路迂绕。今宜迁入，与二堡适中，并于二堡间各增一小堡，摘宁夏中卫守备西安官军就近防守。仍令宁夏总兵或副总兵一员，专于兴武营居中巡督。其永济堡以东至清水营，仿都御史余子俊法，傍险铲削。内凡系平旷川原，俱为里半一墩。但今陕西人民困苦已极，难再驱使，宜量摘各处客兵，与各堡官军兼工，修筑完日放回。

一、榆林兵少，久留各处客兵守之，本处兵因得互相推托，而客兵久留，又于人情不堪。今西安等府县民，多系云南、贵州军籍，累年清解，辄复脱逃，往往愿听榆林召募。而镇守等官不敢违例收领，乞暂许自首免罪，发榆林卫食粮操练。仍行原卫所，除其名籍，而以本地邻近布政司该发充军囚犯补之。又鄜州离边颇远，见存西安左等卫守备官军千余，坐费粮饷，宜暂调安边营操用。事宁之日，照例轮班。又延安等处土兵三千余名，分派各边营堡州县，止令府州县委官管领，无人操习，不堪调用。宜分送榆林、镇羌、安边三处操习。事宁之日，照旧放回。

一、延、庆临边军民，迁移边外，就地耕牧，往往招寇，宁死不避。宜令缘边各卫所、府州县差官会勘，量其多寡远近，择取险地，督令修筑寨堡。每寨堡推选众所信服者一人，免其本身差操，定为总甲，各备兵器，自相操演，从便战守。有功则照例升赏，所获财物，令自收用。如有失误，罪其总甲。

成化皇帝和兵部很赞赏刘洪的建议，因此刘洪的建议很快就得到执行。[25]

九月，新任总兵官刘聚和王越的"安边三策"陈言，则多少显得消极沮丧。他们奏道：

一、陕西要地，环、庆虏虽少，可犯固原，非拥众不敢深入。今虏出没河套，环、庆、庆阳及西安等三卫守备官军止有四千余，固原一带，则有甘、凉、靖虏等处官军、舍余、民壮共一万八千，颇足防守。若此虏及冬渡河而去，原调客兵可令各回本镇。但虏情谲诈，安保其不复来？今宜将陕西官军每年冬初分拨一千五百人，令都指挥康永率赴庆阳；一千五百人令都指挥张瑛率赴固原，并力防御，河开而返。固原既不设总兵，宜令陕西在城镇守官至冬往来提督练习，并调甘、凉下班临、巩、秦、平等卫官军并力截杀。其固原、环、庆，或挑筑壕墙，或铲削山崖，其靖虏接连宁夏黄河两岸，各修筑厄塞，使虏不得渡河，此则陕西安边之策也。

一、延绥沿边一带，各处官军、土兵轮班防守，以次归农，皆为常制。自孛罗忽等继入河套，彼时兵力寡弱，调集客兵，必以土军为向道传报，以此班满，不得归农。而马不给刍豆，士不给军器，以致马毙军疲。然陕西、山西、河南三处军民输给，已及四年，每年财力不下数百万，兼以旱涝相仍，瘟疫交作，死伤不可胜计。而粮草每告不足，推原其由，辽东、甘肃虏难犯边，而不能久驻，惟河套北有黄河可据，中有水草，利于放牧，南有人烟，便于虏掠，以是久居不去。今欲省民力，当于声息稍缓之时，大同游兵令于朔州等处操候；山西游兵原为延绥而设，令于灰沟营等处操候；宣府游兵又在临期相度事势调用。其东、西二路墩台迤南，俱有山险，先已役民五万铲削如城，以便防守，后因天旱，以巡按御史苏盛之言而止。然可责近效，又能经久，无如此举。又定边营、新兴堡、安边营、永济堡、毕家梁、镇靖堡，俱水苦且远，人马多病。内定边、新兴、安边、永济四营堡，虏易窥我虚实，军马难于出入。镇靖堡已奏准仍守塞门，其余四营堡，俱宜就险而守。移新兴堡于迤南海螺城，安边营于迤南中山坡，永济堡于迤南上红寺，回塞门却于迤北。白塔涧、海螺城、中山坡、上红寺多削山为城，白塔涧口就快滩河迤南之险，其河深有二三十丈，远有一百余里。事成之后，定边、新兴、安边、永济、宁塞、靖边、镇靖、龙州八营堡以守则固，以战则利。且令纳户就彼刍牧，可以省转输之费，此则延绥安边之策也。

一、宁夏三路俱当严守，东路平漫，尤为要害。其花马池、兴武二营为萌城、盐池、石沟一带藩篱，而灵州尤宁夏城喉襟，唇齿相赖。但二营孤悬沙漠，无险可据。今当自灵州之东，兴武之西，曰磁窑，又于兴武之东，花马之西，曰天池，各添筑一堡。二堡间仍筑墩四座，以便往来传报，供给刍粮，仍照前奏于灵州、兴武并螺山等处相度地形，斩崖挑堑，以绝贼路。若虏深入二营，止留步军守城，马队俱掣盐池、石沟等处，会合截杀。其盐池等塞，亦量展筑，积草储粮，以备军马按伏。西路则委州城，亦为要害。原守御旧籍庆府军余，宜别选军五百，委指挥一人统之，外御虏寇，内防奸宄，诚为经久之利。此则宁夏安边之策也。

兵部左侍郎李震等认为刘聚、王越之奏颇有可取之处，于是成化皇帝也同意其请求。[26]

不过与此同时，王越也给明廷带来了好消息：他率兵袭破虏营于红盐池。九月十二日，满都鲁、孛罗忽、乩加思兰"自河套出，分寇西路"。王越认为"遣兵往追，道远兵疲，必难取胜"，应"率轻兵捣其巢穴"。于是王越与总兵官许宁、游击将军周玉各率兵4600人，"从榆林红山儿出境，昼夜兼行百八十里，夕营于白咸滩北。又行一百五十里，探知虏贼老弱俱在红咸（盐）池，连营五十余里[①]，乃取弱马分布阵后，以张形势。精骑令许宁为左哨，周玉为右哨，又分兵千余，伏于他所，进距虏营二十余里。虏集众来拒，臣督诸将方战，伏兵忽从后呼噪进击，虏见腹背受敌，遂惊溃"。是役，明军擒斩敌人共355人，缴获驼、马、牛、羊、器械"不可胜计"，并"烧其庐帐而还"。成化皇帝非常高兴，专门赐敕褒奖王越。

为此，《明实录》中还专门加入了一段评议文字。其文曰：

> 河套在陕西黄河之南，自宁夏至山西偏头关，凡二千里。古有城池、屯堡，兵民耕牧其中。后以阔远难守，内徙而弃之。自是草木深茂，人迹罕到。天顺间，虏酋阿罗出入居之，时出劫掠。成化初，毛里孩、乩加思兰、孛罗忽、满都鲁继至，初犹去住不常，六年以后，始为久居计，深入诸郡，杀掠人畜，动辄数千百万，岁常四三入。边将拥兵坐视，

[①] "榆林在宁夏、大同中间，据此可知，红盐池大概在河套腹地，榆林以北数百公里。"此句原为正文，为使行文顺畅，改为注释。——译者注

第八章 成化时期——马不停蹄？疲于奔命？（1465—1487年） | 0423

或视其出而尾之，偶获所遗老弱，辄虚张以为斩获之数。甚者，杀良民为虏级，皆冒为功被，升赏无算。有败衄者，罪止降谪，且多宥之。尝三命大将朱永、赵辅、刘聚出征，王越常董其役，然大抵皆如边将所为耳，虏患由是日炽。用事者议搜河套，聚兵八万于边，预征陕西、河南、山西一岁刍粮数千百万以馈之。然莫敢当其责，皆以地阔事大为解。师老财屈，而外郡皆被残破，内郡亦且危急。至是，越始为是役，时三虏之精壮皆已四出，惟老弱在营，闻鼓炮声而馈（溃），我军邀其奔命不前者，斩获之以还。及三虏回见庐帐、畜产皆已荡尽，而妻孥亦多丧亡，相顾悲泣以去，由是不敢复居河套，其势顿衰。议者谓此捷自前所未尝有，越等虽频年玩寇，不得无罪，然能乘夜冒险，成此奇功，亦可嘉尚云。[27]

这段评议文字可谓振聋发聩。文字总结了河套地区有明以来的历史发展状况，介绍了王越此前所参加的数次"败绩"，最后才提到此役王越获胜的缘由。但我们也不禁发问，对胜利预期的赞歌在何处？讴歌明军将士的赞词又在哪里？在文字中，我们统统没有见到。似乎在字里行间，我们更多感受到撰者为明军屠戮毫无防备的妻孥老弱而感到羞耻。[28]

明军的行动远未止此。十一月初一，王越再次奏韦州之捷。他奏道，十月十一日，"孛罗忽、满都鲁、癿加思兰入寇韦州。臣方自境外破虏老营而还，宁夏、大同、宣府、延绥总兵等官范瑾、周贤、岳嵩俱率兵至韦州。适协守环庆金事左钲等兵来会，至红城儿，有二虏衣红，突攻右哨。游击将军緱谦、祝雄击退之。

已而复攻左哨，副总兵王玺及周贤就阵斩之。虏众夺气，众军乘之，呼声振地，虏散。复聚战十余合，大败而奔。弃辎重、军器满野"。十月十四日，"总兵官刘聚又邀败之于三岔"，斩首149级，夺回被掳男女1934人，马骡牛羊12.98万只，皮袄、盔甲、弓箭等物1610件。但成化皇帝在这次褒奖中显得更为理性谨慎。他敕谕王越道："得奏，具见尔等先时运谋，临时奋勇，故能成此克捷之功。但虏贼二万余入境，所夺回人口头畜止此？未夺回者不知几何？今后须从长计议，用何方略，使虏贼畏惧，不来犯边，虽来不敢深入，庶几生民免蹂躏之患。尔等不负寄托之重，而朕亦用纾西顾之忧。勉之慎之。"²⁹

或许，成化皇帝应该更为乐观。事实证明，韦州之捷以及红盐池的袭杀，使明军在河套方面获得了几年的休整喘息之机，而前述余子俊等所倡议的沿边铲削山体，建筑城墙的方案也得以稳定开展。用不了多久，这一行动就能将陕西与草原世界隔绝开来。

与此同时，明廷也开始着手治理军队的腐败问题。陕西纪功兵部员外郎张谨指出奏捷中往往掺杂虚假的成分。他奏道：

> 韦州之捷，臣验所献俘馘，多不似胡人面目，而女妇、儿童颇众。因访：虏初入寇，营阵甚整，总兵刘聚、都御史马文升、副总兵马仪、参将赵顺等伺其大众既去，袭其余贼，斩获多不实者。时总兵范瑾，副总兵王玺，参将岳嵩，游击将军祝雄、缑谦，都督佥事周贤按兵不出，佥事左钰、都指挥刘琮自萌城来，值虏突战，瑾等见钰被围，不得已出兵往援，惟嵩、贤军颇有斩获。虏见兵合，乃弃所掠而去。时被掠者，多以冻伤不能走，随处休憩，官军四散寻杀之，

第八章 成化时期——马不停蹄？疲于奔命？（1465—1487年）| 0425

以为首功。三岔之战，我军被伤数多，而不获一虏。及聚等至，虏以出境，又纵其下搜山寻杀被掠逃回者以为功。行道相传，痛心流涕，都督白玉抱病不出，都御史徐廷璋、余子俊不亲督阵，又不举劾。王越在红盐池劫营还，辄为具奏。总兵官许宁、游击将军周玉亦以劫营在边屯驻，俱宜究治。

而兵部却为许多涉事者找到开脱罪责的理由。兵部复议曰："荼毒之患，甚于剽掠。上逆天道，下咈人心，非痛加惩治，无以示戒。惟岳嵩斩首是实，王玺、左钰未报功策，白玉、徐廷璋有疾，许宁、（周）玉俱在延绥防守，余子俊方修治边墙，难于概治。"于是成化皇帝命工科给事中韩文前往前线，"体勘明白"，再行回报。

经此一役，固原作为明军西北防御体系中新的中心点，登上了历史舞台。成化皇帝则命王越专居固原，总督诸路军马。[30]

* * *

成化十年（1474年）二月十八日，分守独石、马营等处参将都指挥使李刚奏："虏性狡猾，或于迤东入贡，则在迤西犯边，种类繁多，真伪莫办。朵颜等三卫，尤为桀黠，往往探我军之虚实，为诸胡之乡导。且其巢穴密迩独石，不可不虑。欲俟其复来答话之时，乘机擒捕，以破其奸。又边民之被虏者，得睹官军，幸其救援，如见父母，而官军临阵追奔之际，顾乃杀以报功，乞严加禁制，凡将士有此，罪及身家。"但兵部毫不客气地指出：

"刚等不能临阵破贼，徒欲诱致答话之人，恐启边衅。宜令宣府镇守、巡抚等官会议可否，及将士临阵有杀掠陷虏之人以为功者，宜通行各边镇守、总兵、巡抚等官，重加禁止。"[31]

是月，韩文自庆阳调查归来，奏曰：

> 命辨验纪功郎中张谨所劾总兵官刘聚奏报首功之数，其问斩获贼首才十九级，其余疑似难辨者十九级，幼男女妇者一百一十五级，皆为虏所系累，出境冻馁弃余之人。惟副总兵马仪、参将岳嵩等所报不妄。余若总兵官刘聚、范瑾，游击将军祝雄、缑谦，都督周贤，指挥刘琮，都御史马文升等，所报多虚少实。雄等有全虚者，窃见此举乘机妄杀，饕冒功赏，行道闻之，痛心流涕。诚有如张谨所言，刘聚、马文升敢相朋比，互遣其子刘祥、马琦奏捷希宠。左都御史王越，职居总制，幸胜邀功；左副都御史余子俊，事出遥闻，附众罔上，后知事觉，奏饰其非。及张谨参奏之数不同，亦当有罪。

成化皇帝同意其奏议，并道：

> 此曹滥杀妄报功次，本宜重罪，但今虏贼既遁，不为无功。总兵、参将、巡抚等官，姑宥其罪，报功得实者，许如例升赏，疑似难辨者，不准亦不问。杀幼男女妇者免逮问，俱调发边远，立功哨瞭五年。内马文升、祝雄、缑谦、刘琮部下所报全虚，范瑾部下虚多者，仍俱停俸半年。文升、琮停俸三月，张谨不必问。[32]

对于明军而言，韦州之捷到底算大获全胜还是局部小胜？从史料看，鞑靼人此次袭击范围极广，破坏性也非常强。成化十年（1474年）六月，巡按陕西的御史们奏称，"秦州、安定、会宁、通渭、秦安、陇西、宁远、伏羌、清水九州县俱被寇，而通渭、秦安尤甚"，鞑靼人的入侵造成了极为惨重的损失，总计杀掠男妇3364人，掳掠牲畜16.53万余只，焚毁屋庐4620余间，食践烧毁收贮谷麦等36.76万余束。"时（傅）泰、（雷）泽以兵千九百八十人守备会宁，（陈）溥及肃府仪卫正曹珍，指挥徐昇、宴彬千五百人守备安定，指挥洪寿以兵三百人守备通渭，百户陈海、镇抚蒋彪以兵三百余人守备秦安，皆不能防御，失机贻患，俱宜罪之。"同样地，成化皇帝只以停俸一年的方式进行惩罚。[33]

但不管怎样，韦州之捷和红盐池的杀戮确实已经重创鞑靼人的后方，因此他们不得不越过黄河，离开河套地区，而重新在广漠草原中安置自己的营地。

据抚宁侯朱永奏：

往年，虏酋孛罗忽、乜加思兰久居河套，为我边患。近虽过河，累寇大同，既知有备，却又东行。今永平、辽东等处节有警报，臣虑古北、喜峰等口密迩京师，往年虏人来朝，出入于此，熟知道路，恐其纠合丑类，由此入寇，不可不预为防范。先时，简选精锐官军十二万，分为十二营，今事故外，实有十万六千五百余人。内有两班工作六万四千余人，下场牧马二万五千余人，见在营者止一万七千五百。其工作者，劳役已疲，牧马者，星散难集，恐猝然有警，何以调发。且调发军马，粮草为先，乞命户、兵二部，预为计画，庶几有备无患。

兵部解释了其中某些工程的需要，而成化皇帝看过他们的奏议后，只是平静地要求"修浚城壕，亦为要务，俟工毕，即还操练"。[34]

不久后，乩加思兰一度袭击宣府，兵锋南向，但很快又掉头北遁。起码在明军看来，乩加思兰的行动轨迹是这样。因为游牧骑兵一旦回到草原深处，其行迹就难以追踪。当然，也有其他陆陆续续的边关奏报。守备偏头关都指挥使戴广奏："十月上旬以来，瞭见境外烟火非一。"朵颜卫使臣又传报："满都鲁、孛罗忽西行进川，乩加思兰则往东胜境上。"基于此，兵部右侍郎滕昭等言："乩加思兰实引丑类，在彼屯聚。况朔州抵偏头关，地方散漫，恐乘虚而入，不可不虑。而河套乃此虏久处之所，甘凉迤西亦其故巢。今河冰已合，皆所当备。"成化皇帝深以为然。但很快，成化十年十二月（1475年1月），明军边防又开始受到骚扰。来者不能确定是乩加思兰抑或其他部落，于是兵部右侍郎滕昭奏言：

> 乩加思兰潜于河套，构患边方，顷始渡河北遁，吾民稍有息肩之渐，而延绥宁夏累有警报，必此虏复入，以图寇钞。虽数行守臣御之，然建其大入，始为之谋，则缓不及事。宜敕谕延绥、宁夏镇守巡抚、总兵等官严督参属，加意防范，仍遣侦卒察其入寇丑类，果乩加思兰与否或是其余党。仍宜敕谕陕西镇守巡抚等官，令预为计议。若虏已在套，宜令都督白玘、都御史马文升量调官兵，往屯固原、环、庆，会同参将赵顺运谋据险，有警则并力图功。仍行偏头关、代

州等处镇守、守备等官，各饬兵堤备。又行大同守臣，令遣游击将军缑谦统领游兵于大同右卫境上屯聚。行宣府守臣，令遣游击将军周玉整兵，以备警调。[35]

* * *

新的燎原之势似乎开始在草原上蔓延，也许，一个新的草原政权正在形成中。成化十一年（1475年）七月，迤北房酋满都鲁等，遣使臣桶哈、阿剌忽平章等男女计1750余人，备马进贡，前至大同。但成化皇帝只允许其中500人来京，其所贡之马也只拣选良马入贡，其余则交给边军操练。后来，迫于满都鲁的压力，朵颜三卫之人不得不避其锋芒，潜避明边。为此，朵颜三卫酋首援引旧例，请求明朝于辽东广宁开放马市。但兵部不愿意开放马市，兵部认为："此房为北房满都鲁所驱，离彼巢穴，潜避近边，故欲求市易，以济其急。宜令（杨）信等谕以不可，且俾还故地。"成化皇帝认为明军可以保护朵颜三卫，但不能开放马市。他说："马市久罢不许，果彼为北房所迫，暂令于近边三四百里外屯驻，房退，即还故地。"到了秋天，明廷听闻满都鲁"僭立名号，吞并别部，驱散朵颜三卫"，明廷担心，朵颜三卫"设或被其逼从，为之向导，遗患非小"。为此，成化皇帝敕谕英国公张懋等曰："尔等其悉心训练官军，仍会议军中因革事宜，奏闻区处。"张懋请于各营内抽拨马、步兵精锐者，不时训练，官府添给养马费用，成化皇帝同意其请求。[36]

成化十二年（1476年）四月，明廷终于得到确切消息。据监察御史薛为学奏,满都鲁自称可汗,乩加思兰亦自称太师。这不是一个好信号,毫无疑问,这些称号意味着草原方面再次掀起帝国重建的风潮。为此,成化皇帝命文武大臣集议此事。于是,兵部会文武大臣及科道等官、英国公张懋等一同讨论薛为学所奏之事。经过合议,兵部以及众官员认为,当务之急是如何让边境各地的将官有效地联合呼应,遐迩一体,共同御敌:

> 大同、宣府、独石、马营、龙门并山西朔州、偏头、代州,辽东广宁、开原、辽阳等处,俱临边境,北虏各部人马自去岁进贡之后,远离边墙,恐有奸计。沿边将官多拥兵自卫,互相推托,难以责成。宜令各边镇守、总兵、巡抚等官定议,如偏头有警,延绥东路、大同西路虽非统属,必须策应。朔州、威远、代州有警,偏头、宁武南路、宣府中路虽非管摄,随当掩袭。大同、宣府,辽东广宁、辽阳、开原有警,本处左右前后副参等官互相邀截,即将出城人马总数及将官职名奏闻。又山西繁兴、岢岚等处,切近朔州,辽东海盖、金复等处,逼近辽阳,恐虏众纠合三卫,沿边窃掠,无有所得,必驻营要地,散入各境。宜令代州、宁武、辽阳等处镇守、总兵、守备等官,严督操练,使随处有备,庶免后艰。

成化皇帝从其议,而户部随后也给出了非常详细的边防军需供应方案。[37]

一个至关重要的战略问题就此浮现。左参将署都督佥事李刚指出,鞑靼人内部并不团结,他们的统一只是维持在表面,实则"乌合之势,外附内疑"。据此,李刚提出自己的建议:"北虏结构犯边,阴谋已久,招诱朵颜,以为向道……宜觇其入寇之时,预施反间之计,故为与朵颜密约之辞,广布于虏所经行之地,云将诱令入境,反兵相攻,马牛辎重,随所取获,庶或携贰其心,分散其党。"随后,李刚又谈到自己对边防的看法:"朵颜巢穴,俱在迤东,避其侵掠,必引而西,恐大同、宣府受敌最先。然其地与京师声势连络,贼乘锐锋,利于速战,我军慎勿轻出,沿边坚壁以伺。彼进不得逞,退无所掠,众难久合,势必渐分。然后诸军掎角攻剿,一军克捷,众必惊奔。彼如决意内侵,然后大军鼓勇,以当其前,边兵合势,以邀其后,使之首尾受敌,进退两难。"针对李刚的意见,兵部却认为使用诈术有损国体。兵部称:"刚所言用间之术,固兵法所有,但朝廷抚驭四夷,怀远以仁,伐叛以义,不用他道,以幸成功。且兵家所慎,莫密于间。今窃恐机事先露,宜行刚等临机应变,勿堕其奸。且虑虏众入寇,内外夹攻,其计良是,但军中事情,开阖变化难于预言,宜俟临期酌量缓急,具闻区画。"[38]成化皇帝同意了兵部的意见。

在这里,我们再次看到了明朝将自己置于道德制高点的言行。在一系列史料梳理中,我们发现在相当长一段时间内,明朝已经很少在战争中再提及"仁义道德",但现在它再度出现。在明廷看来,彻底打倒(或称感化)敌人的方法,当是以仁义之心怀柔远人,这超越了任何因军事需要所采取的合理手段。有趣的是,"正义化身"的明朝,在应对自身防御和供应系统中严重且持久的腐败和衰退时,已经捉襟见肘。

明军的边防供应确实已经到了一个危险的临界值。太子少保、吏部尚书兼文渊阁大学士商辂提到辽东边防可能存在的漏洞。他说:"辽东并山海关一带,密迩京师。往年,朵颜三卫为我藩篱，今俱被满都鲁等服属，倘为彼乡导，犯我边陲，则京师不得安枕。况自居庸迤南至紫荆等关口，尤为京师屏蔽。虽岁有御史点闸，然承平日久，未免忽略，宜命兵部推选历练老成官，会同各处总兵、巡抚、守备等官，蚤为处分，庶不至缓不及事。"成化皇帝同意其意见，命边防将领及相关部门关注防御体系更新之事。巡按直隶监察御史魏景钊也奏道："近闻迤北虏酋满都鲁等久屯境外，万一拥众来侵，无以制驭。今居庸东、西关隘，军马既缺，而粮草亦少，如黄花镇与白羊口、倒马关，俱无积蓄。紫荆关虽云有草，而浥烂者多，于今无事，尚为不足，设有警急，何以为备？请敕户部计议。"户部商议后，提出了应对方案："古北与密云县仓、居庸与昌平县仓俱相近，且密迩京师。若紫荆、倒马等关，则皆内地，又与易州、涿州、良乡等仓相近。设若行军，犹可给济，惟白羊口、黄花镇，先有积蓄，近以出军不由此地，故至腐烂，自后会计者少。今请移文顺天府，令如所奏上纳各仓，以备供给。如粮少，则于昌平、居庸、隆庆仓支给。"成化皇帝批准了户部的方案。[39]

蓟州等处总兵官、右都督冯宗亦奏道，蓟州沿边关堡官军，旧额2.98万余人，现今逃脱者已超过3000人，"无可调补"，因此"乞行法司问拟谪戍囚徒量充三五百人，及云南、两广逃避军役之人，潜住境内，乞容招集收用"；此外，喜峰口、罗文谷、黄崖口、刘家口、石门子、一片石、桃林口等关隘，"俱系通寇要路，官军防守不周，欲选所属军卫、有司舍余民壮，编伍教练，御冬协守，春深放免"。兵部议奏之后，成化皇帝同意冯宗的大多数意见。[40]

但在不久之后，就有被俘的鞑靼人透露，北虏之间自相仇杀,满都鲁与乩加思兰杀孛罗忽及满都知院、猛可等三人。兵部认为,如其所言不假,则满都鲁等必无南侵犯边之举。但若是虚言,"恐各边守将风闻是言,遽生怠心,废弛边防"。[41]

成化十三年(1477年)九月,镇守辽东太监叶达奏:"朵颜三卫虏骑远去,恐从西北大虏为患。"为此,兵部右侍郎马文升、英国公张懋等议:"乩加思兰旧居土鲁番迤西,成化六年始入黄河套,与阿罗出各相雄长,时来寇我陕西。其后渡河而东,时寇宣府、大同。今满都鲁既僭号可汗,乩加思兰复伪称太师,声势渐张,鼠窃狗盗,彼决不为。即今边陲,可保无事,但数年之后,吞并部落,其忧方深耳。乞戒敕边臣勿以时无寇盗,废弛武备。"成化皇帝认可这一建议。[42]

协守偏头、雁门等关的山西按察司副使蔡麟奉敕言备边事:

> 偏头关僻在穷荒,三面受敌,而镇西、岢岚等处军民畜牧布野,招寇召衅,臣欲相度地里,择其高阜险隘,或十里、二十里筑立团堡,凿堑置桥,一闻有警,驱人畜入堡。虏虽来寇,将无所掠,此不战而胜之之道也。又胡虏技艺虽便于骑射,而谋略终下于汉人,莫若以计破之,昼则望其尘,夜则望其火,迨其入寇,清野以待,而设伏要路,多张疑兵,使彼恍惚,莫知所之。或安静以老之,或示弱以骄之,然后掩其不备,捣其虚懈,马步并进,首尾夹击,所谓贱战贵谋者也。又北虏入寇,必以中国被虏之人为乡导,临敌之际,必令当先,我军杀伤多中国之人,宜于胡人经行要路立牌时谕,若有汉人被虏,能弃甲来归,或斩首来献,或密报虏情者,重加官赏,亦足以疑其心而分其势矣。

这次，成化皇帝和兵部均同意其建议。[43]

成化十四年（1478年）七月，已任兵部尚书的余子俊从宣府降虏口中得知虏中情报，于是上报成化皇帝：

> 虏酋满都鲁、乩加思兰等事情不一，缘此虏占据河套，退遁未久，又与瓦剌干失帖木儿、猛该（可）等仇敌远处沙漠，亦非本心。今闻孛罗忽已为乩加思兰所杀，干失帖木儿已死，则其所部不附猛该，必奔满都鲁、乩加思兰。今朵颜三卫从之者半，而又役属他种精兵万余，党众僭号，亦势所必至。今传闻二酋有衅，固为中国之利，若彼或连和入寇，分钞诸边，则戍兵不能互救，而京军远不可致，纵使调发，而战马瘦弱，衣粮无备，重为可虑。宜移文各边守将，及京营提督重臣，画谋防御，勿谓事出传闻，不以为意。[44]

而事实上，至是年秋，宣府、大同方面已经累遭袭击长达数月之久了。

此后，到了成化十五年（1479年）五月，福余卫都指挥扭歹奏报明廷，乩加思兰为其族弟亦思马因所杀。《明实录》在此处梳理了一段乩加思兰简短的传记：

> 乩加思兰，虏酋之桀黠者，有智术，善用兵。其初部下止三四百人，在迤西土鲁番地面往来抢掠，西域贡使多苦之。天顺间，遣使赍敕书赏赐招抚，乃移近哈密城外巴儿思渴地方住扎，自是渐犯边。成化初，入黄河套，与孛鲁忽、满都鲁、猛可、斡罗出等棋会榆林，边患从此起。既而

同孛鲁忽,将猛可并其头目杀死。斡罗出觉而避之,乩加思兰乃与众商议,欲立孛鲁忽太子为可汗,而以己女妻之,因立己为太师。孛鲁忽不敢当,让其叔满都鲁,乩加思兰乃以女妻满都鲁,而立为可汗,己为太师,有众数万,由是调度进止,惟其所命。居数年,满都鲁部下大头目脱罗干等不分(忿),与亦思马因谋杀之,遂立亦思马因为太师。亦思马因者,其父毛那(里)孩,曾为太师,故众心归之也。[45]

对明廷而言,这一消息是否利好?如果消息准确,那么它展示出了大草原上精英阶层之间最直观的权力谱系图。至于乩加思兰、毛里孩、亦思马因是什么民族人氏,我们从其姓名,推测其可能是畏兀儿人。

* * *

成化十五年(1479年)七月,由于大同、宣府和辽东屡遭袭击,成化皇帝认为满都鲁等可能有大举入侵之嫌,于是派宦官汪直行边探望军情。汪直,广西大藤峡瑶族人,和王振[①]同为明代权宦,手段残忍,生性好斗,是明朝特务机构西厂第一任厂公。由于成化皇帝的专宠,汪直得以受某些大臣支持,如余子俊、王

[①] 原著提到,王振卒于土木堡,与汪直没有关系(no relation)。之所以特地点明二人之间没有关系,是因为在英文里,王、汪均作Wang,英文读者可能会产生混淆,特此说明。——译者注

越等，但更多的臣僚对他敬而远之。[46]

明廷决定变被动为主动，采取积极的军事攻势。成化十六年（1480年）正月十六日，成化皇帝命太监汪直监督军务，兵部尚书王越提督军务，保国公朱永佩平虏将军印、充总兵官，率京兵万人赴延绥抵御虏寇。

然而，这一决定引起了争议。时镇守延绥太监张遐奏，"传闻虏贼拥众渡河，潜图入寇"。但巡按陕西监察御史徐舟认为，虏贼可能会撤出河套："靖虏等处虏贼入境，但今河冰将解，宜速遣人觇其去留，倘此虏尚留河套，乞下廷臣杂议战守机宜闻奏。"兵部、内阁中也有人认为："今新正已半，虏未见动静，虽防患预图，但当戒饬沿边将官，俾各慎固封守。贼至，并力捍御而已，未可轻易用兵也。"而余子俊能当上兵部尚书，与汪直的举荐不无关系，因此，当他探知汪直的心意时，他便不敢违拒，于是明面上奏请会官廷议，实则已经暗自默许了这一行动。他说："往时，各边有警，朝廷命将出师，多因整治什物迁延，以致缓不及事。今宜议定，早为措置。"最终，廷议认为应当出师，于是有了上述成化皇帝的任命。此后，成化皇帝又命宣府副总兵江山，游击将军阎斌，大同参将周玺，游击将军李镐，偏头关分守、都指挥支玉，宁夏总兵官神英，靖虏、固原参将田广，甘肃副总兵康永，协副总兵李俊，陕西署都督同知白圮，各领所部边兵共3万人，赴延绥听调待命。在战马和饷银都很匮乏的情况下，这样大的军事行动无疑成本巨大。[47]

尽管朝臣存在分歧，实际行动中也存在种种客观障碍，但军事攻势仍然展开了。成化十六年（1480年）三月初六，前线威宁海子方面传来捷音。汪直等奏道，二月二十二日，京营、大同、宣府官军2.1万人,"出自孤店关,夜行昼伏",于二十七日抵达猫儿庄,之后"分为数道。值大风雨雪,天地昏暗,急趣(趋)前进。黎明,去威宁海子不数里,虏犹不觉,因纵兵掩杀"。是役,明军生擒幼男妇女171人,斩首437级,缴获旗纛12面,马1085匹,驼31头,牛176头,羊5100只,盔甲、弓箭、皮袄等1万余件。这一切,看起来很像七年前王越进攻红盐池时的重演。

但是,延绥出征一事,可谓王越一手操持,是彻头彻尾的骗局。王越希望自己能像朱永一样获得封爵而显贵,但事出无由。恰好此时传有边警,于是王越便唆使汪直请命出师,自与汪直率军由宣府、大同往榆林,又于半途劫杀威宁海子的鞑靼人。事实上,住在威宁海子的鞑靼人对明朝无害,且多老弱病残,丝毫没有防备明军会对其进行的屠戮。而为了独揽战功,王越又与汪直一道,派朱永另路出击,是以此役之功,与朱永无关。王越最终如愿以偿,得封爵威宁伯,是为数不多在将班里步入勋贵序列的文臣。①《明实录》的记载似乎也无意质疑这一越轨行为是否属实,而更多地想强调这一行为是否具有必要性。[48]

但是,虏势并无丝毫减弱。成化十七年(1481年)五月,巡抚山西都御史何乔新奏请明廷,禁止边民随意出境:"缘边军民,

---

① 据《明宪宗实录》卷201,原文如下:"越既贵显,欲得封爵而无名。会有边警,遽嗾直出师。比命下,越恶保国公朱永先征建州,不为已地,又闻河套有虏潜住,河开则移于威宁,乃以计绐直,奏令永率大军由南路,己与直将轻骑由宣府、大同往会于榆林。既至大同,闻有虏营在威宁海子,劫之可树勋以自固,乃说直尽调两镇劲兵,冒险袭击。时威宁虏自以不为寇,不虞官军之至,壮者仓卒,或裸体得马而避,老弱者多被杀掠。而直等乃以大捷闻,永独不与,盖有自云。"——译者注

往往潜出境外，伐木捕兽，猝遇虏寇，多被拘执，考问虚实，其人冀得免死，不复隐情，虏遂用为乡导，侵犯边境。设有桀黠不逞……其计谋扰我疆场，其为边患，可胜言哉！"为此，何乔新建议应"严立禁防，犯者问拟如律"，"仍奏请处治其守城把关之人，知情故纵及该管里老、官旗人等，俱谪发烟瘴地方。领军、守备等官并都指挥、指挥犯者，亦复奏请，有能捕获者，给赏犯人财产，庶奸顽知警，而边防益严也"。成化皇帝从之。[49]

不久，成化皇帝又命汪直监督军务，王越佩平胡将军印、充总兵官，率兵三千赴宣府"调度击贼"。当时，独石方面刚刚受到鞑靼人的袭击，参将吴俨率兵出击追敌，直至日暮也未能归还。但在汪直、王越尚未出征之前，有逃归者报称："虏酋亦思马因等窃议，与小王子①连兵，欲寇大同等边。"[50]收到此情报后，明廷决定取消此前的出征计划，而改令汪直、王越"量率轻骑"，加入另一场防御战中，与宣府总兵官周玉等合兵攻剿来犯之敌。数日后，成化皇帝改派太监刘恒监督军务，保国公朱永佩平虏将军印、充总兵官，与其他各将率兵一万，兵分两路，准备启程支援边防前线。

又过数日，汪直等率军至怀来，奏道："宣府西路虏骑千余入境杀掠，参将孙素等战却之。"到了十一月，汪直、王越乞班师。他们奏称："臣到宣府分兵要守害，虏知有备遁去，近边无复烽火。士马久在边，坐耗刍饷，宜班师还京，如有警，则兼程

---

① "此处的'小王子'，应当是孛儿只斤·巴图孟克，即达延汗。他是历史上非常有名的黄金家族后裔。这是他首次被载入《明实录》中。"此句原为正文，为使行文顺畅，改为注释。——译者注

第八章 成化时期——马不停蹄？疲于奔命？（1465—1487年）

往赴之。"但成化皇帝不准他们班师回朝。成化皇帝降旨给汪直等："今冬月，正当堤备，直等且不必回。京营官军，宜于有粮草处暂驻。大同、宣府预备粮饷，户部区画以闻。"汪直等又上奏请求班师，兵部尚书陈钺亦拟同意汪直所请，恰在此时，巡抚宣府都御史秦纮又称有虏寇窥边，成化皇帝非常生气，斥责陈钺等不以边务为重。[51]

成化十八年（1482年）闰八月，朵颜卫革克台来降，告知了一些草原方面的情报："北虏亦思马因，与三卫阿儿乞蛮等，彼此劫夺，既而互相媾和，欲至我边抄掠。"成化皇帝告诫兵部官员："亦思马因纠众沙漠，雄长诸部，日夜谋画，欲来犯边久矣。比复与朵颜三卫解仇结党，其志非小。秋高马肥，入寇之事，难保其无，纵彼不资他人兵力，彼独不能寇乎？其勿以传闻之言为不可信，宜戒缘边守臣，务相严谨兵备，无或少怠，堕其计中，以自取失律之罪。"在这里，我们看到，成化皇帝在国防事务中扮演着越来越积极的角色。[52]

与此同时，辽东方面，亦思马因为小王子所败，其家小被朵颜三卫带到海西女真贩卖，以交易兵器。此事为巡抚都御史王宗彝等辽东官员所知，因此他们决定沿途买下这些准备跟海西女真人交易的人口，并献至朝廷以为俘。王宗彝等奏道："马市之设，正欲革海西与三卫互市之弊，今若使其得以人口易军器，而不豫为杜绝，他日必将纠合，以为边害。乃遣译谕之，凡携幼稚来市者，倍偿其直。至是，以所市男女九人来献兵部，请如降虏处之。俟其长，遣置两广。"成化皇帝同意其主张，但认为不必将所买男女遣来作为俘虏，而直接将他们分赐予司礼监太监怀恩等人。[53]

鞑靼人仍持续小规模地骚扰着明朝边防线。汪直等驰奏："有自虏中逸归者传报，北虏小王子欲纠率部落，大举复仇，恐众寡不敌。"汪直请求将其"旧所统达官头目都督卢深等千一百人，兼程赴援"。但或许此时汪直的影响力已没有以前那么高了，这一次，兵部持反对意见。兵部称："时方盛暑，师难久成。计大同各边士马数及四万，使内外守臣，勠力齐心，兵亦足用。直所请姑勿许。"成化皇帝同意兵部的意见，他敕谕汪直："今虏贼沿边住牧，必有入寇之举，防御之计，不可少缓。尔等宜照前敕定，委副参、游击等官统领原选官军，尝时操习。仍严饬沿边官军，用心了探，如虏入寇，即分路截杀，尔等须发兵策应，不许坐视。倘在宣府交界之处，急须移兵，并力攻剿，亦不许自分，彼此推调，重取罪愆。如贼众军少，则驰奏区处。尔等其钦承毋忽。"①54

实际上，上述对话还意味着权势熏天、傲慢欺人的汪直快要走到其政治生涯的尽头。想必，他的心里充满了各种怨恨，但个中复杂情况则无法在此一一展开叙述。成化十九年（1483年）六月十四日，汪直被贬南京，从此在明朝朝野上再无作为。55

小王子方面加紧了南侵的步伐，大兵压至大同。大同总兵官、都督同知许宁充满忧虑地向明廷上奏他所面临的窘境："比得降

---

① 原著在这里提到成化皇帝要求汪直将注意力集中在更番赴工的京军5.2万人，以及暂且替换下班的其余2.46万人身上，理由是宣府地区很快就需要这些军队。但核《明实录》原文，成化皇帝给汪直的敕谕如上文，并无相关言语。而在上述引文日期之前三月，有保国公朱永的奏议，道："团练见军共九万三千四百有奇，各处更番赴工者五万二千，下场者二万四千六百，操练者仅一万六千七百而已。劳役频繁，不遑蓄锐，且马亦散牧远郊，一有警急，卒难调集。"以此观之，作者转引此处文献时，当有错误。——译者注

虏言,虏酋小王子等拥众近边,密遣人觇入寇之路。及大同东、中、西三路,俱有虏报,恐地方广漫,兵力不足。乞调延绥官军五千,协同战守"。成化十九年(1483年)七月宣府总兵官周玉,巡抚都御史秦纮等亦驰奏,当月十三日,"准大同总兵官许宁等报,煤峪口等处虏贼万余,越山而南,大肆劫掠。宁等督兵与战数合。比暮,敛兵相持,翌日,虏复以三万余骑突至,与之鏖战二昼夜,胜负未决。臣等据报随调副将江山等将兵应援,仍行缘边有警之处,分守守备等官各领屯兵战守。臣玉、臣纮则分驻于万全左、右,以节制之"。成化皇帝非常重视此次征伐。他答复道:"昨大同报虏拥众入境,已遣人驰视。今宣府警报复至,可见虏势猖獗无疑矣。京军若复待报启行,恐缓不及事,其令马俊率所统兵兼程而进,务必合势奋击,以图成功,毋或迟缓误事。"

随后,许宁亦奏,七月十一日,小王子"率三万余骑寇边,东西连营五十余里。我军仅万余,而宣府、延绥援兵未至,遂部分诸将以御之"。两天后,"虏缘山而南,入我内地,即遣左参将刘宁、游击将军董昇督兵先发,臣等将兵四千,分为三哨继进。行至毛家皂,宁、昇猝与虏遇,臣等方督兵驰赴,而前锋都指挥张钺、杨彪等已与虏战于灰河。寻遣都指挥刘江、王荣、李文泰等应援,连战数合,日暮于夏米庄、窦家坊村按兵。虏复聚攻,围钺、彪。至晓,臣等乃先设伏截其归路,遂扬兵西北,虏见尘起,相顾骇愕,而周玺等复鼓勇向之,虏遂奔北,尽弃所获而去。复为参将庄鉴、少监陆闾等据险邀击,虏惊溃,还走出境,计连战二日一夜"。是役明军生擒1人,斩首17级,缴获马54匹,衣甲、弓箭等物970余件,夺回牲畜1.66万余只。明军损失亦甚惨重,阵亡586人,伤1111人,损失战马1070匹。

明军取胜了吗？我们知道，许宁一向以正直诚实闻名，其统帅能力亦有目共睹。如果这场战争是一场胜仗，那么，明代的史官们想必应当大书特书。但是，《明实录》的记载显得模棱两可。一方面，《明实录》记载了成化皇帝的褒奖之辞；另一方面，编纂《明实录》的史官们却认为，"宁等此时兵败失利，乃更以捷闻，词多掩饰，朝廷一时未究其详，故降敕云尔"。[56]

在这段时间里，小王子似乎已经解决了亦思马因和其他潜在对手，可以说，时隔多年，小王子再次为成吉思汗黄金家族取得荣光。至少，他在形式上完成了对蒙古诸部的统一，且在强势的瓦剌太师克失（又作克舍）的辅佐下，渐次成为大草原上的主要角色。他计划对明朝边防线进行一系列冷血无情的袭击，其中最主要的是在宣大地区。对他而言，"小王子"这一称号显得十分贴切，这大概是他年轻时的一个绰号，但明朝的史官在记载中一直沿用着它，直到1517年他去世，也从不称他为"巴图孟克"或"达延汗"。

七月二十九日，成化皇帝命保国公朱永佩镇朔大将军印、充总兵官，"兵出大同征虏"。朱永奏道："虏若散漫劫掠，必资轻骑追剿；若聚众迎敌，必籍步军障援，请益步军一万以行。"但成化皇帝最终只增派了5000名步兵给他。[57]

八月初，大同总兵官许宁奏称"虏贼复拥众犯边"，成化皇帝与兵部讨论后，于宣府、大同、居庸关、古北口等处沿边增派兵力布防。而紫荆关与大同之间相距四百里左右①，是扼守京师的

---

① 原著称紫荆关与大同相距百里。《明实录》记："守备紫荆关内官郭聪等奏：'本关距大同、宣府四百余里'。"——译者注

咽喉要冲，故兵部尚书张鹏决定优先向那里增援部署。同一时间，巡抚山西右佥都御史边镛驰奏："虏贼深入浑源、朔州等境肆行剽掠，而雁门等三关与之密迩，虏或拥众南侵，恐士马不足捍御。请调京营官军应援。"兵部认为京军被抽调协防诸边的数量已经很多，不宜再派出兵力，于是令"朱永倍道进兵击之"，同时令"延绥东路参将郭镛，将所部精兵二千驰赴山西应援"。此时由于"虏乘胜入境抢掠"，声势大振，雁门关外"烟火蔽川、炮声连接"，战火已蔓延至紫荆关，因此边民多感到害怕而逃窜至真定、保定，于是兵部又令边关军民与郭镛等协力据守，不许退避。[58]

八月十二日，巡抚宣府右佥都御史秦纮等驰奏：八月初三，"镇西台、西河台等处虏贼六千余骑散入内地剽掠，蹂躏田禾，总兵官周玉率兵二千前发。明日，行至白腰山遇虏，臣纮等亦将兵二千继之，至则督兵合击。虏且战且却，我复纵兵奋击，彼始奔遁。又为把总指挥曹洪等伏兵追击，至西阳河而返"，明军斩首9级，获马56匹，弓箭、刀仗等219件；另一方面，按伏都指挥孙成等于顺圣川（位于宣府西南60公里）"与虏力战，于七马房败之，获马十匹，虏委弃鞍伏而走"。成化皇帝一一给赏。同日，提督雁门等关参将支玉等亦奏，八月初五，"虏贼拥众散入大同、应、朔等州县剽掠，逼近本关，烽火照映川谷。臣于次日引兵二千，至关南遇虏五六百骑攻围本关北口，即督兵击之。虏稍却，复聚千余骑，循关口而东，漫山南行，突入内地，乃督守备指挥陈隆等官军五百，据口邀击。臣躬率官军一千五百，迎战数合。已而内臣刘政、都御史边镛等复将兵千余赴援，众军争奋，虏遂奔北，我军直追至马邑，近虏大营而返。且请速催京兵策应"。成化皇帝急令都督冯昇充游击将军,率官军3000人驰援。看来,此次战役使明廷感受到某种来自漠北的严重危机。[59]

八月十五日,许宁上报了明军和虏贼在大同一带一系列连续不断的遭遇战。七月二十八日,"虏贼复拥众薄大同城马铺山,东西长百五十余里。参将刘宁率兵三千至聚落站西,遇虏三百余骑,迎敌击却之。明日,进至三十里铺,复遇五百余骑,力战败之。比暮,至怀仁顿兵"。八月初二,"虏复由水峪村南入内地抄掠,宁等随遣诸将督兵,分路邀击,自将兵由马铺山出,遇虏一百余骑,战于红墙儿村。刘宁兵至聚落站,复遇二千余骑南驱,乃与左监丞石岩合兵击败之,追至大沟口,虏见宣府副将江山、京营游击将军马俊援兵骤至,遂惊溃北遁。游击将军董昇、少监孙胜兵至沙窝村,遇虏一千余骑拒战,我军击退之。游击将军宋澄,兵至厚子口,遇虏八千余骑,鏖战十余合,虏败而遁。参将庄鉴、少监陆闾兵亦与虏一千余骑遇于牛心山,战数十合,虏乃引去"。经过总共七场战斗,明军生擒1人,斩首15级,夺获马18匹,弓箭等物229件,夺回牛马233只。明军阵亡2人,伤224人,损失战马136匹。成化皇帝逐一赏赐,并敕谕许宁等继续协谋分剿。[60]

八月十八日,秦纮再奏:八月十一日,"虏骑千余驻兴宁口,肆行抄掠。臣令都指挥张澄等分兵为三部,而臣纮与太监简颙等将兵一千,居中节制。明日,兵至兴宁,与虏战数十合,虏委所掠而遁。追至常梁,虏骑四百余突至,并力拒战,我军驻南山,虏阵于北山。又明日,虏恃众复来突斗。至暮,虏乃奔北出境"。是役,明军斩首5级,缴获马34匹、弓箭等物81件,夺回被虏人口12名,马、牛、驴、骡、羊800余只。数日后,宣府总兵官周

第八章 成化时期——马不停蹄？疲于奔命？（1465—1487年）| 0445

玉亦奏，同样在八月十一日，"虏贼二千余深入顺圣川等境，分路抄掠。臣乃会大同士马合击之。分守监丞石岩、参将刘宁引兵驻古城沟，臣等将兵四百驻定安营。分遣指挥等官丁铭等，领兵七百驻大柳树；李雄等领兵五百驻漫流堡；都广等领兵四百驻东井晡。时李雄等与虏五十余骑，战于赵石厂。明日，都广等败其二百余骑于五岔口。又明日，虏众千余自南驱所掠头畜而北，遣丁铭等督兵与战数合。俄有数骑自山而下冲阵，我军炮伏兵齐发，并力击之，虏遂弃所掠而遁"。是役，明军生擒5人，斩首50级，夺获马59匹。成化皇帝命人均行给赏。[61]

严格来说，这些数字看起来并不十分透明。其准确性到底如何，我们不得而知。但可以肯定的是，通过这些数字，我们看到虏寇在战斗中伤亡不高，而这恰表明其突袭成果利大于弊。对他们而言，所谓伤亡人数，不过疥癣之疾，因此虏寇才会如此前赴后继地剽掠明朝。小王子持续不断地南下扰边，烧杀抢夺，所到之处必定皆是残垣断壁。这使得明朝边民们张皇失措，四处逃窜，甚至使那些未受影响的村庄也惴惴不安。基于此，无怪乎明军一直全力修建避难所和防御堡垒，这样，在边报有警时，百姓及牲畜就可以进入其中避难。可以说，明朝在边防问题上耗费巨资，并非仅仅是为了能够彻底驱逐北虏，同时也是为了确保，即使他们突破边防线深入腹地，也将一无所得。

宣府、大同一役后，明廷势必更为紧张，尤其是战争的耗费，必将使明朝的财政困局更进一步恶化。户科给事中李孟旸自大同盘点粮草后回到朝廷，陈奏处置边储四事。他说：

一、大同府仓场虽有蓄积粮草，迩因边患，费用不赀，朝廷虽遣官籴买，召商报纳，然本处无收，兼边地有警，无应召者。况所遣官止于籴买，不敢别有处置，恐致缺乏误事。乞简命在京堂上官一员，领敕总理，从宜处置。二、大同各卫秋成拨军采草，其草场多为豪家霸占，军士无所采，催征既迫，则以私财买纳。乞令巡抚、巡按等官踏勘分拨。三、近阅各场草，多浥烂不堪者，缘官军不挨陈关支，故旧草多坏。请令巡抚并管粮郎中等官，自后须计各场远近缓急，量为分派，或令新旧兼收。四、宣府边粮，皆山西、山东等处征纳转输，跋涉艰苦，而管粮等官乃以任情加耗及索余价。今山西荐罹灾荒，兼边事未宁，米价踊贵，宜行沿边收粮，止一平一尖。若于正粮外索余价者，计粮坐赃论罪。

成化皇帝和户部批准了李孟旸的奏议。[62]

八月二十九日，保国公朱永等又奏报了自八月初五至十六日大同方面的战报："虏贼复侵扰大同等边，臣永等督兵击之。初十日，都指挥刘铳等与战于石佛寺。越二日，指挥赵伯章等败之于陈家堡；参将刘宁等伏兵三千于白登等村，仍会宣府总兵官周玉等兵，于十二日战败之。明日，复败其众二千。先是，初五日，延绥副将李珌败虏三百余骑于朔州驼梁，参将庄鉴亦与拒战于钱家岭。至十六日，虏遇刘宁等兵于柳林屯，其众败走，追至小鹁鸽峪，又龙王沟，俱有所擒斩。而监丞左敬与周玉副将江山等，亦皆击败虏众于大鹁鸽峪等处。"是役，明军生擒8人，斩首75级，缴获马109匹。成化皇帝非常高兴，嘉奖众人"擒斩虏贼""尽心调度"，于是为诸将加升一级。

随着战争接近尾声，户部开始统计大同方面军粮的耗损情况,而朱永亦被召还京师。朱永回京后,向朝廷奏称虏酋已经远遁,同时他还写道:"大同东西延袤千里平漫,居民星散,无险可守。宜及此间暇,修治边墙,及增筑野口、宣宁、四方涧、石佛寺六堡。虏至,驱人畜入其中,既可以自固,亦可以伏兵。"[63]

* * *

但是,鞑靼人很快卷土重来。成化二十年(1484年)二月,兵部尚书张鹏向成化皇帝奏报前线的最新战况:"迩者大同守臣奏,今年正月以后,虏骑万余入境,于黄花岭等处屯聚。"战事似乎一触即发,成化皇帝急忙下旨,命张鹏同总兵官、英国公张懋等"计处以闻"。诸臣认为,"虏势猖獗,沿边兵力恐不能支,如俟临期奏请,缓不及事。乞于京营总兵官内简命一人,佩大将军印、充总兵官,统领官军五千人会兵往剿","仍照先次分兵按伏事宜",沿边调兵遣将,严阵以待。[64]数日后,大同方面来报,"虏贼入边,潜伏三日,觇我有备而去复,闻有众二万已往东行"。但边防明军仍不敢稍怠,时刻处于警戒状态中,因为不久后山西代州、朔州接连出现虏寇大规模抄掠事件。不过,许是边务繁忙,要求惩处失防者的弹劾没有得到处置。[65]

成化二十年(1484年)三月,有从漠北逃归者称:"瓦剌虏酋克失,欲与迤北小王子连和,俟秋高马肥,拥众入寇。"明廷立即根据这一情报重新调整军事部署。[66]

恰在此时,明朝最为杰出的军师,总督大同、宣府军务兼督粮储户部尚书兼左副都御史余子俊,就宣大方面的边疆建设提出了自己的规划。他奏道：

> 比奉敕整饬兵备，至大同、宣府，与内外守臣会议，边陲所急，保障为先。顷臣巡抚延绥，尝议削山筑墙，建墩挑堑，今十余年，民被其利，请以其法行于宣府、大同。或可捐小费而成大功，竭一劳而享永逸……大同中路起西至偏头关，东西六百余里，地势平坦，无险可据，欲于其中每二里许筑墩台一座，每墩阔方三丈，高亦如之。每角作二悬楼，方径六尺，两墩相去空内挑壕堑，广一丈五尺，深一丈。一墩计役丁夫五百，大约十日可成。以一万人力计之，十日可成二十墩。及今四月、五月，虏马疲弱，未能入寇之时，动调中、西二路军士，两月可筑一百二十墩。以道里计之，已及二百四十里之远。一墩令十人守之，非但远能瞭望，而多备枪炮等器，又可以四面击虏。盖枪炮之力，可及四百余步，今两墩共击，一空远止三百六十步，若彼此互发，势无不及。其大同东路西起宣府，至大同接境一带俱仿此。但今边军困苦，乞视延绥夫役之例，量为优恤，仍给口粮。山西民力因于供输，难更征发，乞敕兵部量借京军三万，各备畚锸等器，赴边助役，庶几力众工省，刻日可成。若疑二里一墩为大疏，内宜增筑，徐待来年。

事实上，因为饥荒，余子俊的整个工程规划的实施不得不推迟一年。[67]

奏议之后，余子俊又提出边防所需的粮草供应和武器装备等问题，他特别指出火器对敌人的威慑力："虏贼所畏者，惟神枪。

第八章　成化时期——马不停蹄？疲于奔命？（1465—1487年）｜0449

乞给硫黄千斤，以备火药。"成化皇帝与兵部、户部、工部等部门讨论之后，同意了余子俊的大多数建议。余子俊虽提及"其偏头关在延绥界北，非臣职所及，乞令别议施行"，但成化皇帝还是听取了兵部的建议，授权余子俊至偏头关边地勘察地形，统辖各部门修筑长城。[68]

但是，大草原上又出现了新的令人不安的消息。泰宁卫都督脱脱索罗的弟弟小失台王言："迤北虏酋克失，遣人招降诸夷及朵颜三卫。"另一名都督阿儿乞台亦遣使察歹上书告急，言："克失与小王子连和，约东行掠其部落，将大举入寇。"对此，翻译这两则消息的大通事、锦衣卫署指挥使杨铭[①]提出自己的建议："窃见朵颜三卫为东北藩篱，岁入朝贡，熟知道路，向被虏酋也先招为乡导，致有正统己巳之变。今如小失台王等所言，窃恐小夷合势，倡乱难图，况朵颜与小王子诸部，素为仇敌，抚而用之，亦以夷攻夷之法。宜因其请，遣使抚谕，以息边衅。"兵部认为，杨铭所提的"以夷攻夷之法"固虽良策，但终究是权宜之计，无法久安。兵部请求在接受杨铭建议的同时，也令余子俊前往整饬边备，方为头等要务。成化皇帝同意兵部的意见，但对于朵颜三卫传报边情，成化皇帝亦持赞赏态度，他传旨地方守臣，"如遇三卫夷人赴边传报夷情及避难潜住等，宜倍加存恤，以固其效顺之心"，同时又给小失台王、阿儿乞台等人以丰厚的赏赐。[69]

通过这一系列历史片段，我们可以看到成化末年（15世纪80年代）明朝对大草原的战略和政策转型。我们发现，天子与诸酋

[①] 大通事杨铭即哈铭，前述英宗皇帝被俘时相伴其左右的官员，此时任锦衣卫署指挥使。——原注

首之间的对话几乎不见，特别是明初那些带着道德礼仪至上的训诫，亦不再用以熏陶感化草原部落的首领们。天下一家的观念罕见提及，朝贡使臣虽仍时有往来，但更像一种官方易货行为。礼部的宴请款待变成机械性的礼仪，鲜少涉及外交谈判。谈判的任务，则主要移交给边防将帅，他们接收来自草原方面的信息和请求，并转达到北京，由明廷做出最终区处。这是一个十分有趣又难以全面解释的现象，即作为"宅兹中国"的大明王朝，为何逐渐从与外部世界的积极接触中退出。带着这一问题，我们将继续考察此后发生的一系列事件。

劫掠行为仍在不断发生。先是成化二十年（1484年）四月，宣府、代州再遭虏袭，而后在六月，虏兵又入张家口、野狐岭诸处，"攻围墩台，杀死官军"。

至于朵颜三卫的问题，五月初一，都察院经历李晟陈奏边防五事时指出："三卫世受国恩，为我藩篱，人皆土著，可以耕稼，比之北虏，势实不同。今外逼于虏而莫之救，内依于我而莫之恤，亦为怪其不叛我而从虏也哉！苟当其叛服未决之际，为之羁縻，为之应援，彼之怀我之恩，畏我之威，不至从虏为逆，以益重三边之患矣。"[70]

明朝对待三卫的政策，史料鲜见记载，但李晟的奏言侧面反映了当时明朝的战略情况。明朝并不选择主动出击，甚至不愿在培养盟友上多做尝试。明朝将其财政、资源越来越多地用以建设一个能够自给自足、固若金汤的"堡垒"王朝。但是，是什么原因驱使明朝作出这一战略转折，我们尚不十分清楚。

三卫试图改变入贡路线，"欲从辽东开原入贡，兼带传报虏情"，这一要求也为明廷所拒绝。明廷的理由是："三卫入贡之路,旧例俱从永平之喜峰口,无自开原入者。况今大同、宣府屡报房势东南,此地正其入寇之冲,难从请。"明廷要求辽东镇守官告知三卫这一决定,仍循旧例。[71]

对于余子俊修筑墩台、开掘壕堑的工程,成化皇帝格外赞赏。他敕谕余子俊曰:"闻尔于大同、宣府修筑墩台,开掘壕堑,今已兴工,此诚御夷良策。军士勤劳,宜加优恤。尔即督同镇守等官,于本处官库给银赏劳。人各五钱,除京军外,每人口粮月再加一斗,事完仍旧。"余子俊如敕给赏,最后共赏赐官军5.98万余人,计银2.99万余两。余子俊还极力促成战车在边防战争中的使用。他奏道:"自古出师,多用战车。今奉命督军边境,其大同、宣府地多平旷,寇至,车战为宜。大率万人为一军,用车五百余两(辆),每两(辆)用步军十人驾驭,行则纵以为阵,止则横以为营。两车之间空阙处,以鹿角补之。乞敕工部量运生熟铜、铁至大同,造车一千,宣府五百,以备战守。"成化皇帝和工部均是其议,但实践证明,余子俊这一提议并不成熟。余子俊所造战车"费用不赀",且"迟重窒碍"。方造好初试的时候,就有数人死于来往途中,于是这一项目最终作废。[72]不过,项目虽失败,但侧面亦表明朝廷并不反对这一试验。

九月,又有自草原逃归者称,"小王子并阿出来等议,欲近边钞略,复议钞宁夏、高桥儿并凉州等处"。成化皇帝敕谕陕西及延绥、宁夏、甘凉守臣整饬边防,并令总督大同、宣府军务,户部尚书余子俊等计议歼灭"残虏"。为此,余子俊陈奏一系列建议和规划,涉及后勤补给、部队轮调、人事安排等诸多方面:

房酋小王子今已远遁,调发兵马,所费不赀,且米价踊贵。其京营参将杨玉及游击将军马俊所部精强，宜各留骑兵一千五百于大同备冬，而所余骑、步兵三千，及都督白全、李俊、王义、白瑜等兵俱回京。明春有警，仍令白全领兵往代杨玉，李俊代马俊。延绥参将郭镛，都指挥李杲、刘清所获（领）军马，各以时罢遣。

又分守万全、怀来等处右参将孙素、宋澄俱老不任事，宜择人代之。又顺圣川等处山川空旷、田土沃饶，兼有盐利，游民无算。旧用正军三千三百九十余人屯种公田，给以种食，得不偿费。顷已选壮丁易之，数满千人，宜添设参将一员，给太仆寺寄养马四千匹，就以罢遣，京军之甲胄、弓矢给其用。更乞命都察院榜谕大同、宣府、偏头关等处守臣，尽心防房，凡游民潜至境内，交通外夷，扇惑军民，盗耕田地，强据盐场者，觉则谪戍广西边卫，遇赦不原。又行户部检核正军旧屯田地，即令编户代耕，如例征税。而盐场亦勘处灶籍，令之煎煮，量取其税。其或所司故纵，俱以枉法论罪，武职亦调发外卫。如此庶边储可省，奸究可销。

对上述建议，成化皇帝悉皆同意。而到了成化二十年十二月末（1485年1月），鞑靼人果然再度突袭大同和代州。[73]

同时，延绥方面则遭受鞑靼人严重的打击。延绥总兵官、署都督金事岳嵩等领兵出境烧荒，不设防备，且试图负盐走私时，虏骑突然杀至。最终，诸营堡军士109人，伤79人，被杀散26人，战马被杀270余匹，明军损失惨重。巡抚右金都御史吕雯核实伤亡后，上疏弹劾岳嵩等人。不过，成化二十一年（1485年）正月，"虏贼三千余骑"自延绥入境，被游击将军董昇、把总指挥郑骥等率兵击退,数日后,又有"虏贼五千余骑入境",把总都指挥佥事朱祥等率兵击之,两战两捷。明军共计斩首34级,夺取战马60匹,兵仗、器械710件。[74]

余子俊所总督的边防建设和改造工作也正如火如荼地进行。首先,余子俊根据沿边各地的状况,再次提出人事任用的建议:"偏头关介大同、延绥之间,与丰州、东胜等处接壤,虏常于此驻牧。而山西巡抚、分守等官,恒驻太原、代州,距关辽远,加之兵备久缺官整饬,多致废弛,近已请调分守大同东路副将周玺恒居本关,兼督宁武、雁门,仍守代州。今会山西内外守臣叶淇等议,守备偏头、宁武二关都指挥郭瑄、王昇,咸久习边事,而按察佥事郝志义经理边疆,具有成绩,请升志义为副使,整饬兵备,调郭瑄守备代州,王昇守备偏头关,俱受淇等节制。其宁武关亦宜别推举一人守备。"成化皇帝诏从之。

随后,成化二十一年(1485年)七月十四日,余子俊又提出新的边防工事方案:

去岁受命行边,即以曩在延绥曾修边墙事宜建议闻奏,蒙赐允行,适岁歉而止。今会大同、山西、宣府一带边关内外文武守臣,随方经略,躬率士马,遍历边境,登高履险,凡四十余日,度地定基。东自四海冶起,西至黄河止,长竟一千三百二十里二百三十三步,旧有墩一百七十座,内该增筑四百四十座,每座高广俱三丈。宣府二百六十九座,宜甃以石,每座计用六百工,六日可成。大同一百五十四座,及偏头关一十七座,宜筑以土,每座计用一千工,十日可成。总计宣府人四万,共二十五日;大同人四万,共三十八日;

偏头关人六千，共二十八日，俱可毕工。大约今年八月始事，明年四月可以告成。工人八万六千，每人月给粮米六斗、银三钱、盐一斤，共粮一十五万四千八百石、银七万七千四百两、盐二十五万八千斤。马六万三千匹，于草青时月，每马给料升半，共八万五千五十石。视昔延绥修边之费，虽曰有加迹已然，而验之将然，实一劳永逸之功也。告成之日，仍遣科道官阅实，墩给手把铜铳十，铁炮二，且请敕户、工二部议处粮料、银、盐、铜、铁等物，以给前费。

兵部对余子俊的提议表示极力赞成，兵部奏称："子俊前在延绥，曾收明效，故今于宣府、大同、偏头关一带边方，不惜勤劳，亲历艰险，画图具说，筹算详明，盖欲必成未毕之功，期收将来之效也。"成化皇帝也同意其意见，令各部门先期备好器材，等来年四月开工。事实上，这些数据仅仅存在于纸面上，现实操作具有相当大的难度，甚至几乎不能实现。余子俊本人希望自己能尽快回京，因此对这一计划的实施热情也大打折扣。很快，对这一计划的质疑和谩骂声开始出现了。正如《明实录》所载："是奏，子俊欲以筑墩责成于边臣，而以阅实付任于科道，但计成算数目，言之可听，而行之惟艰。且自欲还京，盖不近人情者，是后物议喧然，不平怨谤之来，岂无所自云？"[75]

成化二十一年十二月（1486年1月），户部奏称，余子俊多年来主持修建边防工事之费用，共计银100万余两、粮料350万余石、开中淮盐65.5万余引，"较之往年，修边调军，为数加倍"，于是朝廷派工部侍郎杜谦、工科给事中吴道宁、监察御史邓庠前往大同去审计边防建设经费。[76] 从这里我们可以看到，明朝转向内在，为保卫国家安全而采取的"堡垒"政策绝非廉价的边防建设方案。

成化二十二年（1486年）二月，余子俊遭到弹劾。户科给事中刘昂等奏称："余子俊谓为国必先爱民，爱民必先节用，使取之无度，用之无节，恶在其为爱民为国哉？且国家赋有定制，今则创为预征，边有常供，今则索于额外，借漕运而京储因以不充，急斡运而京民为之扰动，报虏警而势多虚张，修边防而财多妄费，徒劳人力，未见完功，惟务更张，无益于事。虽侵欺之情未露，而妄费之责难逃，乞逮至京，明正其罪，以为大臣妄费边储之戒。"河南等道监察御史朱钦等亦奏："子俊往在陕西缮修城壁，疏开河湟，盖尝粗有成绩，颇获时誉。乃荷圣明，拔自疏远，置诸六卿之列，增其职任，委以边寄之隆而昧于审时，急于成事，乃于凋弊之余，辄兴城堡之筑。事不酌其可否，功惟幸其必成，遂致边备空虚，群情嗟怨。"

成化皇帝命户、兵、工三部集议此事，恰工部左侍郎杜谦等勘实完毕，向朝廷回奏道，余子俊在边将近两年的时间里，共用银150万余两、粮料230万石，"虽因供给军马，修筑墩台，置造兵器，优赡阵亡，皆出公用，然亦劳民伤财，不为无罪"。最终，在诸多大臣的建议下，成化皇帝对余子俊以革爵稍作惩罚并令致仕，其余姑置不问："余子俊受朝廷重托，不审事势，偏执己见，处置乖方，费用钱谷数多，姑置不问，革太子太保，令致仕。"[77] 可以说，余子俊这般有魄力、有决心、有才能的大臣，自然容易受到他者诽谤和怨怒。不过，他虽一时致仕，很快就东山再起。

劫掠者仍在持续不断地越过明边，大同、延绥等地纷纷受到打击。固原方面粮寡兵弱，更是不堪一击。固原曾有大同方面的明军驻扎协防，但后来由于大同方面告急，这批部队不得不撤回大同，重新进行布防。成化二十二年（1486年）正月，大同总兵官、署都督同知王玺发现，"大同三路俱有警报，丰州等处烟火不绝，而延绥反报虏警渐息"，因此王玺认为，虏骑可能欲"乘河冰未泮，取道东归"，如若如此，则大同必为其兵锋所向。兵部认为，若"虏果东行"，则原本大同游击将军董昇所率驻扎于清水营"以为固、靖声援"的三千游兵"宜掣回，余军俱还本镇"；若"其河开不退，仍如原调之策，协守捍御"。[78]

成化二十二年（1486年）二月，面对南方灾情的压力，户部不得不削减军队开支。户部称："今山、陕、河南军民饥困，朝廷屡发内帑京储，犹不能给，加以江西、湖广、四川、两广并直隶凤阳等处水旱，减免数多，即今边务方殷，粮储急缺，欲取之于官，则帑藏已无所积，欲取之于民，则疮痍犹未得苏。若不存首，后益难为。乞行各处巡抚都御史并管粮郎中，督同布、按二司官，通查各卫所、城堡官军月支粮料，裁省扣除，凡重冒滥支者，一一禁革。"[79]

* * *

此时的鞑靼人也逐渐发现，明军遥远的西北防线存在巨大的弱点：其瞭望塔间距过远，防御工事过度延展，甚至有部分荒废。于是，在成化二十二年（1486年）一月到二月间，虏贼深入临洮、金县，杀掠军民30余人，掠夺牛、羊畜牧以万计，所过之处，兵燹遍地。即使面对如此局面，"两月之间，不闻边将遣一人一骑，少遏其锋"。巡抚陕西右副都御史郑时为此弹劾守备兰州太监蓝蕙、署都指挥佥事于昇等人之罪。成化皇帝和兵部都同意彻查此事。不久，兵部复奏："虏自去冬十一月乘冰渡河，先遣黠酋伪为僧，窃入兰州，觇我无备，是以深入兰州、安定境内，杀掠军民、男妇及马、牛、羊畜一万三千有余，去而复来，无复畏忌。提督、哨守、千百户等官李春等十六人，俱闭门自守，漫不经意，罪宜究治。"最终，这些人都依律惩处。[80]

而活跃在庄浪、甘肃、兰州等地的鞑靼人，正是满都鲁和亦思马因的部队！他们分小股袭击，并无大兵团来犯。鞑靼人的主要兵力集中在宣府、大同一带。[81]

因此，可以说，在成化晚期，甘肃方面局势相较而言颇显宁静，而通往哈密的丝路沿线则反而出现新的动荡迹象，这给明朝的边防安全带来了另外的棘手问题。马文升对此颇为了解，他的著作《兴复哈密国王记》记载了相关情况。[82]在这里我们先对地理方位稍作回忆：兰州西北约230公里为凉州，凉州西北又200多公里为甘州，甘州之西北又200多公里则为肃州，肃州以西又约20公里，为明军长城第一关——嘉峪关。嘉峪关之西北500多公里为绿洲城市哈密，沙州位于二者之间。哈密以西350多公里，为吐鲁番。此外，在嘉峪关外，还零散分布着一些非由明军控制的羁縻卫所。

皈依了伊斯兰教的吐鲁番统治者，也在积极扩大他们的影响范围。可以说，他们是明朝最西端边境一切问题的根源。哈密虽非明朝直接设官立县之所，但永乐以来向由明廷羁縻，受明廷册封，常为明朝使臣往来提供便利，尤其是提供翻译和军队护送。而现在，吐鲁番开始威胁哈密的统治。早在成化八年底（1473年初），吐鲁番速檀（又作速坛，即苏丹）阿力汗便率兵攻入哈密，俘虏哈密王母亲，抢去明朝册封的金印。哈密都督罕慎被迫率余众逃至甘肃苦峪重新建立基地。苦峪位于沙州以西约60公里①，有城墙作为屏障。明廷试图助其规复旧地，于是令罕东、赤斤二卫协助哈密，最终于成化十四年（1478年）进军哈密，顺利收复哈密八城。不过，也正因此举，吐鲁番未能与明朝有进一步的沟通和联系。此后，在成化十八年到二十年（1482—1484年），罕慎逐渐被确立为哈密王位继承人，而甘肃方面也非常乐意将尚留驻在苦峪的罕慎护送回哈密。双方的政治互信由此确立。

基于此，当成化二十二年（1486年），满都鲁和亦思马因袭扰甘肃等地时，巡抚甘肃右副都御史唐瑜奏曰："为今之计，宜宿重兵于兰州，加轻兵于古浪、镇番、镇夷、高台等处，而又严备肃州，且遣人往谕哈密都督罕慎，使厚结小列秃②，因之招诱亦思马因等酋，至彼屯聚，毋令东行，为我边患，则我之战守，举得其要矣。"兵部则认为："彼地虏众多不过数千，使守将能运谋振武，则本镇兵力足以御之，矧河冻之后，自兰东抵神木，俱须兵分布，难以分调，宜移文瑜等，第阅境内精兵，分布要害。其招诱诸夷之计，宜从其便。"[83]从我们现代人的眼光看，这显然是一个很重要的政权间关系问题。类似问题本应由皇帝和明廷作出圣断，但我们看到，明廷把决断权力交给了地方当局，让他们按照自己喜欢的方式和理解来处理这一问题。

---

① 此时的沙州卫已经内迁，并非明初设于今敦煌的沙州卫。——译者注
② 小列秃为贵族首领，其部族驻牧于哈密北山把思阔之地，明代文献中，将其人或其部均称为"小列秃"。本书为作区分，正文中分别称之为"小列秃王""小列秃部"。——译者注

不久，镇守甘肃总兵官焦俊奏："哈密都督罕慎遣人来报，虏酋瓦剌克舍（失），并亦思马因已死，两部人马散处塞下，而克舍部下立其弟阿沙，亦为太师；阿沙之弟曰阿力古多者，与之有隙，率众至边，欲往掠甘肃，且胁罕慎，欲与和亲。瓦剌小列秃闻之，亦欲移至瓜、沙二州潜驻。"报至，兵部认为可令肃州右参将李俊与翻译官往谕罕慎，令其勿与阿力古多者和亲，也不要留小列秃部在瓜、沙二州处住牧。随后，明廷又遣使往赤斤、罕东，复申前谕。[84]可见，在明军西北防御体系构建中，哈密地位仍举足轻重。

尽管有上述史料记载，但总体来看，有关遥远的西北防线的精确情报仍属罕见。受制于当时的技术发展水平，明廷想要积极干预遥制西北地区的可能性微乎其微，空间和时间上的限制无疑是明廷选择将外交权力下放给边境官员的一个主要原因。另外，对于经过长时间转手的远方信息，明廷也多认为是不可靠的，而这又进一步加剧其对外交事务的误判。

因此，成化二十二年（1486年）八月，明廷收到关于瓦剌首领克失（也许他当时位于明朝西部的某个地方，或离哈密并不遥远）的信息，以此说明来自草原方面的消息间或不可靠，以致明廷对草原政权所采取的外交策略也显现出某种程度的不稳定性。消息载："瓦剌酋长克失，以迤北小王子常为边患，且阻其入贡之道，欲以今年冬，借三卫兵往劫之，预托泰宁卫遣徐阿劳兀等赍番文来奏。阿劳兀等又云小王子欲以九月中为寇，未知所往。阿劳兀自诉本名安，为御用监银工。正统末，为也先所虏，尝奉先帝遗命留处虏中，其后逃入泰宁随住。今乞授之职事。"

此事极为蹊跷，兵部质疑了这种说辞。兵部谓："六月中，哈密传报克失已死，而今报不同者，盖安等入瓦剌在前年故也。其云小王子欲来寇边，似亦不虚，宜移各边守将、京营重臣饬士马以备之。且厚赍各夷，命归语各酋，坚守臣节，北虏胁诱，固不可从，而瓦剌调用，亦不可信。又安乃华人，宜怀柔之，以诱其来归。"成化皇帝同意兵部的判断，遂升徐安为泰宁卫副千户，又移文辽东守臣，令其告谕沿边巡卒，如遇徐安至边，即时放其入境，不得稽缓。[85]

9个月后，已经是锦衣卫正千户的徐安再次荣升为锦衣卫指挥佥事。然而他的身份仍存疑点。在新的记载中，他的过往似与前述有异。《明实录》载："安，锦衣卫军匠。正统己巳，为虏酋也先部下虏去，也先死，复从孛罗太师。时汾州民武子宁者，亦为孛罗部众所掠，遂与安同居。久之，二人各挈其妻孥来归，道为泰宁卫虏酋短台拘留。（成化）二十二年，安因朝贡来京，传报虏情，辽东守臣以闻，上嘉之，升安泰宁卫副千户，且谕以他日果能携家来归，尤当优待。"此后，徐安果真携带武子宁及眷属等13口人并马、牛、羊等来归。成化皇帝赞赏他们"慕义来归"的做法，于是对来归的13人进行不同程度的赏赐，徐安被授予锦衣卫正千户。这是明廷经过考虑之后作出的决定，正如兵部所言："安言无凭，而其义可取，且朝廷爵赏，所以劝忠义。况安备谙虏情，用之未必无补，宜如所陈，以示优异。"[86]从这一事例我们也可以看到，明廷在草原外交政策上的基础何其脆弱，但为了尽可能了解草原方面的情报，明廷又不得不常如法炮制，以换取可能有用的草原情报。

冬去春来，河冰渐次消融，鞑靼人也逐渐退去。大部分明朝边防的威胁得以暂时缓解，但甘肃方面仍面临重压。京营指挥使颜玉自甘肃回京，向成化皇帝汇报甘肃所面临的内外窘境并提出改革方案：

> 一曰：兰州距陕西一千四百余里，其镇守将臣，每冬于兰州防守，倏往忽来，人无固志，宜令其恒驻兰州，西应庄浪，东保河桥，北以为固、静（靖）声援。二曰：庄浪至兰州二百余里，其间止有土堡四座，兵卫寡弱。虏尝乘其无备，入境剽掠。请增筑若水湾驿、堡，广资储，置守备。三曰：甘肃等处地方延袤一千五百余里，其间虽有巡抚、巡按官，岁惟一至，将校无所忌惮，公肆贪残。请于肃州、庄浪各设宪臣一员，俾饬兵备而禁贪墨。四曰：甘肃大小将臣，既占肥饶之地，复专灌溉之利，请度田以实，给与老弱军余，务令灌溉以时，勿容侵占。五曰：陕西、甘肃军马器杖多无可观，请移镇巡等官，务使整肃部伍，毋得占役锋利器械，使不废弛。六曰：驿站官吏，惟以迎送上司为急，而于驰报边情，反视为缓，请申明禁约。

成化皇帝和兵部接受其建议，并移交甘肃守臣核实验办。

哈密方面的消息同样不容乐观。甘肃总兵官都督同知周玉奏：

> 哈密都督罕慎译报，虏首瓦剌养罕王率众七千，在把思阔境屯驻。大瓦剌阿沙太师与其平章把秃撒及阿力古多王、兀麻舍王等分驻察罕、阿剌帖儿等境，欲入边剽掠。而羽奴思王子锁檀阿麻王，复侵夺察力失等四城，野乜克力达子亦分屯失把力哈孙及禽山等处，欲往甘肃剽掠。今庄浪境外，

亦有烽火贼迹。加之东、西二路，俱有警报，虏若拥众犯边，恐边兵不足备御，乞预调陕西、延宁等处官军并力戍守。

兵部为此作出一系列相关政策调整和战略部署。[87]

* * *

但仅仅就在周玉上奏的数十天后，成化二十三年（1487年）八月二十二日，成化皇帝驾崩，享年39岁。在成化皇帝生命的最后一周里，由于病势沉重，他无法正常处理政务，但其病由却令御医们莫衷一是。继位的弘治皇帝，为瑶族宫女（与太监汪直为同一民族）庶出。弘治皇帝17岁登基，1487—1505年在位。

成化皇帝在位期间，对边疆事务的处理值得称道。他虽非善于预谋，亦非铁腕君主，但他深刻地意识到，其任内，"北虏之患"已变得空前猛烈。始初，他希望效仿列祖挥兵漠北，殄灭虏寇，但当他发现势在难为之后，开始转向大规模的防御体系的建设。这一战略转折标志着曾经作为天下共主的大明王朝转向内在，逐步退出与周边频繁的交流。"堡垒政策"在嘉靖皇帝在位期间达到顶峰。

第九章

弘治时期——负重致远

（1488—1505年）

来自漠北和中亚的压力，并没有因为明朝更换统治者而有所减轻。如果说明朝有哪个时期适合测试其军事防御的韧劲，那么弘治时期必为首选。这一测试并非仅仅针对年轻的新皇帝，而是对整个明朝官僚体系和国家机器都提出了挑战。很多时候，弘治皇帝能做的只是援引大臣的建议，提出"可"或"不可"。在对国家安全的监督问题上，从成化皇帝到弘治皇帝的衔接几乎天衣无缝。这对父子皇帝不甚强势，但都有一种被动而认真负责的态度。

　　弘治皇帝上任伊始，遥远的西部立刻传来边情。成化二十三年（1487年）十一月，甘肃都督周玉等奏："瓦剌养罕王屡至赤斤东窃掠，云欲犯甘肃。近与罕慎缔亲，又遣使随哈密使臣奏欲入贡，此其情皆不可测，请各差通事省谕罕慎，辑和诸夷，抚绥部落。瓦剌果欲入贡，当从旧路而进。"弘治皇帝从其所奏。[1] 事实上，由于漠北地区已不再为瓦剌所控制，大同亦不在其能染指的范围内，因此，明廷正考虑拒绝瓦剌方面的朝贡请求。

　　弘治元年（1488年）春，兰州、宣府等处又开始陆陆续续遭受袭击。到了五月二十二日，明廷同意小王子提出的进贡请求，但是，此事在明廷引起了一阵争议。据《明实录》载，事情的原委是，"先是，北虏小王子率部落潜住大同近边，营亘三十余里，势将入寇。至是，奉番书求贡"。但是，小王子的信中"书辞悖慢"，不但自称大元大可汗，而且还将自己的来信称为圣旨。大同守臣将此事奏禀明廷,兵部认为:"北虏虽有入贡之意,然以敌国自居,欲与敕书,称呼之间,似难为言。一言之间,彼之臣否顺逆遂见,不可不虑。请集廷臣议。"于是,明廷令太师、英国公张懋等讨论应当如何应对。群臣商议认为:"夷狄者,声教所不加,其潜(僭)称名号,自其故态,于中国无预。其虽辞若骄倨,然自古御戎,来则不拒。在我先朝,亦累赐包容。今彼既在边候旨,宜且降敕大同守臣,宣谕其酋长,果诚心入贡,则以小王子所遣应入者名数上请,遣内外重臣迎之如故事。若观望不来,亦听之,仍严我兵备,相机战守。"弘治皇帝从群臣所议。[2] 当然,我们不能据此认为明朝已经承认元朝的延续和合法性,正如前述,在明朝君臣看来,"大元"天命已去。

不久,巡抚大同都御史许进请求明廷裁定小王子的入贡人数。许进认为:"自古驭夷之道,未尝不以怀柔为上策。今小王子以皇上嗣统,感恩向化,遣使入贡,若不俯顺其情,使之怀惭意沮,则外为强朕所胁,欲来不能,欲往不安,非大举入寇,计无所出。"目前小王子所遣入贡者1539人,携带马、骡4930匹,许进"已暂验入边,安置大同馆。其入贡人数,乞为裁定"。

六月十一日,针对许进的奏言,兵部认为:"宜如其言,令太监金辅、大通事杨铭往彼,译审正使、副使、头目、从人若干,及分为等第赴京。其余俱留大同,以礼馆待,候给赏赐。仍令户、礼、工三部各差官沿途馆伴。"弘治皇帝同意小王子遣500人入京朝贡。使臣到达之初,试图以大元使臣的身份与明朝通好,但明廷坚决不允,于是使臣又改以要求依旧例授职。最终,明廷授予使臣官衔,并赐冠带以示荣宠。[3]

弘治二年(1489年)正月十七日,都察院左都御史马文升奏道：

> 去冬，询问延绥边情，知虏骑俱在河套，近边墙住牧射猎。通事与语，云明春欲来进贡。切惟此虏部落分散，固不足深虑，但我武备不振，刍粮不足，亦所当忧。成化四年，虏酋阿乐（罗）出、乱加思兰占居河套，犯我边陲，朝廷出师征剿，彼欲缓我之师，亦尝遣人进贡，由偏头关经大同而入，受赏优厚。回套之后，大举入寇，仍前剽掠。至成化九年冬，方逐出套，复犯大同、宣府。又已数年，军劳于征战，民困于转输，幸而虏贼自相仇杀，边方稍宁。及太监汪直之启衅，总兵官许宁之失律，官军丧败，所不忍言。今此虏居于河套，不见剽掠，声言欲贡，意在缓我之兵，即春初进贡，必以往年从榆林由偏头关而来为词。彼既入贡，余众在套，从容就草牧马，比及彼回，草芽已茂，马膘已壮，必借言河冰已开，不肯出套。倘乘此入寇，何以御之？宜敕延绥镇巡等官，操练军马，严加防御，令通事与彼讲说，既欲进贡，宜早出套，从大同赴京。若又以由榆林为词，必大张兵势，或设奇谋务，逐彼出套，不可容之久住，贻患边方。

弘治皇帝和兵部均是其议。[4]

长期以来，河套问题困扰着明朝，接下来的岁月中亦无例外。马文升的奏言亦清晰明了地指出河套地区的战略重要性。在这里，明廷没有宣称其对该地的主权，甚至没有打算在这里实施永久占领和管辖。河套的大多数土地被隔绝在明军正在修建的边墙外，那里就像一个自由交战区，既有明军，也有鞑靼骑兵，有时也有兀良哈人前来。明军经常驱离他们，也常警告老百姓不要前往打猎、耕种、割草或伐木。在明朝，马文升的观点亦非个别意见。河套之北的广袤草原，则俱在北虏的控制之下，断断续续与明朝的边防线接壤。而河套方面，关键的变化因素在黄河。在冬季，由于河面结冰，虏骑得以从任何方向越过黄河前来袭击，但是在夏季来临前，如果他们没有及时撤离河套，那么他们就很容易成为明军的瓮中之鳖。因此，对于北虏来说，河套方向所能剽掠的财产是一种季节性获得。

但是，对明军边防的威胁并不总是来自外部，有时候，内部哗变也会带来致命打击。弘治二年（1489年）秋天就出现了这种事件。是时，有山西崞县（今山西原平市）民王良，于弥陀寺师从僧人李金华学习佛法。忻州民李钺对王良心悦诚服，愿从而为其弟子。其实，王良与他人所谈，皆虚幻之事，却渐渐有信从者数百人。于是，王良开始利用自己的影响力图谋不轨，对众人言曰："吾佛法既为人信服，由是而取天下，亦不难。但边兵密迩，虑或相挠沮，若与达虏通谋，令其犯边，因官军出御，乘间而起事，可济也。"于是，王良和李钺私下撰写妖书数十篇，称自己的佛法皆梦中佛所授。众人以为神迹，皆争相跪拜王良。王良曰："干戈炒，干戈炒，不得水，不得了。"其中有一人解释他的话，说："水居北方，达虏是也，必达虏犯边，方能了事。"王良即撰表，"欲上迤北小王子，请其犯边"，而自己愿为内应。王良又令何志海等四人驰马负表，"具旗号、器械"，往漠北寻找小王子。行至朔州，有信徒胡浪庄迷失道路，为守墩者捕获。王良等知事败，即集众攻崞县，恰好巡抚都御史翟瑄等遣兵剿捕，王良等措手不及，率500人奔定襄县洪泉寨，于山间落草为寇，剽掠州县。

官府试图招抚之，但王良等不服，于是明军入山攻之。进攻之日恰起大雾，王良等没有防备，仓卒不能敌，皆奔窜。最后，明军于开门峪山抓获李钺，于五峰山抓获王良，共缉捕"妖贼"123人，缴获妖书、器械、衣服、马匹颇多。王良等54人械送京师，由法司会官廷审，依法处斩。[5]

接下来的数年内，明廷开始敦促沿边明军进行小规模的搜检，特别关注防御体系中可能出现的漏洞。如有漏洞未能及时修复，或在防御中出现严重失误，边将甚至还要受到惩罚。同时，草原方面似乎正在重新形成一个以小王子为首，包括瓦剌、鞑靼和兀良哈的新的联合政权。弘治四年（1491年），小王子遣使向明廷提出互派使者的请求，但弘治皇帝拒绝了这一提议。小王子使者又请求货买弓、锅、鞍子、织金、膝襕等物品，弘治皇帝命礼部商议是否能予批准。最终，朝廷决定同意小王子所请。不唯如此，早在此前，弘治皇帝还赐予小王子等蟒龙红缨、琵琶、帐房等物。[6]

上述请求出现在弘治四年（1491年）前后，而小王子等对这些奢侈品的需求，恰表明他们愈发膨胀的政治野心。事实证明，在弘治四年到弘治六年（1491—1493年）间，宣府—大同一线再度屡遭袭击。

* * *

丝路沿线亦袭扰不断。早在弘治元年（1488年），哈密卫左都督罕慎就被封为忠顺王。兵部解释了册封的原因：

甘肃孤悬河外，太宗皇帝以诸夷杂处难守，特设赤斤、罕东等卫，各授头目为都督等官，以领袖西戎。又设哈密卫，封脱脱为忠顺王，以锁钥北门，然后甘肃获宁。其后，脱脱之孙无嗣，朝廷命其甥把塔木儿为都督以治之，既而为锁鲁檀阿力王所杀，并据其地。哈密遗民逃居苦峪，朝廷复命把塔木儿之子罕慎袭受都督，管领遗民，许以有功封王。久之，罕慎克复故城，哈密人再疏请封，如脱脱故事，且谓瓦剌养罕王及阿塞太师等在彼逼胁，未获宁处，得假宠天朝，庶可镇压远夷，永为中国藩屏。[7]

此段对我们重新了解哈密与明朝关系的背景意义重大。弘治皇帝认可兵部的提议，决定册封罕慎为忠顺王。他说："罕慎既能克复境土，抚辑夷众，其令袭封忠顺王，给金印冠服。"

是年年末，边将传报称，吐鲁番速檀阿黑麻杀死了哈密忠顺王罕慎，并夺其城池，罕慎部属阿木郎等来奔且求援。成化皇帝命英国公张懋和兵部大臣等集议此事。张懋称："兴绝继灭，姑俟徐图，而救灾恤患，诚不可后。今土鲁番方有贡使至甘州，宜敕甘肃守臣，于哈密来奔之中择一人与俱往谕阿黑麻，还其侵地，仍敕赤斤、蒙古、罕东三卫，谕以唇齿邻好之义，以共图兴复，有功重加升赏。其众依住苦峪者，守臣宜赡给之种粮农器，以不失其求援之意。"弘治皇帝是其议。[8]

罕慎缘何被杀？据马文升的《兴复哈密国王记》载，阿黑麻杀罕慎，仅仅因为罕慎不是贵族出身。马文升道："弘治元年，阿黑麻以罕慎非贵族，乃假结亲而杀之。寻遣夷使入贡，且乞大通事往和番，因求为王，以主哈密国事。予时任兵部尚书，以为近日迤北大房（即小王子）亦不遣使通好，今阿黑麻自有分地（即吐鲁番），亦难封彼为王，以主哈密；彼若入贡，亦所不拒。乃具以上闻，请降玺书，付甘州守臣，遴遣哈密夷人曾居甘州者赍赐阿黑麻，切加责谕。"[9]

与马文升一样，许进亦有关于哈密的私著《平番始末》。对于此事，其载：

> 阿黑麻怒曰："罕慎贱族也，安得为王？"弘治元年，乃悉众假以欲结亲罕慎，执而杀之。寻遣使称贡，且乞天使和番，并求为哈密王。时钧阳马公（即马文升）在兵部，议谓：遣使和好，虽迤北大房未有此行。又阿黑麻自有分地，难复主哈密。至于入贡，则有常例，在所不拒。请下玺书，切责阿黑麻。[10]

彼时，还有另一位明代史家严从简，著有《殊域周咨录》一书，此书更为详尽地描述了此事发展的始末。不管其增添的细节确有其事，抑或添油加醋，这一记载都对我们进一步了解此事有所帮助。其载：

> 弘治元年，阿黑麻称："罕慎非脱脱族，何得王哈密，哈密我当王！"欲杀罕慎，畏未敢发。乃为好语诒罕慎曰："吾为尔联姻，尔为王益安，无外侮。"罕慎喜，许之。阿黑麻至哈密，诱罕慎顶经结盟，遂杀罕慎。亦未敢显言据哈密，即遣使入贡，言："罕慎病死，国乱，乞遣大通事和番，立我为王，居哈密，领西城职贡。"兵部尚书马文升言："外夷

北虏最强，屡入贡，乞通使，我不听。阿黑麻小夷，且与哈密各有分地，不可辄通使，亦不得王哈密。彼若入贡，我亦不拒。请敕阿黑麻，谕令送王母及金印还哈密。"[11]

从上述诸记载中，我们还能了解哪些信息呢？我们看到，哈密和吐鲁番远离中原，因此明廷对它们的关注似显不足。但谋杀事件发生后，我们又看到明廷似乎并非真的不在意这片遥远的西域。吐鲁番火并哈密的行为，明廷明确表达了担忧、关切，并责令吐鲁番归还哈密旧地。实际上，哈密与吐鲁番之间的矛盾并不在宗教或者种族，而是黄金家族后裔以吐鲁番为基地进行扩张的第一步。"贵族""贱族"等谓，不过是阿黑麻出兵合法性的幌子。阿黑麻自称黄金家族后裔，但明史各类资料中都没有提及。他希望与明廷对等交往，其结果可想而知，明廷自然像拒绝小王子一样拒绝了他。此时的明朝，只能接受朝贡贸易，甚至已经不愿意同外部政治势力过多打交道，以免造成一种双方平起平坐的外交错觉。不过，明廷不知道的是，吐鲁番接管哈密后，明朝西北边防安全将陷入巨大危险中，而此时此刻，明朝君臣尚无人关注到这一点，甚至还将阿黑麻视为"小夷"。

明廷支持哈密推翻吐鲁番的统治。弘治二年（1489年）五月，明廷升绰卜都等22人官职，并允许他们携人畜内附，原因是他们进攻驻守哈密、为吐鲁番所立傀儡牙兰，并杀其弟。弘治皇帝"念哈密残破，欲激励诸夷，以图兴复"，于是大加褒扬此22人。

后续，明朝又迎来不少哈密旧属。都指挥阿木郎、脱脱不花等亦率众来归，弘治皇帝命给口粮、牛具、种子、农器等，并令来归者居住在苦峪、沙州等处。哈密来归者极大加剧了西北地区的供应问题，巡抚都御史罗明又奏道："哈密使臣人等前后留住陕西，今应起送回还者共二百五十八人，其陆续来贡，与今随来避难人等复九百七十人。况苦峪城垣岁久倾圮，今宜修筑。赤斤、罕东二卫以缺食求赈于我者尤众。阿黑麻因阿木郎之来，心亦忧疑，宜遣人赍敕往谕。凡百供给之费，非肃州储积所能独供。"于是，户部请发陕西布政司库银5万两，及各府所贮赃罚纸价等银，并添拨各府民粮到肃州。弘治皇帝同意这一建议。此外，罕慎以往遣来的使臣及留在甘州的男女等，礼部亦建议一并送还罕慎的弟弟奄克孛罗。不过，弘治皇帝认为需提前验明奄克孛罗的身份，如确是罕慎之弟，方许回赐。

七月，罕东卫头目眅卜试图出兵为罕慎报仇，但出师不利，反受乏食困扰，户部认为："罕东为我边藩篱，今有难而告急于我，于义固宜赈之。"于是，弘治皇帝命甘肃方面向罕东卫提供米粮等物。

阿黑麻的傲慢愈无止境。礼部奏道："比土鲁番速檀阿黑麻王并其妻哈屯呵嗒，各具番书遣使贡马。本部已请赐马价、表里。此外又贡磁黄青金石，非边关验放之数，未敢进收。阿黑麻又奏称与哈密都督罕慎结亲，因乞赐蟒龙、九龙、浑金各色膝襕、纻丝等物。然自遣使之后，即诱杀罕慎，据有其地。其不义如此，今得免于诛伐足矣，所乞恩赏，恐不可滥施。"弘治皇帝道："罕慎为朝廷效力，阿黑麻既与结亲，又忍心杀之，所奏乞之物，皆勿与。其令通事以此意谕来使知之。"十月，原哈密都指挥阿木郎等发现阿黑麻已经离开哈密，只留牙兰等60余人守城。阿木郎觑此良机，请援甘肃守臣，并调赤斤、罕东兵，夜袭哈密。牙兰遁去，阿木郎斩获颇多。不过，这种打击只能是暂时的，很快，牙兰就带兵重回哈密。[12]

弘治三年（1490年）九月，阿黑麻终于有所收敛，向明廷表达尊重，并对此前的越礼行为表示后悔。时兵部奏曰：

> 往年有旨诘问土鲁番杀哈密都督罕慎之故，阿黑麻王陈状，尚未输服，因再降敕省谕。今番书再奏，稍知警畏，请迎其善意，复申谕之，令退还哈密城池、金印，以赎前愆。哈密避难番夷及诸国番使，借口粮之给，贪互市之利，往往留寓甘肃，恐有前代氐羌杂处近甸之患。请谕诸守臣，凡入贡番使回至甘肃者，悉发遣出关，毋令久住。哈密避难者，及今秋成时月，亦护送至苦峪居住，俟其克复时还国。

弘治皇帝是其议。

至此，我们可以看到，所谓明朝西北地区的边防安全问题，到底意味着什么。首先，是这个地方长期处于诸部内战与阴晴不定的无政府混乱状态中，这给驻防明军造成了极大压力。其次，不断增长的各族人口，以及逃避战乱而涌入甘肃的难民，也给明朝甘肃地区带来极大压力，而且甘肃自古贫瘠，非中原富庶之地可比，这无疑让局势雪上加霜。那么，这一切将如何结束呢？明廷恐怕需要拿出一些切实的手段来应对。

而吐鲁番正努力试图进一步获得明廷的好感。阿黑麻遣使从海道入贡狮子。随后，阿黑麻又向明廷乞赐蟒龙、九龙、浑金、描金等物，弘治皇帝则以其杀害罕慎，拒绝给予。兵部则回复阿黑麻，令其能"悔过效顺"，方能赐予。[13]

随后，其贡使满剌土儿的欲西还，请内官张芾伴送至甘肃，又请内阁写敕书给使臣。但大学士刘吉表示反对，从其奏议中，我们能更加明显地看出阿黑麻对明朝边防安全的威胁：

> 张蒂之差，旧无此例。缘此等敕书，有关夷情事体，不敢不言。何则？迤西速檀阿黑麻本一蕞尔小夷，往年进贡，多受恩赏。一旦背恩忘义，将朝廷所立都督罕慎杀死，其轻侮中国罪恶甚矣。若命一大将统领雄兵，捣其巢穴，灭其种类，揆之人心天理，亦不为过。或不即讨，如古之帝王封闭玉门关，绝其贡使，不容往来，犹为不失中国大体。今皆不能顾，乃宠其使臣，厚加优待，临行又差内官伴送，此何理哉！仰惟皇上凡事悉遵祖宗成宪，不意今秋无故召各番使进入大内看戏狮子，遂使各夷得以面近天颜，大赉御品，夸耀而出。京城内外有识之人，无不寒心，以为自祖宗朝以来，未尝见有此事。戎狄豺狼，非我族类，其心必异，何乃屈万乘之尊，为奇兽之玩，至使异类之人得以亵近哉！今若又差内官伴送，不惟近处人心惊忧将见，自京师抵甘肃，一路所过，需索应付，人心无不嗟怨，其为圣政之累，岂小小哉！况今差来使臣满剌土儿的系罕慎妻父，马黑麻打力系哈密久住之人，今皆忍心害理，忘主事仇，实逆天无道之人。阿黑麻又聚集人马，欲抢肃州，见今边将奏其名虽进贡，实则设诈缓兵。兵部议奏整兵提防，及将今次使臣回至甘肃，拘留不许放回。此正事体紧关慎处之时，皇上若不止张蒂之差，彼使臣回国，阿黑麻必谓中国帝王亦可通情希宠，大臣谋国，君不听信，其奈我何？长夷狄之志，损中国之威，违祖宗之制，贻军民之患，莫此为甚。乞令礼部照例止差通事伴

送各夷回还为当。

奏上，弘治皇帝同意其说法，决定不令张苕伴送。[14]

大学士刘吉的言论，实际上反映了弘治时期明朝所面临的某种外交危机。这种危机在宏观上表现为明廷并未对藩属被兼并一事采取实质行动，微观上则甚至表现为与明廷潜在的高层腐败，以及某些从事政治谋杀的人物（如哈密原罕慎的臣属）之间千丝万缕地联系在一起。明廷在外交上陷入被动境地，与其进行朝贡贸易的势力，往往又同时在侵扰其边陲。在草原方面，这种局面甚至已经持续了相当长一段时间。但阿黑麻与游牧民族又不同，他是沙漠绿洲的定居者，他出兵哈密的目的并非争夺牧场，而纯粹是版图兼并。此外，刘吉没有过多解释为何他对宦官伴送一事如此耿耿于怀，但可以猜想，比之于通事，宦官可能在伴送途中更易高下其手，甚至与蕃国使臣沆瀣一气。

随后，刘吉又奏言：

> 臣等所言命将、闭关二事，盖谓哈密乃我太宗文皇帝建立卫分，初封脱脱为忠顺王，俾世守其地，以为甘肃之藩篱，以通西蕃之贡路。后忠顺王死无嗣，被逆虏速檀阿力将王母并金印抢去，又将王女抢占为妾，哈密人民俱逐散来我边苦峪地方住种。罕慎以忠顺王外甥，间关辛苦二十年余，方仗天威，率领夷众，克复哈密，归向朝廷，已蒙钦命封为左都督，又因其夷众奏保，准封忠顺王，铸印给赏，俾继脱脱之后。差官未去，又被逆虏速檀阿黑麻将罕慎哄诱杀死，人民仍复逐回苦峪。似此凶恶夷贼，欺侮朝廷，若命在边总

兵官出兵往正其罪，大加诛戮，诚不为过。缘今陕西天旱薄收，人民疲困，未可言兵，所谓不能者，盖以天时欠顺，人力不能也。昔汉光武时，西域思汉威德，咸乐内属，愿请置都护官，光武不许，后世称帝王美事。今阿黑麻名虽进贡狮子，其实设诈，缓我兵备，边臣止知循例起送，不知阿黑麻之罪，在所难容。礼部虽尝参其不先奏请，已无及矣。所谓不能者，盖以人情事势有不能止也。以此言之，其使臣只宜从减相待，不宜加厚。然臣等愚意，又有望于皇上当施行者。闻狮子等兽，日用羊二只饲养，以十年计之，计用羊七千二百只。又常拨校尉五十名看守狮子房，见今做工缺人，以一月计之，人五十名，日该五十工，以年计之，该一万八千工。此皆无益之费，所当省者。皇上若将此兽绝其羊只，免人饲养，听其自死，于以省费节工，天下人心，无不痛快，传之千载，实为美谈，是即周武王珍禽奇兽不育于国之意。此诚皇上圣德之所能，臣等恳切颙望，乞赐施行，由是，比隆尧舜，又何难哉！[15]

看来，这头来自中东的狮子，在明廷引起轩然大波。正如刘吉所指出的，阿黑麻此举既可以增加明朝的花费和支出，又能缓解弘治皇帝对他的敌意。一定程度上说，他的这一做法奏效了。

一年后，即弘治四年（1491年），阿黑麻遣使至肃州请求入贡，并献还哈密城池和金印。毫无疑问，阿黑麻此举令明廷错愕不已。那么，是什么原因促使他作出这一决定呢？据兵部议，阿黑麻似乎意识到自己杀害罕慎的举动令明廷感到担忧，因此此举是他向明廷释放善意，作出妥协的举动。兵部称："哈密为甘肃藩篱,自都督罕慎被杀之后,驯至多事。朝廷恶阿黑麻不道,因减其使臣赏赐,或却其贡方物,两赐敕谕令悔罪。近又取哈密忠顺王脱脱近属子孙陕巴,权掌国事,听继王爵。凡所处置,皆合机宜,故能不费财力,坐取十九年已失城池并金印。"为此,兵部提出:"皇上之威德远被,至于如此。彼今所贡狮子等物,盖假此以为请罪之地,与向来入贡之意不同。谓宜特赐容纳,原拘留在边使人亦宜资给遣归,而徐图所以劳来哈密、安集陕巴之道,似为柔远长策。"弘治皇帝同意兵部的看法。[16]

马文升在《兴复哈密国王记》中,以更近距离的视角审视了这座绿洲城市。他记载道:"本年八月,予以为哈密国回回、畏兀儿、哈剌灰①三种番夷同居一城,种类不贵,彼此颉颃。北山一带又有小列秃、野乜克力数种强房,时至哈密需索,稍不果愿,辄肆侵陵,至为难守。必须得元之遗孽袭封,以理国事,庶可慑服诸番,兴复哈密。不然,虽十年未得安耳。"根据马文升自述,他在陕巴成功掌管哈密的过程中,起到了重要作用:"先是,曲先安定王遣使入贡,即忠顺王裔派也,予因命通事询贡使:'安定王族中子侄有可以主哈密国事者?'贡使举王侄陕巴可任状,予遂奏令甘肃守臣取陕巴审可否。守臣寻以陕巴堪举,及据哈密三种大头目奄克孛剌等亦皆合词告保,陕巴年少量宏,足以服众,愿乞早袭王爵管理国事状闻。"

此时的许进,已经任巡抚山西大同都察院右佥都御史了,但他似乎对其他地方发生的事情了如指掌。在《平番始末》中,他

---

① 哈剌灰为瓦剌部的一支。也先死后,瓦剌的一支迁至哈密,后被称为"哈剌灰"。——译者注

对此事亦有记载。他写道："阿黑麻得（玺）书，怒，谋欲勒兵近塞要求之。其酋牙兰曰：'哈密去吾土千余里，敌国辐辏，远出已难，况又近塞乎？今既杀其国王，则夷汉之心皆怒，若合谋并进，非我利也。不如乘势还城、印以款之，再图后举。'阿黑麻以为然，弘治四年，乃以城池、金印来归。守臣具闻，下兵部议，大臣欲求忠顺王子孙袭封，询诸夷使，得安定王侄名陕巴者系其裔。"许进是如何得知这一情报的？我们猜想或许他有自己的"线人"。[17]

弘治四年（1491年）十二月，寄居苦峪的哈密卫都指挥阿木郎遣使臣阿力克来朝贡。约一个月后，阿黑麻遣使臣进贡驼马、方物，并献还金印1颗、城池11座、人口500余口。甘肃守臣为此奏曰：

> 哈密初服，人心未定，切恐群夷摇动，别启衅端，瓦剌闻风，或有他谋。欲将取到安定王派孙陕巴，先送哈密管领夷众，其甘肃各卫寄住哈密哈剌灰夷人，除先已送三百人于彼住守，今再发精锐三百余人，令肃州移文右参将彭清等委付陕巴并头目阿木郎等管领，各量给米粮盘费，差抚夷官员通事量带军马护送出关，至应止地方，抚调赤斤、罕东二卫头目，调领番兵，转送哈密，并力住守。其原带家口并取到陕巴家小，至日俟已安定，再为发遣。其所还金印，宜付陕西行都司暂收，候阿黑麻输诚纳款，遣使进贡，请敕一通，量加赏赉，以安慰固结其心，庶与陕巴等永为和好，哈密得以久安矣。[18]

这是深思熟虑后妥协的结果,其中,甘肃守臣甚至还注意到瓦剌方面可能存在的潜在干预。弘治皇帝和兵部都非常赞赏甘肃方面的提议。

故弘治五年(1492年)春,明廷正式册封新的哈密政权。弘治皇帝诏陕巴袭封忠顺王,给赐金印、冠服、护门兵器等物;同时亦赏哈密都督同知奄克孛剌,升都指挥使阿木郎为都督佥事,并谕令他们拥戴陕巴立国。[19]

事情的发展出乎意料的顺利。此后,阿黑麻又遣使臣进贡狮子和玉石,弘治皇帝欣然接受。再后来,明廷决定恢复对吐鲁番的赏赐。在一次朝贡中,阿黑麻的使臣写亦满速儿等人,同哈密都督奄克孛剌和其使臣写亦虎仙等人,以及撒马尔罕等头目一同前来进贡,似乎预示着西域迎来了久违的和平,亦预示着该区域对明朝边防安全威胁的降低。

于是兵部奏:"今次赐各使臣彩段、衣服等物,自一等至五等者宜如旧例全给之。其阿黑麻并使臣写亦满速儿等悔过效顺,情款可嘉,请特赐加赐,以慰其心。写亦虎仙等十四人奉使往回,绩效尤著,请别加优赐,以旌其勤。"弘治皇帝是其议。到了秋天,陕巴与邻境野乜克力部酋长奴秃卜花台卜之女结婚。邻国诸酋知其新立国,尚处贫穷,于是分别遣人到明廷请求颁赐财务,助之成婚。明廷认为此举有大义,于是厚赐陕巴和其他诸酋纻丝、绫纱罗等物。[20]

不过,好景不长。到了弘治六年(1493年),西域再度出现骚乱。四月初五,明廷得报,阿黑麻再度率兵夜袭哈密城,杀死百余人,陕巴及阿木郎等据守大土台。阿木郎调野乜克力、瓦剌兵为援,但均为吐鲁番所败,阿木郎本人亦战死。陕巴被阿黑麻俘虏，牙兰再次据守哈密。为何会再次出现这种情况？

吐鲁番移书甘肃方面，说明了原因。根据吐鲁番的说法，此场冲突，罪在哈密："本国既献哈密城池，阿木郎复潜导野乜克力人马至其国中钞掠，朝廷所赐衣币，亦被克减，故为此报复之举。"是时，吐鲁番贡使撒剌巴失等27人还未出境，写亦满速儿等39人尚在京师。

于是甘肃方面奏请明廷，谓：

> 阿木郎之祸，固其自取，但阿黑麻蕞尔小丑，往年擅自兴师，攻破哈密，朝廷曲加恩赉，正宜感恩效顺。纵阿木郎有过，当念哈密恢复未久，止可具奏请治其罪，乃敢擅攻城池，所移番文，僭称伪号，言涉不逊。乞命将选兵先将酋长牙兰等剿捕，然后直抵土鲁番，擒斩阿黑麻，取陕巴回卫。若欲姑事包容，则请降敕遣使赍谕阿黑麻，令送回陕巴，当宥其罪。

是战是抚？弘治皇帝命兵部集议。兵部与廷臣议后认为：

> 哈密乃太宗创建，为中国藩篱，陕巴又皇上所锡封，有兴灭继绝之义。今既被劫去，不宜置之不问。守臣所画二策，前策乃讨罪之举，名义甚正，但动兵远夷，兵家所忌，姑俟徐图。后策为柔远之方，时势所宜，谕而不从，加兵未晚。今土鲁番贡使在京师，速为发遣，与还未出境者，令甘肃守臣就彼拘留。仍请敕就本番贡使择三二人，赍示阿黑麻，谕以祸福，俟其回报上请。仍移文守臣，各操练所部军马，以

备缓急。及谕赤斤、罕东等卫头目，使知此虏凶逆，互相应援。若哈密夷众挈家来奔，即送苦峪，令都督奄克孛剌管束，量给粮种耕种，以俟克复，毋再散布肃州，坐耗边储，重贻后患。其贡使写亦满速儿等在京者，亦令通事谕以拘留之意。

对此上述诸臣的意见，弘治皇帝道：

阿黑麻包藏祸心，已非一日。朝廷念哈乃祖宗所立，欲继其绝，曲为宽贷，今阿黑麻屡恶不悛，悖逆天道，妄自尊大，奸情尽露，本当兴师剿除。尔群臣既如此处置，悉准所议。写敕切责，并敕甘肃镇巡等官，严督沿边城堡、将士用心堤备，然边方事重，兵难遥度，尔等仍会举文武大臣二人，领敕亲临其地，会同镇巡等官酌量事势，讲求安内制外方略来上，以为经久之计。

随后，弘治皇帝又敕谕阿黑麻，历数其罪：

比得甘肃镇巡等官奏，具知哈密都督阿木郎两次引领野乜克力人马，抢尔部下牛羊等畜，又克落尔赏赐，以致尔亲领部落，将哈密城池占据，杀死阿木郎，虏去陕巴，以报彼引虏劫掠之仇。阿木郎固有罪矣，然彼小人，愚蠢无知，尔乃大家世族，识道理、晓逆顺，岂可为此！当念阿木郎为朝廷职官，受命守城，将其作恶情由，遣人具奏，或赴诉甘肃守臣俾为转达，朝廷必有大法度治之，追还所掠头畜，慰安既死亡魂。尔乃擅兴兵动众，公肆杀戮，将献还城池仍复占据，同宗骨肉，自行系累，如此所为，信义安在。奏至廷议，文武群臣莫不扼腕忿怒，咸谓祖宗待迩西蕃夷恩德如天，百年以来，未有一族一人敢行悖逆。今土鲁番父子一次虏哈密王母，一次杀罕慎，朝廷以不治治之，曲为含容，尚不知悔。今又杀阿木郎、虏陕巴，屡恶不悛，罪在不赦，逆天悖理，非人所为。若不兴兵问罪，何以压服天下！番夷合辞，请发大兵，出关征剿，并起集尔仇家敌国，直抵巢穴，明正尔罪，然后牢闭关门，显绝贡路，使诸番再不得朝廷赏赐，通中国货财。西蕃一带，必皆归怨于尔，无地容身。朝廷念尔土鲁番自祖父以来，时来朝贡，已非一世。尔今虽有占城杀人之罪，而前亦有归城还印之功，不忍轻绝。特降敕谕，使尔知之。我国家富有四海，哈密之在中国，有之不加益，无之不加损，但念我祖宗受天明命，为万邦华夷主，永乐初年，立哈密之祖脱脱为忠顺王，八九十年，传位数世，一旦乃为尔所害，略不动心，岂上天立君之意哉！且朝廷之待哈密，亦如待土鲁番，土鲁番设若不幸，亦如哈密为人所灭绝，朝廷亦坐视而不顾乎？尔宜知此意，敕书到日，即释放陕巴，送回哈密旧城，俾其照旧管理。朕不念旧恶，听尔遣使通贡如故。呜呼！天道昭然，顺之者存，逆之者亡。尔其改过自新，毋自作孽，保尔先人之业，为尔子孙之计，其尚思之，毋贻后悔。故谕。[21]

在吐鲁番与哈密面前，明朝像一位谆谆教诲的长者，以天下秩序守护者的身份调和二者的关系。假如不守规矩的小辈拒不道歉并纠正自己的错误言行，那么他就会被长者视为霸凌者。显然，在这个"大家庭"里,这位长者有义务和责任来评判任何被指责为犯罪的行为。

马文升的《兴复哈密国王记》提及其本人在此次事件中所扮演的角色及所知所闻。其载:

> 弘治五年二月(1492年3月),予集议请以陕巴袭封忠顺王,主哈密,然尚未给冠服也。守臣急欲成功,仓卒遣使,送之于哈密。未几,诸番夷以陕巴无所犒赐,而阿黑麻复怒大头目都督阿木郎尝克其赏赐,又尝虏其部落头畜,遂杀阿木郎,复虏陕巴及金印以去,时弘治六年也。
>
> 报至,适阿黑麻先所遣大头目写亦满速儿等四十人入贡在京师。内阁礼部尚书大学士丘公濬谓予曰:"哈密事重,须烦公一行。"予曰:"边方有事,臣子岂可辞劳?但西域贾胡,惟图窥利,不善骑射。自古岂有西域为中国大患者?徐当静之。"丘曰:"有谶言,不可不虑。"予因集议请自往,众曰:"哈密一方事耳,今北虏在边,四方多故,公往甘、凉,四方边事付之何人?"乃议以兵部右侍郎张公海、都督金事缑谦领敕,率写亦满速儿等往经略之。
>
> 既抵甘州,议令写亦满速儿等数人并遣在边通事,先以敕谕阿黑麻顺天道,归陕巴、金印,而诸夷使缘此皆欲同回,张、缑等不可,惟遣哈密夷人以敕往。追久未回,张、缑等遂以上命修嘉峪关,清各卫久居哈密回回名数以闻。复捕哈密久通阿黑麻黠诈回回二十余人,发戍广西,诸夷颇知畏惧。予以为此虏既遣使入贡,复虏陕巴、金印,追敕使往,又久不报,其轻中国之心著矣。遂请以写亦满速儿等四十余

人皆安置两广、福建,并闭嘉峪关,示西域入贡诸番夷俱毋令入,使阿黑麻结怨于众夷,以孤其势。

本段记载之后,马文升还指出,阿黑麻的所作所为,多为哈密回民所教,双方联系正在日益加深。[22]

由此,我们也可以看到丝路上出现的新的元素——伊斯兰教的发展。伊斯兰教的优势在于其文化与宗教联系天然密切,不可分割,而在西域,这一特点又牢牢地依附于黄金家族血统谱系这一具有强烈区分度的特殊身份认同。不过,尽管阿黑麻和陕巴俱为黄金家族后裔,但这层远亲关系,远远要比伊斯兰教徒之间的纽带更为薄弱。

至此,我们可以暂时中止叙述哈密和吐鲁番的事情,它们的恩怨,在明朝边防安全问题上至多泛起涟漪。接下来,我们的视线焦点将重回北境防线。我们上文回溯到弘治四年(1491年),接下来将从弘治六年(1493年)继续下探。

* * *

弘治六年(1493年)春,宁夏方面的防御陷入被动。紧接着,巡按陕西监察御史李鸾对当前陕西的边防形势提出严厉批评。他在一篇长篇大论的奏议中道:

陕西之地,依山带河,内屏诸夏,外控西陲,号为重镇。自撤东胜之后,河曲内地,弃为虏穴,灵夏外险,反南备河。故成化中，毛里孩、乩加思兰扰我边场，转输劳费，民已不能堪。去岁以来，宁夏地方烽火不绝，行旅惶惑，居民失业，而其典兵事者，安居自适，以为无事。

今岁二月，虏入庙山墩，杀指挥一人，旗军十余人，肆行无忌。倘秋高马肥，大举入寇，不识何以待之？臣窃思，夷狄之在前代，多者百余万，少者数十万，又必有豪黠者君长之。至于元，为天所厌，北遁沙漠，我太宗亲御六师，驱逐益远，厥后种类交恶，互相吞噬，其势不能当我一镇。夷狄之衰，未有过于今日者也。夫以中国全盛，驭极衰之虏，虽草薙禽狝，谅不为难。当疆场之寄者，漠然不加之意，使其豨奔豕突，跳梁边鄙，上勤九重之忧，此臣所以夙夜不能忘也。

陕西东自榆林，西尽凉夏，城堡棋布，墩堠相望，经理区画，可谓精矣。典兵之官，有守备，有分守，有协守，有主帅，大小相维，又有内臣以监督之，都御史以赞治之，体统节目，可谓备矣。然蕞尔小丑，辄敢轻入，官兵闭门，一筹莫展，惴惴焉自保之不暇。臣目击其事，岂胜扼腕！臣闻边事所急者，曰兵、曰食、曰马而已。然军不疲于战阵，而疲于典兵者之剥削；马不疲于驰骤，而疲于典兵者之营利；刍粮不疲于馈饷，而疲于典兵者之巧取。监临主守，互相效尤，欲望三军生敌忾之心，边塞有长城之恃，难矣！至如都御史之设，诸军归其节制，庶事听其便宜，正当搏击贪残，肃清弊政，奈何宴会往来，岁时馆馈，人情习玩，动相掣肘，边备不修，实由于此。

然臣之所虑，又有急于此者。请举已往言之。正统十四年，王师北征，号三十万众，而土木之难，悬如一发。成化十九年，北虏犯边，尝动宣府、大同两镇重兵，而下米庄之危，几于覆没。当是时，边将如石亨、许宁辈，虽皆败衄之余，其平昔才勇操守犹足以系属人心。今国家承平日久，沿边抚臣，又非一时重望，若安常习故，无所更改，万一虏骑长驱，则前日下米庄之覆辙故在也。乞简命在廷才望大臣一人，重授节制，凡沿边钱粮、军马一应重务，悉听便宜奏闻，以是居安虑危，使虏知我待之者有备，而朝廷亦可以免西顾之忧矣。

李鸾看似在呼吁明廷对地方进行一场重大改革，也许他的本意也是如此，但他所献之策，也仅仅是要求朝廷派一位德高望重的大臣来全权节制边地事务。对于他的建议，兵部只是遍行各边，要求严加整饬兵马，以备不虞。弘治皇帝也同意这个做法。[23]

尽管任命全权大臣一事暂且搁置，但不久的将来，明廷还是会采取这一做法。李鸾的观点，实际上还广泛代表了一种看法，即对明朝政权的实质威胁，并非来自大草原上浩浩荡荡的骑射部队，也不是边防基础设施建设不完善，亦非缺乏财政资金、军需供应或人马、文武百官。真正的威胁来自于统治集团自身信心的缺失，以及其保持一切制度应然运转的铁腕手段。明廷统治偌大国家，其终极目标不可能是对付和打败游牧骑兵，而是那些对制度的漠视和玩世不恭，以及所有腐败无能。明廷当然一直在努力解决这些问题，包括边防建设。虽然有时候，明朝的"防御体系"会受到致命摧残，但万幸的是，它们仍坚守到了最后。这点，我们可以从《明实录》里大量的官方档案、奏章中管窥。此外，大多数记载亦非针对游牧骑兵本身，而是由之而见与李鸾产生共鸣的许多问题，包括纪律、士气、征兵、供需、建设修缮等。

* * *

袭击仍在持续不断地发生，且看起来，北虏占了上风。北境边防地带几乎都遭到小规模的袭击。据兵部统计自弘治五年（1492年）九月至弘治七年（1494年）九月，"虏入甘肃、庄浪及古浪地方"，杀官军25人，伤60人，掳男妇10人，掠官布2400余匹，银640余两，牛、马800余只；"入永昌"，杀官军60余人，掳掠男妇67人，马、牛、驼7万余只；"入凉州"，杀伤官军40人，掳掠牛、马37只；"入镇番"，杀伤官军10人，掳掠牛、马16只；"入山丹"，杀伤官军27人、伤69人，掳掠牛、马、驴、羊3180只。巡按御史勘报得实，明廷决定对部分渎职的地方官员施行惩戒。巡抚都御史冯续、协副都指挥赵承文等10人被处以罚俸不等的惩罚。[24]

此外，还有其他袭击。兵部试图制订更为详尽的应对方案。于是，弘治七年（1494年）十二月，兵部奏道：

> 比来各边虏数入寇，每得厚利，皆由墩台疏阔，烽火不接，及守墩军士困惫所致。乞谕各边镇巡等官，相视地形，修理墩堠，沿边每十里或七八里为一大墩，五里、四里为一小台。大墩守军十人，小台五人，自边至城，每十里或八里，止用大墩，筑墙围之，环以壕堑，留一小门，拨夜不收五人

戍守，遇警接递传报。凡遇寇近边，天晴则举炮，天阴昼则举烟，夜则举火，总兵等官，仍为预定烽炮之数，著为号令，使各城将官，以此为验，领军截杀。其守墩军必简精壮者，分为二班，每月一更。若无水之处，则修水窖一所，冬蓄冰，夏藏水，每墩预采半月柴薪，于内给用，免致汲水采薪，为贼所掠。本城将官，每半月一次行边，点阅巡哨。提调墩台官仍不时往来巡视，若近边军士屯种之处，则修筑小堡一座，量贮粮刍，令按伏马军三五百于其中，庶有警可以防御。[25]

弘治皇帝自然批准这些方案。而从这一描述中，我们可以想象，彼时明朝边防线上，城市附近竖立着许多有锯齿状墙垛的墩台。但我们需要注意的是，记载中并没有出现我们今天看到的这道万里长城，尽管当时明军也确实在修建和修复这道边墙。不过，在李鸾及其他很多人看来，这一切所起到的主要是一种威慑作用。其是否真正奏效，还取决于当时的军队士气，以及将领们的能力等等。当然，运气也很重要。

弘治七年十二月（1495年1月），弘治皇帝敕谕甘肃镇巡等官前往赈济遭受虏寇袭击的边军。其敕曰：

甘州地方孤悬河外，四邻胡虏，屏蔽关中，捍御西域，非他镇比。所在卫所军士，止靠孳牧度日。近闻虏酋小王子人马潜住贺兰山后，节入甘、凉、永昌、庄浪等处抢掠。去岁六七月间，抢去头畜十万之上。今岁九月前后，又二次入境，抢掠头畜约十万有余，人口不知其数，有全家虏去者，官军阵亡者，亦多以此。军士之家，十分艰难，不能存生，必须赈恤安养，方保无虞。敕至，尔等即从公计议，行令彼处分巡收粮，布、按二司官员将被贼抢掠之家尽数查出，逐一研审，中间若系十分艰难者，支给官库钱粮，量加赈济，果有无牛具、种子者，亦量给与，务令得所，毋致逃移。处置毕日，通将赈济过贫军姓名，并用过钱粮等项数目造册奏缴，以凭查考。尔等其钦承之，故敕。[26]

随后，兵部奏道：

比来虏寇数犯永昌、庄浪等处，及谍报虏众七万住牧贺兰山后。本部已尝具奏，请命延绥副总兵朱瑾，领所部游兵三千径往固原、安会驻扎，以备甘、凉应援。后延绥守臣复奏本镇龙州城有警，欲取回朱瑾之兵防守。本部议拟，延绥东西二十余堡，虽有官军三万，但兵分势寡，有警卒难支持。朱瑾之兵，既不可取回榆林，亦不可不增兵策应，而凉州多事之际，又不可不增兵备御。请如前旨，促大同游击将军张安领游兵三千驻清水营，宣府游击将军张澄领游兵三千驻大同，以援榆林。陕西守臣调兰州都指挥尹玉所部兵三千，并朱瑾率所领游兵急往凉州，与本镇守臣合兵战守。仍守大同、宣府守臣，于本镇各选精兵一千，令都指挥一员领之，遇警急往榆林，听张安、张澄调用。陕西守臣亦于靖虏、固原、环、庆等城选精兵三千，委守备固原都指挥郭鋿领之，以援凉州。仍于在京团营选官军二万，委提督大将一员，都督二员领之，以备警急调用。

弘治皇帝是其议，并令英国公张懋，以及都督庄鉴、马昇等率领京军，时刻准备出援宣大。户部亦遣官协调前线军需供应，并从府库拨白银10万两赞助军资。[27]

这次大规模重新部署，很快就出现了问题。弘治八年（1495年）正月二十五日，兵科都给事中杨瑛奏："比以肃州有警，命英国公张懋等选京营兵往征之。臣等以为，京营官军未经战阵，兼边储告乏，莫若急募土民以益兵，开盐粮以足边，庶几缓急有备。或遣官赍内帑银，赴彼招籴军储，或敕总兵官刘宁调集诸路游兵，相机战守，庶得居重驭轻之宜。"

其计若何？兵部尚书马文升等议奏："今河水将开，未知虏众所在，我兵难遽进止。京营军马之选，亦非专为甘凉而动，所据宣府、大同原调官军各四千，今益二千合万人，以为延绥之援。延绥原调游兵三千，今益二千合为五千，陕西原调官军六千，合延绥共万一千，以为甘凉之援。请驰文延绥、宁夏、甘、凉守臣，觇虏势缓急，量主客兵马，及议京营兵将动息之宜以闻。"马文升还详细考虑到边军的后勤、生计等问题："沿边军储，俱收本色。官军征哨，悉支口粮。甘、凉军士被寇失业，屯田逋负，悉与除免。军士质卖妻子者，官为赎还。"此外，马文升力荐肃州右参将彭清，称其"习战有谋，善抚士卒，请升擢以励其余"。[28]

也有好消息。一次虏寇凉州（非小王子指挥，或许是瓦剌人所为）时，总兵官都督刘宁率兵御之。经过一系列作战，明军生擒4人，斩首87级，俘男女50人，夺回被虏人口23人，获驼、马、牛、羊2135只，器械330余件。正月二十八日，弘治皇帝对刘宁等进行嘉奖赏赐。[29]

* * *

明廷从不忽视地方下层官僚提出有关战略的想法和建议。弘治八年（1495年）二月，山东兖州府推官丁伯通[①]上疏，其中则涉及边防事。丁伯通所关注的并非草原上的一地一处，而是两股最大的势力："谓瓦剌精兵数万，岂无窥觎中国之心？特以小王子部落隔绝其间，往来必假道而后得入。朝廷能与小王子通和，若汉之呼韩、唐之突利，使为外藩，瓦剌虽强，岂能越小王子而入哉！若严绝之，或与瓦剌合而为一，其为中国之忧甚矣。且自古匈奴犯边，每自河西而入，宜敕甘凉诸将，使之整饬边备，常若寇至，不可少怠。"其次，丁伯通谈道："至若乡导者，乃夷狄之耳目，其于中国，险易虚实尽知之。近者被虏之中，岂无桀黠为之乡导者乎？宜结以恩义，抚其室家，使其身在异域，而心在首丘，庶可革其从逆者以效顺矣。"再次，则是朝贡问题，丁伯通认为应将朝贡活动限制在边境："夷狄入贡，实怀窥觇之计，莫若仿前代之法，就于近边之地，特立互市，凡赏赐宴劳之类，预为之备。若其来朝，即命彼处大臣馆之，不必亲至京师，如此既可以省我道路之费，亦可以通彼向化之心，而其窥觇之萌，亦可潜消矣。"最后，丁伯通反对来自草原的移民，"至若诱引异类，混我中华，五胡之乱，良可鉴也"。[30]

弘治皇帝命相关部门仔细讨论丁伯通的建议。不过，明廷最

---

① 原著作"Ding Bolong"，核《明实录》原文，系"丁伯通"。——译者注

终也未能与小王子达成任何协议,丁伯通的其他意见也不知在多大程度上为明廷采纳。至于其中提到的移民问题,事实上,明朝自立国伊始便一直鼓励或容忍这一行为。弘治时期,明廷又将哈密难民安置于苦峪,但是没有让他们真正进入明朝内地定居。而某些来自草原的归附者却经常被安置于南方诸省。这些做法自明初至此,没有重大变化。丁伯通的奏议还表明,除了朝廷和边地,明朝其他地方的普罗大众也对其边防安全问题有所担忧和关注。

小规模的劫掠一直没有停止。从弘治八年(1495年)到弘治十一年(1498年),甘肃、凉州、庄浪、宁夏、延绥、独石、马营、密云、宣府、大同、蓟州等地零零星星遭受袭击。明廷有没有能力制止这一混乱局面?明朝幅员辽阔,无所不有,明朝的边防线背后有广阔的中原及南方作为资源供应地,因此它绝不可能屈服于这些边境骚扰。明朝也不时地借机向"虏贼巢穴"发起进攻。

弘治十一年(1498年),总制边务、太子太保、左都御史王越"率师袭贺兰山后虏贼",大获全胜。兵部论功行赏,最终议拟官军升二级者2人,升一级者47人,升署一级者73人,给赏者1635人,弘治皇帝批准了兵部的建议。王越因前述成化十六年(1480年)与汪直一起发动的战役而声名鹊起,可以说,他有着丰富的草原战争经验,而此次战役是他政治生涯最后的光辉。据《明实录》记载,王越此次战役的情况如下:

先是,(弘治皇帝)敕谕总制(王)越云:"贺兰山后乃虏贼巢穴,累次寇边,皆自彼而入。使其住居年久,熟知地方,或诱引北虏大众,或招来野乜克力等夷,为患不小。尔须运谋追剿，毋令滋蔓。"越自宁夏遣将，分路发兵。延绥副总兵、都指挥同知朱瑾领兵二千出南路；宁夏镇守太监张僩，总兵官、都督同知李俊领兵二千出中路；副总兵、都指挥使张安，监枪右监丞郝善领兵二千出北路；越居中制之。张安、郝善分为二哨，北哨行五十余里，至花果园遇贼，击之，斩十三级。南哨至蒲草沟，贼望见，畜产遍野弃不顾，急从沙窝遁去，七人不及走，斩之。其一人衣甲居幕甚整，意其酋也。合兵追至大把都，贼集其众，分为三面，并力驰突。我军下马，用枪铳御之，贼稍却。骑乘势急击之，斩十级。日晡，张安收兵回，伏兵道傍，贼来袭，遇伏走。郝善领兵截其去路，复追斩八级。又追至柳沟儿，斩三级，贼西遁乃还。宁夏城凡得贼首四十二，骆驼十九，马百二十二，牛羊、器仗千数。是役也，安、善功为多。[31]

而在边防线东部，朵颜三卫亦开始寻衅滋事。是年夏，其使臣在进贡时请求明廷多加赏赐，被明廷拒绝，遂聚众袭击北京北部的密云和古北口。为此，明廷令镇巡等官调马兰谷官军1000名，助古北口防守，分番更代；京营轮操官军原存留密云防守者，令仍旧防守，逃者重治之。又于见操官军内精选骑卒3000名，令都督杨玉领之，驻永平、三屯、建昌等营；马步卒各1500名，令王玺领之，驻密云，以为掎角之势。官兵们又各得银2两、布2匹等赏赐。[32]

不久后，兵部对明朝防线建设作了回顾。其文曰：

太宗文皇帝迁都北平，聚天下精兵于京师，而辽东、宣府、大同、宁夏、甘、凉各宿重兵,以镇其地。然各镇俱有险可据,独大同外有海子,水草便利,虏可久住牧马,内无重山限隔,虏得出没其间,故大同、宣府二镇为尤重。当时,将官得人,虏不敢近边。宣德以后,将官渐肆贪侈,剥削军士,武备日见废弛,所以正统十四年,也先犯顺,大同几于不守。成化十九年,小王子复仇,大同官军大遭摧衄。故景泰初年,每镇增巡抚都御史一员,假以重权,无非欲其振扬威武,御虏以安边也。

皇上即位以来,德威远被,胡虏不敢拥众侵犯,以此边将日以怠忽,益肆贪婪,耽于宴乐,军马操练,惟务虚名,斥堠不谨,烽燧不明,虏入则获厚利,交战辄被损伤,职此故也。若乃边粮旧制,俱纳本色,近年收纳,每石折银或八九钱,或一两有奇,及放支率不照时直,每石折给三四钱,或五六钱,以致军士怨嗟,罔肯用命。近本部左侍郎李介经略三边,阅实军士无马者一万余名,守臣匿不奏请。今春北虏进贡,大同守臣纵令官军势家,用彩段、衣服、铁器等物,易彼达马,虏因肆轻侮,出境三日,随即犯边,观其赋马匹以易铁器,彼之奸谋诡计,概亦可知。

近日,大同奏达贼在边,多寡不一,又传北虏欲乘秋熟入寇,而朵颜三卫圣节不来进贡,即今数犯永平、辽东、密云等处,杀伤官军,此皆边将怠忽所致……乞敕天下各边总镇、镇守、总兵、巡抚等官,令各体朝廷委任之意,洗心涤虑,竭忠报国,操练人马,修浚城池,缮甲厉兵,蓄威养锐,绝宴饮之私,止贪黩之礼。其巡抚都御史尤宜振扬风纪,禁奸恤民,将领失小者以礼相规,奸贪者执法劾奏,万一偾事，法不轻贷。其各边管粮郎中等官，今后折支月粮，俱照彼中时直，不许减少，致失人心。其巡按御史若风闻镇守、巡抚等官不职，及管粮官折银减价，许指实劾。"[33]

弘治皇帝自无异议。这份奏议亦实际指出彼时各方有识之士对明朝边防安全的观点，即边防安全最终取决于边防将士的态度和士气。明军主要采取防御姿态而非进攻，而这一姿态显然更为单调且遥遥无期。保持警惕何时到头？但诚谓"一鼓作气，再而衰，三而竭"，明军不可能时刻保持高亢的斗志，即使采取临时纠正、补救、弹压等措施，其效果亦难以持续很长时间，故类似的措施必须时常重复。

边防各处的袭击侵扰仍然不断，但明军束手无策，明廷不得不对边防部队进行严厉惩罚。大同总兵官、都督佥事神英等，因私下"与虏交通"，走私铁器而被弹劾，其下属赵昶等被处斩，余皆各受其罚。弘治十二年（1499年），大理寺左寺丞刘宪前往勘验宣府方面出现的失误事故后奏道："各边被寇杀掳人畜，屯守官多匿不报，或报不尽实，请定议治罪，以为后戒。"对此，兵部建议："自今各边及腹里地方，遇贼抢掠人畜，分守、守备、备御、管屯、坐堡等官，凡隐匿杀掳人口十名以上，头畜三十以上，军民职官问罪毕日，俱降一级，隐匿数加一倍者，降二级，加二倍者，降三级，甚者罢职，罪坐原隐匿官。其镇、总等官知情不举者连坐。"弘治皇帝是其议。[34]

是夏，谍报称："虏贼五营，约有数万。四营起往东行，一营欲来宣府复仇，请先为之备。"兵部覆奏："北虏部落，往年春过河未久，即趋东北驴驹河住牧过夏。今自出套之后，久在大同、东胜、偏头关等处潜住,时遣轻骑伺间窃入,杀掳人畜。近被宣府官军截杀,必有报复之心。且虏情谲诈,变态不常,况脱罗干之子火筛,枭鸷尤甚,不可不为之备。大同、宣府军马各守分地,其势自寡,延绥援兵不能卒至。往年,因北边有警,尝命京营太监杨穆、平江伯陈锐,及都督二员选官军二万听征。今请于团营原选官军内简精兵万人,命大将一员统之,以俟调遣。仍佐以都督二员,其军士甲杖驮马之数及银布之赐,俱如前例。"弘治皇帝从之。[35]

此时,有明一代享国已131年了。尽管历代皇帝命令不断,明军也大规模动员修筑防御路障、工事,但离北京最近的宣府、大同一带,防御建设稍显脆弱,边防地带仍有荒凉之处。这些地方人手不足、物资匮乏,庞大的边防建设工作却仍在进行。那么,问题在于,明朝政权的腐败是否已经到了无可救药的地步?抑或其所为,本身就已超越人类所能承受之极限?是年夏出现的令人担忧的事件,直接导致这些问题的提出。据《明实录》记载,该事件始末如下:

先是,大同开市易马。左副总兵、都指挥佥事赵昶,与总兵神英,都督宋澄、马仪,参将李玘、秦恭,奉御侯能,及游击将军刘淮,皆令家人以段布市马。而英、昶家人因以违禁花云段与虏交易,提督使馆都指挥李敬亦因而市马自入。顷之,虏使完者欲引境外虏众入市,托言在馆虏众多染疾,欲往牧马所避之,而私以马一遗敬。敬为请于守臣而许之,由是虏众纵横出入,居民苦之。既而虏复以迎归使为名,驱马入小边,诱贸铁器,太监孙振、都御史刘瓛,及英不为防制，故远近商贾多以铁货与虏交易，村市居民亦相率犯禁。既而虏使回，令昶以奇兵三千防水口堡，英及昶等复以货易马，前后所得各九十余匹。虏使出境未远，昶即驰归，致虏内外合势，攻围蔚州、马营等墩，烽燧数百里不绝，告急者踵至。英等不为意，淮驻兵近地，闻寇不救。未几，引还大同，虏遂陷马营，转寇中、东二路，共杀守墩官三人、军三人，掠九人，伤十人。参将李玙，都指挥刘英及指挥赵彪等不能统兵追寇，都指挥余庆、姜瓒不以时修各墩月墙、悬楼，故马营为虏所入。时边民喧传总兵以下用铁器易马，而英与昶素有隙，又以争市马互相讦。

尽管事态严重，但弘治皇帝并没有雷霆万钧地惩处这些涉事将官，大多数人的处罚是降职，最终乃得赦免。[36]

在大同其他地方，虏贼又陆续抢掠人畜百余。可以说，自夏而秋，袭击一直在发生，更有令人担忧的消息传来，言北虏与朵颜三卫串通谋划，欲图不轨。[37]

以此观之，腐败问题在明军北境防线的瓦解中所害非小。当然，物资、人力损毁问题，亦应予以重视。弘治十二年（1499年）十月，南京礼科给事中彭城奏："臣闻北虏连岁为寇，三边弗靖。乃者，宣府驰报，虏复屯边，将谋入寇。朝廷命将刻日出师，团营之军，虽号精锐，但富者苦于纳钱，贫者困于工役，武事废弛，渐不如初。夫内有重兵，则无强敌，方选兵出征，而内兵单弱，不可不为之计。请以山东、河南、腹里地方接操官军，不论班次，选其精壮，遣入团营，给与粮草，日加训练，暂留不更，俟大军凯旋遣回。"弘治皇帝和兵部赞成其意见。[38]尽管腐败令明廷君臣夜不能寐，但体制尚可正常运作，政权尚不至土崩瓦解。

* * *

此前我们谈论哈密地区的局势，止于弘治六年（1493年）吐鲁番重据哈密之时。

在前述弘治皇帝对阿黑麻发出敕谕后，礼部尚书耿裕等道：

> 土鲁番速檀阿黑麻，往年不道，朝廷已赦其罪，令通使如故。继而遣使贡狮子及马，朝廷复许其自新，优其礼遇，赏赐犒劳，悉从厚典。归顺无几，旋复为逆。虽曰其中事情曲直，不能尽知，但其僭拟可汗名号，称兵犯顺，不可不虑。且国家驭夷狄，宜惜大体，而待夷使不宜太隆。前项夷使自去年五月到京，久不宣召。今自三月以来，宣召至再，复赐表里、布匹、羊、酒等物，正值虏酋番文到京之后，彼夷狡黠，将谓朝廷恩礼视前倏焉加厚，以为因彼虚夸强盛，似畏彼而然。事干国体，不可不慎。况虏酋崛强西土，久蓄不庭之心，则其遣使朝贡，必择其亲信狡黠者。今乃令其出入内廷，略无防范，其间万一有奸细窥觇之情，潜蓄凶狞不轨之虞，虽悔无及。今哈密使臣写亦满速儿等应得宴赏，俱已完毕，未肯起程，口称恐朝廷仍复宣召。夫不宝远物则远人格，况狮子本一野兽，不足为重，何至上烦銮舆，屡加临视，遂使丑夷得以借口！且给赏番王物件，俱系写亦满速儿收领，若再迁延不还，必启虏酋致疑，将谓俱被拘执，恶心

日长，将来边衅，又未可知。乞令大通事前去会同馆省谕各夷速还，照例送至甘肃。至于宣召赏赐之数，乞赐停止，庶几绝其觊觎之望。

弘治皇帝同意将吐鲁番使臣遣回，但仍予以赏赐，"俾知朝廷柔远之意"。[39]

随后，弘治皇帝命兵部右侍郎张海、前府都督同知緱谦一起经略哈密。弘治皇帝赐之敕曰：

近得甘肃守臣奏，哈密城池为土鲁番阿黑麻占据，虏去忠顺王陕巴，杀死都督阿木郎。及缴到番文，言涉不逊，显有欲起边衅之意。事下兵部，会多官议，已发遣其来朝使臣回还，就令赍敕责谕阿黑麻，使其改过。

及敕甘肃镇守、巡抚等官，严督沿边将卒提备。朕念边方事重，难以遥度，今特敕尔等，委以一方安危之寄。尔等须念朝廷此举非但按行故事，盖以本朝边境惟甘肃为最远，亦惟甘肃为最重，祖宗于此屯兵建阃，非但制驭境外之生夷，亦以抚绥境内之熟羌也。承平日久，兵备不无废弛。内之依附者，非我族类，其心叵测；外之朝贡者，恩泽既厚，怨谦易生。尔等徐观事势，密为经略，在内者安定之、分背之，使不萌外向；在外者消弭之、震叠之，使不敢内侵，斯为经久之计。

且甘肃地方，路在番族、土达两界之间，番夷与军民杂处，种类非一，老子长孙，久成家业，难尽驱遣。又自哈密失守之后，随军慎内附者，处之苦峪，既无复返，今又来奔，中间或有别种，岂无异心。奄克孛剌不知其心向背如何，一旦有事，恐难拒守。其行都司在外七卫二所，并嘉峪关外近边之地，更有堪以屯聚耕牧之处，及苦峪近地有无废城遗垒可以兴复建置，详加询访，熟思审处，必有利无患，可以为安内方略来上。然必安徐慎密，勿使几微彰露，恐事未必成，或生他变。

若夫制外之策，如军马、甲兵、城堡、关隘、沟堑、墩台、斥堠、屯田、粮草等项，及管军戍守头目人等，宜同彼处守臣从长计议，酌量停当，便宜施行，不可偏执，务图经久无弊。此外，尤须密切用心，询问沿边一带退闲宿将，经战老卒，与凡曾出境和番、越关私贩番汉之人，及虽本胡种，生长内地，无复外心，而为众所孚信者，多方召集，因事讨论所以制御慑服万全之策。潜遣间谍，招徕降附，审实其强弱分合之势，缉访其向背虚实之情，画图来上，待报回京。故谕。[40]

弘治皇帝的敕谕起了两个方面的作用。其一，他告诉了张海、绶谦等地方臣僚何为应然。其二，他向他们展示，天子对当地格局和族群聚居情况是如何了如指掌——这固是臣下们早已耳熟能详之事，但现在天子知道了，臣下们不能再轻易以假消息欺君罔上。

弘治六年（1493年）夏，甘肃镇巡太监傅德奏："哈密夷人有自吐鲁番来者，报速檀阿黑麻纠集虏众，牧马北山，欲待草青马肥时，分为二路，直抵甘肃，会兵为一，攻城抢掠。防患之计，不可不虑。"

对此，兵部称：

> 今走回夷人皆先年被虏者，既属土鲁番部下，复往来进贡，宿留甘肃，知我虚实。今次所传，非阿黑麻故纵之来，佯为虚喝，以胁赤斤、罕东诸番，必哈密夷人因本国失守，地方难居，故造为此言，图缓发遣，事皆难料。但阿黑麻远处西陲，贾胡专务买卖，少习骑射，似不足虑。所虑者甘肃孤悬河外，止有兰州河桥一路，可通往来。若此路一阻，则转输不通。况今北虏部落被瓦剌杀散，住牧宁夏贺兰山后，恐此后闻风乘隙侵犯，庄浪西路兵马卒难应援，似为可忧。请移文巡视侍郎张海、都督缑谦，会同镇巡等官，令副总兵张怀、右参将彭清同心协谋，凡可保障守御者，事事有备。仍将东路各城兵马亦严加整饬，仍令陕西镇巡官将陕西并洮、河、岷三处原选官军委官分领，于安定、会宁、兰州等处驻扎，如甘、凉有警，以陕西官军移向兰州，洮、河、岷官军移向庄浪。果肃州警急，听张海等调用所在刍糗储偫，请移文户部查处，以备支用。

弘治皇帝是其议。[41]

以此观之，明廷很重视哈密—吐鲁番的局势，并为此加强了某些安全措施。尽管吐鲁番本身并非大的军事威胁，甚至连威胁也谈不上，但它很可能成为其他政治势力（尤其是瓦剌）袭扰掳掠、抢夺领土的催化剂。

随后，傅德又奏：

近得兵部移文言，凡哈密夷人来奔者，送赴苦峪，各处夷人亦并散遣，毋令散布肃州。今五月将终，寄住夷人播种已毕，计日望秋，若遽从发遣，纵使量给种粮，止可救济目前，以后仍前缺食，或复逃回肃州，或被逆虏扑掠，恐彼各怀疑贰，因致他虞，反堕阿黑麻奸计。乞将各夷暂存肃州、甘州、山丹、永昌、凉州安住，以系其心，分散势力，以防不测，待来春斟酌夷情事势，量给种粮，发去苦峪住种。

弘治皇帝和兵部同意这一意见。[42]这一计划最终付诸实施了吗？我们不得而知，或许没有。

一年后，弘治七年（1494年）六月，兵部右侍郎张海上安边方略六事：

一、驭戎以定酋帅。甘肃即古河西五郡之地，自哈密为土鲁番侵占，人民奔溃，诸夷熟羌来归，在边安插，积聚数年，蕃育日多。群犬豕之人而豢养之，有识寒心。已尝奏行守臣，欲令驱遣，因彼逋逃穷虏，不可轻动，至今徙之尤难。况此虏心性叵测，今转徙日久，不立酋长，未有统摄，异日酿成大寇，卒受其弊。今甘肃等卫皆系镇守分守重地，屯宿重兵，皆有外城，分住夷人，可以安辑。防微杜渐，终宜驱出，但未有隙可乘耳。及译审都督奄克孛剌、都督佥事写亦虎仙[43]等皆可任使，俟哈密平复，设都督一人，命奄克孛剌治事，以写亦虎仙等分领诸夷，则远有酋帅之托，近无几席之患矣。

一、立法以除乱本。访得哈密夷人马黑麻打力先使土鲁番，因叛附之，寻率番众入寇，戕杀军慎，夺据城池。后冒充番使入贡，归则纠合哈密诸夷投顺土鲁番，残灭其国。至今一国夷人，怨入骨髓。此贼家属，有寄住甘州者，乞责令抚夷官密为防范，俟哈密恢复之日，锢之本地，以待彼贼或来归者擒之，治以重法。则内以惩创夷人，外以阴剪土鲁番羽翼，祸乱可息也。

一、重译以审夷情。中国之于夷狄，其情难知，如得其情，思有以制之，安能为中国患哉？今访之，土鲁番在哈密迤西七百里，土城大如营者三，小如堡者十六，戍甲不满三百，兵马不满三千。亲党俱亡，止兄一人与相仇杀，左右亲者十一人与治国事，外无近番可恃之国，内无中国交通之人。昔狼何欲约匈奴绝汉，赵充国敕视诸羌毋令解仇；元昊寇宋，皆野利、天都二将之策，种世衡以谋去之。今土鲁番之情状事势，卒难周知，乞敕甘肃守臣或因其向背，或迹其虚实，或用世衡之谋，使彼亲者相离，或从充国之计，使彼仇者不解。俟时而动，则虏情前之（知），庙算先定矣。

一、先计以遏乱略。阿黑麻蟠据西域，交构叛夷，以规贡利。昔莎车杀汉所置莎车王，冯奉世矫制诛之；郅支单于拘留汉使，陈汤矫诏杀之。今阿黑麻杀军慎，有莎车之罪，执陕巴，有郅支之恶。臣计此虏专仰贡马为生，此可以计屈，未可以兵破。若仍务姑息，恐堕其计中。以占哈密为利阶，以养陕巴为奇货，乱将何时已邪！乞将今之赏赐土鲁番使臣衣服银两追回，发甘州收贮，封闭嘉峪关，暂绝西域贡路；将本番使人男妇拘留，以彰天威，以挫虏志。纵一二人归语彼酋，自审去就。责重主将，练兵聚粮，为经久战守之图。俟此虏款塞求通，果有诚意宾服，上请区处，则内振国威，外定祸乱，哈密可复矣。

一、修边防以固封守。甘肃东中西三路，延袤二千余里，四当敌冲，盗贼出没无时，若不因地制利，务为悠久守备之图，恐盗贼滋蔓，为祸不可胜言。臣按诸路或当增筑墩墙，或当修理壕堑，动有数十百里。取水之路，远者或四五十里。工程浩大，必岁久乃可成功。乞敕甘肃守臣督官军于农闲之时，渐次修理边防。或地有沙石者，用古人植木立栅之法。或水路不通者，用他边窖水之法。使营垒相望，哨守相闻，靖虏安边之计得矣。

一、预调度以足兵食。甘肃地远寡援，一有警急，赴京请兵，往回万里。及调客兵，缓不济事。迩者议调陕西洮、河、岷之军策应，寻复中止。然宁夏虽近凉州，系腹里边方；洮、河、岷虽近庄浪，系腹里卫，分官军用之，有名无实。惟延绥之军，生长边陲，谙识战阵，乞敕延绥守臣，请选游兵三千，本镇操守，专听甘肃调用。及行户部区画粮草，务足主、客兵五万人三年之食，则足食足兵，久驻之基也。[44]

弘治皇帝命兵部会议以闻。张海的计策中，核心在于将军事因素加入朝贡贸易中，并利用这一兵威所向迫使吐鲁番放弃哈密。他的计策中包括"封闭嘉峪关，暂绝西域贡路"等，这会导致丝路上的势力对吐鲁番产生广泛敌意。吐鲁番咎由自取，阿黑麻别无选择，只能答应明廷的要求。而明廷则真正做到"不战而屈人之兵"。

张海之策，效果几乎立竿见影。七月，吐鲁番遣使来贡方物，

并还所虏哈密夷人。对此,张海、缑谦等又言:

> 凡西域进贡,肃州验入,甘州再验入奏,此旧例也。比土鲁番杀阿木郎,执陕巴,据哈密城池,朝廷降敕,谕以祸福,彼虽遣使来贡,然陕巴未归,城池未献,似欲假修贡以款我师耳。今已止其使于肃州。如陕巴果回,乃许令入贡,如尚执迷,宜降敕开谕,令其送回陕巴,献还城池,朝廷当加大赉。不然,则将兴师致讨。如此庶可以警悟其心。

弘治皇帝命兵部会议以闻。
于是,兵部会五府、六部及科道等官议处侍郎张海所奏事宜。议后,群臣奏曰:

> 土鲁番阿黑麻劫哈密陕巴,令头目牙兰据其城池,虽进贡如故,而留陕巴不遣。若复降敕,似为烦数,有亏国体。宜行侍郎张海遣人再往开谕,如送回陕巴,献还城池,则许其进贡,如尚不然,仍拘留其使人写亦满速儿为质。今者所贡方物,尽逐出关以绝之。仍敕甘肃镇巡等官,简练军马,慎固封疆,遇有可乘之机,密调罕东、赤斤等卫番汉兵往哈密袭杀牙兰。或无可乘之机,封闭嘉峪关,无纳其使,其计亦将自穷。陕巴虽封为王,未受金印,其来与否,于中国无所损益,宜别推贤者在彼治事。如陕巴果还,当别议处之。

因其他大臣对此议尚有疑议,弘治皇帝命兵部、礼部会廷臣再议。他说:"所议处置夷情并进贡夷使未见归一,礼部、兵部仍会官再议以闻。"

兵部、礼部会廷臣再上议曰：

> 阿黑麻蕞尔小虏，远居西域，杀罕慎，虏陕巴，残破我哈密，已至于再。及朝廷降敕戒谕，彼犹肆其凶虐，若复容之，则国体日弱，虏志日骄。宜仍行侍郎张海等，如陕巴已还，城池已献，则令其使入贡，先所留使人即发遣出关；若陕巴未回，城池未献，则绝其所贡，所拘使人仍留不遣。自后，若天方国、撒马儿罕来贡，皆许之入，以示怀柔。其土鲁番者皆不许入关为当。

弘治皇帝大体赞成这一建议，但仍提出："所议诚是，但陕巴系阿黑麻同类，其来与否，既与中国无所损益，并哈密残破城池，如其献还，当何以处之。仍斟酌议处以闻。"

礼部、兵部会廷臣第三次上议曰：

> 陕巴乃安定王千奔之侄，忠顺王之孙。往岁朝廷以阿黑麻献还城印，复封为王，令守哈密，盖欲其镇抚夷人耳，今乃复为阿黑麻所虏，孱弱可知。就使复还，亦难复立。而哈密又不可弃，谓宜革其王封，暂居之甘州，仍给赏安定王，语以陕巴不能守之故，且令都督奄克孛剌理哈密卫事，都督写亦虎仙等分管三种夷人。其苦峪城垣壕堑，令甘州守臣预为修浚，凡夷人散处甘凉者，尽令还居苦峪，给以牛具、口粮。奄克孛剌及写亦虎仙、阿南答、拜迭力迷失等，及赤斤、罕东二卫头目，宜量加赏劳，以结其心。复敕奄克孛剌、写

亦虎仙等，使互相协辅，并敕罕东、赤斤二卫都督等，固守藩篱。如陕巴未还，不必索取，俟有可乘之机，则动调番汉官兵掩杀牙兰，克复城池，然后徐移于哈密居守。若此虏以贡路不通，或欲侵犯苦峪，仍令奄克孛剌等相机剿灭。

这回，弘治皇帝终于同意他们全部意见。[45]

关于这一战略，有三点是很清晰的。其一，朝贡体系中加入军事因素，作为一种控制对手的潜在战争手段，现在已经普遍获得明朝君臣认可。其二，明廷明确肯定了哈密的地位和价值。其三，不再对黄金家族后裔加封明朝官号。无论是阿黑麻（察合台系）、陕巴，还是小王子（拖雷系），明廷都不再授予官号。这当然可以有效降低明朝管理诸部势力所需耗费的时间和精力，同时亦暗示诸部势力对这类名号需求的减少。

八月，大通事、锦衣卫带俸指挥佥事王英对形势提出了自己的看法。他奏道：

朝廷设哈密卫当诸夷通路，每岁各处回回进贡者至此，必令少憩以馆谷之，或遇番寇劫掠，则人马亦可以接护，柔远之道，可谓至矣。今速檀阿黑麻悖逆天道，二次犯边，朝廷不即加罪，仍抚之以恩。阿黑麻不思悔祸，乃复夺城池，劫金印，执陕巴，迹其所为，背逆益甚。闻罕东左卫居哈密之南，相去止三日，野乜乞里居哈密之东北，相去止二日，是皆唇齿之地。阿黑麻于去岁八月内约哈密守城头目牙兰，遣使至罕东左卫都督只克处，胁令投顺，只克不从。野乜乞里原属哈密，今与阿黑麻仇杀，阿黑麻又曾杀其头目罕乃法思，其弟火者赛亦、子密儿赛亦皆思报怨；又与其父头目阿巴乩乞儿不和，阿巴乩乞儿亦思报复。则其四邻亲信皆有离心。今宜降敕旌劳罕东、赤斤蒙古，使之尽心图报，毋为阿黑麻所诱；并遣人密会火者赛亦等合攻，以除土鲁番之患，是以夷攻夷也。又迤西各国进贡，皆借以互市图利，每往来路经土鲁番，凡方物赏赐，皆为阿黑麻择取，然后许过。今各国使臣在边，但下令不许进贡，则各国因失利之故，必与阿黑麻为仇，而阿黑麻妻子亦不得各处贿赂，安能无怨？是土鲁番之城空无人迹，必不能久占哈密矣。

作为翻译通事，王英对此地区的局势似乎洞若观火，他的建议有助于明朝在哈密——吐鲁番地区占据主动优势。然而兵部提出疑问：

> 以夷攻夷，虽驭戎一计，但夷性不常，向背难倚。或事不成，岂惟贻诸番之轻侮，将益增逆虏之狂悖。幸而成功，彼必恃功邀求，从之则何以满溪壑之欲，不从亦何以塞衅隙之端。为国远谋，当捐近效，宜但如前会议侍郎张海所处事宜，敕谕甘州守臣整兵操练，遇有可乘之机，量调番汉官兵征剿。仍传谕罕东、赤斤并野乜克力诸番，皆养威蓄锐，以俟调遣，不可轻率贻侮，庶得安攘之道。

弘治皇帝认为"中国驭戎当存大体"，于是决定采信兵部的意见。[46]

哈密地区有回、畏兀儿、哈剌灰等诸族杂居，情况比较复杂。鉴于此,哈密都督奄克孛剌告诉张海:"夷人以种类高者为根基,非根基正大者,不能管摄其族类。请以回回都督佥事写亦虎仙及失伯颜答管回回,委(畏)兀儿知院阿南答及指挥使苦木管委兀儿,哈剌灰千户拜迭力迷失、平章革失帖木儿及舍人迭力迷失虎力管哈剌灰。"张海将其原话据实上奏,并称:"七人者夷心信服,宜稍崇名号,设为酋长,庶几得其效用。"弘治皇帝同意其意见,命写亦虎仙等三人各照旧授以原职,阿南答、拜迭力迷失、革失帖木儿俱升指挥佥事,迭力迷失虎力授世袭正千户。[47]

十一月,弘治皇帝又敕谕张海、缑谦:

> 哈密城池乃我太宗文皇帝所立,固不可轻弃,今为牙兰所据,且屡经残破,纵使献还,亦难遽复。宜令都督奄克孛剌如往年军慎故事,掌管哈密卫事,与都督等官写亦虎仙等分管三种夷人,暂居苦峪,养威蓄锐,渐图兴复。其城垣壕堑营堡等项,尔等预为修筑完备,通将散处甘、凉各卫哈密夷人尽数送去,合用口粮、牛、犁等项,亦如往年事例,量为措办验给,必须足用,不至告乏。仍支给官钱买办彩段、梭布,量赏赤斤、罕东二卫头目,并奄克孛剌、写亦虎仙、阿南答、拜迭力迷失等,以结其心,令其益坚臣节,因守藩篱。凡敕中所载,皆是会官计定事理。敕至,尔等即会同彼处镇巡等官,酌量事宜而行,务使夷民安妥,边方宁靖。处置毕日,具奏回京。[48]

但就在两个月后,张海、缑谦就遭科道官弹劾而下锦衣卫狱。这一惊变令人错愕。那么,到底发生了什么事?

第九章 弘治时期——负重致远（1488—1505年）| 0511

我们先来看看弘治皇帝敕谕后，张海、缑谦二人都做了什么。据张海奏：

> 今阿黑麻贡使复来，而陕巴尚未归，城池尚未复，臣谨遵成算，凡阿黑麻所贡方物，尽数驱逐出关，示以绝意。其前次贡使写亦满速儿等一百七十二人，仍旧拘留不遣。原给赐阿黑麻并使臣彩段诸物，悉贮之官库。当日即封闭嘉峪关，暂绝西域贡路。此后，如天方国或撒马儿罕使臣来贡，仍左验放入，其来自土鲁番者，一切拒之，万一阿黑麻自欲送死，则我边将士及哈密之寄住苦峪者，自有以待之矣。臣自至甘州以来，苦峪城池修浚者数百丈，哈密、甘、凉地方诸夷往居苦峪者已二千余人，其行者有所赉，来者有所止，耕者亦颇有其具矣。臣当归朝，谨具疏以复命。

那么，张海、缑谦二人的任务完成了吗？我们不知道，但据科道官的弹劾，二人被捕下狱的原因是"海等奉命经略哈密二年，事未就绪，辄上奏请还。及至真定，复得敕，令赈恤甘、凉边军，海等又不复请命，径入朝复命"。[49]

张海卒于弘治十一年（1498年）。吴宽为他撰写的墓志铭解释了他提前回京的原因："西方既无事，公乃还朝，将陛见。或谓宜疏经略事目以上，公曰：'吾昔已具奏矣。'已而言官劾公不俟召而还者，遂落职，有山西之命。"[50] 缑谦则只能无奈"住俸闲住"。[51]

张海、缑谦经略哈密之事，权住于此。当然，他们仍有未竟之事。在他们去职之前，曾经有镇守甘肃太监傅德奏道："哈密卫秃兀儿夷人乩儿的乩党土鲁番为恶，其家属宜安置广西边方，以离散其党。"兵部决定令兵部侍郎张海等复核。于是,张海等奏:"乩儿的乩结婚土鲁番,附阿木郎,谋害奄克孛剌,坏乱哈密,人皆知其恶逆,已取至甘州居住。但凶恶之性,终难悛悔,留之不遣,则官军有防范之劳;徙之苦峪,又恐为异日之患。解送广西事体为宜。"弘治皇帝是其议。⁵²

* * *

张海等确实不应过早回京,因为哈密的局势仍暗流汹涌。丝路不断遭到蚕食,明廷新派遣赴任的官员,必须应对这些来自四面八方的威胁。

镇守甘肃都督同知刘宁等向明廷奏报了两条消息。一条来自罕东左卫都督只克,言"沙州地方屡被土鲁番阿黑麻抢杀,且逼胁各夷归附";另一条来自哈密都督奄克孛剌,言"苦峪城内近被火烧毁房舍,无以自存,乞容归降"。刘宁请求朝廷赐其牛、犁、种、食。又有传言,"阿黑麻欲夺苦峪、赤斤、肃州等处",刘宁请求"缮修赤斤城以为之备"。此外,刘宁还认为:"哈密、罕东、赤斤俱我藩篱,今哈密之居苦峪者被火,罕东之沙州被寇,义当救恤,但苦峪去肃州逾四百里,其地贫薄,水草不足以自给。赤斤城高,复饶水草,且去肃州为近,有急易于应援。请令苦峪寄住者悉迁之赤斤城内,其城或有颓圮,宜及时修治。并请遣人赍服食之物,往抚谕沙、瓜、王子庄等处番夷,以坚其内附之心。复递遣哈剌灰各种夷人有贰心者,互来入贡,用破散其异谋。前此肃州拘留阿黑麻贡使写亦满速儿等,请安置烟瘴处所,以正国法,且防其逸出之患。"对此,兵部议曰:"宁等所奏多可行,惟写亦满速儿等不必安置远方,但量移陕西近地,仍官给酒食。俟阿黑麻悔过之日,并其赏赐之贮库者,悉以归之,于事体为便。"弘治皇帝是其议。[53]

除了《明实录》,许进的《平番始末》对此亦有详细记载。弘治八年(1495年),许进升左佥都御史巡抚甘肃,与太监陆訚、总兵官刘宁共同经略哈密。许进称,其上任伊始,即遣夜不收6人前往哈密探查情况。夜不收等回报称,牙兰和撒他儿率精兵200据守哈密。牙兰此人机警而有勇力,传闻能并开六弓。他非常关注自己的安全,为了隐藏自己的行踪,他可以连夜移徙驻所多达十次。他招徕大量雄黠之人,时常切磋如何干扰阻挠明朝在该地区的影响。

基于此,许进提出建议:

> 哈密事未易言也。昔我太宗建立此国,为虑最悉,外连罕东、赤斤、苦峪等卫,使为唇齿,内连甘肃等卫,使为应援。若哈密有警,则夷夏共救之,此非为哈密,为藩篱计尔。土鲁番去哈密千余里,中经黑风川等处,俱无水草,虽其人惯战习兵,使哈密有备,诸番掎角,我兵乘之,其易破哉?王母之虏也,实以哈密久安忘备,土番[①]乘间袭之尔。既而哈密逃散者不能自归,一切仰我经略,我边又不肯身任其责,令其暂住苦峪等处,蓄精养锐,以图恢复,是以日月坐迁,愈久愈废。罕甚(慎)之封也,天兵之威未加,土番

---

① 许进《平番始末》中之"土番",指吐鲁番,而非藏人。下同。——译者注

之情未服，哈密之势未振，赤斤等卫之援未合，苟简为之，能不取败？罕慎既死，贼势益横，谓我兵不能远制，遂求为王，以主哈密。迨皇上震怒，下敕切责，则又佯归城印以款我谋，而其实王哈密之心无日不在也。大臣急欲成功，遽封陕巴，而不思土番何畏而不再来，哈密何恃而能死守，轻信寡谋，致有今日。且今牙兰凭其累胜之威，据有坚城，内外连结，大势已定，非复昔日或出或入专事剽掠之举，而哈密三遭残破，锐气已尽。近闻苦峪遗民种瓜放债，生理百出，皆不愿回本国，此岂有恢复之志哉？其赤斤等卫则又劫于土番之余威，心怀疑贰，踪迹不定。然则独欲以我兵与之千里争锋，诛寇立王，此谈兵之士所以为之束手而无策也。

众人皆问曰："公何如？"许宁曰："不袭斩牙兰，则天威不振，而土番终不知惧；不怀来诸夷，则声援不合，而我兵终不敢入。今日之计，结好北虏，抚谕南羌，收赤斤等卫未一之心，作苦峪遗民已馁之气，以夷攻夷，佐以汉兵，出其不意，则牙兰成擒矣。牙兰既擒，贼计沮塞，然后绥和诸夷，使之结为姻好，分守要害，以防报复。少迁苦峪居者之半，使之共守哈密，以理旧业。整饬我兵，联络声势，以为诸夷应援。如是则土番进不能战，退无所得，力屈智穷，称款有日矣。"

许进称，他将此用兵方略上奏后，弘治皇帝认可其奏议。未几，阿黑麻贻书于罕东都督只克，自称："速檀阿黑麻可汗敕书与只克都督、仓阿朵儿只、剌麻朵儿只众头目：在前我祖宗拜答儿主人的子孙在哈密住来，你沙州、瓜州大小人民皆属管束，进贡好物，和气住坐。此地原是我祖宗住的地方，如今我得了，缘何不照前例进贡？因这等气恼，所以来抢你。今后若差人投顺，与我进驼马便了，不然便动人马来问罪也。"

以此看来，阿黑麻也在试图构建自己的"朝贡体系"。问题在于，他的行为和领土宣告行为是否能得到明廷承认？其对明朝"藩篱"的争夺是否会被明廷纵容？阿黑麻此举，又是否能构建属于自己的边防"藩篱"？答案自然是否定的。

只克得书后，"惊惧失措，乃自驰上肃州"。许进览书，曰："事急矣，无赤斤、罕东，是无哈密也；无哈密，甘肃受祸矣。"于是许进上疏其事于朝，曰：

> 速檀阿黑麻冒认残元之裔，僭称可汗之号，既已占夺哈密，杀其国王，却又侵扰属番，逼令从顺。揆其动静，为志非小。且罕东、赤斤等卫属番住牧地方，实为甘肃西北藩蔽，若不早为区处，倘被土番侵掠不支，致令胁从，将来边患，有不可言。除将罕东左卫都督只克以礼优待，量给彩段、梭布、食粮等件，善加抚谕，令知朝廷恩威顺逆生死之理，照旧住牧地方，勿听哄诱，自贻后悔；其阿黑麻若果复来侵扰，一面驰报我边，发兵议讨，一面调集各卫夷兵并力剿杀。更乞敕哈密、赤斤、罕东三卫管事大头目奄克孛剌、只克等预先调定夷兵，遇有可乘之机，克期进取，仍量给各卫夷人赏赐以结其心，庶几番夷用命，成功有日矣。

书奏，弘治皇帝令厚赏只克，遣其返回罕东，然后复遣人赍缎布、食物分赐赤斤、罕东等卫抚谕之，并告诉他们："土番无道，朝廷已出兵克期声讨，尔等皆累朝有职臣子，宜坚守臣节，整兵以待调发，勿生异心，自取灭亡。若各卫军饷不足，许即来告，为尔转奏，量给协济。事成，朝廷自有升赏。"

只克大喜，即发书信答复朝廷曰：

> 先年设立哈密、赤斤、罕东三卫，如一家一般。阿黑麻他把哈密夺了，我每谁不怀恨他。昨日又差虎刺黑麻、扎麻力丁两个人来我罕东地方来说，也要我每投顺他。我只克等众头目只是不敢忘了皇帝主人洪恩，不肯投顺他。去年将我大小人口女儿都抢了，此仇几时报得。如众大人可怜见时，调罕东、赤斤、哈密三卫人马同到哈密，将牙兰头割了，也是报了我们仇恨。若不去时，恰似害怕他一般。

罕东卫坚定地站在了明朝的一边。随后，驻守苦峪、哈密都督奄克孛剌亦遣其头目脱脱忽、写亦虎仙等至，称言本国失火，延烧财产略尽，又被西蕃抢掠太多，欲求赈贷，其辞十分哀切。许进的僚佐皆言："此辈自寄居以来，即仰给于我，迄今所费不下数万。彼方以此为得计，不复以恢复为念，少有不足，辄来告扰我边，岂能一一应之？"许进却持不同意见，他说："不然。哈密三遭残破，人无固志，若非我边抚绥，称降土番久矣。今为彼图恢复，而先失其心，事何由济。且养之二十余年，而一旦弃之，何为也！"

于是许进向朝廷上奏，请令都督奄克孛剌继续约束部落，照旧于苦峪地方耕牧，所缺种子令人于肃州领取，趁时布种，无致流移。其被西蕃掳去的财物，许进亦请求朝廷"差抚夷官员拘集西蕃头目速鲁都思到官，抚追原抢行李，一一给还原主"。许进又叫来其使臣脱脱忽，亲自安慰曰：

> 土番无故灭尔国，致尔播迁，窘辱至此，孰不愤恨？朝廷忧念尔等，特敕甘州守臣厚加优恤，思欲为尔等报仇，兴复旧业。尔等为人臣子，惟知窥利，反不动心，岂不贻笑四夷？今朝廷知尔等终无大志，自欲为尔出兵，袭杀牙兰，兴复旧国。尔等宜坚守臣节，协力进剿，常差人密切哨探，遇有可乘之机，即便来报，勿执狐疑，自取后悔。

脱脱忽声泪俱下，拜泣道：

> 哈密不幸遭土鲁番害，国破人亡，皇天可怜见，留下些残民，住坐苦峪。若非皇帝主人与些口粮赏赐，也都饿死了，不能勾有今日。我每但说起此事，恨不得把阿黑麻碎割了，才报得此仇。只是人少，不敢向前，又遭火把行李烧了，过不得日子，只等天兵征进，我每随着出气力。天兵又不出来，延迟到今。如今朝廷可怜见我每，与了大赈济，又要出兵与我每复仇，我每就死合先去做头哨马，如何敢把朝廷的恩背了！

明廷准备发动一次远征。朝廷令抚夷官，"凡遇西域夷使入贡者，密为之言，告诉他们朝廷将有事于哈密，有能倾心向化、同力进取者，皆结为盟好，厚加赏赐，许其岁岁进贡，为国藩篱。其迤北房使进贡者，亦皆以此意晓之"。不久，肃州夜不收杨荣等四人回到明朝，报称其在天仓墩瞭望时，"被达贼捕捉到营"。其头目对杨荣等说："我是野乜克力人马，先前有满可王等去甘肃，见众大人，蒙朝廷与了大赏赐回来。今有赤剌思王、亦上因王、满可王、奴秃卜花太师、哈剌忽平章等从哈密地方上领着部下人口来到亦集乃地方住着，要与朝廷出气力。有大达子人马合我们去抢肃州，我们不肯依他，差我们来到这里住了十七个日子，今日才等着你。把你这八个马当下，另与你四个马骑，去甘肃见众大人告讨买卖，就差通事来说话，我们在这里住着，若外边有歹人来，我替你堵着杀。"随后将杨荣等人放回。恰逢奄克孛剌亦遣人来报此信息，许进告诉他们："北虏素诈，不宜轻信，然方有事西域，且诱致之，以孤土番之势，不然又生一敌也。"

与吐鲁番相比，明朝的一大优势在于它能为潜在的盟友许以重利。于是，许进遣抚夷千户陈杰同夜不收杨荣，领哈密哈剌灰人二名，携带羊、酒、米、面出境四处诏谕，如果有诚心归附者，便抚令前来。未数日，野乜克力头目川哥儿等34人前来投附。这些人说，他们"俱系野乜克力坐营大头目亦剌思王部下头目。有亦剌思王因是有外边大达子常要来抢，逼胁我每投顺，与他领路来犯肃州。我每不肯依他，将我每抢了一遭，说：'再不肯时，还要来抢。'因此我每亦剌思王将带马一千、驼二百、羊一千，与他陪话去了。我每在亦集乃地方上住，害怕汉人把我每错认做歹人，在外边住着，又怕大达子来抢。我每心里十分艰难，过不得，因此要讨个水草便利地方住着，与朝廷进贡出气力。就在甘肃城边做些买卖过日，别无歹意"。

许进等对此说审核无误后，决定厚加犒劳这些人。他上奏道：

> 野乜克力原系北虏乩加思兰暨思亦马因遗落部种，一向

潜住甘肃迤北亦集乃等处地方。自成化以来，时引外寇突出山丹、甘州、高台、镇夷等处掳掠，前后贼杀官军不下二百员名。在边窥利，积有岁年，山川险易，道路远近及城池虚实，军马众寡，彼尽窃知。今称在外边住则恐大达子抢，在内住则又恐我边剿捕，欲求近边住牧及进贡买卖。察其动静，虽非真诚，似见势不容已，将有向化之意。若不俯从其请，恐失虏心，致生他变。况今方有事于哈密，声援甚寡，若羁縻此虏，使居西北，一则足以牵制土番东向之兵，一则足以沮塞土番乌合之计。除将达人川哥儿等以礼抚待，官为措办段布等物，给付犒劳，使彼感激效顺外，伏望敕该部计议，准令此虏遇有大达子抢杀，暂于天仓境外威远地方躲避，无事之时，仍在亦集乃一带往来住牧。及照哈密事例准令进贡，照赤斤、罕东事例每季许来互市一次，不该互市之日，不许擅越境界行走。如有外寇侵犯，听其勠力剿杀。如此则边患少息，得以并力西事，而成功有日矣。

明朝还需要更多盟友。除了野乜克力部，还有哈密北部的小列秃部，他们是瓦剌人的一个分支。小列秃王与哈密有亲，其妹嫁与罕慎为妻。阿黑麻来袭时，小列秃亦出兵救援，而阿黑麻又将小列秃的哥哥和妹妹杀了，由是双方产生仇隙。于是，许进决定遣人探寻小列秃部所在。最终，许进的使者在小列秃部的原驻地找到了他们。小列秃王决定遣其头目脱脱迷力、脱忽麻为使，到明朝纳款称臣，脱脱迷力告诉许进：

> 我每小列秃见在把思阔地方住坐，今年三月里有小列秃

差他兄弟字罗罕等四人往速檀阿黑麻根（跟）前讲和去，到那里听得阿黑麻说："我每已抢了沙州，沙州都要投顺我哩，再要去抢瓜州等处，却怕小列秃路上打搅。不如先把小列秃抢了，然后去抢瓜州等处。将这差来四个人不要放回，留下与我每领路。"我每听得说这等话，暗行逃回，见小列秃才说了这话，阿黑麻随即差了四个人来到小列秃根（跟）前说："你这里差人到我阿黑麻一般管待，不知因何走回来了。"有小列秃说："阿黑麻在前把罕慎、阿术（木）郎哄着杀了，如今又来哄我，我至死也不信。和他元（原）是仇人，有甚好处。把来的人杀了三个，留一个领路，与他厮杀。"有小列秃收拾人马中间，有野乜克力头目奋克合（台）三十个人也到了，向小列秃说："我每往汉人地方上去，蒙甘肃众大人与了大赏赐、好筵席，打发回了。"小列秃闻的喜欢不尽说，我两下里差人往甘州去，情愿与朝廷出气力。因此，差我同脱忽麻来边上报知。

许进非常高兴，犒劳了两位来使。

此时，阿黑麻遣人至沙州，令只克等投降，并令其抄掠赤斤、苦峪、肃州等地。众人感到忧愁，但唯独许进认为这是天赐良机。何则？其载如下：

众方以为忧，余曰："小列秃请附，吾事济矣，阿黑麻不复能来也。"众曰："何如？"余曰："小列秃与野乜克力不同，野乜克力之称款也，特欲窥利于我，我边抚致之，亦不过欲孤土番之势耳，岂能得其死力。若小列秃，则与土番世仇，志在报复，观其此来，绝无告讨徇利之言，其情可知。且其人精悍善战，若抚而用之，夷夏并进，牙兰不足图也。今当遣人令其速发，以挠阿黑麻东向之计，勿先为人制，则是计矣。"

于是，许进乃奏请令哈剌灰头目拜迭力迷失量带本卫人10名，携带布匹及番字文书，同小列秃部使臣秘密回到其驻地，找到小列秃王及野乜克力首领奄克台等，宣布朝廷恩威，并加以奖励，号召他们同心协力，共灭逆虏，兴复哈密，以成不世之功。

弘治八年（1495年）夏，不少瓦剌人加入战争中。小列秃王率其部下并"纠其邻夷"小察罕都、大察罕都共四千骑向西进攻，阿黑麻大败，死者数百人。

问题是，此时选择进攻哈密的时机是否成熟。许进的答案是肯定的，且在他看来，由各款附部落组成的联军足以做到这一点。尤其是此时的北虏并未给明军制造出多事端。

众幕僚对许进的看法是存疑的，他们都认为远袭千里，深入番境的做法非常冒险。但许进道："自土番倡乱以来，西鄙用兵余二十年，凯音未奏，主忧臣辱……牙兰远守孤城，所恃者阿黑麻之援耳，今阿黑麻已为小列秃所败，狼狈归国，东向之谋，急难再举，此可乘之时也。卜六阿歹衔其杀父之仇，痛入骨髓，若往宣谕，使之提兵西向以断土番援路，而我轻兵倍道，出其不意，则牙兰成擒矣。纵阿黑麻闻之，必不敢越小列秃而援牙兰于哈密，况野乜克力精兵皆驻北边，亦足以牵制阿黑麻东向之计。而苦峪遗民与夫罕东、赤斤等卫精锐凡数千，自怀辑以来，咸感激思奋，合势而前，必胜之道也。又况我边适无北虏之警，得以并力西事，失此机会，后难再图。"都督刘宁厉声称赞是议，决定与许进一起将此建议上奏明廷。

弘治皇帝是其议，并事下兵部集议。兵部认为可"敕调罕东等三卫番兵往剿，但此虏素称强悍，而三卫兵无纪律、人无固志，必须兼用汉兵，始克济事"。弘治皇帝还强调，必须关注周边形势，"如无北虏西蕃声息，及访察向背，审度强弱，果备无不周，机有可乘"，则"功可必就，事无所失"，届时，"一面应机速发，仍令副总兵彭清亲临节制番兵，分路进攻，汉兵按垒遥振，使声势联络，诸番有所顾藉，不至胆寒气馁，一面星驰具奏。其行兵之际，务要计虑周悉，不宜先时泄露，自取败衄。功成之日，升赏不吝"，但"如无可乘之机，不宜轻易而动"。此外，弘治皇帝还敕命许进："敕至，尔等即选委素为诸番信服的当官员，赍赐罕东等卫敕书各一道，及量支官钱，措办表里、布绢等物，就令带去，交与只克、瓦剌达儿奄克字剌并部下大小头目，谕令密探牙兰动静，各将所部惯战精兵尽数选出见数，密切授以方略，立以期会，分以地方，听候调发。尔等先将本镇汉、土官兵，拣选十分精壮者，给与坚利器械及精壮正驮马匹，预定领兵领哨之人，严加练习，喂养马匹，如有瘦损，即将兑补。粮料草束及犒劳物件，俱要充牣赢余。"[54]

* * *

在14世纪末15世纪初的洪武、永乐、洪熙、宣德时期后，已再难见到明朝主动的对外军事进攻。现在，它重新出现在明朝的战略图谱中,且有意思的是,它发生在弘治时期,而弘治皇帝并非尚武之君。这是一次以甘肃为前沿基地,有瓦剌、野乜克力等部族,苦峪、赤斤、罕东诸卫参加的番汉联合军事行动。阿黑麻与小王子别有不同,后者纯粹是为了掠夺而袭扰明朝边境,而前者显然有很强烈的领土扩张目的。阿黑麻吞并了哈密——一个接受明廷册封的卫所。明廷无法容忍这一行为继续发生,故战争在所难免。

接到弘治皇帝的敕旨后,许进便令抚夷指挥杨翥往谕奄克孛剌、写亦虎仙,要求他们遣人打探阿黑麻和牙兰的消息。没过多久,奄克孛剌的部下便俘虏了一个敌人。该俘虏名叫也的骨,是牙兰的伴当。八月十九日,牙兰遣其"同讨剌骨等六人出城南边场分驮麦子",被奄克孛剌的部下拜迭力迷失等18人抓捕。也的骨供述道:"我在哈密时,听见人说,速檀阿黑麻调了四千人马,要往汉人地方上去抢中间,有小列秃领了四千人马,来到土鲁番地名乞台哈剌兀,和阿黑麻厮杀,把阿黑麻人杀了许多,小列秃也折了些人。小列秃如今在哈密北边离四五日路程哈黑察地方住哩。阿黑麻到敏昌住了几日,这八月里往土鲁番做虎儿班节去了,又听得小列秃还要领人马和阿黑麻厮杀哩,阿黑麻害怕不敢离土鲁番,今年汉人地方上也是来不成。"至于哈密的情况,也的骨说:"牙兰如今在哈密坐哩,他跟前上马的好汉,不上三四百,其余都是老小男妇。同牙兰守城的头目撒他儿前月往土鲁番去了,还要来哩。"随后,罕东、畏兀儿方面亦传来类似情报,与也的骨所说无二。

于是许进乃会赤斤、罕东、苦峪诸头目,讨论进兵方略。许进要求各头目领精兵于住牧地方等候,等待朝廷的调发敕令一到，随即进兵。同时，他又命小列秃王按兵不动。诸头目欣然领命。

行动开始了。十月，许进开始排兵布阵。他令赵协副守甘州，自己与陆訚、刘宁到肃州，调精锐4000准备发兵吐鲁番。副总兵彭清为前部，率兵1500人先期征进，出嘉峪关，沿途会合赤斤、罕东等卫兵1500人。少监沈让整饬全部"神枪、神铳、火器、火药等件器械"；户部郎中杨奇提督仓场；佥事孟准督运粮草；兵备副使李昱攒运军饷；分巡西宁、佥事葛萱负责接济事宜；百户何祯、镇抚刘宝持旗牌，率都指挥李清等1500人押运火器、粮料等物资。许进、陆訚、刘宁三人率主力大军随后跟进续发，与彭清等会于羽集乜川。十一月初五，所有工作均安排妥当，众将士于肃州演武场誓师，次日出发。

行军八日，明军先后经过扇马城、赤斤、苦峪、王子庄等处，到达羽集乜川。是夜，大风肆虐，飞沙漫天，许多平地很快堆起了小沙丘。将士们感到寒冷，体力不支，在马匹旁边取暖。许进记载道："余重裘尚不堪，乃环走帐外，问慰诸军。胡地有鸟夜鸣，声极悲切，僚佐有垂泣者，余曰：'此正臣子图报之日，死沙场亦幸矣，何泣为？'"至半夜，风沙渐停，将士们方才稍微安定。

次日，小列秃王[①]遣其弟卜六赛罕王来见许进等，说道："土鲁番原与我们仇家，我老子因此与阿黑麻厮杀，中箭死了。如今

---

① 此处的小列秃王指其子卜六阿歹。小列秃在与阿黑麻作战时中流矢而亡，卜六阿歹继其位统率部众，但明人依旧习惯称其人和其部为"小列秃"。——译者注

我哥哥卜六阿歹做了太师的职事，终日要报此仇。想起朝廷洪恩，不敢有忘，差我卜六赛罕等来边上谢礼，就告禀众大人知道。我兄弟们连我叔叔孛罗罕同领人马，情愿与朝廷出气力，如今人马见堵着土鲁番路里。"许进"嘉其意，犒以牛酒，令随中军"。

时各路兵马已至，唯有罕东兵尚未至。许进决定不等待罕东卫。他说："潜师远袭，贵在神速，兵已足用，不须待也。"于是，许进令彭清精选番、汉兵1950人，克日进发。指挥杨禧领兵300于北路坦力一带，另一名指挥朱玉领兵300人于南路养威一带，为彭清声援，以防不测。许进等继续率主力部队前进。随后的一场降雪，对明军而言可谓天赐祥瑞——其从苦峪到哈密的行军路上无水，往时入贡商队都需要自行驮运水袋，明军亦不例外。而此时这场瑞雪，极大缓解了明军的水源补给问题。十一月十八日，明军抵达哈密。

接下来，是明军的攻城战。许进对此进行了详细描述：

> 以都指挥李清所领甘州官军六百一十余员名分为左哨，令百户何禛、冠带舍人刘訔执旗牌督之；以指挥杨蕡所领肃州官军六百七十员名，分为右哨，令将才所镇抚刘宝、冠带舍人萧纪执旗牌督之。与番兵六百三十余名，四面合势进攻，贼亦悉力拒战，自寅至辰，贼气渐衰。我兵呼噪并进，凿城为坎，蚁附而登。贼众崩溃，退保土剌。土剌者，犹华言大台也。我兵乘胜直入，与贼首撒他儿复战于土剌下，指挥何玉、李珍等奋不顾身，先登陷阵，贼败走。斩首六十余级，攻破土剌五座，烧毁房屋三百间，夺获已故忠顺王妻女，获到牛马羊只三千有奇。

牙兰、撒他儿乘间逸出，余贼四散，逃匿山林，城中震慑不敢动。惟余大土剌一座，守者几千人，我兵以枪炮矢石攻之，杀百数十人，尚未下。问其俘，则言皆哈密人，为才兰协从，非敢拒命，恐一概被诛耳。余闻其说，急遣人传令勿攻，时有贪功者冀欲封侯，乃诣余耳语曰："此辈既从牙兰，即是逆贼。且面貌不异土番，若诛之得八百首级，真奇功也。且我等忘身犯险，千里争锋，而以数十百级归，何以为辞！"余曰："朝廷用我辈专为恢复，我辈图恢复，当务安定。妄杀一人，尚恐远人不服，况八百乎！且得其城而屠其人，其谁与守，吾宁无功，决不为此。汝今尚未有嗣，第从吾言，天必令生佳儿。不然，吾劾汝矣。"乃止，令官执信牌往谕之，遂下。

咸给牛种，抚令宁家，并谕以时寒天兵不能远留，各改心涤虑，谨守旧土，春来当为尔等修筑城垒，迁发流人，以图久安之计。

二十三日，乃以获到牛马赏犒将士，分哨结营，全胜而回。遂遣人以捷音闻，而合军由嘉峪关入，诸番兵令各还本卫，其头目皆赴肃州议功行赏。

随后，明廷因功赏许进、陆闾、刘宁及各从征将士等。哈密已然克复，接下来明军又会有何计划？许进认为："今当一面先行严饬我边，简阅士马，分布要害，以防内侵，以示外援；一面省谕罕东等卫各选精兵，与苦峪居人相为依倚，以防袭取；一面谕令都督奄克孛剌与小列秃约为婚姻，以坚和好。及令差人与小列秃从军使臣先回哈密，探听牙兰、撒他儿去向及土番动静，并赍赏犒赐小列秃诸物。省令以精骑布伏要地,遇有土番逆贼,先行跟袭截杀,仍速报我边及赤斤等卫并力追剿。若阿黑麻果未悔祸,东出为逆,小列秃袭其后,我兵犯其前,赤斤等卫之兵冲胁旁出,四面夹攻,无不破者。倘彼两三出不逞,智力自困,强弱之形判而主宾之势成,然后可以随机应变,为哈密永远之图。今虏心叵测,诸事未定,不计其害而图其利,恐非计也。"

奄克孛剌与小列秃王遵从许进的建议,彼此结亲。许进等又抚育罕东等被掠之众,西域诸部自是稳固。弘治九年(1496年)春,据谍报,阿黑麻与牙兰谋划道:"我经营哈密二十年,中国已不复望。不意瓦剌余孽相与为梗如此,岂天意耶?今中国诸卫之兵皆养锐不动,而但令此虏日与吾搏,深入则恐被夹攻,近则无所得,哈密行且休矣。若与求和,还我使臣,复通贡路,何如?"但牙兰劝阻了阿黑麻,随后,阿黑麻再次袭破哈密。

众僚佐均感愕然,但许进很快平息了他们的恐惧。他说:"哈密经我兵之后,居者皆移住小城,城中止有老羸数百,食且垂尽,而小列秃兵方往来其地,阿黑麻岂能持久乎?行且退矣。"

吐鲁番也流传着各种各样关于战争的传言。有人说:"只说汉儿人无用,看了他一个个都是舍命的好汉。虽说先年乩加思兰的人有好汉,今汉儿人又强似他。"这种说法,明人自然非常喜欢。还有人另说道:"今年三月里,有速檀阿黑麻又领人来到哈密,要把大城土基折(拆)着,另砌一个小城儿住。城里又没多的人,计较中间,听见小列秃人马有些在把思阔地方住坐,又有些在他失把力地方住坐,因这等害怕,又见哈密坏了住不得,阿黑麻领着人马就回去了。有小列秃太师儿子领了人马跟着,将后头走的赶上,杀子(了)十四个人,又活捉了一个名叫阿雍打剌罕。阿黑麻留下撒他儿着守哈密，撒他儿不敢来，如今那在剌术城坐着。"看来，小列秃部践行了此前对许进的承诺。

许进开始与僚佐们评估接下来的形势，并提出了一些抑制吐鲁番的计划。他说：

> 哈密湮没，中国不复望者几二十年，阿黑麻亦自分以为不拔之基。天佑我国家，得小列秃诸夷之助，一战而走牙兰，再战而走克克可失[1]，三战而阿黑麻仅以身免，人心兵力同时俱振，哈密大势略已平矣。虽撒他儿尚在，然不敢据哈密，而移住剌术城，其胆落可知。且其本兵不满三百，余皆协从，近闻我师与小列秃掎角累胜，心皆改图，日有逃者，其散处各城遗民又皆日传番、汉人马将至。闻撒他儿在剌术夜凡数惊，时走城外，此不终日之计也，复何足患。今若令哈密三种夷人每月递遣数十精骑入哈密小列秃之地，往来招谕，声势不绝，使知我大势已复，兵威四集，以耸动其心。又时纵反问于哈密，为言阿黑麻见哈密反覆，欲尽坑其众，使协从诸人疑阻生变。我边亦简阅士马，声言欲合小列秃、赤斤等卫，克期进讨，以夺其气。如是，则撒他儿授首有日矣。撒

---

[1] 克克可失为牙兰部下，被小列秃部击败。《平番始末》载："先是，牙兰、撒他儿之被袭也，牙兰有名马日行七百里，越宿至土鲁番，阿黑麻闻之大惊，欲遣牙兰还追我兵，牙兰难之。复遣其酋克克可失率八百骑而出，过哈密，见城已残破，乃不攻而东，至哈剌秃，以掠罕东并窥我边。时，余所遣卜六赛罕王适至哈密，乃以克克可失之事语其太师卜六阿歹，并致我边款厚之意。卜六阿歹喜，率精骑要击之于也力帖木儿之地，斩首数十百级，所掠人畜尽得之。克克可失遁归，阿黑麻闻之惧。"——译者注

他儿死,大势自定,然后修城堑,广种植,议迁发为防守。一面闭关谢绝西域,使激怒于诸夷;一面远窜羁留使臣,使挑怨于部落。阿黑麻进无所得,退有后悔,不款塞求通,将何为乎?

弘治皇帝与兵部尚书马文升俱赞其议。

与此同时,瓦剌人亦极逞智勇地打击吐鲁番的防御,但同样也对哈密造成严重破坏。为此,许进向弘治皇帝奏道:

> 臣等窃虑牙兰遁迹于前,撒他儿授首于后①,固为哈密之幸,但今住守哈密夷人兵力寡弱,城池空虚,正在急于安处之时,倘若迟缓,恐土鲁番纠众复来,外援未合,内心不定,势岂能支!臣等欲将赤斤住种三种夷人尽数发遣前去哈密,并力住守。奈事出仓卒,粮糗未备,又彼中事体缓急,尚未的知,难如前议。若不随宜审处,又恐有误事机。除行左副总兵彭清速便差人前去,招谕哈密都督奄克孛剌等前来,令其挑选精壮本部夷人三十五名,哈剌灰五十名,畏兀儿一十五名,俱量加赏犒,着令前去哈密,与彼见在夷众并

---

① 撒他儿被哈密城内的反对势力和小列秃部内外夹击,最终被杀,吐鲁番势力退出哈密。许进在《平番始末》中载:"六月二十一日,余方寝起栉发,忽传赤斤城夜不收伴送夷人四名来献土鲁番王首级。余大惊,以为阿黑麻死矣,亟出视之,乃撒他儿首也。"四名夷人分别名叫奄克孛剌、火者哈只、脱火乃苦、满可,他们率哈密人反抗撒他儿。撒他儿领人镇压,双方厮杀三日,不分胜负,此时小列秃部众赶到,击溃撒他儿。"撒他儿败了,走到城门下,有火者哈只、脱火乃苦把撒他儿哄着拿住,割了头,其余的走脱了几个。"——译者注

力占守，以壮国威。仍差人赉赏前去卜六阿歹处，谕以朝廷嘉尔复仇恤患之功，诱令往来和好，联络声势，以慑虏心，一面差人星夜来报，以凭另行奏请处置。

不久，阿黑麻复遣五百骑袭击哈密，欲屠其城。奄克孛剌差人来报，说道：

前日有众大人着都督奄克孛剌差人去哈密探听消息，都督就差了我脱脱苦木等十一人去到了哈密城边，撞见一个人，问他哈密声息。他说："如今哈密城里都是我每人，土鲁番一个也没有。"我就和他进到城里。到第二日，有五百人马来到哈密城下，就把土剌围了。我每认的是土鲁蕃人，往下射箭，射死了他一个人，我每土剌上就放火煨烟，有小列秃的人看见烟起，有卜六赛罕王领了六百人马来了。土鲁蕃人见了人马灰起，都回去了。有卜六赛罕王到了城下，我每下土剌同他赶到速术哈剌灰地方上，和他厮杀，把土鲁蕃人杀了九个，我每也折了五个人。有土鲁番回去了，我每和小列秃来到哈密，小列秃随往他地方去了。我每原听事的人他每留下九个在哈密守城，着我四个来报信。

苦峪方面亦差人探听哈密动向。得悉后，苦峪方面遣使来报，曰："哈密城守已固，但不敢远出耕种。"来使又称小列秃人常与哈密人做生意，以维持其生计。同时，他又请住在苦峪的哈密人尽数回归哈密，协助守城。但许进对此提出异议。他说：

哈密国势虽复，第累经兵燹，室庐积聚荡然一空，若骤以苦峪二千之众遣之归，何以自赡？阿黑麻虽屡遭挫衄，包藏祸心，尚未可测。为今日计，莫若再练精壮者二百余人，令入哈密，修复室庐，多放冬水。候来春无警，则尽遣苦峪壮丁入田。果刍粮既备，守具不缺，然后尽其家属查照起发军慎事例，量为周给。委副参将官前至赤斤等处驻扎，遥振军威，相机发遣，令安故土。若阿黑麻悔过，则已不然，战有余力，守有余备，吾无患矣。

弘治皇帝是其议。

最终，明朝成功了。弘治十年（1497年），阿黑麻归还陕巴和金印，决定投降。至是，吐鲁番得以重新遣使入贡，边关无警，西域咸通，丝路和平恢复。后来，许进被擢为户部右侍郎，离开了陕西。数年来，哈密贡使感念彼时许进率兵兴复哈密之意，每至京朝贡，都要去拜访他。他们告诉许进，哈密已恢复昔日繁荣，生聚富强。许进回忆起他当年行军时的景象，记道："予昔冒雪以袭牙兰，食干糒，饮冰水，蒙犯矢石，肌肤毁裂，往返沙漠盖三千里，不解甲而卧者四十余日，当时已分无此身矣！幸而成功，得保首领，复叨宠命，再转崇阶，及今优游林下者又数年，此非吾皇之恩、望外之福乎？"[55]

* * *

许进的荣耀回忆，一方面反映出弘治时期明朝的士气高涨。

另一方面，它也反映出了明朝对天下朝贡体系的执着。即使势力再小，但只要这一势力危及明朝的朝贡体系，它就会受到明朝强有力的打击。这些此起彼伏的势力，其军事实力在日渐增长，但经由此番打击，它们对明朝的不敬暂时得以平息。关于哈密兴复事件始末，许进的《平番始末》并非唯一记载，兵部尚书马文升的《兴复哈密国王记》亦然。许进的记述角度多在前线现场，而马文升则更多站在北京的角度观察这一切。其所在高度，决定了他视野之广阔。

让我们重新回到阿黑麻杀害罕慎的时候。马文升时任兵部尚书，而阿黑麻在杀害罕慎后，请求明廷封其为王，并允许他领有哈密。马文升的第一反应是拒绝。他认为："近日迤北大虏亦不遣使通好，今阿黑麻自有分地，亦难封彼为王，以主哈密；彼若入贡，亦所不拒。"数年后，甘肃守臣及奄克孛剌等皆称陕巴"年少量宏、足以服众"，请求明廷册封其为哈密王。马文升亦认可这一说法，但陕巴"尚未给官服"，完成册封，就被仓促送往哈密赴任。不久，阿黑麻杀陕巴的部属阿木郎，理由是阿木郎"尝克其赏赐，又尝虏其部落头畜"。最后，阿黑麻一不做二不休，索性将陕巴掳走，明廷册封的金印也一并被阿黑麻带走。

马文升的记载中还谈到他与内阁大学士、礼部尚书丘濬之间对哈密问题的讨论。丘濬是明代中期的理学名臣，其著《大学衍义补》是其经世治国思想之集大成者。对于哈密的事情，丘濬对马文升说："哈密事重，须烦公一行。"马文升回答道："边方有事，臣子岂可辞劳？但西域贾，胡惟图窥利，不善骑射，自古岂有西域为中国大患者？徐当静之。"丘濬担心民间传闻会对事态造成影响。他说："有谶言，不可不虑。"于是马文升不得不集廷臣群议。但大多数人皆认为："哈密一方事耳，今北虏在边，四方多故，公往甘凉，四方边事付之何人？"因此，马文升没有前往哈密，而代之以张海和缑谦。

阿黑麻一方面遣人进贡，试图修复与明朝的关系，另一方面却又冷落明朝送敕使者，这使得马文升非常生气。他认为"此虏既遣使入贡，复虏陕巴、金印，追敕使往，又久不报，其轻中国之心著矣"，于是他向朝廷建议将阿黑麻使臣写亦满速儿等40余人皆安置两广、福建，并关闭嘉峪关，拒绝西域诸部进贡。在他看来，只有这样，阿黑麻才会为众所怨，并被孤立。马文升还认为，阿黑麻之所以如此愈肆骄横，是被哈密回民唆使。他们甚至还让阿黑麻放话，"诈称领夷兵一万，用云梯攻肃州城，并蹂甘州"。马文升认为这一消息只不过是阿黑麻虚张声势的结果，理由是"土鲁番至哈密十数程，中经黑风川，俱无水草，哈密至苦峪又数程，亦无水草，入贡者往返皆驮水而行"。马文升建议明军以逸待劳，等吐鲁番兵筋疲力尽时纵兵出奇一击，"必使彼匹马不返矣"。

弘治八年（1495年）明朝挥师哈密，也与马文升在朝中支持有莫大关系。马文升认为"此虏若专示以恩而不加之以威，彼终不知畏，必须用陈汤故事"[①]，于是向朝廷奏请出兵奔袭被吐鲁番占据的哈密城。如前述，最终明军成功攻破了哈密。在他看来，此举能"为各种番夷所信服"，并直接促成次年阿黑麻的投降。

---

① 陈汤，西汉将领，曾攻杀对抗汉朝的匈奴郅支单于，为安定西域作出了巨大贡献。马文升此处援引其故事，意在展示明朝"不破楼兰终不还"的决心。——译者注

前述许进的记载至此结束,但马文升的记载则仍在继续。据载,直到弘治十一年(1498年)二月,明廷终将冠服、敕谕赐至,陕巴始衣着哈密王服,重新任哈密王。随后,明廷又令抚夷千户数人,将哈密离散人口2000余人遣送回去,并给予他们牛具、种子、布匹、衣粮以安营生。马文升感慨:"慑服黠犷之丑虏,兴复久灭之番国,仰仗圣天子明圣,且经略者十有余年而功始就,中间任事者亦岂一人哉?是何成事之不易邪!"好在最后,西域又恢复了和平。

马文升的《兴复哈密国王记》被编入《马端肃公三记》中,该书付梓于他去世20年后的嘉靖九年(1530年)。彼时,哈密已经再次沦陷,不在明朝版图。许进之子太常寺卿、国子监祭酒许诰在本书的后序中写道:"臣恐岁月既远,人不知当时用兵始末,虽兵部有卷可查,卒难检阅,亦难广布,谨用誊写封进上尘御览,伏望皇上宣付史馆,亦足以见当时用兵之盛,亦足以见我朝德威之远。"[56]

* * *

如前述,弘治八年(1495年)明军袭破哈密,阿黑麻败走。不过,在北境防线的其他部分——从甘肃到辽东,明朝还得面对一个棘手敌人——小王子领导的北虏势力——的挑战。此时,小王子已经被尊为"达延汗"(即大元汗),并慢慢将明朝卷入一场无止境的边境战争中。这似乎是一个恶性循环,达延汗的袭击浪潮一浪高过一浪,破坏力度与日俱增。相应地,双方为战争所需要付出的人力、物力成本亦水涨船高，几乎难以达成有效的妥协方法。

弘治十二年（1499年）十一月，兵部尚书马文升在一篇奏疏中向弘治皇帝分析道：

> 蓟州、永平、密云、喜峰口外，洪武间建大宁都司，设营州等十余卫，又封建宁王以镇之。永乐初，徙司卫于保定诸内地，徙宁王于江西，虚其地以处。今朵颜等三卫为我藩篱，朝贡不绝，岁久弗驯，渐生寇扰。宣德四年宣宗皇帝亲率六师征剿，正统九年，复命将出征，自是虏不能犯。弘治初，守边官军贪功启衅，遂致频年侵寇，大约密云境二十四次，马兰峪境七次，燕河营境十七次，密云关外官军逻卒，多为虏杀，贼皆步入，如蹈无人之境，恐其久而习玩，导虏为患。况密迩京师，事有大可忧者。今守边马步军三万五千余，兵既增多，不能获一虏以为功，请督责镇巡等官，各陈守边卫民方略。又今宣府、大同等边，各分为三路，镇巡官居中，左、右参将各守一路，而蓟州独不然，请令熟计其便，并以闻奏。

弘治皇帝是其议。[57]

宁夏方面，巡抚宁夏都御史王珣奏："宁夏地方孤悬河西，密迩虏巢，所赖贺兰山、黄河为之险阻，山下隘口虏所出没，正当设兵按伏。然苦于无水，军马多在僻处就水，贼入不知，比得报追截，贼已出境。"这些"贼虏"会不会是和明朝在哈密一通对抗吐鲁番的瓦剌小列秃部？我们不得而知，但总之，"边民常被寇钞，不敢耕牧"。为此，王珣建议道："臣闻本边旧有古渠三道，东为汉渠，中为唐渠，今见通水利可为守御，惟西一渠，逼在山下，首尾三百余里。渠两岸高峻，中广二十余丈，相传亦汉唐旧渠，故道虽存，已多淤塞。请发卒相地势循故渠，疏凿成河，引水下流，修筑东岸，积土如山，斩削如墙，山口要害，各设营堡，即掣各军马于沿河堡内按伏，以遏贼冲，保障地方。令军民耕种其中，稍赋之以益边储。请出京帑银三万两，并借支灵州盐司五六年盐课之直，以给其费。"[58]

那个年代前线将士的营房，我们是无法通过照片直观感受到的。不过，早在天顺八年（1464年）时，叶盛便提到宣府边防士兵遭受冻伤、失去手指、皮肤皲裂等情况，同时亦指出这些士兵"御寒穿用，俱各破碎"的惨状。[59]弘治十三年（1500年），巡抚宣府都御史雍泰奏："边军贫不能娶者多，亦有既娶而典卖者。乞命所司给与资财，令聘娶收赎。"户部为此提出："宜行所司核实奏报，贫者给与聘财，典卖者官为收赎。"弘治皇帝是其议。[60]那么，问题在于，假设我们再去关注其他明军边防营垒，是否还会看到类似贫困潦倒的悲惨景象？我们认为，腐败至少是引起这一现象的部分原因。

弘治十三年（1500年）四月，北虏拥众自威远卫入境抢掠，游击将军王杲等出军御之，惨遭败绩。巡按监察御史赵鉴奏其事曰："虏之来，约有七千余骑，从西北入境，离威远城不远。先遣轻骑数十觇引我军，其余伏沟下。守备都指挥邓洪坚壁以待，令毋轻出，游击将军王杲督之再三。虏望见我军出城，疾来冲突，合战间遂拥至，洪及把总指挥五人、官军九百余人俱为所杀，被伤及抢掠人畜无算。舆尸满路，众口嗷嗷，皆以为王杲邀功所致。

数十年来，无此丧败。"兵部为此建议"阵亡官军请人给埋葬银二两，其被虏之家量加赈济"。弘治皇帝是其议。是年底，事情终于水落石出，吏科给事许天锡调查后发现，明军阵亡人数为把总指挥等官52人、旗军545人、官军598人，另损失战马、盔甲、枪刀、弓箭等物资"咸以千计"。调查结果还具体指出了明军将领所犯的各种错误。这一事件牵涉颇深，甚至连收复哈密中屡建奇功的许进和刘宁，亦受到弹劾罢职。[61]

大同方面仍在持续不断受到袭扰，并渐渐波及东面的宣府。这一迫在眉睫的危机促使朝廷不得不考虑在前线将领中进行人事变动。大学士刘健称："虏寇扰边日久，朝廷命将出师，到彼已逾一月，未闻出奇制胜，少挫贼锋，诸将怯懦无谋，不足依仗。"是年六月，兵部尚书马文升奏：

> 大同、宣府二镇为京师藩篱，防御不可不慎。弘治十年，北虏进贡，因赏赐浸薄，去岁秋冬，潜入河套间，至宁夏、延绥、大同等处抢掠，殆无虚日，官军疲于奔驰。今又寇东路阳和，深入蔚州，远至广昌、大同，属县举遭蹂躏，侵犯宣府，我之藩篱，十损四五。已请命平江伯陈锐、户部侍郎许进等统领京军剿杀，欲其指日克平，以纾九重北顾之忧。今经一月，虏势益甚，内外惊惧恐，此虏不退，加以刍粮不继，延至秋深，或由雁门三关捣我太原，或由紫荆等关掠我保定，或经白羊等口而入近京师，事之可忧，莫大于此。

于是，马文升提出了一系列的军事部署和人事安排，这些方案都被朝廷一一批准。[62]

弘治皇帝决定发动一次进攻，以阻缓袭扰。弘治皇帝命太监苗逵监督军务，保国公朱晖充总兵官，都察院右都御史史琳提督大同等处军务，率兵征剿北虏。弘治皇帝敕谕道：

> 今闻前贼虽以退去，虑恐秋高马肥，复来为患，粮草、马匹等项不可不预为整理。特命尔先去会同大同、宣府镇巡等官，并督原差管粮等官，先将各边粮料、草束、马匹查理见存若干，如有不足，查照该部节次题准行去事理，并送去各项银两及开中引盐等项，公同设法，多方措置，粮草务要丰盈，足主、客兵支用；马匹俱要肥壮，足官军骑战，不至临时缺乏。其余合行事宜，悉听尔便宜区画。所在官员，敢有视常怠忽，徇私挠法者，武职千、百户及文职五品以下就便拿问，依法惩治，其余指实参奏来闻。

这其中所提到的"该部节次题准行去事理"，是指户部此前向皇帝题奏的"大同虏患尤急，请借宣府、宣德等仓粮二十万石，豆二十万石，草一百万束，运于大同以给边饷"一事，彼时弘治皇帝批准了这一奏议。[63]

礼部右侍郎焦芳对采用军事手段持赞成态度，并进行了详细的论述。其奏曰：

> 臣惟自古有中国，斯有夷狄，王者恒置之化外，待以赤心，乃天地生物之心也。奈何近来迤北小王子等，累年假以进贡，邀我重赏，岂期豺狼肆毒，犬豕无恩，自春徂夏，扰我边方，虏我人畜，比常滋甚，以致忧劳我皇上，勤动我王

师。命下逾时，功未大著，揆厥所自，谅有攸归。然为今之计，以其所急者言之，其一莫先于任人，任人则莫要于选将材。其次，莫先于誓众，誓众则莫要于申大义。

其曰选将才，臣闻分守独石马营等处左参将、都指挥姚信，镇守宣府游击将军、都督佥事张俊，光禄寺少卿王璟，工部郎中李惟聪，山东按察司按察使刘宇，都察院照磨兼大同赞画李晟，九年考满监察御史史瑛，或可任副将，或可任参将，或可任游击，或可当一面，或可当巡抚，或可当参赞。此数人者，皆惯经战阵，素著威名，间拔自贤科，留心武事，积愤有年，抱负奇特。合无作急行令催取各人前来试验，令其教场中会同兵部及内外坐营总兵等官，慎选精兵，或三万，或五万，操练教习，任其指麾。特敕责令其一领兵一万，专擒小王子，其一领兵一万，专擒火筛，其一领兵一万，专一摧锋陷阵，续拣精兵一百万，秣马厉兵以待。其各边关仍严防守，则小王子等将从此先慑其心，就擒可待也。尤望皇上圣谟庙算，徐兴问罪之师，以歼彼渠魁，仍执丑虏，然后以次剪其余孽，以泄神人之愤，以宣赫怒之威。此又诚天下中外臣民之至愿也。

其曰申大义，臣又闻小王子、火筛部下多是胁逼我中国之人，曲从椎髻，返为所使。伏望皇上下明诏出榜，各边不分文武官员、军民人等，有能奋勇出奇，先擒杀此二凶者，不拘常例，进升伯爵，永与世袭。其被胁逼之人，在彼腥膻寒苦之地，岂无父母、妻子、故乡之思？若能设计仗义，暗刺二凶来献功者，亦升伯爵，仍与世袭。又其被胁之人，有能走回，带达马一匹者，即赏银二十两，十匹、百匹以上，悉照二十两之数给赏，仍复其家永免粮差。若更能立功，一体升赏。其各边军士，夺回牛马羊畜，就均给与各军士，虽千数以上，亦不许入官。又凡我军士能立奇功，上赖天威，有能亲斩小王子、火筛头来献者，除升伯爵，仍赏以千金。臣又闻小王子被火筛啜哄，赂以女子、玉帛，助恶为盗，或者非其本心。其小王子若能念朝廷累年赏赉大恩，悔过效顺，先斩火筛以献，即移伯爵千金之赏，厚与小王子并其部下。盖彼乃夷狄，不畏天道，背弃朝廷，犯顺异常，神人共怒，此令一下，屈指可擒。臣闻此虏不胜惋愤，忠义所激，言语迂直，伏望皇上俯赐裁处，下之廷议，则宗社臣民曷胜幸甚！[64]

焦芳随后提出恤民足兵五条建议，大体不出通过赏罚来动员军民加入边防建设中。在他看来，兴师动众往往收效甚微，相比之下，这才是消除草原威胁的有效手段。但是，焦芳的建议未能得到广泛支持。在明廷看来，不图苟利的报国信念才是明朝解决这一问题的首选良方。

弘治十三年（1500年）七月，六科十三道官劾奏总兵官、平江伯陈锐，监督军务太监金辅，提督军务侍郎许进，副总兵、都督刘宁，及监枪太监姚举，称：

各官初到大同，正遇羊圈地方报有贼五十余骑抢掠。锐等议令宁领兵一万袭之，寸功无获，而官军指挥邵平等死者十有三人，战马死者百余匹。又大同东关外报有零贼数骑，锐遣麾下轻骑数百逐之，头目死者六人，从此遂不敢议战矣。贼知其无能为,愈肆猖獗,至有五七骑直抵镇城者。自五月十二日以来,西自威远、平房、井坪等卫所,东自阳和、天城、顺圣川,南至应、朔、山阴、马邑、浑源、蔚州、广昌等州县,中间环屯列寨,绵亘千里,烟火聚落百万余家。旬日之间,生产荡然,人畜殆尽。锐等止知婴守一城,军门之外,悉以弃敌。且虏深入浑源等处之时,各分部曲四散无统,锐等苟能统率官军,并调集军马,据其要害,分路夹攻,纵不能成斩获之功,亦庶几少挫贼锋,必不至纵令此贼大肆抢掠,逼临关辅,震恐京师,重贻九重之忧。[65]

提督军务都御史史琳又陈备边八事,指出了大同方面面临的边防基础设施建设问题——城堡过小,难以提供足够的避难场所,并指出大同城存在的种种弊端。其文略曰:

一、大同东有聚落、堡驿,西有高山堡,俱为虏寇出没要害之地。宜按伏士马,以便截杀。但堡城狭隘,不能容众,请因旧开拓,以大同往年招募土兵千人或八九百人,总设指挥一员,千户二员,百户四员领之,仍别设守备官二员,各统领山西、河南轮操官军五百在彼操守,并添设管理刍粮仓场官各一员。其土兵就给以近堡空地各四五十亩,令且耕且守,以为保障。二、大同城周围止十三里有奇,内有王府、宫室并司府州县公署,军民稠密,刍粟浩穰,无地可容。请于城东南、西南各展筑新城,为地方久远之计。三、大同、宣府地方小大边墙,岁久倾圮,空缺数多,请会计物料、工价,逐年修葺,以待不虞。

弘治皇帝是其议。[66]

* * *

北虏对大同、宣府的袭扰似无止境，但规模似在缩小。如前述，大部分地区在袭击中遭到破坏，因此对北虏而言，再次发动袭击并不见得有所收益。弘治十三年（1500年），明廷的注意力再次被马文升吸引到了陕西方面。在过去20年里，陕西各地没有受到过于严重的虏患，也正因如此，这里可能会重新成为虏寇劫掠的目标。马文升言："陕西延绥、环、庆、临巩、固原等处无虏警者二十余年，畜产蕃盛，恐虏觇知，河冻入套为患。欲移文各边守臣，整饬军马，分布要害，以防不虞。"[67]

事实上，在一次大同遭受袭扰后，兵部就猜测小王子会在东西之间来回冲突。兵部奏称：

> 往年，小王子部落冰冻则西入河套，河开则东过大同，或间来朝贡，或时有侵犯，未敢大肆猖獗。自弘治九年朝贡回，以赏薄生怨，频来侵掠。今春遂入西路，大获而归，意犹未满，冬初复来剽掠，幸我军声势联络，御之出境。今虽渡河而西，明春恐复东寇，请仍行各守臣严为之备。[68]

但现实中未见得一定如此。弘治十四年（1501年）三月，没有任何关于北虏东来的记载，他们似乎打算在河套地区度过夏天。对此，兵部奏曰：

延绥既调有大同、宣府游奇兵万二千,又拟有京营听征官兵一万有奇,虏若窃发,报至启行,亦足御之。其环、庆、固原、靖虏乃心腹要害地,虏若深入,正须益兵防守。秦州、环、庆兵岂宜他往?谓宜令(秦州卫指挥郭)溯以所领兵,及都指挥杨敬领西安精锐二千,首夏俱往备庆阳。八月后,溯仍回备固原,别于西安选马步兵一千,令(都指挥房)怀领之驻保安塞,以防南入之患。

随后,虏骑时有抄掠,兵部为此又奏:

本路军马不足,虽有调集之兵,然分布诸地,卒难会集。请敕原拟监督太监苗逵、总兵官朱晖、提督都御史史琳帅师待报启行。仍敕甘凉游击将军赵铉领兵三千同会于固原,协力征剿。

巡抚山西都御史魏绅等又奏:

偏头关西路及宁武关最为要害,其胭脂铺以南三十余里,路皆平漫,墙多沙碱,虽常修葺,终易倾圮。虏乘河冻,所以易入。请仍于旧墙外随逐河曲相度地方,增筑大边一道,务极坚厚,墙内每三里筑一墩,增军守之,其减会等营城堡狭小,宜广之。

弘治皇帝皆同意其议。[69]

不过,明朝的策略仍存在可调整的空间。本来,经兵部批准,

提督军务都御史史琳曾遣翻译官持番文前往晓谕虏酋火筛,但兵科都给事中屈伸反对此行为。屈伸奏道:

中国之御夷狄,精神折冲,不战而屈人之兵者,上也;交锋原野,战而后胜者,次也;今晓谕之策,亦折冲一事,必须朝廷处置尽得事宜,兵将威力能制其死命,然后其言易入,而丑虏可屈。若止凭译者番文,欲以笔舌屈而制之,臣等窃有隐忧。何则?虏贼潜驻河套,已在吾边鄙之内,又不时深入腹里,抢杀人畜,其桀骜之状已著。假令晓谕虏酋悉如史琳所拟,心诚畏惧,佯为顺服,至以进贡款我,保国公朱晖等连十万之师,受专征之寄,其何以处之?设若转达朝廷,彼犹据套中,时出寇盗,又不知沿边将士将尽力与之战乎?抑坐视而不与之较也。战则彼以进贡为辞,不战则彼之猖獗益甚,上损朝廷之威,下索将士之气。若止谕以宜帅部众往复旧疆,如遇进贡,须于大同边外驻止,附守臣奏闻,又恐迂缓不切,虏首滑黠,未必遽从。若于二者之外,复欲临期议定,间言收功,旦夕不为远谋,窃恐事体一乖,将来筮脐之悔,有不可胜言者。又况太监苗逵会同史琳等奏报虏情谲诈,殆非昔比,欲见则隐,将信且疑,或称归服汉人,潜兵沟壑,或装来降妇女,诱我官军。今虽传报朝贡,但恐奸谋不足取信。切详各官所奏,足见阴狡多端,恐我番文适堕彼计,折冲之计,所宜详审。

弘治皇帝命诸司官员集议其奏。[70]

其实,屈伸的观点可以简单总结为,除非明廷对北虏有压倒

第九章 弘治时期——负重致远（1488—1505年）| 0545

性的军事优势，否则所谓"晓谕"，不过是明朝软弱的表现。若长期"晓谕"，北虏难免心有觊觎，妄自尊大。在屈伸看来，或许"晓谕"的做法在以前能够奏效，但现在"虏情谲诈，殆非昔比"，此举显然已经对他们失去吸引力。

是夏，北虏果未离开河套。据谍报称，"黄河套内，大众虏贼采木于黄河西岸，大治簰筏，将渡河而东"。大同方面得此信息后奏请明廷道：

> 虏众入套日久，因天旱草枯马瘦，不敢出套大举。近得雨，草长马肥，正其出掠之时，而乃治筏渡河者，盖闻大兵驻延绥，且各镇援兵皆集，不敢侵犯。又知大同兵马皆出修边墙，而游奇兵复西援他境，将出我不意，过河寇掠耳。请掣回游奇兵之在延绥者，分驻西路城堡防御。

随后，大同守臣又奏道：

> 虏在套中，虑我大兵将捣其巢穴，故多在西岸住牧。其渡河东来之计，量必有之。请及其未渡时，令偏头关等处并山西巡抚都御史魏绅选善水者乘夜过河，潜断其木筏，并焚其所积材木。臣等今选中路精骑二千，令指挥徐俊等分领之；选西路精骑一千，令指挥温恭等分领之。及选逻卒百人，善水者四人，委千户阮英等领之。总兵官都督庄鉴统领西出，潜营于黄河东岸，候贼半渡至中流急湍处，官军铳炮俱发，贼筏当横流而下。诸筏相压，万虏可沉。贼若止往西岸，就将铳炮逐之西走，适与延绥捣巢之兵相会，可以诛灭无遗，

永除边害。

在这里，防御的一方看起来更具侵略性。大同守臣似乎认为一劳永逸地解决北虏的重大突破时机已经到来。然而，兵部并不认可其意见。兵科先反驳道："帝王之兵，以全取胜，不宜冒远乘危。况领兵出境，亦不宜先发后闻。宜从兵部再酌处其宜。"随后，兵部议谓：

> 虏酋火筛尝获厚利于大同，而今春为延绥所制不得逞，恐我捣其巢穴，其造筏东渡，所传当不妄。然虏情难以遥度，抑或设疑误我，大同守臣所奏，亦思患预防之意。但欲分布兵马，沿河防范，似乎轻发难行。请行监督提督等官令守土将官再行哨探，如虏众果欲东行，或伐木造筏是实，宜发回大同、宣府游奇兵，以备防守。若所传不实，仍存留应援。其大同兵马须远哨严备，庄鉴今出境兵马，亦须挈回自卫，毋致疏虞。

不同寻常的是，弘治皇帝这次并未完全同意兵部的奏议，而是提出了自己的意见。他说：

> 监督等官并大同镇巡官，已各有敕令，随宜调度，相机防剿，并行山西镇巡官知之。庄鉴所领人马，且不必挈回，贼情缓急，既难遥度，该科如何妄参？本当究治，姑宥之。[71]

而此时的北虏，却几乎活跃于整个北境。宣府、德胜关、张家口等处陆续受到袭扰。甘州方面官员奏称，自弘治十一年（1498年）六月以来，虏寇侵入甘肃境内共计18次，先后杀掳官军人口342人，掠夺马畜凡6300余只。边务废弛，明廷震怒，总兵官彭清被罚俸两个月，巡抚都御史刘璋罚俸一个月。随后，蓟州马兰峪亦遭到袭击。

前述朱晖等率军征剿虏贼一事，取得若干小型胜利。其师从红城子墩出塞，乘夜捣虏巢于河套，但是虏贼事先警觉，已经逃走，因此明军斩获有限，只斩首3级，追回原授敕文3道，并缴获骆驼5只、马426只、牛60只、羊1080只，各种器械2500余件。弘治皇帝命奖赏诸将。[72]

尽管明军袭破虏营，但虏兵也同时入境平凉、宁夏，杀掠无数。宁夏镇巡官言报称虏寇来者络绎不绝，请朝廷区处。兵部为此奏称："宁夏自春夏以来，节有虏寇，或数千，或万余，俱经花马池、盐池、石沟、萌城直抵韦州、鸣沙州等处，丧亡人畜，不可胜纪。请下巡按监察御史按问诸失机误事者。况固原、临巩等处生畜繁多，数十年来未遭剽掠，虏所垂涎。恐一旦拥众深入，未易防御。"而兵部紧接着奏道，由于花马池一带土地缺乏水草，因此难以驻兵，明军只得分守各地，以待时机："近闻监督等官分遣裨将往花马池防守，后云彼中无草，难以屯兵。仍令参将杨玉、神英分统兵六千于环、庆、韦州屯驻，及令副总兵鲁麟移驻韦州，游击赵铉移驻环县，如此处置，似非所宜。请仍调杨玉兵三千，或遣延绥副将多领边兵，或遣赵铉、鲁麟兵马赴花马池、盐池等处，分布要害，遇警会同宁夏副总兵傅钊等随宜截杀。参将神英兵在韦州，亦须往来策应，不得专守一城。"弘治皇帝从其议，但仍强调边将关注军储问题，防止供应不继。

庄浪人有归自虏中者，带来了令人不安的消息："虏酋孛罗王与其巴王选兵四万，杀马祭天，再请小王子调兵六万，期七月初至灵州，乘麦豆成熟，入境杀掠。仍驻营河岸，候冰冻过河，入宁夏、甘凉杀掠。"兴武营（位于宁夏卫东南80公里）亦遣人报称："虏贼约八百余骑，两拆墙入内地，其大众在套者势甚猖獗。宁夏守臣以闻，请益兵防守灵州、环、庆、固原、临巩等处。"对此，兵部议曰：

> 河套之虏，自三月后，从花马池入至韦州、鸣沙州，杀掠凡数十次。宁夏兵少不能支，丧亡人畜不可胜计。虽尝斩获贼级，而虏不为惧。近传虏已入固原，而神英之兵七月尚未到韦州。今天雨连绵，河水泛溢，虏尚敢尔，秋高马肥，大举入寇，势所必至，传言当不虚。窃料虏欲深入，必留兵在套，自护人畜，别选兵入临巩剽掠。若不预选精兵，屯驻要害，以逸待劳，则胜负未可知。乞敕监督太监苗逵等密探虏势，先令总兵或提督一员，赴固原或韦州，节制各路兵马，相机战守。仍令大同、宣府游奇兵及分延绥兵一万，调环、庆、宁夏兵五千，会于韦州。待虏回至罗山西东截之，须大挫其锋，方肯过河而退。不然，则陕西用兵无时已也。[73]

巡按陕西监察御史燕忠直言边将瞒报的情况。其奏道："陕西环、固及宁夏花马池等处，虏寇充斥，道路阻塞，有数月被围者，有全堡被掠者，地方伤残，生民受害，所不忍言。而各镇巡、副、参等官，方习为欺罔，不以实报，乞各治以罪。"[74]各官既奏不实，明廷又岂能据其所奏制订正确的应对之策？

坏消息接二连三。屈伸指出,陕西西部面临严重危机,而朱晖、苗逵等一再误事,难逃其咎。屈伸奏道,九月十六日,陕西方面来报:"虏酋小王子等七八万骑从宁夏花马池深入固原,迤南分路抢掠,火光营盘数十余里。又且埋伏阻路,势甚猖獗。由此观之,则边疆失守,地方伤残,关陕动摇之势,朝不保夕,传至都下,人人为之惊疑。而逵等实专制三边,声势联络,少有动息,岂得不知?"而九月初二朱晖、苗逵奏称,"达贼大势俱往内地抢掠,调度行事,难以遥制",故而明廷经过商议,命"朱晖领都督马仪并京营头目及游击张雄、李祥统兵",于当日启行,"节制各该将官"。在小王子入侵后的两天,兵部"覆奏贼情,已拟朱晖等俱会韦州,必能申严号令,并力剿贼,捷音可期"。但朱晖、苗逵根本没有率军抵达韦州。故屈伸奏曰:"达、晖、琳三人受此重权,罔思立功报国,顾乃玩日愒时,互为欺蔽。榆林贼势稍缓,便谓奔窜,内地声息紧急,若罔闻知。况今虏帐之遗留,即前空巢之故,智堕彼奸计,略不自惭,方且称捣巢为奇绩,指弃物为畏威,若律诛心之法,罪在不原。"弘治皇帝大怒,降敕责令他们用心杀贼,不许怠忽。

为了更好地了解前线情况,明廷命锦衣卫千户牟斌前往边境走访。弘治十四年(1501年)九月,牟斌总结了边防问题所在:

> 一谓盐池、萌城正当贼冲,诸将不久驻于此,有警乃于百里驰赴,所以人马俱困。如七月都指挥杨琳遇贼于固原、黑城,兵千余人皆没。八月初,虏过盐池,杨玉、神英、郭鞈、傅钊、吴江率众追击,战复不利。京营都指挥金玉又为所杀,盐池驲至花马池道路为之不通。今虽称入套,难必其

不复来。乞精选将三四人专驻盐池、萌城等处。一谓诸边仓场空虚,军士皆采草饲马,马多瘦损,益以前之所收皆折色故也。乞自后皆收本色为便。一谓宁夏孤悬河外,兵将皆驻灵州,常有贼过河夺舡。乞增兵渡口守之。一谓虏数遣细人窥伺虚实,乞于乡村往来处密为稽察。一谓陕西各府运粮草于榆林,劳费不赀,民困已极,乞行有司宽恤,免其他役。一谓传报边情,驿传多以羸马给付,迟误机宜,宜行禁止……一谓盐池北边墩墙颓败,至揭破裙为旗,重损军威,贻笑虏寇,宜急为修制。一谓都御史琳在榆林,时有书生献策曰:"虏入腹里,宜令兵截杀,否则捣老营之虚,皆可成功。"琳不能用,其总兵所过之地,皆预撒所司,办好酒羊鹿以待。一谓虏之入寇,先以精骑数百哨探,而后合营以行,师律甚为整肃。今秋直入平凉,如蹈无人之境,恐后日尤为可忧,宜急为计虑。

随后,又有其他边臣陈奏此事,证实了牟斌的说法。在此基础上,兵部又再次指出,"总督官以夤缘受任,才实不足制变,且兵出无纪,又多次避,遂养成虏势肆入蹂践,三辅震动"。兵部有大臣听闻"有人有过虏经之地,见人发遍野,索冒宿草,风吹之旋舞",深感痛心。[75]

对陕西损失及战况的了解,需要一段时间。九月,兵科都给事中屈伸又奏:

陕西西北,即是河套,以延绥、宁夏为第一边,以环、庆、韦、固为第二边,东南则内地也。今春,虏犯延绥,夏犯宁夏东路，直至韦州、固原，至秋，由花马池入固原以南平凉等处。是边城既已不守，而内地复被伤残，先所遣监督等官苗逵、朱晖、史琳皆驻榆林……其盐池、萌城、隰宁堡正房出入襟喉之地，乃无兵防守，是盖诸将畏怯，故各为退避如此。今固原杀伤官军动以千计，掳去人畜动以万计，关陕摇动，而都御史周季麟节制不严，总兵官郑英统驭无方，以致偾事殃民，此诚危急存亡之秋，不可以寻常容易视也。以故，廷议咸请罪苗逵、朱晖，使立功自效，先征史琳还京，更推堪总制者代之，而未蒙俞允。然琳之庸鄙贪黩，众所共知，凡文臣偾事，无琳比者，伏望俯从舆议，速令代还，庶地方有平宁之日。

当然，史琳最终没有被撤换。事实上，史琳是一位博学多才的南方人，画竹颇得神韵，书法亦甚精工。他的墓志铭由明代名臣李东阳所撰，而墓志铭中浓墨重彩地书写了史琳在边关的一系列成就。[76]

监察御史匡翼之等进一步上奏事件始末。其称：

前宁夏访事、锦衣卫千户牟斌言，都指挥杨琳固原之败，获免者仅七十余人，余兵九百余人皆死，马及盔甲器械俱尽。而都御史周季麟奏报匿不以实。季麟之不职如此，请并镇守武安侯郑英、太监刘云，俱正其失律偾事之罪。又况苗逵、朱晖、史琳三人，统数万之师，久驻延绥，不肯西援，致使王师偏重于一隅，虏寇纵横于内地，罪尤难逭。请遣官往按诸失机事状，别遣人往代琳还，并降敕切责逵、晖，使立功自赎。[77]

频繁的兵燹，使陕西地方士兵锐减。兵部紧急在西北诸边每镇招募土兵5000人，但应者寥寥。于是兵部重定招募征赏规定，出榜晓谕。其制：

> 一应人等，有能召募舍余、汉、土丁者，不为常例，各照所议名数升职，就令管领所招募土兵，听调杀贼。每镇务及五千名以上，如无为首招募之人，查各卫所户口文册，每三丁内抽选一丁，其应募者每名给与银伍两，抽选者三两五钱，就与关支粮赏及军器、马匹。仍免户内空闲一丁帮贴，有功照例升赏。一户三四丁获功者，并功升赏。舍余仍照先年事例升用。边事宁息，即便放回生业，不请拘留失信。见任官员招募者，亦照所拟升职加俸，管领杀贼。若有为事立功及革职闲住者，招募及数，悉与复职。[78]

此制内容颇有吸引力。

弘治十四年（1501年）十月，大理寺寺丞刘宪、太仆寺少卿王质承弘治皇帝命，分别前往延绥、宁夏、陕西、甘凉四镇招募土兵。兵部请给四镇官银20万两及买马银4万两，分送各巡抚官支用。兵部又奏请："所募兵不限汉、土、番、夷人，给银五两，册内三丁选一者，人给三两，各与粮赏，仍免舍余一丁助之。见任百户、副千户能募兵百人，正千户募百五十人，指挥佥事、指挥同知募二百人者，各升一级，至指挥使而止。都指挥佥事及同知募二百五十人，亦各升一级，至都指挥使而止。为事立功，戴罪革职闲住者，能募百人，悉与复职除罪，即各统其所募之兵。"弘治皇帝是其议。[79]

弘治十四年十二月（1502年1月），有消息称，虏寇已出河套，往东徙向宣府。或许，他们的目标重又锁定宣府了。[80]

我们知道，明军的防御体系，极易受到腐败、管理不善及各种疏忽的影响。而如果没有廉直刚正的科道官的鞭策和警醒，其防御体系甚至难以久维系。在事态极为严重之时，科道官会毫不犹豫地弹劾地方大员，如前文提到的屈伸。不过，屈伸身体羸弱，旧病缠身，最终英年早逝。[81]弘治十五年（1502年）正月，屈伸长篇大论地弹劾保国公朱晖等人。其奏曰：

> 保国公朱晖等，徒膺专征之寄，竟无敌忾之功。在套达贼，正月、二月于延绥各路犯边，三月在宁夏东路入境，四月以后，势愈猖獗，俱从花马池、盐池、萌城直至固原、韦州等处，分番入寇，甚至据为巢穴，道梗不通，至七月方出境。虏贼蹂躏腹里，盖已数月，人心望救，以日为年。晖等师行在路，犹有可诿，六月以后，既至榆林，便合兼程前进，奋力决战，以挫贼锋。顾乃拥兵一隅，日引月长，虚张东北捣巢之功，不顾西南深入之惨，其坐失机会一也。七月，终又有贼众过鸣沙州，入韦州、固原等处抢掠尤甚。晖等倘能奋勇一行，亦足以少挫贼势，犹且指空巢为畏威，陈前功以要赏，其坐失机会二也。闰四月，贼又拥四万余骑从花马池入掠固原、平凉等处，杀死官军一千人，虏去人畜几有十万。当时沿边聚将，各戍屯兵，若主将申严号令，必能用命一战，何至畏避如此，其坐失机会三也。

事势已极，苗逵等始议朱晖前去，朱晖辄又逗遛不前，及至花马池，曾未五日，又以粮草为辞，随即旋兵。贼又入灵州掠境杀人，晖佯若不知，径回宁塞。当时廷臣愤其怯懦，屡曾奏劾，皇上降旨切责，至于再三。而晖等不思感激，固为身谋，累称贼势过河，日渐移兵东向，延绥守臣则称黄河虽冻，贼尚在套，晖等亦称套中有贼，另行议处。不知在套之贼，晖等能保其不复犯边与否？而所谓议处者，其谋略竟何如也？观其进退无计之奏，益见推奸避事之情。况会议班师，始奉成命，随征军士已入国门，又不知晖等何从预知宸衷之欲，振旅而先军士之还家也。

又查户部前后解边应用银两已及八十余万，而各省调发并召中等项料亦不下此数，其捣巢所获贼首止于三级，而奏报功次一万有余，是费银五十万两，易一胡人无名之首。假使斩一虏首如火筛者，或俘馘千百，恐竭天下之财亦不足以供其费，而报功者又不知当至几万万也！

夫晖出自勋荫，缪总兵戎，不思奋死以立功，顾乃拥兵以自卫，损朝廷之威重，长夷人之猖狂。史琳以风宪大臣，受提督重任，不能正己以律人，却乃党奸而偾事，纵恶子冒报首级，因人言又行退出，即其所为，甚失宪体。苗逵以亲信之中官，承心膂之重托，不能督发讨贼，以致屡失事机，御史王用前以纪功为名，继以监军为事，功次既多，滥冒军务，殊欠建明，俱合治以重罪，以彰天讨。

兵部同意屈伸的意见，而弘治皇帝却置之不理，留中不发。[82]

* * *

后来，又有消息称，一部分北虏已由河套转入贺兰山后，似乎准备袭扰宁夏。另一部分北虏则突破偏头关，杀死男妇10人，掳掠49人及牲畜无数。[83]

刚刚被北虏蹂躏过的陕西千疮百孔，总制陕西军务、户部尚书秦纮决定精心设计一个确保陕西不再被肆意入侵的计划。他将北虏入侵必经的六盘山、临巩、秦州、固原四条防线，以堡垒和城市相串联，构建砖石城墙并部署军队。在秦纮看来，这一多层防御体系牢不可破。明廷是其议，并为其计划实现提供便利。[84] 这里，我们也看到明廷在西北边防设置的"总制陕西军务"一职，有当方面之任的意图。

弘治十六年（1503年）二月，秦纮抵达固原后，又向朝廷奏道：

> 臣自到固原，凡事必询谋佥同，复折衷己意。臣见固原人烟萧条，城池湫隘，于是增筑城郭，又以小盐、池盐立为定价卖之。固原不匝月，商旅日集，官征其直，岁可得银四五万两。又见固原迤北地方，豫望城、骡子川、狮子川、石硖口、韦州延袤千里，可种田土无虑数十万顷。韦州迤东至花马池，亦不下万顷，但旷野近边，人无城寨可倚，尽为抛荒。况腹里商民输纳货卖宁夏者，野餐露宿余二百里，遇贼入寇，多致失陷。欲于花马池迤西至小盐池二百里，每二十

里增筑一小堡，周四十八丈，每堡用工五百人。骡子川等处亦各筑屯堡，募人住种，计顷征粮。姑以十万顷为率，每顷五石，岁可收粮五十万石。又使粮户盐商之往来者，遇警有所依避，计画已定，拟于来年兴工。近巡抚宁夏都御史刘宪奏，花马池官军俱边方待敌之兵，使之执役，恐人心不乐，激成意外之变。止欲依都御史王珣，增筑旧墙，厚三尺，高三丈，墙之内外，各掘沟堑，深阔各三丈，以为防御。若使此墙果能阻贼，墙尽之处即黄河南岸，各冬深河冻，可以履冰逾越，亦徒劳无益。且臣议筑堡用五千人，其堡周仅二里，每人分工不及一尺……臣常评三边之要害，延绥、甘凉地虽广而士马精强，宁夏士马虽怯弱，而河山险阻，惟花马池至固原，士马怯弱，墩堡疏远，达贼一入，即至固原而入腹里。故花马池必当增筑城堡、墩台，韦州、豫望城等处必当增筑住种屯堡。今固原迤南修筑将完，惟花马池迤北柳墩、红山墩迤西二百里，该筑十堡。

巡抚宁夏都御史刘宪与秦纮意见相左，秦纮指责其"偏执不从"。弘治皇帝令刘宪服罪，今后且听秦纮节制，同心协力，以济边务。[85]

三月，秦纮奏报北虏动向："虏中走回军余谓，小王子四十万众，驻察罕脑儿之地，续至黄河岸下营。臣面审之，则谓虏众老幼四十万，分为四路，此欲逐水草以便牧猎也。而宁夏守臣倡为虚声，直谓四十万众，意后来战或无功则诿于众寡不敌，其平居畏怯如此，临敌何以制胜？乞令各边守臣今后奏报贼情，皆不得虚传，以惊疑人心。"弘治皇帝是其议，敕边将曰："今后各边如有声息，务从具奏实，不得增减事情及隐匿不报。违者重治以罪。"[86]

早在弘治十五年（1502年），户部就有边防费用的统计，我们从中可见一斑。据户部统计，自弘治十三（1500）年用兵以来，朝廷向大同、宣府、延绥总共运送白银425万余两、开中盐661万余引，茶900万斤（可能是为了榷换番马），举行纳官等例30余件。而以银折粮的做法间接抬高了粮价。据载，"先年榆林每石不过二钱五分，宣府不过八钱五分，近因边方多事，故征本色，每石用银至一两八九钱"。看来，这是一个收成欠丰的年份。[87]

弘治十七年（1504年）三月，小王子遣使臣阿黑麻等6000人赍书求贡，但其番文书中年月称号存在一些问题。明廷重派译使前去询问，得归称："往年谋入贡，书已成，以事不果。番地纸难得，故仍旧书，无他意。"知情后，明廷最终决定以弘治十一年（1498年）例，准其中两千人入贡。但为了防止突发事件，弘治皇帝命诸镇移兵严备。[88]

但小王子还在同时为突袭做准备。有从虏中逃归者称"虏有异谋"，于是内阁会同司礼监和兵部，照成化先例，于左顺门审核其实。逃归者皆能言汉语，其一人称北虏欲进犯中原，又三人称朵颜三卫以一女子"通和小王子"，欲引小王子寇边。事实上，小王子的使团仍滞留边境，尚未前往北京，火筛就已率领几百人突袭明边。随后，虏兵增至近万人，与明军交锋数十回，各负输赢。[89]

七月，因北虏在延绥方面"掘墩杀军"，弘治皇帝罕见地在退朝后召见大学士刘健、李东阳等，集中探讨北虏问题，这似乎预示着明朝面临极为严重的北虏威胁。弘治皇帝道："我边墩台，贼乃敢窃掘，墩军皆我赤子，乃敢杀伤。彼被杀者，苦何可言！朕当与做主。京营已选听征二万，须再选一万，整理齐备，定委领军名目，即日启行。"刘健与李东阳以边防并无要求朝廷出兵为由苦劝，但弘治皇帝犹未释怀。于是李东阳话锋一转，将焦点转移到朵颜三卫。他奏道："近日北虏与朵颜交通，潮河川、古北口地方甚为可虑。今闻贼在大同稍远，欲往东行，止不知何处侵犯。若彼声西击东，而我军出大同，未免顾彼失此，须少待其定，徐议所向耳。"弘治皇帝道："此说固是。今亦未便出军，但须预备停当，待报乃行，免致临期失误。"不过，弘治皇帝仍未完全死心，又召兵部尚书刘大夏面谕出师之事，刘大夏亦主张不宜轻动京军，弘治皇帝最终作罢。数日后，边报称虏至大同。弘治皇帝旨令兵部选京营官军两万听征，同时命御马监太监苗逵监督军务，保国公朱晖挂征虏大将军印、充总兵官，都察院右都御史史琳提督军务，并令司设监太监张林管领神枪，都督李俊、神英充左右参将，待报启行。随后，弘治皇帝又增兵一万，选参将两员带领，准备随同朱晖等出征。又数日，经略边务、工部左侍郎李鐩奏道："古北口边方西至墓田谷关，东至山海关、庙山口，墙垣一千五百余里，关塞营堡二百四十余处，俱坍塌损坏。宜从新修理，以图经久。但今边方多事，防守尚且不及，若又令赴工，未免重困。乞令顺天、永平二府，各于所属轮班人匠摘发四百五十名，其间精通艺业者起解赴工，不堪者照例纳银一两八钱，解赴蓟州官库，雇倩工役，与所在操守下班官军，并疏放农种协守舍余相兼修筑。"[90]

但朵颜三卫似乎又重新向明朝靠拢。朵颜卫都督阿儿乞蛮遣使来贡，并奏称："迤北小王子欲妻以女，不从，数被仇杀，终不改图。"虽不知此言是否属实，但兵部仍赞道："阿儿乞蛮自陈为国效忠，不与北房和亲，其情伪虽不可知，然不可不量加奖励，以坚其内附之心。"[91]

西部，虏兵对宣府、大同的袭扰丝毫未见停止，此前秦纮重构的防御体系正在经受这一压力测试。弘治十七年十二月（1505年1月），虏犯甘凉及宁夏花马池界，宁夏守臣奏："近虏数万围灵州，都指挥焦洪等力战却之，然犹虑其深入，请调京营军马六万，分驻各境，俟警会剿。"但兵部认为此非良策。兵部称："沿边一路，已调有兵马，自足破贼。但陕西内地，东西相去千有余里，闻警调发，诚有缓不及事者。宜敕平凉等处督理马政、都御史杨一清兼经略调度，事宁仍还故镇。其宁夏镇巡官员，不能先事预备，致虏猖獗，乃设此动摇之策，以为他日宥过之地，请先降敕责之，俟事宁日，究治其罪。"弘治皇帝从之。这是才华卓著的边防将才杨一清的首秀，此前其于平凉等处督理马政，此时则为明廷委以经略巡抚大任。后来，虏骑三万围灵州，又自花马池入掠韦州、环县等处。兵部议谓："宣大、延绥兵顷已有旨听调，又令参将王戬招募延绥土兵二千截杀，但虑各镇不能速赴，请再移文督之。若甘凉游兵，止可令戒严，以备贼骑冲突。本部仍移文都御史杨一清、毕亨，设法招谕所在舍余、土人，各随便利，协力御贼，事宁放遣，不得拘留。"

弘治十八年（1505年）正月，虏陷宁夏清水营，焚粮料2900余石，草12万余束。这几乎是毁灭性灾难。弘治皇帝叹道："清水营堡要害之地，所储刍粮不少，如何全不设备，致贼直入焚抄！边防废弛甚矣！其令巡按御史阅实以闻。"

两个月后，巡抚陕西都御史杨一清奏："固原之地，东西均有虏患，而东路无兵，西路肩背受敌，猝难东援。乞选洮河等七卫游兵一千五百余人，委都指挥黄正统之，驻清平苑，以防东入之路。令固原守备都指挥苗英等专守西路，以控安惠、隆德诸处，则声势连络，缓急有备。"弘治皇帝是其议。[92]

* * *

这是弘治皇帝最后关于边防问题的记载。弘治十八年（1505年）五月初七，弘治皇帝驾崩，享年34岁。纵观其治，他对北境边防采取的政策虽然偶见侵略性，但总体是平稳且极具战略智慧的。在他统治的18年里，鞑靼人（北虏）的威胁愈见严重，内阁送来的文案堆累如山，他已经尽力妥善处理每一件文书。在明朝中后期，统治者要达到其统治目的，不见得必须像明太祖那样"事必躬亲"。

那么，明朝的总体表现又如何？我们不妨看看历史上的其他帝国，如英国、法国抑或奥斯曼土耳其帝国，当它们无法进一步扩张时，就会发现自身越来越处于崩溃的边缘和危险中。事实上，古往今来任何帝国，都时刻面临着分崩离析的危险。于尔根·奥斯特哈默（Jürgen Osterhammel）曾指出："一个帝国总是处在紧急状态的阴影之下。"[93] 保罗·约翰逊（Paul Johnson）亦曾称："英帝国的核心教训是，任何拥有权力的国家最好的希望就是稳定，不管它有多不完美。促进活力就是招致混乱。最后，一个拥有权力的国家总是不得不用武力来保卫它的体系，否则就只能眼睁睁地看着它分崩离析。"[94]事实上,弘治时期的明朝,尽管边防处处面临强压,但它基本上(未能尽善尽美)遏制了游牧民族的毫无规律且极具破坏性的袭扰。明朝的边防地带不断遭受战火和劫掠蹂躏。尽管如此,生活仍要继续,社会仍在发展。

从古诗词文学，分享人类智慧

天壹文化